JACK EL-HAI DER NAZI UND DER PSYCHIATER

Die Andere
Bibliothek
Extradruck

Der Nazi und der Psychiater

Jack El-Hai

Aus dem Amerikanischen übersetzt
von Henriette Heise

Für Estelle El-Hai und Dr. Arnold E. Aronson
in Liebe und Dankbarkeit

Inhalt

Hauptpersonen

Gefängnispersonal

COLONEL BURTON C. ANDRUS
Gefängniskommandant

CAPTAIN JOHN DOLIBOIS
Wohlfahrtsoffizier und Übersetzer

LIEUTENANT GUSTAVE GILBERT
Psychologe

MAJOR DOUGLAS MCGLASHAN KELLEY
Psychiater

HOWARD TRIEST
Dolmetscher und Übersetzer

Angeklagte

KARL DÖNITZ
Großadmiral und Nachfolger Hitlers

HANS FRANK
Generalgouverneur des besetzten Polen

WILHELM FRICK
zunächst Reichsinnenminister, später Reichsprotektor für Böhmen und Mähren

HANS GEORG FRITZSCHE
Generalbevollmächtigter für die politische Organisation des Großdeutschen Rundfunks

WALTHER FUNK
Reichswirtschaftsminister

HERMANN WILHELM GÖRING
Reichsmarschall und Oberbefehlshaber der Luftwaffe

RUDOLF HESS
Führerstellvertreter

ALFRED JODL
Chef des Wehrmachtführungsstabes

ERNST KALTENBRUNNER
Chef des Sicherheitsdienstes

WILHELM KEITEL
Chef des Oberkommandos der Wehrmacht

ROBERT LEY
Leiter der Deutschen Arbeitsfront

KONSTANTIN VON NEURATH
Reichsminister des Auswärtigen (bis 1938)

FRANZ VON PAPEN
Vizekanzler

ERICH RAEDER
Oberbefehlshaber der Reichsmarine

JOACHIM VON RIBBENTROP
Reichsaußenminister

ALFRED ROSENBERG
NS-Ideologe und Reichsminister für die besetzten Ostgebiete

FRITZ SAUCKEL
Generalbevollmächtigter für den Arbeitseinsatz

HJALMAR SCHACHT
Reichsbankpräsident und Reichswirtschaftsminister (bis 1937)

BALDUR VON SCHIRACH
Reichsjugendführer

ARTHUR SEYSS-INQUART
Reichsstatthalter von Österreich und Reichskommandant der Niederlande

ALBERT SPEER
Reichsminister für Bewaffnung und Munition

JULIUS STREICHER
Gründer und Herausgeber der Wochenzeitung *Der Stürmer*

Von den Angeklagten erschienen nicht vor dem Nürnberger Tribunal: **ROBERT LEY** (Selbstmord am 25. Oktober 1945); **GUSTAV KRUPP V. BOHLEN UND HALBACH** (Erkrankung); **MARTIN BORMANN** (angeklagt in Abwesenheit).

Mitglieder des Internationalen Militärtribunals Nürnberg

WILLIAM DONOVAN
Assistent des Oberstaatsanwaltes

ROBERT H. JACKSON
Hauptankläger und Oberstaatsanwalt

GEOFFREY LAWRENCE
Vorsitzender Richter

Familie Douglas McGlashan Kelley

CHARLES MCGLASHAN
Großvater

JUNE MCGLASHAN KELLEY
Mutter

GEORGE KELLEY
genannt „Doc“, Vater

ALICE VIVIENNE HILL KELLEY
genannt „Dukie“, Ehefrau

DOUG, ALICIA UND ALLEN KELLEY
Kinder

Kapitel 1
Das Haus

DR. KELLEY UND SEINE Familie wohnten in einer großzügigen Villa im spanischen Stil an der Highgate Road auf einer Anhöhe namens Kensington im Norden von Berkeley, Kalifornien. Die roten Dachziegel leuchteten hoch über den fernen Wellen der San Francisco Bay. Vom Haus ging der Garten in vier Terrassen mit Steinwegen, Obstbäumen und Redwoods hinab, er endete an den Grabsteinen des Sunset View Friedhofs.

Im Hof zwischen den Seiten des U-förmigen Hauses der Kelleys standen ein kleines Karussell und ein Planschbecken. Durch die vordere Tür betrat man die Eingangshalle, von der links die Küche mit einem großen Ofen, Grill und Fleischwolf abging. Hier kochte der Arzt für seine Familie. An die Küche war eine Speisekammer angeschlossen. Dort sollte eines Tages der älteste Sohn der Familie auf einem brummenden Tiefkühlschrank sitzen und in Erwägung ziehen, seinen Vater mit einem Beil zu erschlagen.

Rechts von der Eingangshalle lag ein Bad – hier sollte sich am Neujahrstag 1958 eine schauerliche Szene zutragen –, dahinter das Wohnzimmer mit Kamin, einem langen Sofa und dem grünen Ledersessel des Arztes. Der Fußboden war mit Teppich ausgelegt, und die Möbel standen an der Wand, sodass Platz für Gäste war. Hier spielte Dr. Kelley manchmal ein Spiel mit seinem ältesten Sohn, bei dem der Junge zunächst den Raum verlassen musste. In seiner Abwesenheit verschob der Arzt zum Beispiel einen Bleistift auf dem Wohnzimmertisch. Wenn der Junge zurückkam, musste er sagen, was sich verändert hatte.

Hinter dem Wohnzimmer lag Dr. Kelleys und Dukies Schlafzimmer, von dessen Fenster man den rückwärtigen Teil des 2000 Quadratmeter großen Grundstücks sah. In einem kleinen Wandschrank, in den die Kinder vom Flur aus klettern konnten, erlebten sie die Auseinandersetzungen ihrer Eltern im Schlafzimmer mit.

Vom Wohnzimmer führte eine schwarz gebeizte Treppe in den ersten Stock hinauf. Hier flankierten große Fenster einen lichtdurchfluteten Flur, dessen Holzfußboden an einer Stelle, sorgfältig mit einem Teppich bedeckt, ein Einschussloch aufwies. Der Flur endete an der Tür zu Dr. Kelleys Arbeitszimmer. Auf dem

Weg dorthin ging man an dem Schrank vorbei, in dem der Psychiater die Requisiten für seine Zaubertricks aufbewahrte.

Vom Arbeitszimmer hatte man einen herrlichen Rundblick über die Golden Gate Bay und den Gefängnisturm von Alcatraz. Wenn Dr. Kelley sich in seinem Schreibtischstuhl umdrehte und sein Blick auf Alcatraz fiel, mag er sich an seine Monate als Mitarbeiter in einem anderen Gefängnis erinnert haben, einem Gefängnis in Nürnberg. Kelleys Schreibtisch war immer aufgeräumt. Die Schränke und ein kleines Labor enthielten Knochensägen, einen Labortisch, Mörser, Alkoholbrenner, Messzylinder und Kolben, Kristalle, Pflanzenproben auf Objektträgern, zwei menschliche Schädel und eine große Menge Chemikalien, von denen viele giftig waren.

Die Kinderzimmer befanden sich im Erdgeschoss. Wenn Dr. Kelley zum Gutenachtsagen kam, hatten seine Kinder Angst. Dann hörten sie die Treppe unter seinen schweren Schritten knarren und wappneten sich – man konnte nie wissen, in welcher Stimmung er sein würde.

Der letzte Streit nahm in der Küche seinen Anfang. Wenn Dr. Kelley und Dukie aneinandergerieten, nahm sie oft ihre Handtasche und verschwand für den Rest des Tages. Aber diesmal kam Dr. Kelley brüllend aus der Küche und stürmte die Treppe hinauf in sein Arbeitszimmer. Er schlug die Tür hinter sich zu. Ein Porzellantürstopper fiel um und die Scherben regneten aufs Erdgeschoss hinunter. Wenige Minuten später kam er wieder heraus und hielt etwas in der verschlossenen Hand. Er stieg die Treppe bis zum Absatz hinunter, der wie eine Bühne ins Wohnzimmer ragte. Er rief noch einige Worte, die seine Frau, seinen Vater und seine Kinder verwirrten und erschraken. Dann steckte er sich etwas in den Mund und schluckte.

Kapitel 2
Mondorf-les-Bains

DAS FLUGZEUG, EINE KLEINE Piper L-4, kam nicht vom Fleck. Ihr einziger Passagier, Hermann Göring, einst Fliegerheld des Ersten Weltkriegs, dann Chef der gefürchteten Luftwaffe und der höchstrangige NS-Funktionär unter den Überlebenden des Dritten Reichs, war zu schwer, um einen sicheren Start zu gewährleisten.

An Flauten war Göring nicht gewöhnt. Die vergangenen Wochen hatten sich durch ständige Bewegung, Ungewissheit und Gefahr ausgezeichnet. Er war aus seinem geliebten Carinhall, Jagdschloss und Sommerresidenz, geflohen.[1] Nachdem er Hitler heldenhaft, wie er fand, angeboten hatte, die Regierung zu übernehmen, hatte der Führer ihn einsperren lassen. Kurz darauf hatte Göring erfahren, dass seine Ermordung durch Martin Bormanns Truppen angeordnet worden war, hatte aber gerade noch aus der SS-Haft entkommen können.

Weniger als 48 Stunden bevor er das Flugzeug bestieg, am Vortag der Kapitulation Deutschlands, am 7. Mai 1945, hatte Göring ein Schreiben an die US-Militärführung aufgesetzt und über die aufgelöste Gefechtslinie geschickt. Darin erkannte er den bevorstehenden Zusammenbruch Nazideutschlands an und bot den Alliierten seine Dienste bei der Neubildung der Regierung an.[2] US Army Brigadier General Robert I. Stack wunderte sich noch über die Dreistigkeit des Absenders und brachte einen Konvoi mit dem Ziel der Ergreifung Görings auf den Weg, den er persönlich anführte. Sie holten Görings Kolonne vor den Toren von Radstadt in Österreich ein. Göring saß in einem kugelsicheren Mercedes.

Der Chauffeur packte Göring am Arm und sagte: „Herr Reichsmarschall, die Amerikaner kommen!“[3] Daraufhin beugte Göring sich mit den Worten zu seiner Frau Emmy Göring: „Ich habe ein gutes Gefühl.“ Stack stieg aus seinem Wagen und schüttelte Göring die Hand. Göring und seine Frau, einst eines der mächtigsten Paare Europas, hatten die Endstation ihres Krieges erreicht. Frau Göring weinte. Wie sie später schrieb, war diese Begegnung mit feindlichen Offizieren auf einer von Flüchtlingen überfüllten Straße „ein schlimmer Augenblick für uns alle, am peinlichsten für meinen Mann“.[4]

Stack telefonierte mit dem Oberbefehlshaber der alliierten Streitkräfte in Europa, General Dwight D. Eisenhower, und informierte ihn über Görings Ergreifung. Göring, der sich als der charismatischste und international beliebteste unter den deutschen Machthabern ansah, war überzeugt, dass Eisenhower schon bald seine Freilassung anweisen würde.[5] Göring und seine Familie wurden von US-Soldaten zum Schloss Fischhorn bei Zell am See gebracht.[6] Der einstige Reichsmarschall scherzte auf dem Weg zum Schloss, während sich Frau und Kind im ersten Stock einrichteten und beim Abendessen mit den US-Offizieren. Zu seiner Frau sagte er, dass er am nächsten Tag zu einem Treffen mit Eisenhower abreisen, aber schon bald zu ihr zurückkehren würde: „Werde nicht mutlos, wenn es ein paar Tage länger dauern sollte", und er fügte kurz nachdenkend hinzu: „Ich habe eigentlich ein gutes Gefühl, Emmy, Du nicht?"[7]

Göring verbrachte die Nacht im Hauptquartier der 7. US-Armee in Kitzbühl, wo er abermals um sicheres Geleit und ein Treffen mit Eisenhower bat.[8] Man gab Göring zu verstehen, dass ein solches Treffen äußerst unwahrscheinlich sei. Dennoch waren Stack und seine Mitarbeiter Göring gegenüber ausgesprochen zuvorkommend: Der große NS-Würdenträger trank bei Empfängen mit US-Soldaten Champagner, ließ sich mit ihnen fotografieren, gab eine Pressekonferenz und wurde ein letztes Mal als der hochrangige Staatsmann behandelt, der er noch zu sein glaubte.[9]

Am nächsten Morgen brachte man den in seine graue Luftwaffenuniform gekleideten Göring zu einem nahe gelegenen Flugfeld, von dem aus er die kleine Piper bestieg und sich herausstellte, dass die Maschine nicht stark genug war für den Transport des 120-Kilo-Mannes.

Man trieb ein leistungsfähigeres Flugzeug auf, eine Piper L-5, deren Pferdestärken es mit dem Gewicht des NS-Mannes aufnehmen konnten.[10] Göring bestieg die Maschine und machte es sich auf dem Rücksitz bequem, als sie auf ein weiteres Reisehindernis stießen: Der Sicherheitsgurt reichte nicht um seinen Rumpf. Göring hielt eines der Enden in die Luft und zuckte mit den Schultern. Dann legte er den Arm lässig aus dem Fenster auf den Flugzeugrumpf, der Pilot Captain Bo Foster ließ das Flugzeug auf die Startbahn rollen, und sie flogen los.

Nach einem 55-minütigen Flug sollten sie in Augsburg landen, wo die Geheimdienstoffiziere der 7. US-Armee schon auf sie warten würden. Während des Fluges sprachen Göring und Foster in einer Mischung aus Deutsch und Englisch über die unter ihnen vorbeiziehenden Sehenswürdigkeiten, und Göring zeigte Foster die Flugplätze und Industriegelände, die er wiedererkannte. Auf Fosters Frage, wann man in Deutschland mit der Entwicklung von Düsenflugzeugen angefangen habe, antwortete Göring lachend: „Zu spät." Er war gutgelaunt und in geselliger Stimmung. Foster trug eine Pistole im Schulterholster, aber wenn sein Gefangener, der ein ausgezeichneter Pilot war, die Nähe zu seinem Vordermann ausgenutzt hätte, um die Kontrolle über das Flugzeug zu erlangen, hätte Foster zu seiner Verteidigung keine Hand freigehabt. Foster und der wohl berühmteste Kriegsgefangene der Welt waren einander ausgeliefert.

Nach der Landung bat Foster seinen Passagier um ein Autogramm im Flugbuch. Die intime Begegnung mit Göring während des knapp einstündigen Fluges hatte ihn bewegt und erschüttert. Jahre später erinnert Foster sich: „Er verhielt sich genau, wie einer unserer Offiziere es getan hätte, wenn man ihn erwischt hätte. Meine Meinung über den Krieg hat sich durch die Begegnung nicht geändert, aber sie hat mir doch gezeigt, dass es sowas gibt wie ..." Er führte den Satz nicht zu Ende. „Also", setzte er noch einmal an, „ich stellte jedenfalls vieles in Frage, was wir über diese grausamen Leute zu wissen glauben."

Emmy und Edda Göring, die Ehefrau und die siebenjährige Tochter des ehemaligen Reichsmarschalls, wurden nach Burg Veldenstein gebracht, dem fränkischen Familiensitz der Görings.[11]

In Augsburg entzog man Göring seine Privilegien. Die Wachen nahmen ihm seinen geliebten Marschallstab, ein Geschenk Hitlers aus dem Jahre 1940, der aus zweieinhalb Kilogramm Elfenbein bestand, in das Adler, Platinkreuze und 640 Diamanten eingelegt waren. Aber seine Mahlzeiten nahm er weiterhin mit den Offizieren ein, die auch mit ihm tranken (eventuell mit dem Ziel, seine Zusammenarbeit in den Verhören zu erwirken).[12] Hier badete Göring förmlich in der respektvollen Ehrfurcht der US-Soldaten und genoss die Aufmerksamkeit der internationalen Presse.[13] Hier sprach er auch zum letzten Mal mit seinem jüngeren Bruder Albert, einem entschiedenen Gegner des Nationalsozialismus, der während des Krieges den tschechischen Widerstand unterstützt und vielfach verfolgten Juden geholfen hatte. Albert gegenüber deutete Göring an, dass er mit einer längeren Haft rechnete. „Du wirst bald frei sein", soll er Albert gesagt haben. „Dann nimm dich meiner Frau und meines Kindes an. Leb' wohl."

Eisenhower reagierte nicht auf Görings Bitte um ein Gespräch von „Mann zu Mann", und bald teilte man dem Gefangenen mit, dass er sich auf eine weitere Umquartierung vorbereiten müsse, die am 20. Mai stattfinden werde. Göring durfte einen Adjutanten mitnehmen. Er wählte seinen langjährigen Diener Robert Kropp.[14]

Man brachte Göring ins luxemburgische Mondorf-les-Bains (Bad Mondorf), wo die Amerikaner unter dem Codenamen „Ashcan" (amerikanisch für „Mülleimer") ein Gefangenenlager und Vernehmungszentrum eingerichtet hatten. (Die Briten hatten ihr Gefangenenlager „Dustbin" [britisches Englisch für „Mülleimer"] genannt.) Göring mag erfreut gewesen sein, als er erfuhr, dass ihr Ziel Bad Mondorf war, denn der luxemburgische, an der Grenze zu Frankreich und Deutschland gelegene Kurort mit Geschichte war für ausgezeichneten Wein, Parks und Blumenfelder und gute Hotels bekannt. Jedoch hatten US-Soldaten in Vorbereitung auf die Ankunft der Gefangenen das ehemals großzügig eingerichtete, jetzt aber im Verfall begriffene Palasthotel schon ausgeräumt: Die Zimmer waren bis auf ein Klappbett mit Strohmatratze leer.[15] Die Kronleuchter waren abgehängt und die Fensterscheiben, durch die man eine bezaubernde Aussicht auf die Stadt hätte genießen können, vergittert und durch bruchsicheres Plexiglas ersetzt worden. Außerdem umgab das Hotel nun ein Zaun mit vier Wachtürmen, auf denen Soldaten mit Maschinengewehren positioniert waren. Bald sollten auch Flutlichter installiert, ein viereinhalb Meter hoher Stacheldrahtelektrozaun gebaut werden und weitere Soldaten mit Maschinenpistolen ihre Posten einnehmen.

Diese Verschönerungsmaßnahmen machten es dem neuen Kommandanten von Ashcan, US Army Colonel Burton C. Andrus, nicht leicht, den neuen Verwendungszweck des ehemaligen Hotels zu verheimlichen. Dennoch bemühte er sich auch dann noch um Geheimhaltung, als weitere namhafte Nationalsozialisten eintrafen. Darunter waren Großadmiral Karl Dönitz, das letzte Staatsoberhaupt Nazideutschlands (von Hitler, als Racheakt gegen Göring, zum Nachfolger bestimmt); der Chef des Oberkommandos der Wehrmacht Generalfeldmarschall Wilhelm Keitel und sein Stellvertreter Alfred Jodl; der psychisch labile Leiter der Deutschen Arbeitsfront Robert Ley, der sich seit seiner Ergreifung für Essen und Trinken nicht zu interessieren schien, aber dringend weibliche Gesellschaft verlangte;[16] der ehemalige Generalgouverneur Polens Hans Frank, der schon zwei Selbstmordversuche in Gefangenschaft hinter sich hatte; der Autor und NS-Ideologe Alfred Rosenberg, der sich bei einem Besäufnis zu Kriegsende den Fuß verletzt hatte; der Reichsbankpräsident Hjalmar Schacht, der Hitler während des Krieges kritisiert und in den Konzentrationslagern Ravensbrück und Flossenbürg interniert worden war; und schließlich Julius Streicher, der Herausgeber der berüchtigten antisemitischen Wochenzeitung *Der Stürmer*, der seine letzten Tage in Freiheit mit Landschaftsmalerei in den bayerischen Alpen verbracht hatte.[17] Alles in allem übernahm Andrus in Bad Mondorf die Verantwortung für über 52 deutsche Militärs und hochrangige Regierungsvertreter.[18] Später erinnerte er sich seiner ständigen Sorge, das Gefängnis könne angegriffen werden, „entweder von fanatischen Nazis, die die Gefangenen retten wollten, oder von Luxemburgern, die nicht nur die Nazis, sondern alle Deutschen hassten, die sie [im Krieg] so unbarmherzig behandelt hatten".[19] Manchen von ihnen konnte man die Mordlust wirklich nicht übelnehmen, so zum Beispiel den 176 Luxemburgern, die sich in Bad Mondorf von den Schrecken des Konzentrationslagers Dachau erholten.[20]

Andrus nahm seinen Auftrag sehr ernst. Der Mann mit dem hochglanzpolierten Helm, der stahlgerahmten Brille, dem knappen Ton und der steifen Körperhaltung war der Inbegriff eines zackigen Soldaten. Er verlangte, dass seine Gefangenen ihm mit Respekt begegneten und seiner Position als Kommandanten Rechnung trugen. Die New Yorker Zeitschrift *Time* beschrieb ihn zwar als „pummeligen kleinen Mann, der an einen aufgeplusterten Vogel erinnert", aber der Colonel war eigentlich sportlich und ein begeisterter Wasserballspieler.[21] Andrus war 1,77 Meter groß und wog 70 Kilogramm. Der gebürtige Amerikaner aus dem Staat Washington hatte sich im Ersten Weltkrieg als Kavallerist ausgezeichnet und dann das Militärgefängnis in Fort Oglethorpe im Bundesstaat Georgia geleitet. Bevor er dort eingesetzt wurde, hatte Chaos geherrscht: Es war häufig zu Ausbrüchen gekommen, und die wegen Mordes Verurteilten setzten ihre eigenen Gesetze in inoffiziellen, von Andrus als „kangaroo court" (Kängurugericht) bezeichneten Prozessen durch. Zu Andrus' Einstand in Fort Oglethorpe hatten die Häftlinge ihren Zellenblock kurz und klein geschlagen. Daraufhin hatte Andrus die Anführer gezwungen, aufzuräumen, Isolationshaft und neue Verhaltensregeln eingeführt. Dann hatte er den Wachen Anweisung gegeben, bei einem Ausbruchversuch sofort zu schießen. Jetzt herrschte Ordnung.

Kurz vor Ende des Ersten Weltkriegs wurde Andrus im Presidio of Monterey in Kalifornien stationiert, wo er als Gefängnis- und Geheimdienstoffizier diente. In den 20er-Jahren war er Oberbefehlshaber eines Kavallerieregiments auf den Philippinen gewesen. Seine Kollegen beschrieben ihn als formellen, steifen, autoritären Mann, der keine Abweichung von den Vorschriften tolerierte. Dieser Eigenschaften wegen hielt ihn das US-Militär für den idealen Leiter des Gefängnisses, in dem die ranghöchsten Nationalsozialisten nach Ende des Zweiten Weltkriegs gefangen gehalten wurden.

Bei seiner Ankunft in Ashcan war Göring verstimmt wegen der Respektlosigkeit der kaugummikauenden Soldaten, die ihn vom Flugfeld abgeholt hatten.[22] Stark schwitzend und noch immer in seine Luftwaffenuniform gekleidet, meldete Göring sich in Andrus' Büro. Der Gefängniskommandant empfand schon bei der ersten Begegnung Antipathie. „Unter dem Jackett schwabbelte der Wohlstandsspeck", beobachtete Andrus und fügte hinzu, dass er Göring für einen „einfältigen Waschlappen" halte. Göring, der sich dem beurteilenden Blick des Kommandanten unterziehen musste, kochte vor Wut.

Göring hatte nicht nur seinen Diener Kropp dabei, sondern auch ein Dutzend monogrammierter Koffer und eine große rote Hutschachtel. Das Gefängnispersonal verbrachte einen ganzen Nachmittag damit, den Inhalt seines Gepäcks zu sichten. Es enthielt edelsteinüberkrustete Orden, Brillant- und Rubinringe, mit Swastika verzierten Schmuck, Manschettenknöpfe aus Halbedelsteinen, Görings Eisernes Kreuz aus dem Ersten Weltkrieg, seidene Unterwäsche, vier Militäruniformen, ein paar Pantoffeln, eine Wärmflasche, vier Brillen, zwei Zigarrenschneider und eine ganze Reihe von Armbanduhren, Anstecknadeln und Zigarettenetuis.[23] Außerdem hatte Göring Bargeld in Höhe von 81 268 Reichsmark (heute etwa eine Dreiviertelmillion Euro) im Gepäck. Er brüstete sich damit, dass einer seiner Ringe den größten Smaragd trage, der ihm als Edelsteinsammler je unter die Augen gekommen sei. Der Stein war zweieinhalb Zentimeter lang und über einen Zentimeter breit.[24] Viele dieser Kostbarkeiten waren in den besetzten Gebieten gestohlen worden – des Krieges glitzerndes Raubgut.

Eine in Görings Kleidung eingenähte Kaffeedose enthielt einige Messingfläschchen, in denen mit einer klaren Flüssigkeit gefüllte Glaskapseln lagen: Tödliches Kaliumcyanid, auch bekannt als Zyankali. Viele hochrangige Nationalsozialisten – darunter der Reichsinnenminister, Reichsführer-SS und Chef der deutschen Polizei Heinrich Himmler und vermutlich auch der Reichspropagandaminister Joseph Goebbels – hatten unter Verwendung ähnlicher Kapseln Selbstmord begangen oder sollten es bald tun. Wie Göring seinem Diener Kropp anvertraute, war es ihm gelungen, mindestens eine Zyankalikapsel bei sich zu verstecken.

Der Kommandant schickte Göring in seine Zelle. Der Raum, der noch vor kurzem ein fein möbliertes Zimmer mit vermutlich tapezierten Wänden und einem Fenster mit Blick gewesen sein musste, war jetzt bis auf einen instabilen Tisch, einen Stuhl und ein Bett ohne Kopfkissen leer.[25] Als Göring sich auf den Stuhl setzte, berichtete Andrus später, knickte dieser unter seinem Gewicht ein. „Wenn er sich auf den Tisch gesetzt hätte, wäre auch der zusammengebrochen", erklärte Andrus.[26] „Die Tische waren so gebaut, dass die Gefangenen sich nicht draufstellen konnte, um sich aufzuhängen." Um Selbstmorde zu verhindern, ordnete Andrus auch an, dass die Gefangenen Schnürsenkel von 10 Zentimetern Länge bekamen.[27] Damit konnte man sich weder erhängen noch die Schuhe zubinden.

Die erste medizinische Untersuchung bestätigte, dass Göring stark übergewichtig war. Sein Puls lag bei etwa 84 mit unregelmäßigem Herzschlag, seine Atmung war schnell und flach, seine Hände zitterten, und er schien, schrieb der untersuchende Arzt, „in sehr schlechtem Gesundheitszustand" zu sein. Der Patient gab an, schon mehrere Herzinfarkte gehabt zu haben.[28]

Göring war außer sich, wie ein Krimineller festgehalten zu werden, war dem Gefängnispersonal gegenüber unverschämt – wenn er salutierte und die Hacken zusammenschlug, dann nicht ohne Sarkasmus – und beschwerte sich weiterhin brieflich bei Eisenhower.[29] Er klagte, in Bad Mondorf werde mit ihm auf eine Weise umgegangen, „die mich, einen der ranghöchsten deutschen Offiziere und Reichsmarschall, tief erschüttert". Er beanstandete, dass es in seinem Zimmer weder eine Lampe noch einen Türknauf gebe, dass man ihm beinahe sein gesamtes Eigentum genommen habe und ihn durch die Konfiszierung seiner Orden und seines Marschallstabes erniedrigt habe, dass rangniedrigere alliierte Offiziere ihm nicht den nötigen Respekt entgegenbrächten und, was für Göring wohl am schlimmsten war, dass ihm sein Diener Kropp nicht länger zur Verfügung stand, weil ihn die Alliierten als Kriegsgefangenen anderswo eingesetzt hatten. (Kurz vor Kropps Abreise, bei der Göring beinahe weinte, erwies der Diener seinem Herren einen letzten Dienst: Er stahl ein Kopfkissen für ihn, das US-Soldaten allerdings gleich wieder einzogen.)[30] Göring bat Eisenhower, er möge ihm ein Flugzeug nach Bad Mondorf schicken, damit er seine Familie besuchen könne, und Kropp wieder einsetzen oder ihm einen anderen deutschen Soldaten als Adjutanten zur Verfügung stellen.[31] Der Oberbefehlshaber der alliierten Streitkräfte reagierte nicht. Andrus aber war aufgebracht und fand den Gefangenen gegenüber klare Worte:

Ich werde Sie nicht davon abhalten, Briefe zu schreiben, in denen es um den angeblichen Diebstahl von Privateigentum oder andere Verstöße gegen die Menschenrechte geht. Sich aber über die Unannehmlichkeiten oder das Fehlen von Annehmlichkeiten während Ihres Gefängnisaufenthalts zu beklagen oder sich zu der Ihnen schwer erträglichen Demütigung oder der Ihnen zustehenden Achtung zu äußern, ist sinnlos und wird nur zur Folge haben, dass die Zuständigen sich angewidert abwenden. […] Der Kommandant, seine Vorgesetzten, die Regierungen der Alliierten und die Weltöffentlichkeit wissen von den Gräueltaten, die von der deutschen Regierung, deutschen Soldaten und deutschen Behörden begangen worden sind. Etwaige Gesuche um zusätzlichen Komfort seitens der Täter wird die Missachtung nur verstärken, die man ihnen ohnehin schon entgegenbringt.[32]

Trotz dieser Zurechtweisung entwickelte Göring sich zu einem ermüdend kritischen Insassen, der an allem etwas auszusetzen hatte, ganz besonders am Essen. Andrus bestand darauf, dass die Speisung der Gefangenen den Mahlzeiten der Wachen entsprach. Der Zeitplan sah vor, dass Göring und die anderen Gefangenen früh aufstanden, um 7.30 Uhr im Speisesaal antraten, einem dunklen, durch Rundbögen zu betretenden Raum, in dem ihnen Suppe, Müsli und Kaffee vorgesetzt wurden. Zum Mittagessen gab es normalerweise Erbsensuppe und Rinderhaschee mit Spinat, zum Abendessen dann Omelette aus Eipulver mit Kartoffeln, dazu Tee. Als Besteck gab es nur Löffel. Die Gefangenen mussten sich ihre Zigaretten selbst drehen. Andrus gab die Sitzordnung zu den Mahlzeiten vor und setzte gelegentlich Erzfeinde nebeneinander. Der Kommandant erinnert sich an ein Gespräch zwischen Göring und dem deutschen Kriegsgefangenen, der das Essen servierte, über das Göring sich beschwerte: „Solch einen Fraß hätte ich nicht einmal meinen Hunden vorgesetzt." Daraufhin sagte der Kriegsgefangene: „Tatsächlich? Dann haben Sie Ihre Hunde aber besser ernährt als mich und alle, die unter Ihnen in der Luftwaffe gedient haben."[33]

Diese Anekdote, mag ihr Wahrheitsgehalt auch zweifelhaft sein, zeugt doch deutlich von Andrus' Antipathie gegenüber Göring. Wie viele der damaligen und heutigen Gegner der

Nationalsozialisten sah wohl auch Andrus in Göring den Typus des rohen Manipulators. Der britische Ermittlungsbeauftragte für den Nürnberger Prozess Airey Neave beschrieb Göring als den „in unzähligen Filmen auftauchenden Fettwanst, der seine Killergang von seinem teuren Esstisch aus lenkt".[34] Wie Neave aber erkannte, war Göring „viel gerissener und gefährlicher als jede Filmfigur".

\

Hermann Göring, zum Zeitpunkt seiner Ergreifung 52 Jahre alt, war der Sohn eines Richters und Kolonialbeamten in Deutsch-Südwestafrika, dem heutigen Namibia. Göring war Fliegerheld im Ersten Weltkrieg, weil er einmal abgeschossen worden war, man ihm den Abschuss von 22 feindlichen Flugzeugen nachsagte, und er sein Geschwader bei Ende des Krieges wieder nach Deutschland zurückgeleitet und die Kapitulation verweigert hatte.[35] Für seine Taten hatte man ihm den Orden Pour le Mérite verliehen, die damals höchste Kriegsauszeichnung Deutschlands.

In den frühen 20er-Jahren hatte Göring in München studiert. Hier hörte er auch zum ersten Mal Adolf Hitler auf einer Rednerbühne: „Mit Waffengewalt macht man seine Drohungen glaubhaft." Ein Ausspruch Hitlers, der ihm lange im Gedächtnis geblieben sei.[36] „Genau das wollte ich hören. Hitler wollte eine Partei gründen, die Deutschland wieder stark machen und den Versailler Vertrag in 1000 Stücke schlagen würde. ‚Also, Hermann', sagte ich mir, ‚das ist die richtige Partei für dich! Nieder mit dem Versailler Vertrag, verdammt nochmal! Das ist ganz meine Sache!'" Göring war beruflich perspektivlos und voll Bitterkeit über die Rüstungsbeschränkung der Reichswehr, und so verschlang er Hitlers Mixtur aus Nationalismus, Antisemitismus und Antikommunismus. Er unterstützte die nationalsozialistische Bewegung, die damals noch so klein war, dass jedes Neumitglied willkommen war und ausgezeichnete Aufstiegschancen hatte, mit dem Ziel, seinen Hass gegenüber der Weimarer Republik zum Ausdruck zu bringen, ihren Untergang herbeizuführen und in der Nachfolgeregierung eine Machtposition einzunehmen. Die nationalsozialistische Partei war noch jung, „und das bedeutete, dass ich dort bald ein großer Mann sein konnte", sagte Göring später.[37] Der aus Opportunismus und Machtgier entstandene Plan ging auf und seine Mutter behielt recht. Sie hatte einst prophezeit: „Hermann wird entweder ein großer Mann oder ein großer Verbrecher."[38]

Hitler, der am Aufbau Nazideutschlands arbeitete, erkannte schnell, dass ihm der Kriegsheld und das treue Parteimitglied Göring nützlich sein könnte. Er setzte Göring als Leiter der „Braunhemden" ein, der im Aufbau befindlichen paramilitärischen SA. Das war die erste einer schwindelerregenden Anzahl hoher Positionen und Auszeichnungen, mit denen Göring sich im Laufe seiner NS-Karriere schmückte. Wie der Historiker Eugene Davidson schreibt, war „Göring für Hitler ein nützlicher Mitstreiter, weil er aus der oberen Mittelschicht kam und sowohl von Geschäftsleuten als auch von ehemaligen Offizieren respektiert wurde und, was besonders wichtig war, sich durch unerschütterliche Treue auszeichnete".[39] Wegen des wachsenden Drucks seitens der Weimarer Behörden verließ Göring Deutschland, lebte einige Jahre in Italien und Schweden und beobachtete die Entwicklung der Partei aus der Ferne.

1927 hieß Hitler Göring in seiner nun erstarkten nationalsozialistischen Organisation willkommen; sie stand kurz vor dem Einzug in den Reichstag. Nach der Machtergreifung durch die Nationalsozialisten 1933 war Göring, mittlerweile einer der wichtigsten Drahtzieher der Partei, an der Planung und Durchführung einiger der schlimmsten Taten des Regimes maßgeblich beteiligt: darunter der auf den angeblichen Röhmputsch von 1934 folgenden Morde, durch die die Partei sich der rivalisierenden SA-Führung entledigte, die Hitler in die Quere gekommen war; außerdem spielte er eine Rolle bei der Gründung der Gestapo und dem Bau erster Konzentrationslager zur Internierung von Regimegegnern und der Verfolgung Oppositioneller, die Hitler für den Reichstagsbrand von 1933 verantwortlich machte. Gegen Ende der 30er-Jahre wurden Görings Verleumdungskampagnen gegen zahlreiche Nationalsozialisten und Militärs, die für Hitler und Göring eine potentielle Gefahr darstellten, dem Führer unersetzlich. Göring war des Weiteren beteiligt an der Verabschiedung der Nürnberger Rassengesetze, die die Rechte von Juden stark einschränkten, an weiteren Gesetzen, die die Judenvernichtung legalisierten und, in enger Zusammenarbeit mit Hitler, an der Planung und Durchführung des Krieges. Görings Beteiligung an so vielen der schlimmsten NS-Verbrechen sollte den US-Staatsanwalt Robert Jackson vor dem Nürnberger Gericht zu dem Ausspruch inspirieren: „Görings dicke Finger stecken aber auch in jeder Torte." Nachdem der Dolmetscher das ins Deutsche übersetzt hatte, brach Göring in schallendes Gelächter aus.[40]

Bei Kriegsende hatte Göring so viele Titel gesammelt, dass nur die lange Titelliste Hitlers die seine übertraf. Hermann Göring war Reichstagspräsident, Hitlers Stellvertreter, Ministerpräsident Preußens, Reichsluftfahrtminister und Oberbefehlshaber der Luftwaffe, Reichswirtschaftsminister, Mitglied des Geheimen Kabinettsrats, Hauptleiter der Reichswerke Hermann Göring, Generalfeldmarschall, Vorsitzender des Ministerrats für Reichsverteidigung, Reichsforstmeister und Reichsjägermeister. Der höchste Rang, den Göring erreichte, war der des Reichsmarschalls, ein Titel, den vor ihm nur eine einzige Person getragen hatte, knappe 200 Jahre zuvor Prinz Eugen von Savoyen.

Als Nummer zwei in der Hierarchie wurde Göring 1935 Hitlers offizieller Nachfolger. Göring steckte all seine Energie in die übernommenen Aufgaben, sodass er der NS-Regierung bald unersetzlich wurde. Gleichzeitig bereicherte er sich durch Diebstahl und Bestechung. Im Gegensatz zu vielen anderen ranghohen Nationalsozialisten hatte Göring Humor und eine Ausstrahlung, die ihm in den ersten Kriegsjahren die Sympathie seiner Soldaten sicherte. Er liebte Prunk, Trachten und Orden – einmal trug er bei einer Begegnung mit dem US-amerikanischen Präsidenten Herbert Hoover ein rotes Seidenhemd mit einem durch eine smaragdene Nadel in Position gehaltenen Halstuch. In Carinhall, dem nach seiner ersten Frau benannten großzügigen preußischen Jagdschloss, hielt er zahme Löwen, trat mit Speer und Helm eines mittelalterlichen Kriegers vor seine Gäste, spielte mit einer aufwändigen Spielzeugeisenbahn, sah Wildwestfilme und dekorierte seine Wände mit Kunstwerken, die er Museen und Sammlern in ganz Europa gestohlen hatte.[41]

Als sich der Krieg langsam zu Ungunsten von Deutschland wendete und die Luftwaffe zusammenbrach, verlor der

Spaßmacher Göring seinen Reiz. Sein Einfluss auf Hitler und seine Bedeutung als Kriegsberater schrumpften, während andere, vornehmlich Heinrich Himmler, Joseph Goebbels, Albert Speer und Martin Bormann, seinen Platz einnahmen. Er zog sich zurück, blieb der Front fern und widmete sich seinen Hobbys: der Jagd, dem Kunstraub und seinen Spielzeugen. Zum Zeitpunkt der Kapitulation Deutschlands war ihm nur ein Titel geblieben: der des Reichsmarschalls. Göring hatte nur überlebt, weil Ernst Kaltenbrunner, Leiter der Gestapo, gezögert und die Unterschrift Hitlers unter dem Exekutionsbefehl verlangt hatte.[42]

Bei der Durchsuchung von Görings Gepäck fand man ungeheure Mengen kleiner Tabletten unbekannter Zusammensetzung. Kurz nach Görings Ankunft zeigte ein Wachmann Andrus einen edlen Lederkoffer mit den Worten: „Das sollten Sie sehen, Sir."[43] In dem Koffer war „ein Tablettenarsenal, wie ich es noch nie gesehen hatte" – es handelte sich um etwa 20 000 Pillen. Andrus ließ Göring in sein Büro kommen, welcher erklärte, er nehme täglich 40 Tabletten gegen ein Herzleiden ein. Wie sich herausstellte, waren die Pillen aber nicht Teil einer medizinischen Behandlung. Bei Kriegsende hatte Göring sich einen riesigen Vorrat davon angelegt.[44] Der volle Koffer, dessen Anblick Andrus so erstaunt hatte, war nur ein Bruchteil davon. Den Rest hatte Göring in der Toilette hinuntergespült, weil er es für unehrenhaft hielt, wenn man bei seiner Ergreifung so viele Medikamente bei ihm fände.

Was Göring über Inhalt und Wirkung der Tabletten gesagt hatte, überzeugte Andrus nicht, deshalb schickte er eine Probe nach Washington an den Direktor des Federal Bureau of Investigation (FBI) J. Edgar Hoover. Der übergab die Probe an Dr. Nathan B. Eddy, einen Pionier der Drogenforschung in der Antidrogenbehörde des US-Gesundheitsministeriums. Eddys Untersuchung bestätigte Andrus' Verdacht, dass es sich nicht um ein Herzmedikament handelte. Stattdessen enthielten die Tabletten Paracodin, ein starkes Schmerzmittel und „relativ seltenes Betäubungsmittel, das in den USA nicht verwendet wird".[45] Das FBI stufte das Suchtpotential von Paracodin ähnlich dem von Morphium ein und warnte die Gefängnisleitung in Bad Mondorf eindringlich vor einem plötzlichen Entzug der Droge. Hoover bat, über den Zustand des NS-Gefangenen auf dem Laufenden gehalten zu werden.[46] Es ist nicht zu vermuten, dass Göring von der Medikamentenanalyse durch das FBI gewusst hat, dennoch erfuhr er von Hoovers Interesse an seiner Person, als zwei FBI-Agenten nach Bad Mondorf kamen, um ein Erinnerungsstück für das Museum der Behörde in Washington mitzunehmen. „Stellen Sie sich das nur vor: Ich in dem berühmten FBI-Museum, neben der Pistole von John Dillinger und der Maske von Babyface Nelson", rief Göring. „Was für eine phantastische Vorstellung!"[47] Doch dann hielt er inne, als ihm die Bedeutung der Anfrage klar wurde. „Man hat mich also schon verurteilt und als üblen Verbrecher abgestempelt. In der Zukunft werden amerikanische Kinder zittern, wenn sie im FBI-Museum vor dem Andenken des bösen Reichsmarschalls stehen." Göring ließ sich schließlich von den Agenten dazu überreden, einen seiner Militärorden beizusteuern.

Görings Vorrat an der synthetischen Droge, die er bei deutschen Herstellern beschlagnahmt hatte, war beinahe die Gesamtmenge des weltweit existierenden Paracodins. Das Medikament war vier Jahrzehnte zuvor von einer deutschen Pharmafirma entwickelt worden. Der Wirkstoff des Beruhigungsmittels ähnelt dem von Opium. „Paracodin schließt die Lücke zwischen Codein und Morphin", schreibt eine deutsche Pharmakologiezeitschrift zu Beginn des 20. Jahrhunderts. „Auch in kleinen Dosen wirkt Paracodin meist stärker als Codein. Im Vergleich zu Codein hat dieses Medikament allerdings eine stärkere beruhigende Wirkung."[48]

Göring war abhängig, und um seine Sucht zu befriedigen, ließ er von Pharmazeuten spezielle, für seinen Gebrauch niedrig dosierte Tabletten herstellen. Jede Tablette beinhaltete zehn Milligram Paracodin. Die Wirkung von fünf Tabletten entsprach einer Dosis von 65 Milligramm Morphium – das war mehr als genug, um eine normalgewichtige Person zu betäuben. Gegen Ende des Krieges unterbrach Göring seine Arbeit und Besprechungen regelmäßig, um die Tabletten einzuwerfen.

Andrus wollte Drogensucht in seinem Gefangenenlager nicht tolerieren. Am 26. Mai, Görings sechstem Tag in Bad Mondorf, gab Andrus dem medizinischen Personal, dem deutschen Arzt Ludwig Pflücker und dem US-Amerikaner William Miller, die Anweisung, mit einer Entziehungskur zu beginnen. Zunächst reduzierten sie Görings tägliche Dosis auf 38 Tabletten, am 29. Mai dann auf 18. Göring zählte die Pillen, die man ihm gab, mit wachsender Unruhe. Andrus notierte im Gefängnisprotokoll: „Seine Empörung war unübersehbar, sonst bemerkte man aber keine Veränderung in seinem Verhalten." Doch zwei Tage später erkrankte Göring an Bronchitis, und die Mediziner unterbrachen die Entziehungskur. Miller gab Andrus zu verstehen, dass „meiner Meinung nach eine weitere Reduktion der Dosis oder der gänzliche Entzug des Paracodins bei diesem Patienten ernsthafte psychische und körperliche Folgen haben würde". Es sollten viele Wochen vergehen, bis ein weiterer Versuch gemacht wurde.

\

Die Behandlung von Görings Drogenabhängigkeit war noch nicht abgeschlossen, als Anfang August ein neuer Mitarbeiter in Bad Mondorf eintraf. Davor war er in einem US-Militärkrankenhaus stationiert gewesen, wo er psychologische Beratung angeboten hatte und für die psychiatrische Behandlung von tausenden von US-Soldaten verantwortlich gewesen war.

Der junge Mediziner mit dem gewellten braunen Haar sah jungenhaft aus, war aber robust gebaut und von einer rauen Attraktivität. Es war der gebürtige Kalifornier Captain Douglas McGlashan Kelley. Als er nach Bad Mondorf kam, hatte er schon fast drei Jahre im Sanitätsdienst der US-Armee hinter sich. Wie Andrus ihm bald erklärte, war er nach Bad Mondorf versetzt worden, um die psychische Gesundheit von Göring und den anderen NS-Gefangenen zu gewährleisten, bis entschieden war, was mit ihnen geschehen sollte.

Nachdem Kelley sich in Bad Mondorf eingerichtet hatte, stellte er sich nach und nach jeder der NS-Größen vor, Göring aber traf er zuerst und führte eine medizinische Untersuchung durch. Göring muss aufgefallen sein, dass sein neuer Psychiater nicht die wissenschaftlich distanzierte Haltung an den Tag legte, die man hätte erwarten können. Wenn Kelley sprach, dann tat er es laut und direkt und bewegte dabei die buschigen Augenbrauen. Er näherte sich seinem Patienten behutsam und nahm zunächst Görings Krankengeschichte auf. Kelley wusste nicht, was er von diesem berüchtigten Patienten zu erwarten hatte. Manche hatten Göring als „machiavellistischen Schuft, [andere als] fetten, harmlosen Eunuchen" beschrieben, die meisten hatten ihn aber als einen Mitläufer Hitlers dargestellt, der nur auf Auszeichnungen, Ruhm und Reichtum aus war.[49]

Ein anderer Gefängnismitarbeiter war mit dem berühmtesten Insassen Bad Mondorfs schon vertraut. John Dolibois war ein vertrauenswürdiger und sympathischer gebürtiger Luxemburger, amerikanischer Staatsbürger und Geheimdienstoffizier. Bevor seine Familie nach Akron in Ohio ausgewandert war, hatte er das Hotel als Kind zu dessen goldenen Zeiten kennengelernt.[50] Er arbeitete seit Mai 1945 in dem Gefangenenlager und hatte sich, um seine Verwandten in Deutschland zu schützen, den Gefangenen als John Gillen vorgestellt. Dolibois bemühte sich darum, unter den Gefangenen als sanftmütig und harmlos zu gelten, und übernahm die Rolle des Wohlfahrtsoffiziers, der ihnen bei Problemen half, sie nach ihren Bedürfnissen fragte und sich mitfühlend ihre Beschwerden anhörte. Dadurch gelangte er an wichtige Informationen, die er an die Verhörer weitergab. Viele der NS-Gefangenen sprachen ganz offen, weil sie noch nicht glauben konnten, dass man sie wegen ihrer Verbrechen anklagen würde. „Wir mussten keine Hilfsmittel einsetzen, um die Gefangenen zum Sprechen zu bringen", erinnert Dolibois sich in seinem Buch. „Manchmal redeten sie eher zu viel. Fast alle der Männer in Ashcan redeten mehr als bereitwillig. Wenn man sie mehrere Tage lang nicht verhört hatte, fühlten sie sich vernachlässigt."[51] Mit ausgezeichneten Deutschkenntnissen und einem Psychologieabschluss von der Miami University war Dolibois der ideale Dolmetscher und Übersetzer für Kelley, der nur über rudimentäre Deutschkenntnisse verfügte.

Göring war ein geselliger Mann und hatte anregende Gespräche dringend nötig. Er war äußerst erfreut über die Aufmerksamkeit, die der Arzt ihm entgegenbrachte. Bei einem ihrer ersten

Treffen rühmte er sich vor Kelley damit, immer sehr auf seinen Körper geachtet zu haben. Tatsächlich erklärte der ehemalige Reichsmarschall, er habe die beste Konstitution in ganz Deutschland. Er beschrieb Kelley „aufs genaueste jede Narbe und jeden Kratzer an seinem Körper", notierte der Arzt, der die Krankengeschichte Görings zusammenzustellen begann:

> *Bei Geburt 5,5 kg. Als Kind schlank, Gewichtszunahme ab 1923.*
>
> *1916 – 16. Nov.: Abgeschossen – Geschoss in r. Flanke – Metallsplitter und Polsterung. Krankenh. Bis Jan. 1917 – Narbe 16 cm [...]*
>
> *Schuss in oberen Oberschenkel – 1923 in München – 9. Nov. '23 bis März '24.*
>
> *Damals wurde Morphium verschrieben; Selbstinjektionen. Nach Entlassung aus dem Krankenhaus: Injektionen und orale Einnahme für weitere 6 Monate bis 3 Jahre.*[52]

Kelley interessierte sich immer mehr für die Berge an Besitztümern, die Göring bei seiner Ankunft in Ashcan im Gepäck gehabt hatte. Die große Anzahl von Kosmetikartikeln und Accessoires beeindruckte den Psychiater, der unter den Gegenständen zwar Körperlotion und -puder fand, entgegen Gerüchten aber kein Make-up.[53] Wirklich beeindruckt aber war Kelley von den drei Ringen im Besitz des hochrangigen Nationalsozialisten: Es seien „wirklich massive Schmuckstücke" gewesen. In den einen war ein großer Rubin eingefasst, in den zweiten ein Smaragd und in den dritten ein blauer Brillant. Göring erklärte Kelley, er habe die drei Ringe vor seiner Ergreifung „immer bei sich gehabt, um täglich den auszuwählen, der am besten zu seiner Stimmung passte". Auch der riesige lose Smaragd unter Görings Habseligkeiten entging dem Psychiater nicht.[54]

Göring sprach zu Kelley verschiedentlich mit großem Stolz von seiner exzellenten Gesundheit, seiner Kraft und seinen sportlichen Fähigkeiten. „Ich bin zeit meines Lebens sehr sportlich gewesen", erklärte Göring Kelley, der neben ihm auf dem Bett saß. „Bis in die letzten Kriegsjahre hinein habe ich viel Zeit mit Skifahren, Jagen und Wandern verbracht.“ Göring schien sich dabei für unsterblich gehalten zu haben. Als Jugendlicher habe er in den österreichischen Alpen, während seine Begleiter sich eilig in Sicherheit brachten, einfach zugesehen, als um ihn herum eine Lawine niederging. Ein anderes Mal habe er Freunde gescholten, die in Panik geraten waren, weil das Ruderboot sich einem Wasserfall näherte. In Görings Erinnerung habe er ihnen zugerufen: „Wenn wir da reingeraten, ist es aus mit uns. Aber wir können ja doch nichts machen, warum sich also aufregen?“

Von Kelley über seinen Lebenswandel befragt, antwortete Göring, er esse gern, trinke maßvoll und rauche gelegentlich eine Zigarre. „Er beschreibt sein Sexualleben als normal und gibt an, dass seine Gewichtszunahme seit den 20er-Jahren keinen Einfluss darauf gehabt habe“, notierte Kelley.

Dann wandte sich der Psychiater Görings Drogensucht zu. Göring erklärte Kelley, dass er gut zwei Jahrzehnte zuvor am Münchener Bürgerbräu-Putsch teilgenommen hatte, dem gescheiterten Versuch einiger Mitglieder der NSDAP, die bayerische Regierung zu stürzen. Göring war damals schon Hitlers rechte Hand gewesen und an der Planung des Staatsstreiches maßgeblich beteiligt gewesen, hatte die SA organisiert, die Zivilisten einschüchterte und Regierungsgebäude besetzte, und hatte die Stimmung so aufgeheizt, dass es ihnen gelungen war, den Münchener Bürgerbräukeller zu besetzen, in dem Gustav von Kahr eine Rede hielt. Die 24-stündige, chaotische Geiselnahme endete in einer Straßenschlacht zwischen den Nationalsozialisten und der bayerischen Polizei. Bei den Schusswechseln starben 20 Personen und viele weitere wurden verletzt. Hitler und die anderen Putschisten wurden in die Flucht geschlagen. Göring hatte eine Kugel im Oberschenkel. Die Wunde entzündete sich, und Göring verbrachte viele Monate im Krankenhaus. Hier entwickelte er die Drogenabhängigkeit; begleitend zu der Behandlung der Schusswunde hatte man Göring als Schmerzmittel immer wieder Morphium gespritzt. Die Wunde heilte mit der Zeit, aber sein Verlangen nach der Droge hielt an. Nach Abschluss der Behandlung besorgte Göring sich Morphium auf dem Schwarzmarkt. Wegen seiner Rolle im Putsch musste er

Deutschland verlassen und zog 1924 auf der Suche nach Arbeit als Berater in der Luftfahrt mit seiner Frau Carin nach Schweden.

Die Sucht nahm er mit. Der Schmerz in seinem Bein sei unerträglich geworden, und er habe sich wegen der ihm durch die Arbeitslosigkeit aufgezwungenen Untätigkeit nutzlos gefühlt. Er erhöhte die Tagesdosis. Das Morphium habe Wahnvorstellungen, Unzuverlässigkeit, Redseligkeit, Manie, Selbstüberschätzung und Schlaflosigkeit ausgelöst. Es habe ihn immer wieder zum Überkochen gebracht und gewalttätige Wutanfälle provoziert. Er habe in der Wohnung mit Möbeln um sich geworfen. Das Morphium hatte Görings Hormonausschüttung stimuliert und zu einer gewaltigen Gewichtszunahme geführt, bis er über 130 Kilogramm wog. Der schlanke, gutaussehende Fliegerheld des Ersten Weltkriegs hatte groteske Formen angenommen.

Göring machte Carin das Leben zur Hölle. Nachdem die Ärzte ihr gesagt hatten, er stelle für sich und andere eine Gefahr dar, hatte sie ihn ins Krankenhaus von Aspudden (Stockholm) einweisen lassen, wo man den neuesten Suchtbehandlungsmethoden entsprechend Görings tägliche Morphiumdosis sofort drastisch reduzierte. Göring war freiwillig ins Krankenhaus gegangen, aber ihm war wohl nicht klar gewesen, welche Qualen ihn dort erwarteten. Die Mediziner lehnten seine Bitte um höhere Dosen ab und sagten ihm, er solle die Entzugserscheinungen wie ein Mann nehmen. Unter Schmerzen, heftigem Verlangen und Frustration griff Göring eine Krankenschwester an, versuchte, sich Zugang zu den Medikamenten des Krankenhauses zu verschaffen, und drohte mit Selbstmord. Man steckte ihn in eine Zwangsjacke und überwies ihn an eine um einiges strengere Institution, die psychiatrische Anstalt Långbro.

Von den folgenden drei Monaten seien ihm nur gräuliche Bilder im Gedächtnis geblieben. Man habe ihn gefesselt und in eine Gummizelle gesteckt, damit er sich nichts antun konnte. Dann habe man ihm das Morphium ganz entzogen, und die Entzugserscheinungen trafen ihn mit voller Wucht. Wieder auf freiem Fuß und in der Obhut seiner Frau, verfiel Göring sofort abermals der Sucht und war kurz darauf ein zweites Mal zu einer Entziehungskur in Långbro. 1927 wiederholte er, nach Deutschland zurückgekehrt, die Behandlung. Das letzte Mal habe er im Winter 1928 zur Behandlung von Halsschmerzen Morphium genommen. Danach habe Göring mehrere Jahre lang, trotz Carins Tod 1930 und in der Zeit des aufreibenden Aufstiegs der NSDAP, keine Drogen genommen.

Damals nahm er zwar gelegentlich Diät- und Schlaftabletten, die Sucht hatte er aber anscheinend überwunden. Doch das änderte sich, als er 1937 wegen starker Zahnschmerzen abermals abhängig wurde. Der Zahnarzt glaubte, die Schmerzen seien auf Nervosität und Angst zurückzuführen und gab Göring eine Flasche Paracodintabletten, von denen er alle zwei Stunden zwei nehmen sollte, bis der Schmerz nachließe. Fünf Tage später hatte Göring weder Schmerzen noch Tabletten und verlangte aus Angst vor einem aufkommenden Verlangen nach Morphium mehr Paracodin von dem Zahnarzt. Dieser lehnte mit dem Hinweis auf die hohe Suchtgefahr ab, aber Göring trieb das Medikament problemlos anderweitig auf. Bald nahm er täglich zehn Tabletten.

Vielleicht hätte Göring die Warnung des Zahnarztes vor einer körperlichen und psychischen Abhängigkeit ernst nehmen sollen. Das Paracodin versetzte ihn zwar nicht in einen euphorischen Zustand, er brauchte es aber als Stimmungsaufheller und zur Steigerung seiner Aufmerksamkeit und seines Charmes. Außerdem verursachte es Stimmungsschwankungen von Euphorie bis Depression und erhöhte seine natürliche Tendenz zu Egozentrik, schwülstiger Rede, extravaganter Kleidung und aufsehenerregendem Auftreten. Göring bewahrte die Tabletten in seinem Haus in alten venezianischen Glasschalen auf, an denen er sich bedienen konnte, wann immer ihn das Verlangen packte.

Der ehemalige Reichsmarschall erzählte Kelley, er habe Paracodin bis 1940 relativ niedrigdosiert zu sich genommen, dann sei der Druck durch den Krieg gewachsen, und die Einnahme habe sich auf zuletzt bis zu 160 Tabletten täglich gesteigert. Im Verlauf des Krieges habe er diese bedenkliche Menge wieder reduziert, doch die Dosis sei abermals gestiegen, als sich Deutschlands Niederlage abzeichnete. „Bei seiner Ergreifung habe er täglich etwa 100 Tabletten eingenommen", notierte Kelley in den Unterlagen – das war etwa dreimal so viel wie die empfohlene Tageshöchstdosis.[55] Kelley glaubte allerdings, auch bei dieser Menge handele es sich um „keine außergewöhnlich starke

Dosis. Sie genügte jedenfalls nicht, um seine geistigen Fähigkeiten zu irgendeiner Zeit herabzusetzen".[56]

Kelley appellierte an Göring, der sehr stolz war auf seine Konstitution und Manneskraft, und überredete ihn, den Entzugsprozess zu beschleunigen. Bald wurde ihm klar, wie leicht es war, dem Gefangenen zu suggerieren, er sei stärker als andere Männer und könne sich seiner Sucht deshalb schneller entledigen. Göring reagierte mit Enthusiasmus auf Kelleys Schmeicheleien und schwieg über seine Beinschmerzen und andere Entzugserscheinungen, wenn man ihn nicht direkt danach fragte. Kelley verringerte Görings Paracodindosis Schritt für Schritt, bis Göring am 12. August von der Abhängigkeit befreit war.

Der Arzt lernte, Göring zu manipulieren. Was er dabei übersah, war der Einfluss, den Göring wiederum auf sein Denken hatte. Indem er Kelley die Schwere seiner Entzugserscheinungen vorenthielt, ließ Göring den Psychiater im Glauben, es handele sich, wenn überhaupt, um eine leichte Abhängigkeit. Kelley hielt sie schließlich für nichts als eine „Gewohnheit".[57] Ursache dafür sei Görings „Bedürfnis, mit seinen Händen und mit dem Mund etwas zu tun, eine Handlung zu verrichten, an die er gewohnt war und die er liebte", schreibt Kelley. „Genau wie Raucher darauf achten, dass sie jeden Morgen einen Vorrat an Zigaretten und Tabak auf ihrem Schreibtish vorfinden, stellte Goering eine Flasche mit hundert kleinen Pillen auf sein Pult. Im Verlauf von Konferenzen oder Besprechungen nahm er die Flasche, öffnete sie, ließ einige Tabletten in seine Hand fallen, steckte sie in den Mund und kaute sie gemächlich während der Unterhaltung." Abschließend urteilte Kelley: „Ich kann bezeugen, dass seine Sucht nicht sehr stark war."[58]

Anderen Personen gegenüber hatte sich Göring in Bad Mondorf ganz anders geäußert. Kommandant Andrus hatte Göring während der Entziehungskur von starken Kopfschmerzen und Schlafstörungen erzählt und die ursprüngliche Paracodindosis verlangt. Unberührt hatte Andrus geschrieben, dass „er gejammert und geklagt hatte wie ein verwöhntes Kind beim Abstillen".[59]

Göring hatte eine lange Geschichte der Opiatabhängigkeit hinter sich, und seine vielfachen Versuche, seine

Paracodineinnahme zu reduzieren, waren besonders während der stressreichen Kriegsjahre erfolglos gewesen. In diesem Licht erscheint Kelleys Einschätzung von Görings Drogensucht als leichte Abhängigkeit äußerst unrealistisch. Es waren nicht Beinschmerzen gewesen, die Göring in den 30er- und 40er-Jahren zur Einnahme von Zehntausenden von Paracodintabletten gebracht hatten, sondern wachsende Angst. Heute wird Paracodin von der Drogenvollzugsbehörde der USA als eine Droge der Klasse II eingestuft, deren Konsum zur Abhängigkeit führen kann und deshalb gesetzlich eingeschränkt ist. Paracodin gehört zu den Lieblingsdrogen von William Lee, dem Junkie aus William Burroughs *Naked Lunch*.

Göring spielte mit Kelleys Stolz als Mediziner, indem er sich den Anweisungen des Arztes beugte. Kelley war äußerst zufrieden mit dem Verlauf des Entzugs, aber es blieb unklar, wer hier eigentlich wen angeführt hatte. In den ersten Wochen ihrer Bekanntschaft hatte Kelley noch nicht begriffen, was es auch für ihn bedeutete, dass Göring in der Vergangenheit meisterhaft getäuscht, manipuliert und einen scharfen Blick für die Motive der ihn umgebenden Personen bewiesen hatte. Diese Fähigkeiten hatte er während Hitlers Aufstieg in Deutschland perfektioniert. Göring war nicht irgendein Drogenabhängiger.

Während der Entziehungskur nahm Göring auch Kelleys Hilfe bei der Gewichtsabnahme an. Während des Diätprogramms verlor Göring in fünf Monaten 30 Kilo. Kelleys eigentliches Motiv war eine Entlastung des Herzens seines Patienten; Göring gegenüber gab er aber einen anderen Grund an: Der einstige Reichsmarschall würde einfach besser aussehen. „Göring gefiel der Gedanke, wieder zu dem Fliegerhelden des Ersten Weltkriegs zu werden“, beobachtete Dolibois, „der hochdekorierte Pilot des Richthofengeschwaders“.[60] Göring erklärte sich mit Kelleys Diätprogramm einverstanden und aß weniger. Dann verlangte er Änderungen an seiner Häftlingskleidung und seiner Uniform. Seine Hosen mussten um 15 Zentimeter verengt werden. „Dies wurde ihm bewilligt“, gab Kelley zu. „Jedoch nicht aus dem Grunde, weil wir ein Interesse an Görings Aussehen hatten, sondern weil ihm sonst die Hosen hinuntergefallen wären.“[61]

Görings verbesserter Gesundheitszustand führte auch dazu, dass er sich dem Gefängnispersonal gegenüber weniger feindselig zeigte und sich sein allgemeiner Gemütszustand verbesserte. Aber er blieb angespannt und beschuldigte die Gefängniswachen verschiedentlich der Planung eines Attentats auf ihn. Göring war nicht gern allein, und eines Nachts löste ein kräftiger, über das Gefängnis dahinziehender Sturm, den Göring allein in seiner Zelle erlebte, einen Anfall aus, der zunächst einen Herzinfarkt vermuten ließ. Ein Arzt diagnostizierte dann aber nur Herzrasen.[62] Stück für Stück trat der selbstbewusste Mann wieder zum Vorschein, der gerissene Jongleur von Macht und Politik, der vor seiner Ergreifung durch die Alliierten über große Teile von Europa geherrscht hatte. Er wirkte jetzt gelassener, war gesprächiger und faszinierte den angenehm aufmerksamen Psychiater, der dasaß und geduldig jedes Wort seines Patienten aufnahm.

Kapitel 3
Der Psychiater

ALS DOUGLAS KELLEY NACH Ashcan kam, hatte er keine Erfahrung mit Verbrechern und sehr wenig Umgang mit Drogenabhängigkeit und Entzugskuren. Die Versetzung war überraschend gekommen. Am 4. August 1945 erreichte ihn diese Order: „Kontaktieren Sie Captain Miller [...], Palasthotel, Mondorf Lesbains, Kleinstadt ca. 16 Kilometer südlich von Luxemburg Stadt. Er wird Sie über alles Weitere in Kenntnis setzen."[63] Kelley wusste nicht, dass diese Order seinem Leben eine gänzlich neue Richtung geben würde.

Im Lauf der vergangenen zwei Monate hatte ein ganzer Schwarm von Psychiatern und anderen Medizinern um die Erlaubnis nachgesucht, nach Bad Mondorf kommen und die NS-Gefangenen untersuchen zu dürfen, um die Gründe für deren Verhalten herauszufinden. Der Psychoanalytiker John Millet erhoffte sich dadurch „zusätzliche Informationen über die Charaktereigenschaften der Deutschen und den unter ihnen verbreiteten Trieben zu erlangen". Andere, die um ein Treffen mit den NS-Gefangenen baten, wollten mehr als ein Gespräch: Wie der Medizinhistoriker Daniel Pick schreibt, „gingen manche sogar so weit, die Sektion der Gehirne der [...] Täter vorzuschlagen. Dabei hätte man die Männer zunächst mit einem Schuss in die Brust hinrichten müssen, um das Gewebe nicht zu schädigen."[64] Das US-Militär wies sie alle ab und entschied sich stattdessen für einen Mediziner aus den eigenen Reihen, der sich gar nicht um die Position beworben hatte.

Von einer solchen Stelle konnte ein Psychiater nur träumen: Die Arbeit mit den Männern, die zu den schlimmsten Verbrechern des Jahrhunderts zählten. Als ehemaliger Leiter mehrerer psychiatrischer Kliniken wusste Kelley, dass abnormales Verhalten oft einen sowohl obskuren als auch faszinierenden Ursprung hatte, und er verfolgte in Ashcan schnell seine eigenen Ziele. Bei seiner Ankunft war er fest entschlossen, bei den NS-Häftlingen die Symptome eines gemeinsamen psychischen Defizits zu erforschen: Die Bereitschaft, Böses zu tun. War ihnen eine Geisteskrankheit gemein oder hatte ihr Verhalten individuelle psychische Ursachen? Gab es eine „NS-Persönlichkeit", auf die ihre grässlichen Verbrechen zurückgeführt werden konnten? Das alles wollte Kelley herausfinden. Später erklärte der Psychiater seine

Beweggründe folgendermaßen: „Wenn wir aus dem Geschehenen nichts lernen und uns der Ursprung der Kräfte, die eine derartige Tragödie haben hervorbringen können, unbekannt bleibt, werden die Verwüstung Europas, der Tod von Millionen und das gerade noch abgewendete Ende der modernen Zivilisation umsonst gewesen sein. Wir müssen den Grund für den Erfolg des Nationalsozialismus begreifen, um uns vor ähnlichen Desastern schützen zu können."

Kelley bildete sich schnell ein Urteil über Göring. Nachdem er auch die anderen Gefangenen kennengelernt hatte, notierte er, dass Göring „mit Abstand die außergewöhnlichste Persönlichkeit im Gefängnis ist, weil er so intelligent ist. [...] Er ist intellektuell weit entwickelt und vielseitig, seine große, kräftige Statur beeindruckt, besonders, wenn er seinen Umhang trägt und man beim Laufen das Fett nicht schwabbeln sieht. Von weitem ein gutaussehender Mann, eine mächtige, dynamische Persönlichkeit." Während ihrer ersten Gespräche in Görings Zelle hatten sie aber auch Politik, den Krieg und den Aufstieg des Nationalsozialismus angesprochen, sodass Kelley Görings dunkle Seiten kennengelernt hatte. Der Reichsmarschall hatte Unbarmherzigkeit, Narzissmus und kaltherzige Gleichgültigkeit gegenüber all denjenigen gezeigt, die sich außerhalb seines engsten Familien- und Freundeskreises befanden. Es war genau diese Kombination unterschiedlicher Attribute – bewundernswert und böse –, die Kelleys Interesse an Göring weckte. Nur ein interessanter, fähiger und intelligenter Mann, der die Leben so vieler Menschen zerschlagen und zerstört hatte, konnte Kelley Zugang verschaffen zu den Regionen der menschlichen Psyche, deren Erforschung er sich zum Ziel gesetzt hatte.

\

Größenwahn war in Kelleys Familie erblich. Die McGlashans, denen Kelleys Mutter June entstammte, waren ihrer Zeit voraus und die wohl exzentrischste Familie Kaliforniens. Kelley war stolz auf seine legendären Vorfahren. Sie waren überlebensgroß und allesamt krankhaft ambitionierte Sammler und Erbauer, besonders von Denkmalen zu ihren eigenen Ehren. Das

Kelleys Großvater Charles F. McGlashan, Chronist der unglückseligen Donner Party und Schmetterlingskundler.

Haus und Museum der McGlashans mit dem Rocking Stone, Truckee, Kalifornien.

Familienoberhaupt war Charles Fayette McGlashan. Er war mit sieben Jahren aus Wisconsin nach Kalifornien gekommen und hatte sich dort zu einem energischen Verteidiger, Zeitungsherausgeber, Naturliebhaber, Erfinder (er war im Besitz mehrerer Patente) und Amateurhistoriker entwickelt.

Zu Beginn des 20. Jahrhunderts errichtete Charles McGlashan sein Haus auf einem Berg über Truckee, einer rauen Kleinstadt im nördlichen Kalifornien, die in einer Senke der Sierra Nevada über dem blauen Juwel des Lake Tahoe kauerte. Das beeindruckende, zweigeschossige Gebäude mit griechischen Säulen und hohen, die Sonne reflektierenden Rundbogenfenstern, war von Mohn, Kornblumen und Fliederbüschen umgeben und thronte auf einem von Katzensilber durchzogenen Felsen. Die Anwohner Truckees erinnerten sich noch lange an den magischen Anblick des bizarren Hauses, dessen Fenster nachts glitzerten, wenn es sich aus dem mondbeschienenen Schnee erhob. In jedem Zimmer gab es Schätze zu entdecken, und jeder von ihnen erzählte eine Geschichte: persische Teppiche, Kisten voller Edison-Schallplatten, Skulpturen und Andenken und überall mit großer Sorgfalt ausgewählte Möbel.

„Unsere Villa sang ihr Lied vom Hügel bis ins Tal und war so unübersehbar auf dem Kamm platziert wie eine Hochzeitstorte inmitten der Gäste“, erinnerte sich später ein Cousin Kelleys.[65] Charles McGlashan ließ sich gern in der Rotunde in seinem Lieblingssessel nieder, einem schwarzen Lederpolstersessel, von dem aus man einen spektakulären Blick auf die Berge hatte. Das Haus war durch einen Steg mit einem im gleichen Stil gehaltenen Rundturm verbunden, der hinter einer Kuriosität der Natur hervorragte: dem Rocking Stone, einem Findling, der berühmt dafür war, sich bei der geringsten Berührung vor- und zurückzubewegen. Früher hatten die Washoe-Indianer Nahrungsmittel am Fuß des Felsens gelagert, dessen Bewegung plündernde Tiere abschreckte.

Im Turm untergebracht war McGlashans Sammlung, bestehend aus 20 000 Schmetterlingen, Kuriositäten indianischen Ursprungs und Sammlerstücken, die an eine der in den USA berühmtesten tragischen Begebenheiten erinnerten: Im Winter 1845 war eine Gruppe aus mehreren in den Westen übersiedelnden Familien von einem Schneesturm überrascht worden und hatte monatelang in den eisigen Bergen unweit von Truckee ausharren müssen. Viele Mitglieder der Siedlergruppe, die unter dem Namen Donner Party berühmt wurde, verloren ihr Leben, und bevor die anderen gerettet werden konnten, gingen die hungernden Überlebenden dazu über, die sterblichen Überreste ihrer Familienmitglieder zu verspeisen. McGlashan sammelte über viele Jahre hinweg Überbleibsel der Lager, die die Gruppe in den Bergen aufgeschlagen hatten, und baute sein Haus keine fünf Kilometer vom Donner Lake entfernt, an dessen Ufern sich der schlimmste Teil der Tragödie abgespielt hatte. In seinem Museumsturm oberhalb des Rocky Stone waren viele entsetzliche Gegenstände untergebracht, so zum Beispiel der Knochen des kleinen Zehs eines der Opfer, den er in einer alten Feuerstelle entdeckt hatte. In der ganzen Sierra Nevada gab es nichts, das mit Charles McGlashans Anwesen vergleichbar gewesen wäre.

Jahrelang hatte der imposante Mann mit der edlen hohen Stirn und dem angriffslustigen Blick die Region zu Pferd durchstreift und auf dem Weg Schmetterlinge gefangen. „Gib mir eine Bergwiese, und alle Metropolen der Welt sollen dein sein", soll er einmal zu einem Freund gesagt haben. „Ich ziehe das Fangen von Schmetterlingen auf einer Wiese bei Truckee jederzeit dem urbanen Kampf um Ruhm, Rang und Reichtum vor. Wieso sollte ich mehr wollen als die Stellung, die ich in der Gegend hier habe?"[66]

Aber dennoch konnte Charles McGlashan es nicht lassen und suchte immer wieder Aufmerksamkeit und Kontroversen. Als Journalist reiste er nach Utah, um mehr über das umstrittene Mormon Mountain Meadows Massaker aus dem Jahre 1857 herauszufinden. Zwei Jahrzehnte später lernte er den Überlebenden der Donner Party James F. Breen kennen. Die Begegnung war der Anfang einer besessenen, lebenslangen Jagd danach, was sich bei der Tragödie tatsächlich abgespielt hatte, die viele Anwohner der Region lieber vergessen wollten. Besonderes Interesse hatte er an Lewis Keseberg, dem Bösewicht der Donner Party: Der Legende nach hatte Keseberg den Tod anderer Gruppenmitglieder herbeigeführt. Aber war dieser Mann wirklich so gewissenlos, wie viele glaubten? Nachdem McGlashan Keseberg in

Sacramento aufgetrieben und mit ihm gesprochen hatte, war er von dessen Unschuld überzeugt.[67]

McGlashan machte es sich zur Aufgabe, die verfallenen Hütten der Familien der Donner Party zu finden. Mit 31 Jahren schrieb er dann die *History of the Donner Party* (Die Geschichte der Donner Party), ein Maßstäbe setzendes Buch, das auf unzähligen Gesprächen mit Überlebenden basiert und bis heute in Druck ist. In den darauffolgenden Jahrzehnten kämpfte er erfolgreich für die Errichtung eines großen Denkmals für die Opfer am ehemaligen Standort einer der Hütten.[68] Für andere mag die Tragödie nichts als eine Gruselgeschichte sein, die dem Ruf der Region schadete, aber für McGlashan hatte die Begebenheit persönliche Bedeutung. Die traurige Geschichte der Siedler in Erinnerung zu rufen bedeutete, sich und seine Familie in den Vordergrund zu rücken. Außerdem machte er sich damit jenen unheilvollen Winter zu eigen. In seinen Augen diente die Recherche zur Tragödie der Donner Party nicht nur der Aufdeckung von Tatsachen, vielmehr steigerte es sein Ansehen und bewies seinen persönlichen Erfolg. So sahen es auch seine Nachkommen. Der Ruf der Familie war eng mit einer grausigen Katastrophe verknüpft, die sich in ihrer unmittelbaren Nachbarschaft abgespielt hatte. Die McGlashans sorgten dafür, dass die Donner Party nie in Vergessenheit geriet, und umgekehrt wurde die Donner Party wesentlicher Bestandteil der Familienidentität. Es war eine ungewöhnliche und starke gegenseitige Abhängigkeit entstanden.

Dieses große Projekt nahm McGlashan voll und ganz ein und belastete sein Familienleben.[69] Seine Frau Nona litt unter seiner ständigen Abwesenheit und seiner Hingabe an eine Arbeit, die ihn, auch wenn er zu Hause war, anspannte und eine Distanz zwischen ihnen schuf. Unter Vorwänden wanderte er zu den Hütten der Donner Party und saß zufrieden zwischen Ruinen und Baumstümpfen, während dieser fürchterliche, lang vergangene Winter vor seinem geistigen Auge ablief. Er entfernte Splitter aus den Stämmen der Blockhütten und verkaufte sie später in Glasfläschchen zu einem US-Dollar das Stück.[70] Der Erlös floss in den Bau des Denkmals für die Donner Party. Wenn McGlashan bei einem der von Nona zubereiteten Abendessen abwesend war, „wuchs sein leerer Teller vor ihren Augen, bis er den ganzen Tisch einnahm", schrieb ihre Tochter. Nona sagte später: „Wenn man es recht bedenkt, war ich die Hauptleidtragende der Donnertragödie."

McGlashan war vielseitig interessiert, engagierte sich politisch (1884 wurde er in das kalifornische Unterhaus gewählt, kurz darauf zum Vorsitzenden der berüchtigten Anti-Chinese League und zum Gouverneurskandidaten der Labor Party) und erforschte die Biologie (gemeinsam mit Kelleys Mutter June entdeckte er eine Schmetterlingsart, die nach ihm benannt ist: *Melataea macglashani*).[71] Wer von seiner Arbeitswut nichts wusste, nahm McGlashan als aufmerksamen, höflichen, hochintelligenten und empfindsamen Mann wahr. Sein hypnotischer Blick, sein schlohweißes Haar und der Schnurrbart verliehen ihm Autorität und verhalfen ihm zu einem selbstbewussten Auftreten vor Publikum. Wenn es in Kalifornien auch vor Hollywood berühmte Familien gegeben hatte, dann war Charles McGlashan das Oberhaupt eines dieser Clans.

Seine Tochter June studierte wie er Jura und war eine der ersten an kalifornischen Gerichten zugelassenen Frauen. Einige Jahre lang praktizierte sie an der Seite ihres Vaters, und Beobachtern entging nicht, dass June die Leidenschaft, Eloquenz und Überzeugungskraft ihres Vaters geerbt hatte.[72] McGlashan brachte June, die wie er eher introvertiert war, bei, dass es keinen Sinn habe, andere von den eigenen Ideen überzeugen zu wollen. Sie solle besser einfach tun, was sie für richtig halte, dann würde sie ja sehen, ob ihr andere folgten. Aus dieser Umgangsform spricht der Hochmut gegenüber abweichenden Meinungen und die Ignoranz gegenüber zwischenmenschlichen Beziehungen.

Charles McGlashan bekam viel Anerkennung für seine Arbeit in den Bereichen Jura, Politik, Geschichte und Naturwissenschaft – er war als großer Mann allgemein angesehen –, und er lebte vom Lob und der Aufmerksamkeit der Öffentlichkeit. Stellte aber jemand seine Entscheidungen in Frage, verweigerte er die Zusammenarbeit rigoros, so zum Beispiel, als das Komitee zur Errichtung des Denkmals für die Donner Party den von ihm gewählten Wortlaut der Inschrift änderte.[73] Wie bei ihrem Vater verbargen sich auch hinter Junes für die Öffentlichkeit funkelnder Persönlichkeit Nachdenklichkeit und dunkle Seiten. Sie unterdrückte ihre Wut und überspielte ihre Anspannung. Vor einem Plädoyer ballte sie die Fäuste oft so fest, dass die Handflächen bluteten.[74] War June erschöpft, musste sie sich wie ihr Vater ganz zurückziehen, um wieder zu Kräften zu kommen.

1909 heiratete June einen Zahnarzt und Teilzeitjuristen aus Truckee namens George Kelley, genannt Doc, und verließ die Kanzlei ihres Vaters. Doc war ein liebenswürdiger, einfacher Mann, der ganz in das Kleinstadtleben integriert war. Ursprünglich hatte er sich um Junes Schwester bemüht. June arbeitete noch einige Jahre lang als stellvertretende Bezirksstaatsanwältin. In dieser Rolle musste sie sich gelegentlich mit ihrem Vater messen, der die Verteidigung stellte. Ein Familienmitglied erinnert sich an diese Zweikämpfe: „Schwerter klirrten und Hiebe wurden ausgeteilt, und die Geschworenen und Zeugen saßen gebannt auf der Stuhlkante. Die beiden beleidigten einander, indem sie auf kultivierte und äußerst elegante Art ihre gegenseitige Verachtung zur Schau stellten, wobei das dramatische Talent der beiden voll zum Einsatz kam."[75]

Im August 1912 bekamen June und George einen Sohn, Douglas McGlashan Kelley. 1919 verließ die Familie Truckee und zog nach San Francisco, wo Doc eine Praxis eröffnete, die er über 50 Jahre lang betreiben sollte. Der kleine Douglas erlebte die intensive Liebe Junes und die damit kontrastierende schlichte Kameradschaft seines Vaters. Für June verkörperte der Junge die Fortsetzung der McGlashan-Linie, nicht den liebenswerten Niemand, als den June ihren Mann mittlerweile betrachtete. Als Schüler entwickelte Douglas ungewöhnliche Hobbys: Er half beim Bau von Dioramen für regionale Ausstellungen, verkaufte Postkarten über Sternkonstellationen, sammelte Wildblumen und Briefmarken und las alles, was ihm in die Finger kam. In einer Notiz aus der Zeit listet Kelley die Eigenschaften von in seinem Sternzeichen geborenen Personen auf, die er gewiss auf sich bezog: „Überschäumende Vitalität, Mut, schroff, Höflichkeiten sind Zeitverschwendung, Männer der Tat, Energie, Unternehmergeist, immer in Bewegung, stur, [...] empfindlich, leidenschaftlich, [...] vielleicht genial, [...] meist an der Spitze, egal, in welche Richtung es geht."[76]

Dieser frühreife Junge, der sich seiner außergewöhnlichen intellektuellen Fähigkeiten langsam bewusst wurde und ein gewisses Selbstbewusstsein entwickelte, fiel bald Lewis Terman von der Stanford University auf. Der Psychologe arbeitete gerade an einer Studie über hochbegabte kalifornische Kinder. June war stolz auf die Fähigkeiten ihres Sohnes und brachte ihn immer wieder zu Untersuchungen und Tests zu Terman. Douglas' IQ war mit einem Wert von über 135 längst hoch genug, um ihn für die Studie zu qualifizieren.[77] Daraus entwickelte sich eine Korrespondenz über vier Jahrzehnte hinweg, in der Terman der Frage nachging, ob überdurchschnittlich intelligente Kinder zu überdurchschnittlich intelligenten Erwachsenen heranwuchsen. Terman behielt alle Probanden im Auge, Kelley aber war für ihn das zugleich faszinierendste und rätselhafteste der 1444 Kinder.[78]

Mit 15 Jahren hatte Kelley eine beachtliche Wildblumen-, Pilz- und Flechtensammlung zusammengetragen, war Leiter seiner Pfadfindergruppe (und stieg bald darauf zum Eagle Scout auf, dem höchsten Rang unter US-Pfadfindern), trat dem Debattierclub seiner Schule bei und übernahm die Präsidentschaft des Botanikclubs.[79] Außerdem verdiente er sich als Aushilfe in der Schulkantine und in der Holzindustrie etwas dazu. Der Junge gab sich intellektuellen Beschäftigungen mit Leidenschaft hin, er wurde zu einer Art Denkmaschine. Er war fest entschlossen, es weit zu bringen, so viel Wissen wie möglich anzusammeln und auf seinem Weg zu Ruhm und Erfolg jede Hurde zu überwinden.

Auch Jahre später noch blieb Kelleys Kindern sein Drang nicht verborgen, alles zu meistern, was er anfasste, und sein Können von anderen bewundern zu lassen. Als Jugendlicher wurde er zum Hobby-Zauberkünstler, eine Freizeitbeschäftigung, die wie gemacht war für einen Jungen, der in erster Linie beeindrucken wollte. Mit welchen Mitteln auch immer der Illusionist arbeitet: Das Wichtigste ist, die Aufmerksamkeit des Publikums zu kontrollieren und zu bestimmen, was es wahrnimmt. Douglas fing mit einfachen Tricks aus Zeitschriften an, machte bald mit komplizierteren weiter und während seines Medizinstudiums an der University of California in Berkeley wuchs sein Interesse an der Zauberei noch weiter. Die Unizeitung berichtete amüsiert von den Vorstellungen, die er selbst ankündigte und dann vor den Kommilitonen aufführte. Darunter war auch eine Nummer, bei der Kelley mit verbundenen Augen und einer Kapuze über dem Kopf in einem Wagen über den Campus fuhr.[80] Dem Polizeipräsidenten von Berkeley schien das zu gefallen, aber dann wollte er wohl doch zumindest auf die Gefahren „sowohl für Kelley als auch für andere Verkehrsteilnehmer" hingewiesen haben. Kelley imitierte einen Trick des Entfesselungskünstlers Harry Houdini und befreite sich aus einer Seekiste, in die er sich mit verbundenen Händen und in einen Postsack geschnürt hatte stecken lassen, führte bei Clubabenden und Abendgesellschaften Zaubertricks vor und ließ sich Visitenkarten drucken, auf denen er seine Fähigkeiten als Illusionist anpries.[81] Später wurde er Präsident des Zauberkünstlervereins von San Francisco.[82] Kelley bemerkte Jahre später, dass die Zauberei das Selbstbewusstsein steigert, weil ein Gefühl der Überlegenheit gegenüber dem Publikum entsteht.[83] Kelley begriff schnell, dass gebildete Menschen, also diejenigen, die gelernt hatten, Anregungen anderer nachzugehen, ihnen ihre Aufmerksamkeit zu schenken und sich in ihren Schlussfolgerungen ganz auf ihre Wahrnehmung zu stützen, am leichtesten in Erstaunen zu versetzen waren. Doch er lernte auch die Schattenseite der Illusion kennen: Während das Publikum staunte, blieb dem Zauberkünstler nur das Wissen, dass alles nichts als Trick und clevere Täuschung war.

Douglas orientierte sich immer mehr an der autoritären und eindrucksvollen Persönlichkeit seiner Mutter und entfernte sich von seinem Vater. Doc zeigte kaum Interesse an der Lektüre, den wissenschaftlichen Experimenten oder den Pfadfinderaktivitäten seines Sohnes. Douglas' Intellekt war, wie sein Sohn später sagen sollte, eine Kreuzung aus einem Schwamm und einem wildgewordenen Bullen, aber Doc hatte kein Verständnis für die Interessen seines Sohnes. Außerdem war Doc im Vergleich zu den McGlashans ein Versager. Ihm reichte sein Beruf und er erfreute sich seines sonnigen Gemüts, und diese Zufriedenheit zeigte, dass ihm die verbissene, wilde Zielstrebigkeit eines großes Mannes ganz und gar fehlte. Douglas betrachtete die Aufrichtigkeit und Gutmütigkeit seines Vaters als Zeichen seiner Schwäche. Ein McGlashan würde sich niemals vom Leben treiben lassen – er musste an die Spitze gelangen, in jeder Situation die Kontrolle behalten und seine Überlegenheit festigen. Ein McGlashan war immer Herr der Lage. Das hatte Douglas von seiner Mutter June gelernt. Er hielt sich ein Leben lang daran.

Charles McGlashan starb am 6. Januar 1931. Auf dem Sterbebett wünschte er sich nichts sehnlicher, als seine Tochter June noch ein letztes Mal zu sehen, die selbst krank und ans Bett gefesselt war. Charles' Frau Nona überlebte ihn um nur drei Jahre. Wenige Jahre nach dem Tod des Ehepaars brannte das spektakuläre Haus der McGlashans bei Truckee ab, und der Turm am Rocky Stone, den das Feuer verschont hatte, wurde abgerissen. Aber der Felsen verdiente diesen Namen nicht mehr – wegen angeblicher Verletzungsgefahr hatte man den Raum unter dem Felsen aufgefüllt.[84] Der Ort hatte allen Zauber verloren.

Douglas Kelley schloss sein Medizinstudium an der University of California in Berkeley im Alter von 24 Jahren ab. Der junge Mann war jetzt 1,78 Meter groß und stabil gebaut. Er hatte Neurochirurg werden wollen, hielt aber seine Hände für zu klein, um damit auf diesem Gebiet ganz nach oben zu kommen. Also entschied er sich stattdessen für die Psychiatrie. Vielleicht auch deshalb, vermutete seine Familie, weil er wusste, dass die McGlashans ein Haufen Wahnsinniger waren. Kelley meisterte die Disziplin bald so erfolgreich, dass das Rockefeller Institute ihm ein einjähriges Stipendium für die Fortsetzung seiner Studien an der Columbia University anbot. Daran schloss sich eine Promotion an der medizinischen Fakultät an, die er 1941 beendete. Er verbrachte in dieser Phase viel Zeit in einer psychiatrischen Klinik in New York. Während seiner Forschung in New York machte er sich mit neuen Theorien zur Funktionsweise des Gehirns vertraut und bearbeitete ein thematisch weites Feld: In Zusammenarbeit mit Kollegen entwickelte er einen Hauttest zur Prüfung einer Alkoholintoleranz, der dem zur Messung der Reaktion auf Allergene ähnelte.[85] Er versuchte sich auch an obskuren und ungewöhnlichen Themen wie dem Einfluss des Vollmonds auf das Verhalten seiner geistesgestörten Patienten und berichtete darüber in der *Psychoanalytic Review*.[86]

Besonders großen Einfluss auf seine Karriere hatte aber die erste Berührung mit dem von Hermann Rorschach entwickelten Tintenkleckstest, der einem behandelnden Arzt Aufschlüsse über den psychischen Zustand seines Patienten geben sollte. Bei dem Test wurde die Reaktion des Patienten auf zehn festgelegte Abbildungen interpretiert; auf ihnen waren achsensymmetrische, abstrakte Muster zu sehen, einige schwarzweiß, andere farbig. Die Tintenkleckse stellten nichts Bestimmtes dar, was auch immer die Testperson in ihnen also sah, war eine Projektion.

„Eine Person nennt durchschnittlich zwischen zwei und fünf Assoziationen pro Tintenklecks", erklärt eine zeitgenössische Zeitschrift. „Zehn oder mehr weisen auf eine ehrgeizige Persönlichkeit hin, die mit Quantität zu überzeugen sucht, sollte die Qualität nicht ausreichend sein. Weniger als zwei Assoziationen, besonders, wenn diese vage sind, zeichnen eine Person aus, die in sich gefangen ist und der es an Phantasie fehlt. Eine zwar geringe Anzahl von Assoziationen, die dafür aber von der Testperson eindeutig wahrgenommen und präzise beschrieben werden können, weist auf eine fähige und selbstbewusste Persönlichkeit hin. Eine solche Person weiß, was sie will, und behält ihr Ziel fest im Auge."[87] Während der etwa einstündigen Untersuchung notierten die durchführenden Ärzte üblicherweise sehr genau die Reaktion der Testperson auf die Bildtafeln. Dabei war ihr Augenmerk nicht nur auf den Inhalt der Antworten gerichtet, sondern sie achteten auch darauf, ob die Testperson sich auf das gesamte Bild oder nur einen Teil davon bezog, und notierten die Anzahl von Tieren, Menschen, Phantasiefiguren und anderen Bildern, die in dem Fleck gesehen wurde. Das Testergebnis sei unverfälschbar, glaubte Kelley: Die Persönlichkeit der Testperson zeige sich in jeder Reaktion, egal, wie sehr die jeweilige Person versuche, etwas zu verbergen.

Der Test war 1921 von dem Schweizer Psychiater Hermann Rorschach entwickelt worden und hatte zunächst in der Psychiatrie und später in der Psychologie eine wichtige Rolle bei der Beschreibung von Persönlichkeiten gespielt. (Der Test hat in der Psychologie auch heute noch einen hohen Stellenwert.) Bis sich in den 60er-Jahren standardisierte Interpretationsmethoden der im Rorschachtest gesammelten Daten durchsetzten, hing die Aussagekraft des Ergebnisses vom Interpretationstalent und der Erfahrung des auswertenden Wissenschaftlers ab. Kelley lernte Bruno Klopfer kennen, einen der führenden Fürsprecher des Verfahrens in den USA, und es entstand eine enge Zusammenarbeit. Kelley legte ein besonderes Talent bei der Interpretation der Rorschachergebnisse an den Tag. „Die Methode kann nur eine Diagnosehilfe sein und kann nicht für sich allein stehen", schrieb er. „Wenn man sie korrekt einsetzt, kann der Rorschachtest ein wichtiger Bestandteil des psychiatrischen Rüstzeugs sein, weil er uns eine weitere Methode der objektiven Diagnostik an die Hand gibt."[88] Kelley illustrierte die Bedeutung der Rorschachmethode oft mit Hilfe eines Vergleichs: „Jeder, der sich schon mal ein Stück Kuchen hat schmecken lassen, weiß, dass man auch nach einer dünnen Scheibe ganz gut einschätzen kann, wie der ganze Kuchen schmeckt."[89]

Die Rorschachtechnik fand schließlich nicht nur in der psychiatrischen Diagnostik Verwendung, sondern wurde auch von der Regierung, dem Militär, Firmen und Personen eingesetzt, die die Persönlichkeitsstruktur eines Bewerbers bestimmen, eine Unbedenklichkeitsbescheinigung erhalten oder den passenden Beruf finden wollten. Doch die Rorschachmethode war nur in den 30er- und 40er-Jahren wirklich weit verbreitet, zu einer Zeit, während der Kelley eine wichtige Rolle bei ihrer Verbreitung spielte. 1942 veröffentlichte er zusammen mit Klopfer eine ausführliche Anleitung zur Durchführung und Interpretation des Tests, die unter dem Titel *The Rorschach Technique* erschien.[90] Kelley trug vor allem Kapitel über die klinische Anwendung der Rorschachmethode bei.

Auch eine weitere junge Disziplin faszinierte Kelley zu dieser Zeit: die 1933 von dem exzentrischen Ingenieur, Physiker und ehemaligen polnischen Grafen Alfred Korzybski entwickelte Allgemeine Semantik. Der glatzköpfige Mann mit dem suchenden Blick und den Pranken eines Ringkämpfers, zwischen deren Fingern meist eine lange Zigarettenspitze steckte, war überzeugt, eine Denkmethode entwickelt zu haben, die zum Ende der Dummheit und zu einer Erstarkung der Vernunft führen würde, besonders im Bereich zwischenmenschlicher Beziehungen. Eine wichtige Rolle in seiner Methode spielte das Konzept des sogenannten Time-Binding, der menschlichen Fähigkeit, kollektives Wissen von einer Generation an die nächste weiterzugeben. Von Gefühlen gesteuertes irrationales Denken behindere demnach das Time-Binding und hemme damit die menschliche Weiterentwicklung. Seine Theorien hatte Korzybski in dem einflussreichen Buch *Science and Sanity: An Introduction to Non-Aristotelian Systems and General Semantics* (Wissenschaft und Verstand: Einführung in nicht-aristotelische Systeme und in die Allgemeine Semantik) formuliert, das er größtenteils in seinem Arbeitszimmer mit zwei Äffchen auf seinem Schoß geschrieben hatte.[91]

Kelley konnte es kaum erwarten, diese Ideen in der Psychiatrie anzuwenden und wurde zum Anhänger von Korzybski. In Kelleys Augen war die Allgemeine Semantik ein Werkzeug zur Weiterentwicklung und zum Erhalt geistiger Errungenschaften: „Diese Weiterentwicklung aber muss auf Freiwilligkeit und Gegenseitigkeit beruhen, andernfalls ist die Selbstzerstörung sowohl von Individuen als auch von ganzen Nationen aufgrund ihrer Regression zum Animalischen unvermeidbar", so Kelley.[92] Durch die Bewahrung und Weiterentwicklung geistiger Errungenschaften unterscheide sich der Mensch vom Tier. Kelley testete unterschiedliche Möglichkeiten der Anwendung der Allgemeinen Semantik in der klinischen Psychiatrie. Im Gegensatz zu Tieren, die auf Stimuli reagieren, anstatt rational abzuwägen, können Menschen ihr Verhalten auf der Basis eines Verständnisses von Ursachen, Umständen und Lösungen anpassen. Ein Soldat kann so auf die Gefahren der Front konditioniert sein, dass jede Art von Krach bei ihm lähmende Angst auslöst. Durch die therapeutische Anwendung der Allgemeinen Semantik aber kann er davon überzeugt werden, dass diese Geräusche nur in einem bestimmten Kontext Gefahr signalisieren. Rationales Denken kann die schädlichen Effekte emotionaler Reaktionen aushebeln. Auf dieselbe Weise wird ein guter Debattierer eine andere Person von seiner Meinung überzeugen, indem er, anstatt aggressiv zu argumentieren, aufmerksam zuhört und die emotionalen Aspekte der Argumentation des Anderen berücksichtigt, um so die Gründe für das Verhalten seines Gegenübers zu ermitteln. Differenzen seien viel leichter zu lösen, so Kelley, wenn man wisse, was den anderen antreibt.

Kelleys Leidenschaft für die Kunst der Zauberei wuchs. Mitte der 30er-Jahre war er zu einem führenden Mitglied der illustren Society of American Magicians geworden, der US-amerikanischen Zauberkünstlervereinigung, und hatte mehrere Artikel für *GENII* geschrieben, eine Fachzeitschrift für Zauberkunst.[93] In einem dieser Texte erklärte er, wie die Karten beim Mischen zu handhaben seien, damit eine Person aus dem Publikum hintereinander vier Asse zöge. Außerdem verriet er seinen Lesern einige seiner eigenen Nummern, so zum Beispiel den „Kelley Gamble-Trophy Trick" (ebenfalls ein Kartentrick), den „City Desk Trick" (ein Meisterstück des Mentalismus) und „Let Him Guess" (ein Trick mit Requisiten). „Lange vor der modernen Auseinandersetzung mit Psychologie", schrieb Kelley, „benutzten Zauberkünstler dieselben Techniken – nur nannten sie es schlicht ‚Irreführung'."[94]

Kelley erweckte auch Korzybskis Interesse an der Zauberkunst, die der Pole heranzog, um die Prinzipien der Allgemeinen Semantik zu illustrieren. Zaubertricks funktionierten nur, solange wir nicht wüssten, wie sie funktionieren. Das Hütchenspiel verliert jeden Reiz, wenn wir sehen, wie die Erbse versteckt wird. „Nur eine Frage des Aufbaus", sagte Korzybski. „Und wie Sie wissen, ist ja alles in der Wissenschaft eine Frage des Aufbaus. Wenn wir den Aufbau einer Sache einmal verstanden haben, vermeiden wir sowohl Täuschung durch andere als auch Selbsttäuschung. Das ist einer der Gründe, weshalb ich Sprache und die Struktur von Erlebnissen – wie den Krieg – zu beschreiben versuche."

Douglas Kelley studierte drei Jahre lang in New York und behandelte in seiner Doktorarbeit für die Columbia University die Verwendung der Rorschachmethode bei der psychischen Beurteilung von Alkoholikern. Während dieser Zeit führte er eine Reihe von Persönlichkeits- und Eignungstests an sich durch. Einer der Tests ergab, dass er sich für die Berufe Psychologe, Architekt und Ingenieur besonders schlecht eigne, aber einen sehr guten Makler abgeben würde und ein beruflicher Einzelgänger sei, weshalb sich Berufe wie Landwirt, Drucker, Musiker oder Schriftsteller anböten. Doch Kelleys Selbstbewusstsein ließ nicht zu, dass er sich von derartigen Testergebnissen verunsichern ließ, und so nahm er 1941 die Stelle als Leiter der psychiatrischen Abteilung am San Francisco Psychopathic Hospital an, einer an die medizinische Fakultät der University of California angeschlossenen Klinik, an der er zusätzlich Psychiatrie unterrichten sollte.

Kelley war wieder in Kalifornien und in der Nähe seiner Familie und Freunde. Hier machte er bald als Vorreiter einer neuartigen Therapieform Furore, die in den USA bisher einzigartig war: Kelley brachte seinen Patienten Zaubertricks bei. Die Durchführung eines Zaubertricks sei Kelley zufolge bei der Rehabilitation psychisch gestörter Patienten effizienter als irgendeine andere Therapieform. In einem 1940 in der Psychologiezeitschrift *Occupational Therapy and Rehabilitation* erschienenen Artikel erklärt Kelley, dass die Geisteskraft und Phantasie des Zauberkünstlers, mit deren Hilfe er das Publikum in seinem Bann hält, entscheidend seien. Es seien die Gedanken, nicht die Augen, die man täusche. In diesem Artikel beschreibt Kelley auch, was ihn an der Zauberkunst besonders fasziniert: „Keine andere Form der Unterhaltung kann mit so wenig Übung so erfolgreich durchgeführt werden. Schon nach einer Lektion kann man einfache, mechanische Abläufe sicher vollziehen. Aber das durch eine intelligente, leicht erlernte Nummer hervorgerufene Erfolgserlebnis schafft die nötige Motivation, um sich an komplexeren Tricks zu versuchen. Und Schritt für Schritt entwickelt der Zauberschüler die Fingerfertigkeit eines wahren Zauberkünstlers."[95]

Diese Variante der Ergotherapie eigne sich zur Behandlung von Depression, Schizophrenie und Neurosen, weil Zauberkunst das Selbstwertgefühl der Patienten wiederherstelle, sie innerhalb einer Gruppe auszeichne und dem Gefühl entgegenwirke, ignoriert zu werden. (Aus demselben Grund eigne sich die Methode nicht zur Behandlung von Paranoia, Wahn und Größenwahn.) „Zauberkunst gibt dem Patienten jedes Mal, wenn er das Publikum in die Irre führt, ein Gefühl der Überlegenheit", erklärte Kelley einem Journalisten. „Das heißt auch, dass es den Exhibitionismus des Individuums anregt, was bei der Therapie von schüchternen, zurückhaltenden Persönlichkeiten von Vorteil sein kann."[96] Die Zauberkunst sei eine flexible und preiswerte Methode und auch bei Selbstmordgefährdeten völlig

Douglas Kelley um 1938 während seiner Promotion an der Columbia University.

ungefährlich.[97] Kelley verbrachte Stunden damit, seinen Patienten die Durchführung des Hütchenspiels, das Verschwindenlassen eines Fingerhuts, das wieder Zusammenwachsenlassen von zerschnittenen Seilenden und ähnliche Tricks beizubringen. Wie er selbst sagte, waren das Zauberkunststücke, für die man „null Intellekt braucht und die gar nicht schiefgehen können". Besonders stolz war Kelley auf seine Behandlung eines wegen seiner panischen Angst vor Interaktion arbeitsunfähigen Einzelhändlers. „Nachdem er drei Tricks gelernt und anderen Patienten vorgeführt hatte, erholte sich der Patient und kehrte ins Arbeitsleben zurück", berichtete ein Journalist.[98]

Die Therapie hatte eine weitere Zauberwirkung: Sie rückte Kelley ins Zentrum der Presseaufmerksamkeit. Zahlreiche Artikel erschienen über seine erstaunliche Verwendung von Taschenspielertricks. In San Francisco war er bald ein beliebter Ansprechpartner, wenn es um Psychiatrie ging. Er wurde zu einer großen Bandbreite von Themen zitiert, darunter zu einer möglichen Epidemie von Geisteskrankheiten und zum Fehlen von Institutionen und ihrer Finanzierung für die Behandlung psychisch Kranker, zur hohen Anzahl der nach psychologischen Tests abgelehnten Militärrekruten und zum Kampf um die psychologische Versorgung der vielen Veteranen, die seit dem Ende des Ersten Weltkriegs auf Behandlung warteten.[99]

Außerdem wurde ausführlich über Kelleys Bemühungen berichtet, Methoden zu entwickeln, mit deren Hilfe man auch bei denjenigen Patienten zu einer Diagnose gelangen könne, die eine Teilnahme am Rorschachtest und anderen psychologischen Untersuchungsmethoden verweigerten. Unter den Methoden der unfreiwilligen Diagnose favorisierte Kelley den gewissenhaften Einsatz von Natriumamytal, einem sogenannten Wahrheitsserum, das den Widerstand der Patienten brechen sollte. Kelley schätzte das Narkotikum, das häufig als Anästhetikum und Beruhigungsmittel eingesetzt wurde, weil es den Patienten schon bei niedriger Dosis betäubt und willig macht. In diesem Zustand, oft durch eine zweite Injektion von Natriumamytal verstärkt, beantworte der Patient jede Frage und lasse den Rorschachtest bereitwillig über sich ergehen.[100]

In der Zwischenzeit hatte Kelley mit Alice Vivienne Hill Bekanntschaft gemacht, einer witzigen, intelligenten Tochter aus reichem, konservativem Hause in Chattanooga, Tennessee, und die beiden waren sich nähergekommen. Alice wurde von allen nur Dukie genannt (ursprünglich „Little Dukie-Do", der Kosename des hinreißend würdevollen, blonden Mädchens). Nachdem sie die private Mädchenschule von Chattanooga verlassen hatte, besuchte Dukie das Ward-Belmont College in Nashville, ein angesehenes Mädchenpensionat. Dort wurde sie in der Oberstufe zur Schulsprecherin gewählt und schloss später mit Auszeichnung ab.[101]

Im Norden Kaliforniens lebten Verwandte von Dukie, die sie häufig besuchte. Bei einem dieser Aufenthalte arrangierten Verwandte eine Begegnung mit Kelley. Als assistierender Gruppenführer hatte Kelley bei einem Pfadfindertreffen in San Francisco die bedeutende Aufgabe, das riesige Lagerfeuer zu entfachen. Die beiden kamen ins Gespräch, und zu Kelleys Stimme – einem tiefen Bass, der jede Band übertönte, durch jede Menschenmenge drang und auch in der letzten Ecke jedes noch so großen Saals dröhnte – mischte sich kontrapunktisch der sanfte Klang von Dukies Tennessee-Tonfall hinzu. Dukie war von dem jungen Psychiater begeistert. Ihr gefiel seine bullige Statur, sie fand ihn witzig und einfallsreich, und wenn er sie ihrer Ernsthaftigkeit wegen neckte, fühlte sie sich als etwas Besonderes. In einem Liebesbrief aus den 30er-Jahren weist Kelley sie zärtlich zurecht: „Das Leben ist gar nicht so ernst ... und ... naja, wir werden wohl ankommen – warum sich also um die Einzelheiten sorgen?"[102] Sie war stark und konnte es mit einer schwierigen Persönlichkeit wie der von Kelley aufnehmen. Man sagte, ihre Familie sei maßgeblich am Aufbau von Connecticut beteiligt gewesen, Kelleys an dem von Kalifornien. Sie heirateten im Oktober 1940, und wie die Lokalpresse von Chattanooga berichtete, trug Dukie ein luchspelzverbrämtes, tiefblaues Wollkleid, einen damit farblich abgestimmten Turban, schwarze Handschuhe und ein Ansteckstäußchen aus Orchideen.[103]

Ihre gemeinsame Zeit als Ehepaar währte nicht lang. Sechs Monate nach dem Eintritt der USA in den Zweiten Weltkrieg, keine 18 Monate nach der Hochzeit, trat Kelley seinen

Militärdienst als Captain an und wurde einen Monat darauf nach Europa entsandt. Kurz vor seiner Abreise übergab Dukie ihm eine kunstvoll geschriebene, wachsversiegelte Order, die den jungen Offizier anwies, seiner Braut fleißig zu schreiben, ihr Briefe mit „ärztlichen Rezepten gegen Angst und Einsamkeit" zu schicken, so viel wie möglich an sie zu denken, schöne Träume von ihr zu haben und sich ihrer „ewigen Liebe + Hingabe + erwartungsvollen Ungeduld" zu erinnern.[104] Diese Order gelte bis zum Ende des Krieges und dem Zeitpunkt, zu dem Kelley „in die Arme der hier wiederholt genannten und immer seinigen Mrs Kelley zurückkehrt". Es war der leichtherzige, witzige und liebevolle Brief einer jungen Ehefrau, die nicht wissen konnte, was ihren Partner im Krieg erwartete.

In den Schützengräben des Ersten Weltkriegs waren den Soldaten schreckliche seelische Verletzungen zugefügt worden, die Neurologen, Psychiater, Krankenschwestern und andere verzweifelt zu verstehen und zu behandeln versuchten. Dieser Krieg hatte schwer traumatisierte Menschen zurückgelassen, die körperlich zwar unversehrt waren – manche waren gar nicht direkt an Kampfhandlungen beteiligt gewesen – und dennoch an Lähmungserscheinungen, Sehstörungen, Katatonie, Schwindelanfällen, Gedächtnisstörungen, Schock, Halluzinationen und nicht enden wollenden Alpträumen litten. Unter den alliierten Truppen des Ersten Weltkriegs waren allein über 1,6 Millionen Soldaten von psychischen Störungen betroffen.[105] Psychoanalytiker gingen davon aus, dass im Unterbewusstsein schlummernde, lang zurückliegende Konflikte, manche davon noch aus der Kindheit, für die traumatischen Neurosen verantwortlich seien. Andere hielten die Soldaten für Simulanten. Beim Umgang mit ihnen versuchte man es mit Bettruhe, Einzelhaft, disziplinarischen Maßnahmen, Elektroschocks und ermutigenden Gesprächen. Wer mit den neuesten Entwicklungen der Psychiatrie vertraut war, setzte Gesprächstherapie, Hypnose und Umerziehung ein. Aber waren diese Patienten verrückt, feige und schwach – oder noch etwas ganz anderes?

Die Soldaten des Zweiten Weltkriegs waren ähnlichen Schrecken ausgesetzt gewesen. Die Anzahl traumatisierter US-Soldaten überstieg bei weitem die des Ersten Weltkriegs. Wer sie aus dieser inneren Folter befreien konnte oder, besser noch, sie wieder kampffähig machte, war in den Augen des Militärs ein Kriegsheld. Zwischen dem Angriff auf Pearl Harbor und Kriegsende verzeichnete das US-Militär 1,1 Millionen durch Traumata kampfunfähige Soldaten.[106] Die häufigsten Ursachen waren Angstzustände und Stress.[107] Der als Militärpsychiater eingesetzte Kelley diagnostizierte „combat neurosis" (Kriegsneurose) oder auch „combat exhaustion" (Kampferschöpfung).

Unter der Leitung von Lloyd J. Thompson, dem ranghöchsten Psychiater der in Europa stationierten Truppen, gründete Kelley die neuropsychiatrische Abteilung des 30th General Hospital, eine der ersten Institutionen der Alliierten zur Behandlung von Kampferschöpfung und zur Weiterbildung von Ärzten im Umgang mit posttraumatischen Belastungsstörungen. Es gab derartig viele traumatisierte Soldaten, dass Kelley allein für die ganz schweren Fälle 90 Betten in dem englischen Hospital bereitstellte. Für die kriegspsychiatrische Weiterbildung des medizinischen Personals ließ er zur Illustration von Behandlungsmethoden von Ärzten und Patienten Szenen nachspielen.[108] (Dabei konnte Kelley der Versuchung nicht widerstehen, dem Krankenhauspersonal und seinen Patienten Ente Oscar vorzustellen, eine Handpuppe, mit der er bei bestimmten Zaubertricks einzelne Karten aus einem Stapel zog. Wie schon zuvor in San Francisco setzte er Oscar auch hier für die Rehabilitation seiner Patienten ein.)[109] Später zog das Krankenhaus näher an die Front in ein ehemaliges Schulgebäude im belgischen Ciney.

Dort mussten Kelley und seine Kollegen entscheiden, ob ein traumatisierter Soldat so weit geheilt war, dass er an die Front zurückkehren oder fern der Front weiter Kriegsdienst leisten konnte, oder zum Zweck einer Weiterbehandlung in die USA zurückkehren musste.[110] (Kelley glaubte, dass eine große Anzahl der Soldaten niemals in die Armee hätte aufgenommen werden dürfen, weil sie psychopathisch, psychotisch oder auf andere Art geistesgestört war.) Die Nähe zur Front ermöglichte einen Behandlungsbeginn schon kurze Zeit nach dem traumatischen

Erlebnis, sodass die psychisch geschädigten Soldaten, die, und darauf bestand Kelley, nicht geistesgestört waren, in manchen Fällen innerhalb weniger Wochen geheilt werden konnten. Zunächst päppelte Kelley sie mit einer Dusche, einer warmen Mahlzeit und einem durch eine hohe Dosis Insulin induzierten tiefen, langen Schlaf auf.[111] Dann begann eine ausführliche Therapie, die mit langen psychotherapeutischen Einzelsitzungen einsetzte. Diese zeitaufwändige Behandlung wurde jedoch unmöglich, als die Zahl der Patienten stieg, und ab Januar 1944 wechselte Kelley die Strategie. Jetzt setzte er zunächst meist Techniken der Narkohypnose ein, wobei die Patienten durch die Injektion von Natriumpentothal oder Natriumamytal in einen Zustand geistiger Betäubung versetzt wurden, der zu einer tiefen Entspannung und einer Freisetzung der Erinnerung an die schmerzhaften Erlebnisse führte, die das Trauma ausgelöst hatten. Der nächste Schritt waren gehaltvolle Gruppensitzungen, in denen den Soldaten die Ursachen ihrer Probleme verständlich werden sollten. In vier- bis fünfstündigen Vorträgen gaben Kelley oder andere Krankenhausmitarbeiter, die mit der klinischen Anwendung der Allgemeinem Semantik vertraut waren, den bis zu 20 unter Kriegsneurose leidenden Soldaten medizinische Erklärungen für ihre Symptome und bereiteten sie auf die Symptome der Kriegsneurose vor, die sie noch entwickeln könnten. Die Gruppensitzungen endeten immer mit einem Gespräch, in dem die Soldaten Fragen stellen und von ihren persönlichen Kriegserlebnissen berichten konnten. Das war eine der ersten Anwendungen von Gruppentherapie. Den Erfolg seiner Methode schrieb Kelley dem Ansatz Korzybskis zu, „dem Patienten seine Symptome verständlich und erträglich zu machen, indem man ihm die Ursachen der Symptome aufzeigt und ihm Techniken an die Hand gibt, mit denen er sie überwinden kann. So kann man mit Korzybskis Methode akute konditionierte Reaktionsmuster aufbrechen“. Wie in der klinischen Anwendung der Allgemeinen Semantik üblich, sollten die Patienten lernen, ihre neurotischen Symptome mit rationalen, wissenschaftlichen Erklärungen ihrer Erkrankung zu ersetzen.

Kelleys Behandlung traumatisierter Soldaten war die Antwort auf eines der größten Probleme der alliierten Streitkräfte.

Von den 1943 am nordafrikanischen Kasserinpass Verletzten waren 75 Prozent Fälle psychischer Schädigungen ohne körperliche Verletzungen. Während der Nordafrikakampagne in den ersten Kriegsjahren erholten sich nur zwei Prozent der Opfer von ihrem Trauma so weit, dass sie in den Dienst zurückkehren konnten.[112] Nach der Landung der Alliierten in der Normandie 16 Monate später konnten über 95 Prozent der Soldaten, die zunächst unter Kriegsneurose gelitten hatten, später an die Front zurückgeschickt werden – dazu hatte Kelleys psychiatrische Weiterbildung der Militärärzte zweifellos beigetragen.[113] Dieser Erfolg hatte viel mit Selbstvertrauen zu tun. Indem er den traumatisierten Männern eine Erklärung für ihr Verhalten anbot, machte er sie zu Herren ihrer Emotionen. Kelley selbst war von seiner Methode vollkommen überzeugt, wandte sie selbstbewusst an und gewann durch seine kindliche und gelegentlich schelmische Überschwänglichkeit das Vertrauen der Patienten.

Kelleys Kollegen schätzten ihn wegen seiner ausgelassenen Art auch dann, wenn sie an seinem Ansatz zweifelten und nicht so genau wussten, ob sie es mit einem hochspezialisierten Mediziner oder einem Wunderkind mit einer Tasche voller Tricks zu tun hatten. Einer von Kelleys Freunden und Kriegskameraden, Howard D. Fabing, bemerkte: „Der Junge hatte die Seele eines Diebes [...]. Er mochte Schwindler, Gauner, Schurken und Betrüger, und er war einer der ganz wenigen unter uns, der uns auch in Zeiten der absoluten Langeweile, die es im Krieg ja auch gab, noch zum Lachen brachte."[114] An einem denkwürdigen Tag im August 1944 assistierte Kelley in einer halsbrecherischen Aktion einem Fliegerarzt der US-Marines bei einem wissenschaftlichen Experiment: Während eines Fluges vom ostenglischen Ridgewell erklärte Kelley sich bereit, in sieben bis acht Kilometern Höhe 45 Minuten lang die Sauerstoffmaske abzunehmen, damit der Arzt die Wirkung messen könne.[115] Kelley zeigte zwar die bei Sauerstoffmangel symptomatische bläuliche Haut, außerdem Euphorie, Schlappheit und verminderte Sprechfähigkeit, dennoch schrieb der Kollege über Kelley: „Noch nie habe ich jemanden erlebt, dem Niedrigdruck so wenig ausmacht." Der ehemalige Eagle-Scout-Pfadfinder war hart im Nehmen.

Seit seiner Beförderung zum Major im Mai 1944 hatten Kelleys Aufgaben stetig zugenommen: In diesem letzten Kriegsjahr leitete er die Arbeit an der Weiterentwicklung neuer Methoden zur Behandlung von Kriegsneurose, hatte die Verantwortung für die Behandlung aller psychiatrischen Fälle des Militärs in Europa, plante die Arbeit der psychiatrischen Militäreinrichtungen und wurde im März 1945 zum ersten Berater für klinische Psychologie bei den in Europa stationierten US-Streitkräften ernannt. Zu diesem Zeitpunkt rückte die deutsche Kapitulation schon in greifbare Nähe und Kelley hatte weniger Arbeit. Im Mai 1945 schrieb ein Kamerad Kelleys an Dukie: „Ich gehe davon aus, dass viele Offiziere in seiner Position in nicht allzuferner Zukunft nach Hause geschickt werden.“[116] Der Kollege irrte sich.

Bis Mittsommer 1945 hatte sich Görings Gesundheitszustand im Gefängnis so weit verbessert, dass er wieder der war, als den ihn seine NS-Gefährten kannten: Sein Selbstbewusstsein und Charisma waren wiederhergestellt und er war wieder dazu aufgelegt, die Welt herauszufordern. Er wurde schnell der resolute Anführer der Gruppe von Mitgefangenen, die wie er unfreiwillig in Bad Mondorf waren.

Wie Göring hatte auch Karl Dönitz an General Eisenhower geschrieben und gegen die Behandlung protestiert, die ihm zuteil wurde. Sie entspreche nicht den im Rahmen der Genfer Konvention für Kriegsgefangene seines Ranges festgelegten Mindestanforderungen. Eisenhower verweigerte jegliches Entgegenkommen bei der Behandlung von Dönitz und erklärte stattdessen in einer öffentlichen Stellungnahme seinen Unmut über die beinahe luxuriösen Bedingungen, unter denen manche NS-Funktionäre in den ersten Tagen nach ihrer Ergreifung gelebt hatten. Er erklärte, dass „ranghohe deutsche Gefangene in einfachen Unterkünften ohne aufwändiges Mobiliar unterzubringen sind und über die für ihre Gefangenenkategorie festgelegte Speisung hinaus nichts erhalten sollen“.[117]

Nach zwei Monaten war es kein Geheimnis mehr, dass Göring und andere hochrangige NS-Funktionäre im Mondorfer

Palasthotel untergebracht waren. Journalisten berichteten von Gefangenen, die es sich in Luxussuiten gutgehen ließen, und Radio Moskau versorgte sein Publikum mit einer ebenso sonderbaren wie phantastischen Beschreibung von in einem Palast festgehaltenen Nazis, denen auf Silbertabletts die köstlichsten Speisen und besten Jahrgänge serviert werden, die in Limousinen über das Gefängnisgelände chauffiert werden und schon fett und frech geworden seien. Diese Berichterstattung beunruhigte Colonel Andrus, und er beschloss, die Presse zu einer Gefängnisbesichtigung am 16. Juli einzuladen. Bei dieser Gelegenheit zeigte er ganz klar, dass unter seiner Aufsicht kein NS-Gefangener verhätschelt wurde. Nach der Besichtigung berichteten die Journalisten von der gewöhnlichen Speisung, dem Zustand der Unterwäsche der Gefangenen, der in den Zellen herrschenden Ordnung (beziehungsweise Unordnung) und den das Gefängnis umgebenden Zäunen und bewaffneten Wachposten.[118]

Die Journalisten hatten mit eigenen Augen gesehen, dass bei Andrus tatsächlich Zucht und Ordnung herrschten. Er führte Regeln ein, die vielen Gefangenen widerstrebten. So mussten die Gefangenen sich zum Beispiel beim Besuch von alliierten Amtspersonen erheben. Als Dönitz, der sich wie Göring als ehemaliges Staatsoberhaupt schlecht behandelt fühlte, sich weigerte, brüllte Andrus: „Sie da: Aufstehen!", woraufhin Dönitz sich widerwillig erhob.[119] Die frühen Presseberichte hatten die öffentliche Meinung jedoch geprägt, und die Alliierten wollten Göring und die anderen hochrangigen NS-Funktionäre so schnell wie möglich in ein richtiges Gefängnis verlegen.

\

Göring betrachtete sich nach wie vor als Staatsoberhaupt in Gefangenschaft und wiederholte immer wieder, dass er seine anhaltende Inhaftierung nicht verstehe. Dass ihm der Prozess gemacht werden sollte, konnte er sich nicht vorstellen – für Prozesse gegen Staatsoberhäupter gab es kaum Präzedenzfälle. Deshalb ging er von einer baldigen Freilassung aus. Andere Gefangene waren weniger naiv. Der ehemalige Vizekanzler Franz von Papen zum Beispiel soll es mit der Angst bekommen haben, als man ihn in eine Göring näher gelegene Zelle verlegte.[120] Doch nur wenige der Gefangenen waren sich im Klaren darüber, was mit ihnen geschehen würde. Die Insassen des britischen Gefangenenlagers Dustbin konnten Radio hören, und so erfuhr der ehemalige Reichsminister für Bewaffnung und Munition Albert Speer von dem geplanten Kriegsverbrechertribunal. Er deutete anderen Gefangenen gegenüber an, dass er wie Göring eine Zyankalikapsel haben wolle; es gelang ihm aber nicht, sich eine zu beschaffen.

Der künftige Gründer der Central Intelligence Agency (CIA) William Donovan, auch als „Wild Bill" bekannt, leitete zu der Zeit den US-Militärgeheimdienst Office of Strategic Services (OSS) und bereitete das bevorstehende Kriegsverbrechertribunal vor. In dieser Rolle besuchte er Bad Mondorf regelmäßig.[121] Am 8. August hatten sich die vier Alliierten Mächte schließlich auf die Statuten des Internationalen Militärtribunals geeinigt. Zwar sollte der Prozess gegen die nationalsozialistischen Hauptkriegsverbrecher gemeinsam von Frankreich, Großbritannien, den USA und der UdSSR durchgeführt und das Urteil gemeinsam gefällt werden, doch übernahmen die Vereinigten Staaten die führende Rolle in der Organisation des Tribunals, und ein Mitglied des US-amerikanischen Hohen Gerichts, Robert Jackson, wurde als Oberstaatsanwalt eingesetzt. Jacksons Team konzentrierte sich auf Göring, den nach Hitler ranghöchsten Nationalsozialisten, und verwendete besonders viel Zeit und Mühe auf dessen Verurteilung.

Drei Monate nach Görings Ankunft in Bad Mondorf erfuhren er und eine kleine Gruppe anderer ranghoher NS-Funktionäre von einer bevorstehenden Umquartierung. Ort und Zeitpunkt waren ihnen nicht bekannt. Kelley nahm am 6. August, eventuell in Vorbereitung auf die Verlegung, eine ausführliche physische, neurologische und psychiatrische Untersuchung Görings vor. Er beschrieb den Patienten als hellwach und aufmerksam, den Gefängnisbedingungen gut angepasst und kooperativ. Görings Umfeld beeinflusse ihn emotional kaum, stattdessen hätten seine „starken und wechselhaften" Emotionen ihren Ursprung in „inneren Prozessen". Gleichzeitig zeige Göring keinerlei Interesse an den Angelegenheiten anderer. Göring gab an, dass ihn aufgrund seiner militärischen Ausbildung und der ihm eigenen Selbstdisziplin das Leid anderer nicht berühre. Deshalb beschrieb Kelley ihn als „ein Individuum von aggressivem Narzissmus“.

Zur Behandlung der durch den Paracodinentzug ausgelösten Schlafstörungen Görings verschrieb Kelley das Barbiturat Phenobarbital. Im psychiatrischen Bericht schrieb er zusammenfassend: „Der Gefangene ist geistig gesund, voll zurechnungsfähig und zeigt keine Anzeichen irgendeiner Form psychischer Anomalie.“[122] Diese erste Einschätzung Kelleys von Göring als geistig gesundem Menschen sollte sich auch in den folgenden Monaten nicht ändern.

Am frühen Morgen des 12. August fuhr ein Konvoi aus US-Militärkrankenwagen und anderen Fahrzeugen beim Palasthotel vor, und 15 Gefangene bestiegen mit Gepäck die Fahrzeuge – einer nach dem anderen. Man nahm den Häftlingen, aus denen schon bald Angeklagte werden sollten, Gürtel, Krawatten und Schnürsenkel ab.[123] (Die verbleibenden NS-Gefangenen reisten separat.) In jedem Wagen fuhren drei bewaffnete Wachen mit, Andrus bestieg das Fahrzeug am Kopf der Kolonne. Ohne Eskorte, Sirenen, ohne irgendetwas, das auf die Bedeutung der Passagiere hingewiesen hätte, verließ die Kolonne Bad Mondorf und fuhr nach Luxemburg Stadt, auf dessen Flughafen zwei C-47 Transportflugzeuge warteten.

In der einen Hand seine rote Hutschachtel und mit der anderen die weiten Hosen hochhaltend, trat Göring als Erster aus dem Wagen auf das Rollfeld. Die Piloten hatten nichts von ihrem Transportgut gewusst und so sahen sie erstaunt zu, wie die NS-Funktionäre ihre Maschinen bestiegen.[124] Bis auf Bänke an der Längsseite, auf denen die Gefangenen Platz nahmen, und einem Eimer für die Notdurft waren die Flugzeuge leer.

Den Gefangenen folgten zwei Wachen in das Flugzeug, einer mit einer 45-Kaliber-Pistole, der andere mit einem Besenstielknüppel bewaffnet.[125] Im hinteren Teil der Flugzeuge saß jeweils ein bewaffneter Soldat. Die Flugzeuge starteten und nahmen Kurs Richtung Südost. Die meisten Gefangenen schwiegen, auch Julius Streicher, der das Fliegen nicht vertrug. Nur Göring sprach. „Seht nochmal genau hin“, sagte er zu seinen Kameraden, als sie den Rhein überflogen. „Den seht ihr vielleicht nie wieder.“ Später wollte Göring das Cockpit besichtigen. Colonel Andrus lehnte ab. Sie näherten sich Nürnberg.

Kelley folgte den NS-Gefangenen ins Nürnberger Gefängnis. Seine Aufgabe war jetzt, die geistige Prozessfähigkeit der 22 ranghöchsten in Nürnberg Angeklagten zu attestieren. Aufgrund seiner Erfahrungen mit den Männern in Bad Mondorf, besonders mit Göring, dachte er aber über seinen offiziellen Auftrag hinaus. Hatten die Gefangenen dieselbe Geisteskrankheit? War ihnen eine psychische Störung gemeinsam, die für ihre Beteiligung an den grausamen Verbrechen des Dritten Reiches verantwortlich war? Vielleicht konnte Kelley bei seiner Arbeit mit diesen Männern Antworten auf die Fragen finden, die ihn nicht losließen. Vielleicht konnte eine wissenschaftliche Studie der Psyche dieser Männer einen Faktor identifizieren, anhand dessen die Entstehung von NS-ähnlichen Strukturen in der Zukunft verhindert werden konnte.

Er hatte nicht viel Zeit. Ohne offizielle Erlaubnis bereitete Kelley sich auf eine genaue Untersuchung der gefangenen NS-Größen vor – bis in die hintersten Winkel ihrer Psyche.

Kapitel 4
In Trümmern

NÜRNBERG WAR JAHRELANG SCHAUPLATZ riesiger NSDAP-Parteitage gewesen. Der Name der Stadt stand für Gesetze, die den deutschen Juden ihre Grundrechte absprachen, die Stadt selbst stand für den europäischen Faschismus. Mitte 1945 aber stand hier fast gar nichts mehr. Das Bombardement während 40 Luftangriffen hatte die Stadt in Schutt und Asche gelegt. Ein einziger britischer Luftangriff im Januar 1945 hatte das Stadtzentrum zerstört und 1800 Menschen das Leben gekostet.[126] Einen Monat lang hatten die Einwohner Tag und Nacht gearbeitet, um die Leichen zu bergen und zu begraben. Über die Hälfte der Wohnhäuser Nürnbergs lag in Trümmern, in der Altstadt waren es sogar 90 Prozent, und Hunderttausende Deutsche waren geflohen.[127] Viele der Verbliebenen hausten in feuchten Kellern.[128]

Colonel Andrus leitete die Prozession der deutschen Gefangenen durch diese Stadt, in der sich ihnen gespenstische Anblicke darboten: Menschen scharten sich auf der Straße um Feuer, auf denen sie Essbares kochten, Familien lebten ohne Privatsphäre in fassadenlosen Häusern, und hungrige Nürnberger krochen aus ihren unter der Erde liegenden Behausungen und wankten ziellos über Trümmerhaufen, unter denen ihre Nachbarn begraben waren. Treppenhäuser führten ins Nichts.[129] Weil es kaum Geld gab, waren Zigaretten auf dem Schwarzmarkt die neue Währung.[130] Das Leitungswasser war nicht trinkbar.[131] Die Menschen waren aufgebracht und gefährlich. Die ganze Stadt roch nach Tod und Trümmerstaub.

Keiner der Einwohner, Soldaten und in Nürnberg Gefangenen konnte ahnen, dass sich in dieser zerstörten Stadt bald etwas zutragen sollte, dass noch folgenschwerer sein würde als die großen Naziaufmärsche, die erst ein Jahrzehnt zuvor weltweit die Wochenschauen gefüllt hatten.

Das US-Militär übernahm das Grand Hotel, ein zentrales Gebäude der Stadt, in dem zuvor die Gäste der Naziaufmärsche untergebracht gewesen waren. Es war eines der ersten wieder aufgebauten großen Gebäude Nürnbergs – einen Teil des Gebäudes hatte eine Bombe völlig zerstört. Zuvor hatte der Stadtteil für US-Soldaten als gefährlich gegolten; hier kam es häufig zu Übergriffen und Überfällen durch die Bewohner von Nürnberg.[132] Das Hotel war umfunktioniert worden und beherbergte jetzt dem Militär angehörende und zivile männliche Mitarbeiter des Kriegsverbrechertribunals. Die Frauen waren in einem anderen Hotel ein paar Häuserblocks weiter untergebracht, das deshalb auch „Girls' Town" genannt wurde.[133] Das Grand Hotel blieb lange Zeit das einzige größere Gebäude in Nürnberg, das über elektrisches Licht verfügte – nachts strahlte es in der Dunkelheit. „Um zu meinem Zimmer im vierten Stock zu gelangen, musste ich über einen improvisierten Steg gehen, unter dem ein gähnender Abgrund lag. Hier war eine zweite alliierte Bombe eingeschlagen", schrieb einer der Alliierten. „Das Geländer sah wenig vertrauenerweckend aus und die ganze Chose wankte bei jedem Schritt besorgniserregend."[134] Hier wohnten die Mitarbeiter des Tribunals und tranken und tanzten in dem gut besuchten „Marble Room", einem Restaurant im US-amerikanischen Stil, zu dem Deutsche keinen Zutritt hatten. (Im Gegenzug waren Amerikaner in den meisten Nürnberger Kneipen und Restaurants nicht willkommen.) Die Bar führte alles, was das Herz begehrte.[135] Ein von befrackten Kellnern serviertes Abendessen war für umgerechnet etwa 45 Eurocent zu haben, die Musik der Sieger, die ein Gast als „billig und hochprozentig" beschrieb, strömte aus den Fenstern und Türen des Hotels.[136] Wenn es den russischen Besatzern in ihrer Isolation zu langweilig wurde, kamen auch sie manchmal zum Feiern und Trinken hierher.[137]

Der Justizpalast war einer der wenigen weitgehend intakten Gebäudekomplexe in Nürnberg, obwohl bei einem Luftangriff das Dach zerstört worden, der oberste Stock ausgebrannt und der Uhrenturm eingestürzt waren.[138] In den letzten Kriegstagen hatte sich hier eine SS-Division mit letzter Kraft den Alliierten entgegengestellt, von denen sie im Mai 1945 besiegt wurden. Auch Monate später färbte die Niederlage noch die 600 Räume und endlosen Korridore des Gebäudes. Fliehende Deutsche und alliierte Soldaten hatten den Hauptgerichtssaal des Justizpalastes verwüstet: Die Fenster lagen in Scherben, die Stühle waren umgeworfen und auf den Tischen unter dem unbeschädigten Kronleuchter und der intakten barocken Uhr an der Wand waren Coca-Cola-Kisten aufgestapelt.[139] Hier waren während des Krieges unter der Leitung des berüchtigten NS-Richters Oswald

Rothaug Urteile gegen politische Gegner des Regimes und Juden gefällt worden.[140]

Die Amerikaner sammelten im Umkreis von Hunderten von Kilometern Materialien für den umgerechnet etwa dreieinhalb Millionen Euro teuren Wiederaufbau des Gebäudes und die Erweiterung des Gerichtssaals für einen Prozess, von dem bisher kaum jemand etwas wusste. Deutsche Arbeiter hatten in den hohen Räumen die Scherben und Trümmer beiseite geschafft, doch während des Wiederaufbaus brach die Decke des Gerichtssaals geräuschvoll in sich zusammen und machte deutlich, wie unsicher alle Gebäude in Nürnberg waren.[141] Parallel wurde der Justizpalast durch Panzer, Soldaten und Flakgeschütze gesichert, um auf einen möglichen SS-Aufstand und auf Angriffe von NS-Partisanen oder von Opfern des alten Regimes vorbereitet zu sein.[142]

Die von Colonel Andrus angeführte Kolonne war auf dem Weg zu einem dem Justizpalast angegliederten dreistöckigen Gefängniskomplex aus dem 19. Jahrhundert. Kelley erinnerte die Gebäudeform an eine riesige linke Hand: Im Norden erstreckten sich drei Gebäudeflügel wie Ring-, Mittel- und Zeigefinger, ein vierter spreizte sich im Westen als kleiner Finger ab und ein fünfter war der nach Osten zeigende Daumen.[143] Hier sollte die letzte Station Görings und der anderen prominenten Nationalsozialisten sein. In dem von einem anderen Kommandanten geleiteten Teil des Gefängnisses waren zivile deutsche Verbrecher untergebracht, im von Andrus geführten Teil waren in drei Flügeln etwa 250 Männer und Frauen eingesperrt, die meisten von ihnen Zeugen oder Angeklagte zukünftiger Kriegsverbrechertribunale.[144] Der Gebäudekomplex war schwer beschädigt: Manche Wände mussten mit Holzbalken abgestützt werden, und Maurer mussten einige Außenwände wiederherstellen, in denen Löcher von einer Größe klafften, dass man mit einem LKW hätte hindurchfahren können. Die Reparaturen wurden von deutschen Kriegsgefangenen durchgeführt, von denen viele noch SS-Uniformen trugen. Nachts zogen diese Kriegsgefangenen sich in Gefängniszellen zurück. Dort kam auf 50 Gefangene nur eine Wache. „Man konnte von außen direkt ins Gefängnis sehen", beschreibt Andrus die Lage. „Sie hätten einen günstigen Zeitpunkt abpassen können, dann hätten wir sie nicht davon abhalten können, sich Zutritt zu verschaffen. […] Wenn eine Gruppe von Fanatikern es sich in den Kopf gesetzt hätte, eine LKW-Ladung Sprengstoff durch die Gefängnismauern brettern zu lassen, wären wir alle in die Luft geflogen."[145] Die Einrichtung war gefährlich unterbesetzt, und das Andrus zur Verfügung stehende Personal bestand seiner Meinung nach größtenteils aus widerwilligen und unzuverlässigen Versagern. Er war außer sich wegen der dramatischen Sicherheitslage, in die er und seine ranghohen NS-Gefangenen geraten waren. Seiner Meinung nach hatte man sie viel zu früh nach Nürnberg kommen lassen.

Andrus sicherte das Gefängnis schnellstmöglich durch mehr Wachen.[146] Er bezeichnete es als Nürnbergs „dunkles Geheimnis", dass die Sicherheitsleute im Gefängnis „der Bodensatz der Armee" seien, keinerlei Erfahrung mit Gefängnisarbeit hatten und an nichts als ihre Heimkehr denken konnten. Manche Wachmänner vertrieben sich die Zeit damit, die Gefängniszellen zu bekritzeln, andere wussten nicht, wie man ein Gewehr bedient. Aus Personalmangel konnten die Zellen der möglicherweise selbstmordgefährdeten Insassen nur zweimal pro Stunde überprüft werden. Zwar gelang es Andrus schließlich, das Personal aufzustocken, aber die Männer waren für die Bewachung des Gefängnisses und seiner Insassen ungeeignet. In den nächsten 18 Monaten sollte es unter den Gefängnismitarbeitern zu einer Fluktuationsrate von 600 Prozent kommen.

Kelley, der schon so lange im Kriegsdienst war, dass seine Frau Dukie sich als Strohwitwe bezeichnete, hatte einen neuen Auftrag: Zusätzlich zur medizinischen Betreuung der NS-Häftlinge, die er in Bad Mondorf begonnen hatte, sollte er nun auch die geistige Zurechnungsfähigkeit der Männer prüfen, deren Alter zwischen 38 Jahren im Falle von Baldur von Schirach und 72 im Falle Konstantin von Neuraths lag, um festzustellen, ob sie prozessfähig waren. Kelley nahm diesen Auftrag sehr ernst, dennoch ordnete er ihn seinen persönlichen Zielen unter: Der Psychiater wollte nicht nur „für die Gesundheit der Männer […] sorgen, die wegen Kriegsverbrechen abgeurteilt werden sollten, sondern […] wollte sie auch wie ein Forscher im Laboratorium studieren".[147] Wenn Nazismus eine Krankheit war, von der jeder befallen werden konnte, die sich sogar zu einer weltweiten Epidemie auswachsen könne, dann wäre die Untersuchung der 22 in den Nürnberger Zellen isolierten Männer ein Beitrag zur Entwicklung einer Art Impfstoff. Die Suche nach den Gründen für das Verhalten der Angeklagten lag zwar nicht in Kelleys Aufgabenbereich, aber sein Ehrgeiz erlaubte ihm nicht, sich diese Chance entgehen zu lassen. Er setzte sich ein von offizieller Seite nicht genehmigtes und zeitlich stark eingeschränktes, dafür aber umso ambitionierteres Ziel: „Ich stellte mir die Aufgabe, den Charakter dieser [Männer] zu untersuchen und bis zu einem gewissen Grade herauszubekommen, welche Technik sie anwandten, um zur Macht zu gelangen und sich an der Macht zu halten."[148] Er wollte die Funktionsweise der NS-Psyche ergründen. „Ob sie schuldig waren oder nicht, interessierte uns natürlich nicht", sagte Kelley später.[149] „Und wir strebten auch keine Heilung an. Wir wollten einfach nur so viel wie möglich über sie herausfinden."

Kurz nach seiner Ankunft inspizierte Kelley das Gefängnis. Die NS-Größen waren in Einzelzellen im Erdgeschoss des Ostflügels untergebracht.[150] Kelley beschreibt diesen sogenannten Kriegsverbrecherflügel in seinem Buch: „Auf beiden Seiten [des] Korridors lagen Zellen, und an jedem Ende führten Wendeltreppen zu den beiden oberen Zellenreihen."[151] Die Zellen waren drei mal vier Meter groß, karg eingerichtet und durften nichts enthalten, das einem Gefangenen als Selbstmordwerkzeug hätte dienen können. Die Betten waren an der Wand befestigt, die Matratzen aus Stroh. Von den feuchten Wänden bröckelte der Putz. Auf zarten Tischchen, die zu schwach waren, um das Gewicht eines Mannes zu tragen, lagen meist die kleineren Habseligkeiten der Gefangenen, der Rest lag in Haufen auf dem Boden. Der ehemalige Reichswirtschaftsminister Hjalmar Schacht beschrieb die Tische als „schwankende Holzgestelle, die aus dünnen Latten gefertigt waren, auf denen eine Pappscheibe aufgenagelt war. Das Schreiben auf diesen Tischchen war eine Qual, denn der Tisch wackelte beständig."[152]

Ein einzelnes Gitterfenster ließ etwas Tageslicht ein. Die Stühle mussten in einem Abstand von mindestens einem Meter zur Außenwand stehen und wurden nachts entfernt. Dann blieb den Gefängnisinsassen nicht viel übrig, als zu schlafen oder auf dem Steinboden auf und ab zu gehen. In den Zellentüren waren 30 Zentimeter breite wie hohe Löcher als Sichtfenster ausgespart, die weder geschlossen werden konnten noch abgedeckt werden durften und durch die auch die Speisen gereicht wurden. Tagsüber leuchtete über der Tür eine Glühbirne. „Bei dem, was diesen Jungs so durch den Kopf geht, kann man in der kleinen Zelle schon schnell den Verstand verlieren", kommentierte Andrus.[153]

Colonel Andrus verordnete im Zellenblock absolutes Schweigen. Selbst die Wachen sprachen nur, um den Gefangenen Anweisungen zu geben und auf Verletzungen der Gefängnisordnung hinzuweisen. Aber wie in jedem Gefängnis hallte auch hier die Zwangsinhaftierung nach: Türenschlagen, Schritte auf dem harten Fußboden, Schlüsselrasseln. „Hier liegt die Gefangenschaft förmlich in der Luft", bemerkte Andrus zufrieden.[154] Die Wendeltreppen und andere Stellen, von denen ein Gefangener sich in den Tod hätte stürzen können, waren durch Metallgitter gesichert. Auf den Fluren waren Wachposten aufgereiht, zunächst einer auf vier Zellen, die die Gefangenen durch die Fenster in den Zellentüren beobachteten, von denen aus man, abgesehen von der Toilette in der Ecke neben der Tür, die gesamte Zelle überblicken konnte. Doch selbst wenn ein Gefangener die Privatsphäre dieser minimalen Zufluchtsstätte in Anspruch nahm und auf der Toilette saß, die weder Sitz noch Deckel hatte, blieben seine Füße im Blickfeld der Wache. Die Wächter beobachteten die Insassen Tag und Nacht. Wie Kelley bemerkt, erniedrigten diese Bedingungen die Gefangenen und zwangen sie dazu, „die bittere Galle ihrer eigenen Prahlereien [zu] schlucken".[155] Verglichen mit Bad Mondorf war die Nürnberger Anstalt knallhart.

Die Gefängnisordnung bestimmte den Alltag der Gefängnisinsassen, und Andrus nahm dabei keinerlei Rücksicht auf den ursprünglichen Status der Gefangenen. Ihnen war nur ein Minimum an Privatgegenständen in den Zellen erlaubt: Familienfotos, Bücher der Gefängnisbibliothek (aus der nationalsozialistische Literatur entfernt werden musste), Hygieneartikel, Zigaretten und Schreibutensilien. Köpfe und Hände der Gefangenen mussten den Wachen zu jeder Zeit sichtbar sein, auch wenn sie nachts schliefen und sich der Kälte wegen lieber in die Decken gegraben hätten. Die Wächter strahlten nachts mit blendend hellen Taschenlampen in die Zellen, um die Regel durchzusetzen. Die Gefangenen durften sich nicht wegdrehen.[156] Weiterhin durften sie nur eine begrenzte Anzahl von Briefen schreiben, deren Inhalt kontrolliert wurde. Auch die Anzahl der Päckchen, die sie empfangen konnten, war begrenzt. Einmal pro Woche konnten sie unter Aufsicht eine warme Dusche nehmen. Im bewehrten Hof durften die Gefangenen sich täglich jeweils zu zweit für 15 bis 30 Minuten unter kargen Bäumen die Füße vertreten oder sich sportlich betätigen. Dabei mussten sie mindestens zehn Meter Abstand voneinander halten oder sich auf unterschiedlichen Seiten einer Trennwand bewegen. Bewaffnete Wächter auf Türmen, die den Hof umgaben, kontrollierten das.

In unregelmäßigen Abständen wiesen die Wachen die Gefangenen ohne Vorwarnung an, sich auszuziehen und in eine Ecke zu stellen, während ihre Zelle nach Nahrungsmitteln, verbotener Lektüre und Gegenständen durchsucht wurde, die zu Selbstmord- oder Fluchtversuchen dienen konnten. Kelley notierte, dass die „Durchsuchungen so gründlich [gewesen seien], dass manche Gefangene vier Stunden benötigten, um ihre Zellen wieder in Ordnung zu bringen“.[157] Für den Fall eines Fluchtversuches griff Andrus auf eine Regel aus seiner Zeit am Militärgefängnis in Fort Oglethorpe zurück: „Wenn es ihnen möglich ist, werden die Wachen einen Warnruf abgeben, bevor sie feuern. Der Kommandant übernimmt die volle Verantwortung für die Folgen.“[158]

Die Gefangenen hatten Privilegien und Status verloren und fühlten sich in den Lumpen, die sie trugen, schäbig. So sahen sie auch aus. Ihr Ärger richtete sich gegen Andrus. Sie hielten den Kommandanten für rücksichtslos, unzugänglich, förmlich bis zur Lächerlichkeit und respektlos. Er hatte ihnen ins Gesicht gesagt, dass ihn weder ihr früherer Status noch das sie erwartende Schicksal interessiere.[159] Göring nannte ihn abfällig den „Feuerwehrhauptmann“, und Schacht beschwerte sich über Andrus’ Alkoholfahne.[160] Manche empfanden es als persönliche Erniedrigung, ihre Zelle selbst putzen zu müssen, andere regten sich über das Schweigegebot auf. Joachim von Ribbentrops unzureichende Reinigung der Zelle war bald sprichwörtlich, dafür strahlte die von Keitel, geputzt mit militärischer Gründlichkeit.[161]

Gelegentlich zeigte Andrus sich aber überraschend menschlich. Als der ehemalige Mitarbeiter des Propagandaministeriums Hans Fritzsche mitten in der Nacht aus russischer Gefangenschaft eintraf, entschuldigte der Colonel sich, weil man ihm keine warme Mahlzeit anbieten konnte, da die Küche schon geschlossen war, und ließ dem hungrigen Mann ein Stück Kuchen in die Zelle bringen.[162] Auch hob Andrus das Schnürsenkelverbot zumindest für die älteren Insassen auf, weil der Nutzen gegenüber der Selbstmordgefahr zu überwiegen schien.[163] Außerdem hatte der Kommandant Sinn für Humor, wenn auch einen recht vorhersehbaren: Er konnte seine abgedroschenen Lieblingswitze anscheinend nicht oft genug erzählen.[164]

Colonel Andrus betrachtete seine Gefangenen als „Männer, die wohl zu den schlimmsten gehören, die der Herr auf seiner Erde hat leben lassen", und zwang ihnen im Gefängnis eine erdrückende tägliche Routine auf:[165] Die NS-Funktionäre wurden früh geweckt, dann brachten ihnen Kriegsgefangene Wasser für die Morgentoilette. Das Frühstück, das meist aus Müsli, Keksen und Kaffee bestand, wurde ihnen in Metallbehältern ohne Henkel gereicht.[166] Die Löffel mussten gleich nach dem Essen wieder abgegeben werden. Gabeln und Messer waren nicht zugelassen. Zum Mittagessen gab es normalerweise Brot, Suppe, Fleisch und Gemüse. Die meisten Gefangenen aßen reichlich. Abendbrot gab es um 18.00 Uhr, danach ging das Licht aus. Aber es gab keinen großen Unterschied zwischen dem abstumpfenden und schlafwandlerischen Tagesverlauf und dem Schlummer, in den die Gefangenen mit der Schlafenszeit ab 21.30 Uhr fielen.

Nur wenige Gefängnismitarbeiter hatten wie Kelley uneingeschränkten Zugang zum Kriegsverbrecherflügel. Dazu gehörte auch Ludwig Pflücker, der freundliche deutsche Arzt und Kriegsgefangene, der hier in Nürnberg wie zuvor in Bad Mondorf die tägliche medizinische Versorgung der Gefangenen übernommen hatte. In seiner Gefängnispraxis maß Pflücker den Blutdruck der Patienten und behandelte sowohl die Plattfüße des ehemaligen Generalfeldmarschalls Keitel als auch die Handlähmung des einstigen Generalgouverneurs Hans Frank.[167] Der lutherische Pfarrer Henry F. Gerecke und der römisch-katholische Priester Sixtus O'Connor, die beide fließend Deutsch sprachen, hielten wöchentlich Gottesdienste in der improvisierten Kapelle ab, die über einen Altar und eine Orgel verfügte. Die von alliierten Geheimdienstmitarbeitern durchgeführten Verhöre durften nicht in den Zellen der Gefangenen stattfinden, weshalb sie sich die Insassen regelmäßig aus dem Gefängnis holten. John Dolibois war mittlerweile innerhalb des Militärgeheimdienstes versetzt worden, sodass Kelley jetzt mit anderen Übersetzern und Dolmetschern zusammenarbeitete.

Die in Einzelhaft lebenden und mit einem Schweigegebot belegten Gefangenen sehnten sich nach Gesellschaft. „Sie waren über jedes Gespräch froh, selbst mit einem Psychiater", so Kelley.[168] Und wenn sie einmal angefangen hatten, hörten sie oft gar nicht mehr auf und sprachen frei und ohne dazu ermutigt werden zu müssen. Sie waren Kelley gegenüber viel offener, als während der offiziellen Verhöre der Alliierten. Die psychiatrischen Gespräche gehörten zu den leichtesten, die Kelley je durchgeführt hatte.[169] Dem Psychiater fiel auf, dass „die Insassen alles voneinander wussten. Wollte man etwas über A wissen, fragte man einfach B und konnte sich darauf verlassen, dass B kein scheußliches Detail über A ausließ. Göring redete über Ribbentrop, [...] Streicher über Frick und so weiter und so fort. Und wenn sie doch von sich selbst sprachen, dann glorifizierten sie sich und strichen ihre eigene Intelligenz und Unschuld heraus."[170]

Einsamkeit und Isolation lockerten die Zungen der Gefangenen, und auch Kelleys Methoden trugen dazu bei, dass die NS-Angeklagten sich ihm öffneten. Basis aller Gespräche war ein unausgesprochener, aber deutlich spürbarer Respekt zwischen Patient und Arzt. Die Gefangenen hatten begriffen, dass Kelley ihre Ansichten und Motive verstehen wollte, anstatt sie als Monster oder einem Alptraum entsprungene Kreaturen abzustempeln. Durch seine Kenntnisse der Allgemeinen Semantik konnte Kelley ihrer Wortwahl, ihrem Tonfall, ihrer Gestik und Körperhaltung mehr entnehmen, als ihnen bewusst gewesen sein mag. Es gelang ihm als Einzigen in Nürnberg, diese kleine Gruppe verängstigter Männer mit überdimensionalen Egos davon zu überzeugen, dass er sich nicht nur für ihre Verbrechen interessierte, sondern sie verstehen wollte.

Kelley verbrachte täglich viele Stunden mit den NS-Funktionären. Er hörte ihnen zu, befragte sie und zeichnete ihre Äußerungen auf. Es war das erste Mal, dass diese Männer „einer systematischen psychologischen Prüfung unterzogen" wurden.[171] Für Kelley stellte die Sprache seiner Patienten oft ein Hindernis dar, aber viele der Gefangenen hatten gute Englischkenntnisse. (Göring beispielsweise hatte ein sehr gutes Hörverständnis, was vielen Beobachtern auffiel, die beim Dolmetschen auf seine Mimik achteten.)[172] Dennoch brachte er zu jeder Begegnung mit einem Gefangenen einen Dolmetscher mit, dessen Fähigkeiten Kelley überprüfte, indem er zwischen den Dolmetschern wechselte und ihre Übersetzungen verglich. Da Kelley klar war, dass die Gefangenen ihm einiges erzählen würden, um einen guten Eindruck zu hinterlassen, las er auch ihre Korrespondenz, Mitschriften ihrer Reden, ackerte die größtenteils grausigen, von ihnen verfassten Bücher durch und sah sich NS-Wochenschauen an. Er führte Gespräche mit den Freunden und Bekannten seiner Patienten und mit Mitstreitern, die noch ausfindig zu machen waren.

Colonel Andrus sah überall Gefahren für die Insassen seines Gefängnisses. Kriegsgefangene oder Verbrecher könnten auf seine wertvollen Gefangenen zu schießen versuchen und dazu zum Beispiel den Augenblick nutzen, wenn man sie die paar hundert Meter zum Justizpalast brachte. Eines Tages bestätigte sich diese Befürchtung: Göring wurde gerade vom Gefängnis zum Nebengebäude eskortiert, als der bewaffnete Wachmann, der Göring in dem vorgeschriebenen Abstand von sechs Schritten folgte, etwas durch die Luft zischen hörte, gefolgt von einem dumpfen Geräusch – der Schrecken fuhr ihm in die Glieder. Hinter Göring steckte ein 20 Zentimeter langes SS-Kampfmesser im Holz. Der Wächter sah sich um, konnte aber weder sehen, wer das Messer geworfen hatte, noch, wen es hatte treffen sollen. Andrus behielt den Dolch als Andenken. Die Sache hatte ihn aber sehr besorgt: „Und wenn Göring gestorben wäre? Wer hätte dann beweisen sollen, dass es kein Amerikaner gewesen war?" So ließ der Kommandant kurz darauf einen von allen

Seiten geschlossenen Gang zwischen dem Gefängnisgebäude und dem Justizkomplex bauen, um sowohl Attentate als auch Fluchtversuche zu verhindern.

Während die Gefangenen sich eingewöhnten, entwickelten US-Sicherheitsexperten Verfahren, um jede Bewegung zwischen dem Gefängnis und dem angrenzenden Justizpalast zu kontrollieren und auf diese Weise, wie sie hofften, Ausbrüche zu verunmöglichen. Sie fingen im Gerichtsgebäude an. Hier installierten sie Absperrungen, Schranken und Alarmanlagen, stellten mit Feuerwaffen und Knüppeln bewaffnetes Wachpersonal ein, installierten Türspione, Türschlösser und Gitterfenster, ordneten Durchsuchungen an, führten strenge Zutrittsbestimmungen ein und stellten metallverkleidete, schusssichere Trennwände zwischen den beiden Teilen des Gebäudekomplexes auf.

Hermann Göring, der abgenommen und seine Paracodinabhängigkeit überwunden hatte, kam mit dem Gefängnisleben am besten zurecht. Kelley schrieb: „Der plötzliche Wechsel der Umgebung – von einer Lage, in welcher der geringste Wunsch sofort Erfüllung fand, zu der Haft in einer kleinen Zelle, die nur ein Bett, einen Tisch, einen Stuhl und ein Klosett enthielt – muss ungemein verletzend gewesen sei. Trotzdem war anscheinend Göring derjenige, der sich am wenigsten beklagte und sich der Gefängnisordnung bereitwilliger fügte als beinahe alle anderen der ganzen Gesellschaft.“[173] Dennoch gestand er Kelley gegenüber ein, er fühle sich gelegentlich niedergeschlagen. In einer Notiz an seinen Psychiater schrieb Göring: „Psychisch fühle ich mich wegen meiner gegenwärtigen Lage niedergeschlagen. Körperlich geht es mir trotz wiederholten Herzrasens nicht schlecht.“[174]

Wer Göring in Zelle 5 besuchte, fand ihn meist vor mit einem Buch in der Hand und einer großen, handgeschnitzten Pfeife im Mund. Einer dieser Besucher bemerkte, wie erstaunlich gut Göring aussah: Seine Haut war braun „wie die eines alten Stars, der Make-up und Kostüme nicht lassen kann“.[175] Die Haft schien ihm gutzutun, obwohl er einen heruntergekommenen Eindruck machte wie ein ehemals angesehener Mann, der den Ausschweifungen des Lebens nicht hatte widerstehen können.

Die graue Uniform hing lose um seine verschlankte Figur – die Korrespondentin des *New Yorker*, Rebecca West, meinte, das lasse ihn „bedeutender erscheinen" –, aber an Energie und Enthusiasmus fehlte es Göring keineswegs.[176] Kelley schreibt: „Jeden Tag, wenn ich auf meiner Runde in seine Zelle kam, sprang er von seinem Stuhle auf, grüßte mich mit breitem Lachen und ausgestreckter Hand, geleitete mich zu seinem Feldbett und schlug mit seiner großen Klaue auf die Mitte des Bettes. ‚Guten Morgen, Doktor. Ich bin so froh, dass Sie mich besuchen kommen. Bitte nehmen Sie Platz, Doktor, setzen Sie sich hierher.'"[177] Hier war ein geübter Manipulator am Werk, und der Psychiater konnte sich trotz seiner Fähigkeiten und seines Wissens dem Charme Görings nicht ganz erwehren. Tatsächlich maßen sich bei den Begegnungen in Görings feuchter Zelle zwei außergewöhnlich selbstbewusste Egoisten.

Göring hatte eine gewisse Leichtigkeit im Umgang mit anderen und war unbestreitbar eine Führungspersönlichkeit, was auch sein Verhältnis zu seinen Mitgefangenen bestimmte. Wenn er im Sporthof die Gelegenheit hatte, mit einem von ihnen ein paar Worte zu wechseln, war Göring bemüht, dem anderen Mut zuzusprechen. Er sah sich als das größte lebende Mitglied des ehemaligen NS-Regimes, war aber auch davon überzeugt, dass die ihm zuteilwerdenden Ehren schließlich auch seine ehemaligen Mitstreiter einschließen würden, so zum Beispiel die marmornen Mausoleen, die gewiss deutsche Verehrer den Mitgliedern des NS-Regimes als letzte Ruhestätte einst erbauen würden. Kelley sah, dass Göring ganz und gar ein Mann der Gegenwart war. Der Realist passte sich problemlos an und konzentrierte sich ausschließlich auf das, was ihn seinen Zielen näherbrachte, und erwachte, wie Kelley es ausdrückte, jeden Morgen mit der Überzeugung, dass der neue Tag den „rosigen Schimmer einer besseren Zukunft" trage.[178]

Sein Optimismus verhalf Göring, selbst in Gefangenschaft den Humor nicht zu verlieren, und er wurde bald zum Spaßvogel seines Gefängnisflügels. Göring selbst schienen seine Witze zu gefallen, Kelley aber amüsierten sie wenig. Er lachte nicht „über den Witz, sondern über den Erzähler".[179] So auch, wenn Göring mit glänzenden Augen seine Lieblingsnummer zum Besten gab:

> *Wenn Sie einen Deutschen vor sich sehen, so haben Sie es mit einem feinen Kerl zu tun; sind es zwei Deutsche, so bilden sie einen Bund; drei Deutsche zusammen aber bedeuten Krieg. Andererseits: Wenn Sie einen Engländer vor sich sehen, so haben Sie es mit einem Idioten zu tun; sind es zwei Engländer, so bilden sie einen Klub, und wenn drei Engländer beisammen sind, so bilden sie ein Empire. […] Ein Italiener ist stets ein Tenor; zwei Italiener bilden ein Duett, und wenn drei Italiener beisammen sind, so gibt es einen Rückzug. […] Ein Japaner ist ein Geheimnis. Zwei Japaner sind ein Geheimnis. Aber drei Japaner? – Sie sind auch ein Geheimnis!*[180]

Göring lachte oft schon vor der Pointe so sehr, dass er sie kaum herausbrachte. Er zitierte auch gern aus einem Büchlein mit Witzen aus der deutschen Widerstandsbewegung, die sich über ihn, Hitler und andere NS-Größen lustig machten.[181]

Nur was sein Privatleben betraf, verstand er keinen Spaß. Auf dem Tisch in seiner Zelle standen gerahmte Fotos von seiner Frau Emmy und ihrer gemeinsamen Tochter Edda.[182] Görings Hingabe beeindruckte Kelley. Andrus zufolge schrieb Göring von allen am fleißigsten, und das einzige, worüber der ehemalige Reichsmarschall weiterhin klagte, war der erschwerte Kontakt zu seiner Frau.

In den 20er-Jahren hatte Göring die glamouröse blonde Sängerin Carin von Kantzow geheiratet. Sie hatte ihm während seiner Medikamentenabhängigkeit beigestanden und war viel mit ihm gereist. Die Schauspielerin Emmy Sonnemann war dem Paar 1931 zum ersten Mal begegnet, als sie sich in einem offenen Omnibus auf dem Weg zu einer Privatvorstellung für geladene Gäste auf Schloss Kochberg befand.[183] Göring hatte mit hoher Geschwindigkeit überholt und Frau Sonnemann und ihr Ensemble mit Schlamm und Steinchen bespritzt. Erst nach der Vorstellung stellte man sie Göring vor. Im selben Jahr zog Carin nach Schweden, wo sie an Tuberkulose erkrankte und starb, während Göring in Deutschland blieb, um die nationalsozialistische Sache voranzutreiben und Hitler zu unterstützen. „Als [Carin] dann schwer erkrankte, stand er bereits unter neuen Einflüssen“, stellte Kelley trocken fest.[184]

1934 ließ Göring Carins Leiche von Schweden nach Deutschland überführen und beerdigte sie auf seinem prachtvollen Anwesen in der Schorfheide, das er nach ihr benannte. Auch das Jagdrevier, die Tanzsäle und den ganzen Prunk und Protz Carinhalls weihte er der verstorbenen Ehefrau. „So beschwichtigte Göring also sein Gewissen durch die Entfaltung von Glanz und feierlichem Gepränge", schreibt Kelley. „Er muss indes wegen der Behandlung seiner Frau ein tiefes Schuldgefühl gehabt haben. Schließlich hatte sie ihren Gatten verlassen, um ihn zu heiraten, und dann war er so sehr in politische Angelegenheiten verstrickt, dass er sie nicht einmal an ihrem Totenbett besuchte. Die Geschichte dieser Gefühllosigkeit seiner Frau gegenüber war in ganz Deutschland bekannt geworden."[185]

Hermann Göring und Emmy Sonnemann heirateten 1935. Sein Lieblingsjagdschloss behielt den Namen Carinhall, er benannte aber ein anderes nach der neuen Ehefrau. Als Frau Göring drei Jahre später Tochter Edda gebar, ordnete Göring den Flug von 500 Maschinen der Luftwaffe über den Himmel Berlins an. (Wenn es ein Junge gewesen wäre, gab Göring an, hätte er die Zahl verdoppelt.)

Görings Mitgefangener in Nürnberg, Julius Streicher, Herausgeber der Wochenzeitung *Der Stürmer*, hatte öffentlich unterstellt, Göring sei schwul und habe mit der Schwangerschaft seiner Ehefrau nichts zu tun gehabt. Kelley aber schrieb, er sei „vollkommen überzeugt, dass das Mädchen, das ihm seine Frau 1938 gebar, von ihm stammt".[186] Görings ausführlicher Briefkontakt zu seiner Frau hatte ihn davon überzeugt, dass es sich um eine glückliche Ehe handelte, einer Verbindung aus Liebe, nicht aus strategischen Überlegungen.

Auch Emmy Göring, die ihren mächtigen nationalsozialistischen Ehemann immer unterstützt hatte, musste sich für die Untaten des NS-Regimes verantworten und wurde nach der Ergreifung ihres Mannes, als sie zunächst auf Burg Veldenstein lebte, vor Gericht gestellt. Dort überbrachte ihr einmal ein US-Soldat die frohe, aber falsche Botschaft, ein US-Militärgericht habe ihren Mann von allen Anklagepunkten freigesprochen und seine Freilassung und Heimkehr stünden bevor. Frau Göring belohnte den Soldaten mit einem Smaragdring.[187] Wenige Tage später teilte ihr ein weiterer Soldat mit (ob es Bosheit oder ein Irrtum war, ist nicht bekannt), Göring sei erschossen worden.[188] Die Frau des ehemaligen Reichsmarschalls behielt die Fassung. Ihre Tochter Edda ähnelte äußerlich dem Vater und entwickelte sich zu einem gut erzogenen, fröhlichen Kind.[189]

Kelley war Profi genug, und so behandelte der Psychiater Göring und die anderen NS-Größen in Nürnberg wie jeden anderen Patienten und enthielt sich der persönlichen Meinung zu ihren Grausamkeiten. Er urteilte nicht und ermutigte die Gefangenen auf diese Weise, seine Fragen zur NS-Regierung und zu ihrer Rolle innerhalb des NS-Regimes offen zu beantworten. Göring sehnte sich nach Publikum und war wohl froh über den intelligenten Gesprächspartner.

In vielen der Gespräche kam Göring auf seine enge Beziehung zu Tieren zu sprechen. Wie viele Jäger liebte auch Göring seine Beute. Er hatte die Jagdbestimmungen Nazideutschlands überarbeiten lassen und die Behandlung der Tiere verbessert. Außerdem hatte er ein erstaunlich mitfühlendes und fortschrittliches Gesetz gegen Tierversuche erlassen. Wer es brach, kam ins Konzentrationslager. Als Mediziner konnte Kelley diesem Tierversuchsverbot wenig abgewinnen, weil er die negativen Auswirkungen auf die Entwicklung lebensrettender Impfstoffe sah: „In Deutschland hausen dank Hermann Görings Verbot der Antitoxinproduktion auf einem Quadratzentimeter mehr Diphtherieerreger als irgendwo sonst auf der Welt."[190]

Für Kelley passte Görings Mitgefühl für Tiere nicht zu seiner Grausamkeit gegenüber Individuen der eigenen Spezies. Dieser Mann kämpfte für Gesetze zum Schutz streunender Katzen und Hunde und ließ gleichzeitig blutrünstige Säuberungsaktionen durchführen, ließ seine Gegner ohne Gerichtsprozess hinrichten und ordnete als Oberbefehlshaber der Luftwaffe während der Invasion der Niederlande 1940 die Bombardierung des Stadtzentrums von Rotterdam an, bei der 1000 Zivilisten ihr Leben und weitere 85 000 ihr Heim verloren. Kelley schreibt: „Für seine Freunde, für seine Familie war ihm nichts zu gut. Jenseits dieses Kreises aber hatte er für kein Lebewesen auch nur das geringste Interesse."[191]

Langsam entstand bei Kelley ein immer deutlicheres Bild seines ranghöchsten Patienten. Görings Strategie, sich als vorbildlicher Gefangener ins allerbeste Licht zu rücken, schien zu funktionieren. In der Zeit ihrer Zusammenarbeit war Kelley durch Görings Charme und Überzeugungskraft zu dem Schluss gekommen, dass der einstige Reichsmarschall „nicht nur mit einer überdurchschnittlichen, sondern einer außergewöhnlichen Intelligenz begabt ist.“ Der Nationalsozialist war witzig, charismatisch, gesittet und kultiviert. Aber auch diese Eigenschaften machten den Psychiater nicht blind gegenüber dessen tief verwurzelter Boshaftigkeit. Kelley war fasziniert von Görings „Fähigkeit, politische Aufträge mit unerhörter Brutalität auszuführen”.[192]

Der ehemalige Reichsmarschall genoss ganz offensichtlich die häufigen Gespräche mit dem Psychiater, in denen es auch um Themen wir Kriegsstrategien und den bevorstehenden Kalten Krieg ging. Kelley interessierte sich für ihn, das war Göring nicht entgangen, und er zog den scharfsinnigen Psychiater den anderen Gefängnismitarbeitern vor. Kelley war vielleicht der Einzige innerhalb der Gefängnismauern, dem Göring vertraute. Während eines Gespräches befragte Kelley Göring nach dessen Meinung zur Position der NSDAP zur rassischen Minderwertigkeit von Nicht-Ariern. „Den Quatsch glaubt doch kein Mensch“, antwortete Göring. Kelley erinnert sich weiter: „Als ich ihn darauf hinwies, dass diese Sichtweise 6 Millionen Menschen das Leben gekostet hatte, fügte Göring hinzu: ‚Aber es war ein erstklassiges Propagandamittel.‘“ Nach diesem Gespräch war Kelley davon überzeugt, dass Göring „überhaupt keine Moral“ besaß.[193]

Göring wollte sich bei Kelley für dessen Aufmerksamkeit erkenntlich zeigen und bot ihm während eines ihrer Treffen in seiner Zelle den spektakulären Smaragdring an, den er bei seiner Ergreifung bei sich gehabt hatte und dessen Wert er auf 500 000 US-Dollar schätzte.[194] Kelley lehnte das Geschenk ab und erinnerte Göring daran, dass es ihm nicht mehr zustünde, sein Beutegut zu verschenken. Göring machte ein gequältes Gesicht, „aber nicht wie ein Mann, dem plötzlich klar wird, dass er ein ganz armer Schlucker ist, sondern wie ein kleiner Junge, dem man etwas verboten hat“, sagte Kelley später.[195] Doch der Gefangene sammelte sich schnell: „Dann nehmen sie das hier. Ist fast

Mit einer Widmung an Kelley versehenes Portrait Görings.

genauso gut."[196] Mit diesen Worten gab er Kelley eine etwa DIN-A4-große Fotografie, die ihn selbst zeigte, in Uniform und mit der Brust voll Orden.

Trotz Kelleys besonderem Interesse an Göring und trotz seiner Verbundenheit mit ihm, achtete er darauf, auch für die anderen Gefangenen in seiner Obhut Zeit zu finden und war von jedem von ihnen fasziniert. Die Reaktion der Gefangenen auf Kelleys ständiges Kommen und Gehen wiederum war ganz unterschiedlich. Die meisten respektierten ihn als Arzt und betrachteten ihn nicht als Feind, der sie auf der Jagd nach belastenden Informationen anzapfte. Für diese fast gänzlich isolierten Männer stellte der Arzt einen wichtigen Kontakt zur Außenwelt dar, außerdem unterbrachen seine Visiten die Einsamkeit ihres bedrückenden Daseins. Nur wenigen missfielen seine häufigen Besuche, darunter Schacht, der Kelleys Beruf als „ein trauriges Gewerbe" betrachtete.[197]

Der humorlose Schriftsteller und Propagandist nationalsozialistischer Philosophie und Ideologie Alfred Rosenberg war den Alliierten in die Hände gefallen, als er nach einem Sturz unter starkem Alkoholeinfluss in ein Krankenhaus eingeliefert worden war.[198] Kaum ein Nationalsozialist hatte viel von Rosenbergs drögen Texten gelesen, manche aber hatte der schiere Umfang seines Wälzers *Der Mythus des 20. Jahrhunderts* beeindruckt, den ein US-amerikanischer Psychiater als „ausgesprochen paranoide Version von Geschichte, Religion und der Rolle der Deutschen in beidem" beschrieb.[199] Geboren in Lettland, hatte Rosenberg sowohl in Riga als auch in Deutschland studiert und war noch vor Hitler der Deutschen Arbeiterpartei beigetreten, der Vorgängerpartei der NSDAP. Rosenberg war zwar der Ausbildung nach Architekt, in seinen Texten geht es aber um die rassische Überlegenheit nordischer Völker wie des deutschen, die führende Rolle des Nationalsozialismus gegenüber dem Christentum als treibender Ideologie in Europa und die Verschwörungen marxistischer und kapitalistischer Juden mit dem Ziel der ökonomischen und politischen Machtergreifung. Diese Ideen fanden später Eingang in Hitlers *Mein Kampf*. Rosenberg war

Kelleys Meinung nach hatte der NS-Ideologe Alfred Rosenberg „ein Denksystem geschaffen, welches stark von der bekannten Wirklichkeit abwich“.

ein nur mittelmäßiger Politiker, war der nationalsozialistischen Bewegung aber als Personifikation der Gesellschaftstheorien und der Philosophie der Partei nützlich. Fragte man ihn nach dem jüdischen Klang seines Familiennamens, betonte er, der Name sei nichtjüdisch und ginge auf angeblich isländische Vorfahren zurück.

Er hatte im NS-Regime eine ganze Reihe von Posten inne gehabt, darunter einen mit dem sperrigen Titel des „Beauftragten des Führers für die Überwachung der gesamten geistigen und weltanschaulichen Schulung und Erziehung der NSDAP". Doch den Posten, den er wirklich anstrebte, erreichte er nie: Außenminister. Sein Einfluss als Mitglied der NSDAP erreichte seinen Höhepunkt 1941 nach der Invasion der UdSSR mit seiner Ernennung durch Hitler zum Reichsminister für die besetzten Ostgebiete. Rosenberg war verantwortlich für die Deportation und Ermordung von Millionen von Zivilisten. Als Vorgesetzter versagte er (Untergebene ignorierten ihn meist), doch er raubte erfolgreich Kunst und andere Kulturgüter für Regimeanhänger wie Göring oder für deutsche Institutionen.

Die Haft in der Nürnberger Zelle bedeutete für Rosenberg einen rasanten Abstieg: Erst acht Jahre zuvor war ihm in derselben Stadt der erste Deutsche Nationalpreis für Kunst und Wissenschaft – das „nationalsozialistische Gegenstück zum Nobelpreis" – von Hitler persönlich verliehen worden.[200] Im Vergleich mit Görings Bergen von Reichtümern, war Rosenbergs Gepäck ein Häuflein ärmlicher Habseligkeiten: Hut, Mantel, Taschentuch, Schlüssel, ein Stempel und ein Nachthemd.[201] Rosenberg war der einzige NS-Ideologe, dem Kelley je begegnet war, und deshalb für ihn ein besonders interessantes Studienobjekt. Kelley beschrieb ihn als einen „großen, schlanken, schlaffen, weibischen Menschen, dessen Äußeres durchaus im Gegensatz zu seinem Fanatismus und seiner Grausamkeit stand".[202] Der Psychiater staunte über Rosenbergs Engstirnigkeit – der Ideologe verwandelte jedes Gespräch in einen Monolog über Rassenreinheit: „Für mich als Psychiater war es interessant, und dieses Interesse war mehr als nur ein zufälliges, in Rosenberg ein Individuum anzutreffen, das ein Denksystem geschaffen hatte, welches stark von der bekannten Wirklichkeit abwich; ein Mensch, der sich absolut weigerte, seine Theorien zu ändern, und der überdies fest an die Magie der Worte glaubte, in denen er sie ausgedrückt hatte."[203] Trotz der angeblich magischen Wirkung seiner Sprache, gelang es Rosenberg immer seltener, Sätze oder Gedankengänge zu Ende zu führen.[204]

Rosenberg zog zu keinem Zeitpunkt die Möglichkeit in Betracht, sich eines Verbrechens schuldig gemacht zu haben. Kelley kam bald zu dem Schluss, dass die geistige Beschränktheit und Verwirrtheit dieses Gefangenen ihm, mehr noch als bei den anderen, die Einsicht erschwerten, dass seine Überzeugungen auf Denkfehlern aufbauten. Kelley betrachtete Rosenberg als Pfuscher und Vertreter einer vagen und jeder logischen Basis entbehrenden Philosophie.

Die intellektuellen Fähigkeiten von Julius Streicher waren noch geringer. Streicher war der Herausgeber der antisemitischen Wochenzeitung *Der Stürmer*, hochrangiges Parteimitglied und Gauleiter von Franken gewesen, bis er 1940 unüberlegte Bemerkungen über Görings Sexualität machte. Er war im Nürnberger Gefängnis der Außenseiter der Gruppe. Als Kelley Streicher zum ersten Mal in dessen Zelle besuchte, konnte er nicht glauben, dass dieser Mann mit einigem Erfolg hassgeladene NS-Ideologie verramscht haben sollte. Streicher „lag auf seiner Pritsche: Glatze, Bauch, schlaffe Haut, umhüllt von abgelegter GI-Arbeitskleidung" – eine wenig beeindruckende Erscheinung.[205]

Streicher war einer der ersten Unterstützer Hitlers gewesen, und der grobschlächtige, rohe Verleger war fest davon überzeugt, dass Juden Untermenschen waren. All seinen politischen Überzeugungen lag Antisemitismus zugrunde. Streicher, der eine Reitpeitsche mit sich zu führen pflegte, war zänkisch und unterhielt kaum persönliche Beziehungen zu anderen Nationalsozialisten, war aber stets einer der engagiertesten Unterstützer des Führers gewesen. In Artikeln und vulgären Karikaturen hetzte seine Zeitung das Volk auf: zu Brandanschlägen auf Synagogen, zur Zerstörung von jüdischem Eigentum und zu körperlichen Angriffen auf Juden. Unter dem Deckmantel des Journalismus verbreitete er Gerüchte über die arische Herkunft von Jesus, über jüdische Gesetze, die Pädophilie erlaubten und Geschenke an Christen verboten, zudem über den jüdischen Glauben, die

Mutter von Jesus sei eine Prostituierte gewesen. Diese Art von Antisemitismus war in Deutschland keine Randerscheinung. In weniger vulgärer Form befeuerte der Antisemitismus das NS-Regime auf politischer, militärischer und ökonomischer Ebene, und fast jedes Mitglied des NS-Regimes hatte sich öffentlich zum Antisemitismus bekannt.

Dennoch hatten Streichers Mitgefangene sich schon in Bad Mondorf geweigert, mit ihm zu sprechen oder an einem Tisch zu sitzen. Großadmiral Dönitz hatte Colonel Andrus sogar eine Petition überreicht, in der sie verlangten, nicht mit Streicher an einem Tisch essen zu müssen. Dies war Streichers Ruf als Sadist, Vergewaltiger und Sammler pornographischen Materials geschuldet. (In einem Zeitungsbericht nannte man Streichers Berge an Pornographie „die größte Sammlung dieser Art, die die Welt je gesehen hat".)[206] Die meisten, die ihm in Nürnberg begegneten, fanden ihn abstoßend. „Er erinnerte an die geilen alten Widerlinge, die im Park Ärger machen", schrieb Rebecca West, die Korrespondentin des *New Yorker*. „In einem gesunden Staat hätte man ihn längst weggesperrt."[207] Er lehnte jede Verantwortung für das Schüren von Judenhass ab, der Massenmord und Holocaust zur Folge hatte. Streicher kannte das Nürnberger Gefängnis gut: Früher war er zum Auspeitschen von Gefangenen hergekommen.[208]

Streicher machte oft vulgäre Anspielungen auf seine Sexualität und Mannhaftigkeit, hielt seine Zelle peinlich sauber und schloss die tägliche Frühgymnastik, nackt absolviert, damit ab, dass er sich mit einem Eimer Wasser übergoss.[209] Der Psychiater musste bald erkennen, dass Streicher sich für eine Art Märtyrer der nationalsozialistischen Sache hielt und unfähig war, länger als ein paar Minuten beim Thema zu bleiben, ohne in einen Monolog über das „Judenproblem" zu verfallen. Kelley schreibt: „24 Stunden täglich kreist jeder seiner Gedanken und jede seiner Handlungen um diese Idee."[210] Streicher bestand darauf, dass auch seine berüchtigte Pornographiesammlung den Studien der jüdischen Denkweise diene, da alles Obszöne von Juden stamme. Kelley schreibt dazu: „Der Enthusiasmus, mit dem er von seiner Sammlung sprach, suggerierte aber, dass ihn daran mehr interessierte als ihr angeblicher Ursprung."

Den Antisemitismus des NS-Herausgebers Julius Streicher befand Kelley als „beinahe monomanisch“.

Der einzige Gefangene, der Streicher in seiner Nähe duldete, war Robert Ley; er war der ehemalige Leiter der Deutschen Arbeitsfront, die die Gewerkschaften ersetzt und die Arbeiterschaft einschließlich der Zwangsarbeiter kontrolliert hatte. Ley hatte sich nach Ende des Krieges in Tiroler Tracht in einer Berghütte im Berchtesgadener Land, einer Hochburg der Nationalsozialisten, versteckt. Nach seiner Ergreifung unternahm Ley drei Selbstmordversuche.[211]

Kelley beschrieb Leys Erscheinungsbild ähnlich wie Streicher: Untersetzt, glatzköpfig und dickbäuchig trug er eine schlechtsitzende, abgelegte GI-Uniform. Ley war ein Luftwaffenveteran des Ersten Weltkriegs und hatte bei einem Absturz 1917 eine Kopfverletzung erlitten. Kelley machte sich bei Leys Beschreibung des Unfalls ausführliche Notizen: „Sturz aus 2900 Metern Höhe. Pilot tot. Ley schlägt mit der Stirn gegen die Motorhaube – 2–3 Stunden bewusstlos. Kein Schädelbruch. Konnte einen halben Tag lang nicht sprechen – Sprechfähigkeit kehrt langsam zurück. Bis heute leichtes Stottern."[212] Letzteres verstärkte sich bei Aufregung – ein Zustand, in dem er sich ab 1924 oft befand, als er ein enthusiastischer Anhänger Hitlers wurde. Nach ein paar Schluck Whiskey, meinte Ley, ließe die Sprachstörung nach, und die gönne er sich regelmäßig.[213]

Ley war Chemiker, hatte seine Arbeit jedoch nach einer politischen Auseinandersetzung mit seinem Arbeitgeber verloren und sich von da an in Vollzeit der Politik gewidmet. Er entwickelte sich schnell zu einem der eifrigsten Wortführer der NSDAP. Zu Kelley sagte er: „Eine innere Stimme trieb mich wie ein gehetztes Wild. Obwohl meine Vernunft mir davon abriet und meine Frau und meine Familie mich immer wieder baten, von meinem Treiben zu lassen und zu einem normalen, bürgerlichen Leben zurückzukehren, befahl mir diese innere Stimme: ‚Du musst! Du musst!' Und ich konnte nicht anders, als ihr folgen. Nennen Sie diesen unwiderstehlichen Zwang, wie sie wollen, Schicksal, Mystik – meinetwegen Gott!"[214] Ley blieb immer ein leidenschaftlicher Unterstützer Hitlers, selbst nach Niederlagen. Ein Dolmetscher erinnert sich: Ley „machte den Eindruck eines hochintelligenten, vitalen, zähen Mannes. Aber in Wirklichkeit war er einfach ein Hochstapler erster Güte".[215]

Kelley bemerkte eine psychische Schwäche an Ley: Mit ihm war kein normales Gespräch möglich, denn er verfiel unweigerlich in eine Art verbales Chaos: „Wenn ich ihn in seiner Zelle besuchte, begann er wohl ein ganz normales Gespräch, geriet aber bald in Wut, sprang auf, durchmaß mit großen Schritten und heftigen Armbewegungen den Raum, gestikulierte immer wilder und begann, laut zu schreien."[216] Außerdem fand Kelley heraus, dass Ley schon als Leiter der Arbeitsfront vollkommen unrealistische Programme zum Wohle der deutschen Arbeiter ausgearbeitet hatte; darunter den Bau von 100 Vergnügungsdampfern für die Arbeiter, die Errichtung nobler Wohnkomplexe als Antwort auf den herrschenden Wohnungsmangel und die Bereitstellung von Automobilen für deutsche Arbeiter. Er verehrte Hitler so sehr, dass er ein Buch schrieb, in dem er sich in Lobeshymnen ergoss. Nicht einmal Hitler konnte dem etwas abgewinnen und ordnete die Vernichtung der Auflage an.

Der Gefangene hatte ganz offensichtlich ein gestörtes Verhältnis zur Realität und eine verminderte Kontrolle über seine Emotionen. Aber was genau hatte Ley zu dem gemacht, der er war? Um dieser Frage nachzugehen, organisierte Kelley ein Gespräch mit der ehemaligen Sekretärin des Leiters der Deutschen Arbeitsfront. Sie beschrieb ihn als Idealisten, der „die Welt immer nur durch [eine rosa Brille] sah, der, immer betrunken, die Menschen für besser hielt, als sie waren. [...] Er lebte in einer unwirklichen Welt."[217] Für Kelley wiesen Leys fehlende verbale Kontrolle, sein schlechtes Urteilsvermögen und sein Mangel an Zurückhaltung auf einen Gehirnschaden hin.

Auch einige der anderen Gefangenen weckten Kelleys Interesse. Joachim von Ribbentrop, Rosenbergs Rivale, war von 1938 bis Kriegsende Reichsaußenminister gewesen. Er war in Zelle 7 untergebracht und in schlechtem Zustand. Bei Verhören hatte er ausgesagt, seine Inhaftierung als Regierungsmitglied sei ein Skandal.[218] Ribbentrop hatte keinen höheren Schulabschluss, war als Spirituosenhändler tätig gewesen und hatte dementsprechend wenig Erfahrung mit Politik. Deshalb reagierte er äußerst empfindlich bei Andeutungen auf seine Defizite, besonders aber, wenn Diplomatenkollegen hinter seinem Rücken vom „Champagnerhändler“ tuschelten. (Wegen der Theatralik von Ribbentrops Ausdruck und Gestik nannte man ihn auch den „Schauspieler“.)[219] Sein Minderwertigkeitsgefühl führte zu einer engen Bindung an Hitler. Kelley glaubte, dass Hitler für Ribbentrop eine Vaterfigur gewesen war und der Selbstmord des Führers in dem Außenminister ein Gefühl der Verlassenheit hervorgerufen hatte. Die in seiner Zelle herrschende Unordnung schien eine psychische Unordnung widerzuspiegeln. Immer wieder fragte er den Psychiater: „Herr Doktor, was soll ich tun? Was soll ich denn nur tun?“[220] Kelley beschrieb Ribbentrops Zustand so: „Ribbentrop geht vor sich hin murmelnd in seiner Zelle auf und ab. Er ist wie ein kleiner Junge, der seine Eltern verloren hat und plötzlich auf sich allein gestellt ist. Er weiß einfach nicht, was er machen soll.“[221]

Der Leiter der Gestapo Ernst Kaltenbrunner war früher Anwalt gewesen. Er war der größte der Gefangenen, und die vielen Narben in seinem Gesicht verliehen ihm ein finsteres Aussehen. Viele seiner unglückseligen Opfer hatten vermutet, die Schmisse stammten von Duellen, aber in Wirklichkeit rührten sie von einem Autounfall her, bei dem er durch die Frontscheibe geschleudert worden war. Er mag bedrohlich gewirkt haben, aber Kelley verbuchte ihn als Feigling: „Der typische Rohling, hart und anmaßend, solange er die Macht hatte, und nach der Niederlage eine Memme, die nicht einmal das Gefängnisleben ertragen konnte.“[222]

Während Kelley sich mit den Gefangenen vertraut machte, kam das Internationale Militärtribunal, vor dem die NS-Hauptverbrecher angeklagt werden sollten, langsam in Gang und große Mengen an Dokumenten wurden den Ermittlungs- und Staatsanwaltschaften der Alliierten zugetragen. Nachdem die Entscheidung gegen eine sofortige Hinrichtung ohne Prozess gefallen war, verhandelten nun Repräsentanten der USA, Großbritanniens, Frankreichs und der UdSSR über die Details der Durchführung des Kriegsverbrechertribunals und wer als Erster angeklagt werden solle. Einen vergleichbaren internationalen Gerichtsprozess hatte es bisher nicht gegeben. Zwar hatten die Sowjets ihrem Wunsch Nachdruck verliehen, dass der Prozess in jedem Fall zu einem Todesurteil führen solle, was die

Briten mit stiller Zustimmung quittiert hatten, doch die Ankunft von über 100 US-amerikanischen Juristen und Gerichtsmitarbeitern in Nürnberg signalisierte unmissverständlich, dass die USA die Führung bei der Organisation und Durchführung des Prozesses übernehmen würden und die Justizstandards vorzugeben gedachten.[223] Der US-Militärgeheimdienst OSS war offiziell mit der Untersuchung der Verdächtigen beauftragt. William Donovan, bis dahin Leiter des OSS, arbeitete eng mit Oberstaatsanwalt Robert Jackson zusammen, um Beweise zusammenzutragen. Dabei stießen sie auf erdrückendes Material über SS-Exekutionskommandos zur Ermordung von Juden, auf die Gaskammern in Konzentrationslagern und weitere erschreckende Details des Holocaust. Zusätzlich fanden sie Beweise für Kriegsverbrechen und Verletzungen internationalen Rechts.

Kelley erkannte jetzt deutlicher die soziale und politische Hierarchie, die unter seinen Patienten herrschte. Er stellte sie sich als Geschäftsleitung einer Firma vor, die unter demselben nun verstorbenen Geschäftsführer gestanden hatte:[224] Adolf Hitler. Einige von ihnen, dazu gehörten Göring und Rosenberg, betrachtete Kelley als das „Gehirn des Betriebs", weil sie die nationalsozialistische Ideologie und Politik geformt hatten. Im Vertrieb waren Baldur von Schirach, Franz von Papen, Konstantin von Neurath und Joachim von Ribbentrop – sie hatten Hitlers Ideen weltweit an den Mann gebracht. Für die Abwicklung sorgten Ernst Kaltenbrunner, Wilhelm Keitel, Alfred Jodl, Erich Raeder und Karl Dönitz, die Armeen mobilisierten und Waffen heranschafften, um die Realisierung der Ideen zu erzwingen. Und schließlich hatte diese Dritte-Reich-GmbH Anwälte und Bürokraten eingestellt, die „einfach mitmachten". Zusammen hatten diese Männer die Geschäftsleitung des besiegten Regimes gestellt, ein Regierungstrupp, der zwar ein Land geführt hatte, dessen Mitglieder aber wenig direkten Kontakt untereinander gepflegt hatten.

Doch anders als eine Firmengeschäftsführung hatte diese Gruppe einen sechsjährigen Weltkrieg entfesselt, geflissentlich Staatsverträge und internationale Abkommen missachtet, Unschuldige getötet, Millionen versklavt, weitere Millionen in Lagern interniert und dort mit höchster Effizienz ermordet sowie Rassismus und Verfolgung legalisiert. Wieso waren diese Männer zu Verbrechern geworden? Hatten sie eine Gelegenheit genutzt, der auch viele von uns nicht hätten widerstehen können? Oder war ihre Neigung zum Bösen angeboren? War ihnen eine psychische Störung gemein – gab es eine Art „NS-Psyche" –, die ihr Verhalten erklären könnte? Kelley wusste, dass sein einzigartiger Zugang zu dieser Gruppe von Männern, die zu den schlimmsten Verbrechern des 20. Jahrhunderts zählten, ihm nicht nur zu Antworten auf diese Fragen, sondern auch zu Ruhm verhelfen konnte.

Diese Fragen interessierten die Gefängnisverwaltung allerdings kaum und die Staatsanwälte, die den bevorstehenden Prozess vorbereiteten, schon gar nicht. Niemand in Nürnberg schien wissen zu wollen, was diese Menschen in den höchsten Positionen im NS-Regime zu derartigen Taten befähigt hatte.

Indem er die Psyche dieser NS-Verbrecher zu beschreiben versuchte, begab sich Kelley in ein umstrittenes Fachgebiet an der Schnittstelle zwischen Psychiatrie und Kriminologie. Schon lange spekulierten Soziologen über die Ursachen von kriminellem Verhalten und studierten die sozialen Faktoren, die zu Verbrechen führen konnten. Psychiater allerdings, die ihre Kenntnisse über die Ursachen von Emotionen, über unterbewusste Motive und Geisteskrankheiten auf Kriminelle angewandt hatten, verzeichneten wenig Erfolg. Jahrzehntelang hatten sich Ärzte bei ihrer Suche nach Störungen, die abnormales Verhalten auslösten, auf die wegweisenden Studien Benjamin Rushs gestützt, eines bedeutenden US-amerikanischen Arztes aus dem frühen 19. Jahrhundert. Damals ging man noch davon aus, dass es sich um biologische Missbildungen handle, um körperliche Fehlentwicklungen oder in einzelnen Individuen ausbleibende Evolutionsschritte.[225] Was aber, wenn die Störung nicht körperlicher, sondern psychischer Art war? Cesare Lombroso, ein Kriminologe des 19. Jahrhunderts, spekulierte, dass manche Menschen von Natur aus verbrecherisch handelten: Verbrecher von Geburt an. Er machte sich auf die Suche nach den angeborenen körperlichen und psychischen Eigenschaften eines Straftäters.

Lombrosos Forschung gilt heute größtenteils als ungenau, rassistisch und sozialdarwinistisch. Indem er aber versuchte, den psychischen Zustand seiner verbrecherischen Studienobjekte zu beschreiben, brachte er die Kriminologie in den Bereich der Psychiatrie.[226] In seinen Augen waren Verbrecher impulsiv, unreif und unfähig zu Mitgefühl und Selbstkontrolle, was spätere Folgestudien bekräftigten. Lombrosos Theorien inspirierten seine Kollegen: Wenn die Wurzeln der Kriminalität tatsächlich psychischer Art waren, könnte sich dann ein scharfsinniger Wissenschaftler nicht einen Namen damit machen, eine oder mehrere mess- und diagnostizierbare Geisteskrankheiten zu identifizieren, die kriminelles Verhalten auslösten?

Zwar ließen Gerichte immer häufiger psychologische Gutachten erstellen, dabei ging es allerdings meist nur darum, ob der oder die Angeklagte imstande war, richtig von falsch zu unterscheiden. Die Frage war nicht, ob die Person dem psychologischen Profil eines Kriminellen entsprach. Zu Beginn des 20. Jahrhunderts machten sich alle möglichen Wissenschaftler auf die Suche nach einer Geisteskrankheit, die allen Verurteilten gemein sei. 1913 fand Charles Buckman Goring in Großbritannien heraus, dass die einzige Eigenschaft, die die von ihm untersuchten Verbrecher teilten, unterdurchschnittliche Intelligenz sei, doch spätere Studien identifizierten bestimmte Psychosen und Neurosen als verlässlichere Erkennungsmerkmale. In den 30er-Jahren ergab dann eine großangelegte Studie über die Insassen der Gefängnisse von New York State, dass Persönlichkeitsstörungen kriminelles Verhalten auslösen konnten.[227] Dazu gehörten narzisstische Persönlichkeitsstörungen, unsoziales Verhalten und Paranoia.

In der Folge betrachteten diejenigen, die beruflich mit Kriminellen zu tun hatten, Verbrechen immer häufiger als medizinisches Phänomen. Die Polizisten, Sozialarbeiter, Anwälte und Richter des US-amerikanischen Justizapparats erkannten langsam die Bedeutung psychologischer Faktoren bei Verbrechen; Hunderte von Gefängnissen stellten Psychiater ein.

1943, also lange vor Kriegsende, veröffentlichte der US-amerikanische Psychiater Richard M. Brickner sein Buch *Is Germany Incurable?* (Ist Deutschland unheilbar?), das auch in Kelleys

Bibliothek stand. Darin betrachtet Brickner die Verbrechen des deutschen Regimes wie die eines seiner Patienten. Zwar seien viele Deutsche geistig gesund, die Taten ihrer Regierung aber seien „ganz typisch für das Verhalten psychisch schwer gestörter Persönlichkeiten". Als Beweis für die deutsche Geisteskrankheit zog Brickner die Berichterstattung des US-amerikanischen Korrespondenten William L. Shirer aus den ersten Kriegsmonaten heran. Der beschreibt den Hitlergruß des Publikums in einer Berliner Oper: „Die Gesichter sind verzerrt von Hysterie, die Münder weit aufgerissen, und sie brüllen und brüllen, und in den Augen glitzert der Fanatismus, und sie sehen nichts als den neuen Gott, ihren Messias." Shirer berichtet außerdem über die Wut der Deutschen nach der Bombardierung Freiburgs, bei der Zivilisten starben, und ihre Freude, als die Wehrmacht Teile Belgiens und der Niederlande in Schutt und Asche legte. Brickner erinnerte auch an Görings Ankündigung während des Krieges, dass Deutschland bereit sei, ganz Europa verhungern zu lassen, um die eigenen Mäuler zu stopfen. Das alles weise auf ein seltsames Gerechtigkeitsverständnis hin: Hier werde „mit zweierlei Maß gemessen".[228]

Brickner schloss, dass Deutschland und das NS-Regime unter Verfolgungswahn litten, „der einzigen Geisteskrankheit, vor der selbst der Psychiater Angst hat, weil sie, wenn nicht richtig therapiert, in Mord enden kann. [...] Mord ist die logische Konsequenz dieser besonderen Perspektive auf die Welt."[229] Paranoide leiden unter Größenwahn, dem Verlangen, andere unter ihre Herrschaft zu bringen, Verfolgungswahn und dem Zwang, die Geschichtsschreibung ihrem Weltbild anzupassen. Antisemitismus, Faschismus und Angriffskrieg seien also nur Symptome der Krankheit Nazideutschlands gewesen. „Stattdessen sehen wir hier eine Gruppe von Menschen, die ihre Macht, gegeben von egal welchem Regierungssystem, auf erschreckende Weise bis zum letzten Tropfen ausschöpft." Brickner war der Überzeugung, viele Deutsche seien entweder selbst paranoid oder für die paranoiden Einflüsterungen anderer empfänglich.

Brickner war bemüht, nicht alle Deutschen als böswillige Geisteskranke abzustempeln und wies darauf hin, dass paranoides Verhalten auch in anderen Ländern um sich griff, ein Beispiel dafür sei die US-amerikanische Ku-Klux-Klan-Bewegung.[230] Vor allem wollte er zeigen, dass und wie Paranoia Einzug fand in die deutsche Alltagskultur, und anderen Ländern auf dem Weg zu einem sinnvollen Umgang mit ähnlichen Bewegungen Strategien an die Hand geben, die der Behandlung eines paranoiden Patienten durch seinen Psychiater ähnelten. Brickner schlug vor, im Nachkriegsdeutschland einen „geistigen Wiederaufbau" einzuleiten: Besonnene Deutsche würden unterstützt, während den anderen gezeigt würde, dass es eine paranoide Sichtweise gewesen war, die ihr Land zerstört hatte. Vor dem Hintergrund seiner Ergebnisse hielt Brickner das Internationale Tribunal für sinnlos: Ein Prozess gegen die Anführer des NS-Regimes würde die paranoide Wahnvorstellung, in der diese Männer als verfolgte Märtyrer erschienen, nur bestätigen.

Eine Erkrankung zu diagnostizieren, die bei den Bürgern einer kriegsführenden Nation Agression auslöst ist nicht das gleiche, wie für berüchtigte Kriegsverbrecher charakteristische psychologische Eigenschaften festzustellen. Kelley hatte natürlich keine Ahnung, ob Menschen wie Göring von ihrer Neigung zum Verbrechen geheilt werden konnten, und die Heilung seiner Nürnberger Patienten war auch nie sein Ziel gewesen. Sie waren Studienobjekte, etwa so wie die Versuchskaninchen im Labor eines Biologen. Aber er konnte mehr, als sie nur beobachten: Er konnte ihre Psychen untersuchen, indem er Werkzeuge der Psychologie wie den Rorschachtest einsetzte, mit dem er sich schon seit etlichen Jahren beschäftigte.

Kelley stand vor einem moralischen Dilemma: Für wen arbeitete er? Für die Gefangenen oder für die Staatsanwaltschaft, die sie verurteilen und bestrafen würde? Wenn er mit den Gefangenen über ihre Probleme sprach, unternahm er das im Auftrag des Gefängnisses oder zugunsten der Gesundheit der Gefangenen? Er beantwortete diese Fragen für sich aus der Perspektive des autoritären Mannes, der Respekt gegenüber der Obrigkeit erwartete – so wie ihn später seine Kinder kennenlernen sollten. Seine Aufgabe als Psychiater des Nürnberger Gefängnisses war die Erhaltung der Gesundheit der Gefangenen – nicht die Verbesserung ihres Zustandes, nicht ihre Heilung. Er würde dieser Pflicht mit Sorgfalt und Gründlichkeit nachkommen. Er würde den Gefangenen keinen Schaden zufügen. Der Druck, zu einer Verurteilung dieser hochrangigen NS-Funktionäre zu gelangen, war immens, und Kelley hatte nichts dagegen, seinen Teil dazu beizutragen – solange er seine eigene professionelle Neugierde im Blick auf diese Kriegsherren befriedigen konnte. Denn er wusste, für einen Psychiater war das Nürnberger Gefängnis ein wahrer Abenteuerspielplatz.

Kapitel 5
Tintenkleckse

PLÖTZLICH HATTE KELLEY SICH im Nürnberger Gefängnis unentbehrlich gemacht, was besonders die anderen alliierten Mächte wohl überrascht hätte. Airey Neave, Vertreter des Britischen Militärs, begriff die psychiatrische und psychologische Untersuchung der Gefangenen als „ganz dem American Way of Life in Nürnberg zugehörig". Die Sprache der Psychiatrie war den anderen Siegermächten fremd, und Kelley nutzte ihre Neuartigkeit – auch für amerikanische Verhältnisse – zu seinem Vorteil und inszenierte sich als Autorität, der sich die NS-Angeklagten in offiziellen Gesprächen anvertrauten. Kelley gegenüber äußerten sie Dinge, über die sie während der offiziellen Verhöre schwiegen, in denen vor allem Material für die Anklage gesammelt werden sollte. Durch seine Ausstrahlung, seine Reaktionen und sein offenes Ohr stellte er mit viel Feingefühl Situationen her, in denen sich die NS-Gefangenen in ihrer Persönlichkeit zeigen konnten. Auf diese Weise konnte Kelley sie am besten studieren.

Wegen Kelleys begrenzter Deutschkenntnisse waren die Dienste zuverlässiger Dolmetscher und Übersetzer für seine Arbeit unerlässlich. Zu Kelleys großer Erleichterung kehrte der Wohlfahrtsoffizier John Dolibois, der auch zuvor schon für Kelley gedolmetscht hatte, nach einer mehrwöchigen Abwesenheit zurück. Dolibois befürchtete, Kelley könne seine durch ein Studium der Psychologie erworbenen Kenntnisse überschätzen, doch die Zusammenarbeit der beiden schien das nicht beeinträchtigt zu haben.

Wenige Wochen später, es war Ende September 1945, traf ein weiterer wichtiger Dolmetscher ein: Sergeant Howard Triest von der US-Armee. Der blonde, blauäugige Mann war als Deutscher in München geboren worden und bei der Landung der Alliierten in der Normandie dabei gewesen. Er verheimlichte den Gefangenen, dass er Jude war, weil er sicher sein konnte, dass sie sich ihm gegenüber andernfalls verschließen würden. Mit diesen Männern in einem Zimmer zu sitzen, muss Triest viel abverlangt haben: Ein Großteil seiner Familie war in Auschwitz ermordet worden. Er erinnert sich: „Meine Biographie war zu stark von ihnen gezeichnet, als dass der Charme eines dieser Männer irgendeine Wirkung auf mich hätte haben können. Außerdem war ich darauf vorbereitet, dass sie uns um den Bart gehen und eine Lüge nach der anderen erzählen würden.“ Die Zusammenarbeit mit Kelley war problemlos: „Kelley war so schnell nicht aus der Ruhe zu bringen. [...] Sein Privatleben behielt er für sich. Ich wusste weder, woher er kam, noch, was er [vor dem Krieg] gemacht hatte, noch kannte ich Details über seine Familie.“[231]

\

Kelley gab später an, mit jedem der 22 Angeklagten über 80 Stunden verbracht zu haben (was man als Übertreibung betrachten muss, denn das würde bedeuten, dass er in Bad Mondorf und Nürnberg nichts anderes getan hatte), doch aus wissenschaftlichem und persönlichem Interesse verbrachte er den Großteil dieser Zeit mit Göring. Auf dem Tisch in Görings spartanischer Zelle lagen meist Briefe, mehrere Feldrationen Zucker und ein Kartenspiel der Veteranenorganisation American Legion, auf dem Bett war oft Wäsche verteilt. Hier entwickelten der ranghohe NS-Funktionär und der Psychiater eine besondere Beziehung und schmeichelten einander durch die Faszination, die sie füreinander empfanden, die mit Sympathie und gegenseitigem Respekt aber wenig zu tun hatte. Sie verstanden einander auf verbaler und emotionaler Ebene, wussten, dass sie sich voreinander nicht verstellen mussten, und genossen deshalb die Gesellschaft des anderen. Göring brauchte Kelleys Aufmerksamkeit, damit sich seine Gemütslage nicht zu sehr verdunkelte, brauchte den intelligenten Gesprächspartner als Zuhörer, der ihm bei der Gestaltung und Verbreitung seines historischen Erbes helfen sollte, außerdem machte er sich Kelley für gelegentliche Gefälligkeiten zunutze. Kelley wiederum fühlte sich von diesem außergewöhnlichen, vielversprechenden Studienobjekt angezogen, das eine einmalige, ihm ganz und gar ausgelieferte Informationsquelle darstellte: Kelley hatte die Gelegenheit, die emotionale Reaktion eines Angeklagten zu beobachten, vor dem vernichtende Beweise für seine Verbrechen ausgebreitet wurden.

Kelley erkannte, dass Göring sich vor allem zum Zweck der persönlichen Bereicherung und aus Machthunger dem Nazismus gewidmet hatte. Seine Loyalität galt weder Hitler noch Deutschland und am allerwenigsten der Erhaltung einer vermeintlichen

Herrenrasse. Sein Ziel war ausschließlich die Förderung eines gewissen Hermann Göring. Er hatte sich der nationalsozialistischen Bewegung angeschlossen, weil sie stark war. Görings Egoismus war selbst im Vergleich zu anderen Narzissten bemerkenswert. Der Egozentrismus dieses Mannes war von einer Kompromisslosigkeit, wie sie Kelley noch nie untergekommen war.[232]

Der Psychiater verstand, dass Göring sein Schicksal als tragisch empfand. Als Hitlers offizieller Nachfolger bis in die von Chaos und Verrat geprägten letzten Kriegstage, war Göring seinem Traum so nahe gekommen, in die höchste Stellung des Deutschen Reiches aufzurücken und nach Hitlers Selbstmord zum zweiten Führer zu werden. Doch dann hatte sich das alles plötzlich erledigt. Kelley schreibt: „Er erreichte dieses Ziel zu spät. In Nürnberg war er ein Führer ohne Land, ein Marschall ohne Armee, ein Gefangener, der unter der Anklage stand, Angriffskriege gegen friedliche Völker geführt und mit Vorbedacht Millionen von Menschen ermordet zu haben."[233]

Doch Göring ließ Kelley auch wissen, dass er kein Handlanger Hitlers gewesen sei. Im Verlauf des Krieges habe er Hitlers Fehlkalkulationen und Fehleinschätzungen immer deutlicher wahrgenommen und sei einer der wenigen gewesen, die das dem Führer auch so mitgeteilt hätten. Er sei unter den in Nürnberg Gefangenen der einzige, der Hitler widersprochen habe. Kelley gab provokativ zurück, dass US-Amerikaner alle ranghohen Nazis, Göring eingeschlossen, als Hitlers Schergen betrachteten. Darauf sagte Göring: „Das mag wohl sein, aber zeigen Sie mir bitte einen ‚Neinsager' in Deutschland, der nicht heute schon [zwei Meter] unter der Erde liegt."[234]

Während der Gespräche im Gefängnis war Göring üblicherweise herzlich und freundlich. Dolibois erinnert sich: „Göring versuchte oft, uns durch seinen Charme im lockeren Gespräch um den Finger zu wickeln. Selbst, wenn er den bevorstehenden Prozess kritisierte, lächelte er dabei und legte eine Art gutmütigen Sarkasmus an den Tag. Natürlich [...] präsentierte Göring sich nur dann von seiner guten Seite, wenn er davon ausgehen konnte, dass sein Gegenüber dafür empfänglich war."[235]

Wäre Kelley mit der Arbeit Hervey Cleckleys vertraut gewesen, eines US-amerikanischen Psychiaters, der in dem vier

Jahre zuvor veröffentlichten *The Mask of Sanity* (Die Maske der Vernunft) das Syndrom Psychopathie beschreibt, hätte Kelley Göring vielleicht dahingehend diagnostiziert. Es weist aber nichts darauf hin, dass Kelley die Studie von Cleckley kannte. In *The Mask of Sanity* beschreibt Cleckley Psychopathen als Personen, die sich in der Öffentlichkeit ganz normal verhalten und den sozialen Normen scheinbar entsprechen, während ihre brutalen Gelüste und ihr fehlendes Mitgefühl nur hinter verschlossenen Türen zum Vorschein kommen. In seinen Notizen wendet Kelley den Begriff „Psychopath" weder auf Göring noch auf einen der anderen hochrangigen NS-Funktionäre an. Seine Beschreibungen dieser Männer stimmen aber mit den Verhaltensmustern von Psychopathen überein.[236]

So erwähnte Göring während eines Gesprächs, in dem er die ersten Jahre seiner Parteimitgliedschaft beschrieb, seine Zusammenarbeit mit Ernst Röhm in den 20er-Jahren beim Aufbau der SA. Bei dieser schwierigen und für das Überleben der Partei essentiellen Aufgabe war eine enge Freundschaft zwischen Göring und Röhm entstanden. Göring setzte seinen Bericht, in dem es um den späteren Kampf der beiden Männer um Hitlers Gunst ging, ohne mit der Wimper zu zucken fort: Der Konkurrenzkampf habe sich in dem sogenannten Röhmputsch von 1934 entschieden, als Göring die Ermordung des Rivalen anordnete. Ja, so war das. Göring signalisierte Kelley, man könne jetzt zum nächsten Thema übergehen.

„Aber wie konnten Sie es übers Herz bringen, Ihren alten Freund umbringen zu lassen?", platzte es aus Kelley heraus. Göring saß bewegungslos da und sah den Amerikaner mit einer Mischung aus Verwirrung, Ungeduld und Mitleid an. Er schien etwas zu denken wie: „Mein lieber Herr Dr. Kelley, ich muss sie überschätzt haben. Sind Sie wirklich so dumm?" Kelley erinnerte sich auch Jahre später noch an Görings Antwort: „Er zuckte mit den schweren Schultern, hielt die Handflächen gen Himmel und sagte langsam und unter Betonung jeder Silbe: ‚Aber er stand mir im Weg.'"[237]

Das Schulterzucken signalisierte, dass Göring sich selbst von jeglicher Verantwortung für das Wohl des Kameraden freigesprochen hatte. Was hätte ein Mann wie Göring anderes tun sollen?

Es gab Wichtigeres. Görings gestörte Denkweise, die weder zu einem gesunden noch einem geistig kranken Menschen zu gehören, sondern aus dem Zwielicht sozialer und kultureller Umnachtung hervorgetreten zu sein schien, kommentierte Kelley nicht immer. Das moderne Krankheitsbild des Psychopathen, der sich für andere nicht interessiert und sich ganz auf seine eigenen, egoistischen Ziele konzentriert, war Kelley nicht vertraut.

Manchmal diskutierte Kelley aber auch mit Göring. Als dieser erklärte, das Befolgen von Befehlen, auch von gesetzeswidrigen, sei durch die Notwendigkeit der Erhaltung der Gesellschaftsordnung und der militärischen Disziplin gerechtfertigt, hielt Kelley dagegen: „Zum Teufel mit militärischer Disziplin. Unsere Zivilisation steht auf dem Spiel. Dem Militarismus muss ein für alle Mal ein Ende gesetzt werden, wir müssen alles daran setzen, einen weiteren Krieg zu verhindern, denn der nächste könnte den Untergang der Menschheit besiegeln." Der ehemalige Oberbefehlshaber der Luftwaffe nahm das gelassen: „Ja, so dachte ich nach dem letzten Krieg auch. Aber solange jede Nation ihre eigenen Interessen vertritt, muss man pragmatisch bleiben. Aber ich bin sowieso von der Existenz einer höheren Kraft überzeugt, die uns hier unten nach Belieben herumschiebt, ganz egal, was wir machen, um unser Schicksal selbst in die Hände zu nehmen."[238] Das Gespräch hatte Kelley den Zynismus und „mystischen Fatalismus" Görings offenbart.

Göring befreite sich bald auch von dem starken Unwohlsein, das die Gefangenschaft zunächst bei ihm ausgelöst hatte, und teilte Kelley mit, er fühle sich besser und die Ruhe im Gefängnis täte ihm gut. Er zitierte die Bibel, darunter Psalm 78:26 („Er ließ wehen den Ostwind unter dem Himmel und erregte durch seine Stärke den Südwind"), in dem Gott die in der Wüste Irrenden auf wundersame Weise speist.[239] Der Psychiater sollte wissen, dass er es mit einem Überlebenskünstler zu tun hatte: Hermann Göring würde immer irgendwie durchkommen.

Görings Akzeptanz seiner Lage hatte einen Grund: Er hatte noch zu tun. Zwar sprach er den Alliierten beharrlich jedes Recht ab, ihn und seine ehemaligen Mitstreiter wegen Kriegsverbrechen anzuklagen, erkannte aber auch die Unvermeidbarkeit einer Bestrafung der Besiegten durch die Sieger und sah dies als

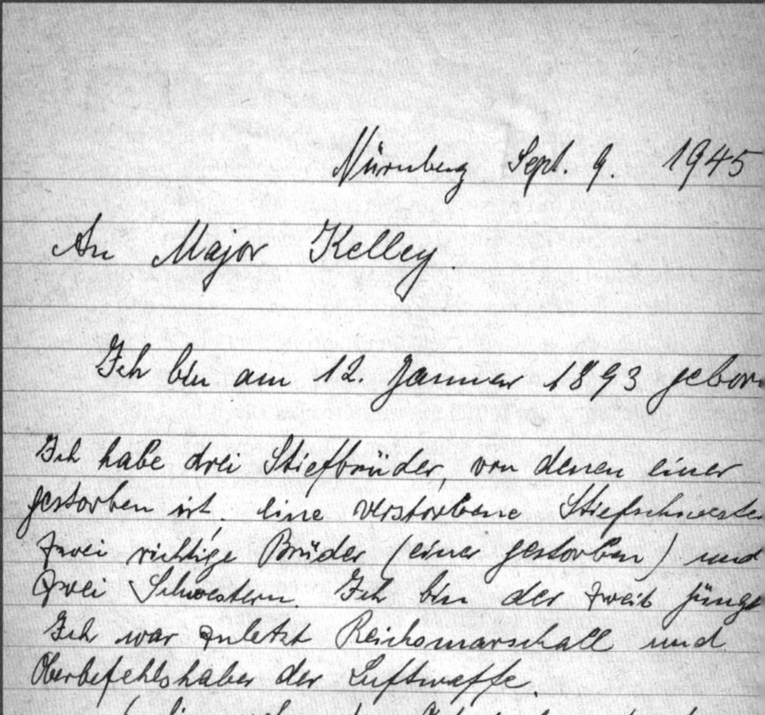

Nürnberg Sept. 9. 1945

An Major Kelley.

Ich bin am 12. Januar 1893 gebor

Ich habe drei Stiefbrüder, von denen einer gestorben ist, eine verstorbene Stiefschwester, zwei richtige Brüder (einer gestorben) und zwei Schwestern. Ich bin der zweit jüng Ich war zuletzt Reichsmarschall und Oberbefehlshaber der Luftwaffe.

Er liess wehen den Ostwind unter dem Himmel, und erregte durch seine Stärke de Südwind. Psalm 78 / 26.

Seelisch fühle ich mich natürlich durch d derzeitige Umgebung sehr bedrückt. Körperlich abge von zeitweiligen Herzanfällen leidlich.

Hermann Göring

Autobiographischer Abriss Görings für Kelley. Er zitiert darin Psalm 78:26: „Er liess wehen den Ostwind unter dem Himmel, und erregte durch seine Stärke den Südwind."

Chance. Es war seine Gelegenheit, den Nationalsozialismus zu verteidigen und seinen Ruf wiederherzustellen, und zwar unter den Augen der Weltöffentlichkeit. In Anbetracht dieses Ziels schrumpften die Unannehmlichkeiten der Gefangenschaft zu einer Nebensächlichkeit. Einem Journalisten erklärte Kelley einige Monate später:

Er verbringt seine Zeit damit, seine ehemaligen Parteigenossen und sogar Hitler herabzusetzen, damit die Geschichtsbücher nur über ihn schreiben. [...] Wie die anderen entzieht auch er sich der Verantwortung für die Gräueltaten – wenn man ihm glaubt, ist er gänzlich unschuldig. Dabei ist bewiesen, dass sich schon in der ersten Phase der Konzentrationslager zwischen 1933 und 1935, als Göring sie noch leitete, dort grässliche Dinge abspielten. Auch, wenn Massenmord und Massenabschlachtung erst später unter Himmler einsetzten.

Wenn Göring sich nun bei Kelley und anderen Gefängnismitarbeitern beschwerte, dann ging es um die Behandlung seiner Familie. Als er sich den US-Streitkräften ergeben habe, erklärte er Kelley, habe er nur eines verlangt: Dass für seine Frau und seine Tochter gut gesorgt würde. Göring schrieb ihnen häufig und bat Kelley und Dolibois, die beiden ausfindig zu machen und die Briefe zu überbringen. (Auch der Gefangene Fritz Sauckel, der drei Jahre lang für die NS-Regierung Zwangsarbeit organisiert hatte, bat Kelley um Hilfe bei der Wiederherstellung des Kontaktes zu seiner Familie. Er wusste nicht, wo sich seine Frau und seine zehn Kinder aufhielten, und von einem seiner Söhne, der Soldat war, hatte man zuletzt zwei Monate vor Kriegsende gehört.)[240]

In einem Brief an seine Frau Emmy vom 10. Oktober 1945 wird Görings Frustration deutlich. Er bringt gleichzeitig das Vertrauensverhältnis zu Kelley zum Ausdruck:

Seit drei Monaten schreibe ich Dir, ohne Antwort zu erhalten. [...] Heute kann ich einen Brief direkt an Dich auf den Weg bringen: Er wird Dir vom Gefängnisarzt Major Kelley überbracht, der mein ganzes Vertrauen hat. Du kannst frei mit ihm sprechen.

Das Schlimmste war und ist, dass ich bisher nicht wusste, wo ihr alle seid und wie es Euch geht. Deine Antwort kannst Du Major Kelley mitgeben. Dass ich sie kaum erwarten kann, kannst Du Dir vorstellen. [...] Ich brauche Dir nicht zu sagen, was ich hier durchmache. Das schwere Schicksal unseres Vaterlandes und die quälenden Sorgen um Euch und Eure Zukunft lasten am schwersten auf mir. Meine geliebte Frau, ich bin Dir von Herzen dankbar für all das Glück, das Du mir gegeben hast, für Deine Liebe und alles andere. Wie kommt die kleine Edda mit allem zurecht? [...] Gib Eddalein einen Kuss von ihrem Papi und grüß alle von mir. Liebevolle und sehnsüchtige Umarmungen und Küsse, Dein Hermann.[241]

Emmy Göring vermied den Kontakt zu US-Amerikanern, Major Kelley aber empfing sie. Sie traute sich jedoch zunächst nicht, den Brief, den Kelley ihr übergab, zu lesen, weil sie befürchtete, es könne sich um einen Abschiedsbrief handeln. Also übergab sie ihn ungelesen der Nichte, die das Ende las und Entwarnung gab. Dann las ihn auch Frau Göring. Als sie fertig war, fragte sie Kelley, den sie für einen „netten und menschlich hochanständigen" Mann hielt: „Wie geht es meinem Mann?" Kelley soll geantwortet haben: „Er steht wie ein Fels im brandenden Meer."[242]

Frau Göring verfasste noch in Kelleys Anwesenheit einen Antwortbrief, den der Psychiater wieder mitnahm:

Endlich, endlich Nachricht von Dir. Ich kann Dir gar nicht sagen, wie glücklich mich das macht. Meine Liebe und meine Gedanken sind in jeder Sekunde bei Dir. Uns geht es gut, wir haben genug zu Essen und zum Heizen. [...] Mein einziger Gedanke, den ich jeden Abend ins Gebet einschließe, ist die Hoffnung auf Deine Rückkehr. Bleib gesund. Gott sei Dank ist Edda noch zu klein, um unsere Ängste zu teilen. [...] Hermann, ich liebe Dich mehr als alles andere. Erhalte Dir Deinen Glauben und so wird Gott uns wieder zusammenführen. Alle schicken Grüße und Umarmungen. Ich schicke alle Küsse, die ich Dir schon gegeben habe, und dazu alle, die ich Dir in der Zukunft noch geben will. Ich liebe Dich. Immer Dein, Emmy.[243]

Darunter fügte die Tochter Edda hinzu: „Lieber Papa, bitte komm bald zurück. Ich vermisse Dich so sehr. Tausend Küsse, Deine Edda."

Göring freute sich über den Brief seiner Frau, brachte in seiner Antwort aber auch Ermattung und Hoffnungslosigkeit zum Ausdruck:

> *Wie unsagbar ich mich über deinen Brief gefreut habe, kannst Du Dir denken. Ein […] Lichtblick in dieser allerschwersten Zeit. […] Aus der Zeitung wirst Du ja nun wissen, dass mein Prozess als sogenannter Kriegsverbrecher am 20. November beginnt. Wir müssen uns auf das Allerschwerste gefasst machen. Trotzdem hoffe auch ich zum Allmächtigen, dass wir doch noch einmal wieder zusammenkommen. Ich bete nur jeden Tag, dass ich die Kraft behalten möge, würdig unsere Haltung zu vertreten. Denn lieber mit Würde untergehen, als ohne Ehre weiterleben. Ich denke immer nur an Euch und nur die Sorge um Euch quält mich. Ich habe immer gewusst und gefühlt, wie sehr ich Dich liebe, aber jetzt ist mir erst die ganze Tiefe unserer Liebe zur Klarheit gekommen. Wie grenzenlos danke ich Dir auch für all das große Glück, das mir Deine Liebe gab. Wie stark Sehnsucht und Heimweh nach Dir und Edda sind, wirst Du selbst empfinden. Manchmal glaube ich, darunter geradezu zu vergehen. Warum musste alles so kommen. Hätten wir diese Entwicklung geahnt, wären wir wohl einen anderen Weg gegangen. Nun müssen wir eben alles in den Willen Gottes legen. […] Lass nur Edda nie von Dir.*

Über Kelley sagte er: „Den Brief bringt Dir wieder Major Dr. Kelley, der wirklich ein ausgezeichneter Mensch ist. Oberleutnant [Dolibois], der ihn begleitet, ist von einer warmen Menschlichkeit und ich kenne ihn schon viele Monate. Zu beiden Herren kannst Du volles Vertrauen haben." [244]

In einem anderen Brief an seine Frau schreibt Göring: „Ihre [Eddas] geliebte Handschrift zu sehen, zu wissen, dass auf diesem Papier ihre lieben Hände geruht haben, das alles und der innige Inhalt hat mich tiefst erschüttert und doch so glücklich

Hermann und Emmy Göring mit Tochter Edda
während der ersten Kriegsjahre.

gemacht. Manchmal meine ich, dass mein Herz vor Liebe und Sehnsucht nach Dir zerspringt. Es wäre ein schöner Tod."[245]

„Meiner Meinung nach", schreibt Kelley später, „erwiderte Frau Göring vollkommen die Gefühle ihres Gatten; sie blieb ihm die ganze Zeit über unbedingt treu."[246] Ob sie mit den Plänen ihres Mannes für ihre Tochter Edda einverstanden gewesen wäre, ist ungewiss: Er hatte Kelley gebeten, die Kleine in die USA mitzunehmen, sollte sie beide Eltern verlieren. Nach seiner Heimkehr erzählte Kelley seiner Frau davon, doch ist unbekannt, wie Dukie auf die Vorstellung reagierte, die Tochter eines Nazis zu adoptieren und großzuziehen. Görings erstaunliches Gesuch, das sein Vertrauen zu dem Psychiater unter Beweis stellt, berührte Kelley, der wusste, wie viel Edda ihrem Vater bedeutete. Zwar notierte er seine Antwort auf Görings Bitte nicht, doch ist davon auszugehen, dass er sie aus berufsethischen Gründen abschlug.

Am 8. Oktober fuhr mit hoher Geschwindigkeit ein von zwei Militärjeeps mit Sicherheitspersonal eskortiertes Krankenfahrzeug auf dem Gefängnisgelände vor. Es stieg blinzelnd ein dürrer Herr mit buschigen Brauen über den angestrengten Augen aus, der eine Luftwaffenuniform, einen alten Mantel und auf dem Kopf einen zerknautschten Hut trug. Abzeichen waren nicht zu erkennen, doch die beeindruckenden Schaftstiefel aus weichem schwarzem Leder mit gewundenen Reißverschlüssen ordneten den Mann unverkennbar dem Militär zu.[247] Zum ersten Mal nach vier Jahren betrat Rudolf Heß deutschen Boden.

Am 10. Mai 1941 hatte der Führerstellvertreter und nach Hitler und Göring dritthöchste NS-Funktionär, damals 46 Jahre alt, kerngesund, in denselben Fliegerstiefeln und in Absprache mit seinem Astrologen auf eigene Faust in Bayern eine Messerschmitt bestiegen und war über die Nordsee zu den grünen Hügeln Schottlands geflogen, um dort mit einem Fallschirm abzuspringen. Später fragte Kelley Heß, weshalb er das Flugzeug im Flug verlassen hatte.[248] Heß antwortete: „Ich hatte diesen Flugzeugtypus nie geflogen und war nicht sicher, ob ich damit landen konnte. Außerdem war ich nicht sicher, wo die englischen

Flugplätze lagen. Indes gelang mir die Sache recht gut, denn ich landete [vier Meter] von der Stelle, [an der] ich hatte landen wollen."[249]

Er wurde von der Bürgerwehr British Home Guard festgenommen und verhört. Er sei auf einer Friedensmission, erklärte er humpelnd (er hatte sich bei der Fallschirmlandung den Knöchel verstaucht), und wolle mit Douglas Douglas-Hamilton sprechen, dem 13. Herzog von Hamilton, einem Politiker der Konservativen, den Heß bei den Olympischen Spielen 1936 in Berlin kennengelernt hatte. Heß war vermutlich der Ansicht, dass der Herzog den deutschen Zielen wohlwollend gegenüber stünde. Douglas-Hamilton wurde herbeigeholt und hörte mit Staunen, dass der ranghohe NS-Funktionär King George VI. treffen wolle, um die Auflösung der Regierung Winston Churchills und einen Waffenstillstand mit Großbritannien zu erreichen, damit die beiden Nationen in einem gemeinsamen Militärschlag die Sowjetunion besiegen könnten. Danach könne Großbritannien sein Imperium behalten, der Rest Europas aber solle Deutschland zufallen. So könnten die beiden Mächte nach der Beseitigung der bolschewistischen Bedrohung glücklich und zufrieden koexistieren. Hitler, der von Heß' Friedensmission nichts gewusst zu haben scheint, verurteilte sie öffentlich und erklärte Heß für verrückt.[250]

Die überraschende Ankunft von Heß unterbrach Churchill bei einem Marx-Brothers-Film.[251] Der Premierminister lehnte ein Treffen zwischen Heß und dem König ab. „Ich wurde irgendwo in England in ein Gefängnis gebracht, wo man nichts anderes tat, als mich über militärische Dinge zu befragen", berichtete Heß Kelley später. „Ich stritt ab, irgendetwas über militärische Vorgänge zu wissen, und verlangte, als Gesandter behandelt zu werden. Die Engländer fragten mich daraufhin: ‚Haben Sie irgendein Dokument bei sich, mit dem Sie beweisen können, dass Sie als Gesandter kommen?' Darauf antwortete ich: ‚Natürlich nicht. Ich bin der Stellvertreter des Führers.' Nun stellten sie die Frage: ‚Wurden Sie vom Führer hierher gesandt?', worauf ich erwiderte: ‚Er weiß nichts von meiner Mission.' Daraufhin sagten die Engländer: ‚Dann sind Sie ein gefangener Flieger, ein Kriegsgefangener. Geben Sie uns Auskunft über die Aufstellung Ihrer Truppen.'"[252]

Der einstige Führerstellvertreter Rudolf Heß: „Ab nunmehr steht mein Gedächtnis auch nach außen hin wieder zur Verfügung."

In den vier Jahren der Kriegsgefangenschaft, während denen Heß auch im Tower of London festgehalten wurde, hatte er nur Kontakt zu den ihn verhörenden Militärs, niedrigen Regierungsangestellten und Psychiatern. Man wusste von Heß' Vorgeschichte. Heß war als Sohn eines deutschen Kaufmanns im nordägyptischen Alexandria geboren worden. Er hatte im Ersten Weltkrieg im gleichen Infanterieregiment der Bayerischen Armee wie Hitler gekämpft (die beiden begegneten einander aber erst nach dem Krieg) und war später zum Piloten ausgebildet worden. Während seines Studiums in München geriet er unter den Einfluss antidemokratischer Agitatoren, trat früh Hitlers nationalsozialistischer Bewegung bei und wurde nach dem misslungenen Münchener Putschversuch zusammen mit dem zukünftigen Führer im Landsberger Gefängnis inhaftiert, wo er Hitler beim Schreiben von *Mein Kampf* unterstützte. Als die nationalsozialistische Bewegung immer mächtiger wurde, widmete Heß seine ganze Energie und Aufmerksamkeit der Glorifizierung und dem Aufstieg seines Führers. Innerhalb der Partei galt er als der treueste Anhänger Hitlers.

Hitler ernannte Heß zu seinem Privatsekretär und übergab ihm die administrative Kontrolle über große Teile der Partei. 1933 ernannte er ihn zum Führerstellvertreter. Man erzählte sich, Hitler habe Göring statt Heß als seinen Nachfolger gewählt, weil ihm Heß' langweilige Inneneinrichtung nicht gefiel. In den 30er-Jahren wuchs der Einfluss von Heß:[253] Er war an vielen der schlimmsten Repressionsmaßnahmen des Regimes beteiligt, darunter am sogenannten Röhmputsch, an der Verabschiedung antijüdischer Gesetze, darunter die Nürnberger Rassengesetze, an der Gründung prodeutscher Bünde im Ausland und an der Verfolgung von Minderheiten, die im Holocaust mündete. Von Heß stammte auch der Spruch „Kanonen statt Butter" für die Propagandakampagne zur Wiederaufrüstung. Heß sprach oft bei Nazimärschen, kündigte Hitler den Menschenmassen an und beschwor die Öffentlichkeit, Deutschland bei seinen Kriegsvorbereitungen zu unterstützen. Heß war eine glanz- und farblose Figur, vollkommen frei von Charisma. Er folgte Hitlers Urteil so bedingungslos, dass man sagte, Hitler habe ihm sogar die Frau ausgesucht.[254]

Eine Untersuchung von Heß nach seiner Ergreifung führte den Arzt N. P. Dicks zur Annahme, dass Hitler bis zum Ausbruch des Krieges für Heß eine Vaterfigur gewesen sei. Erst während des Krieges sei Heß die rücksichtslose Brutalität des Führers immer deutlicher geworden; deshalb habe Heß sein Bedürfnis nach einer Vaterfigur auf King George VI. übertragen und einen Friedensplan geschmiedet. Der für Heß zuständige Psychiater J. R. Rees war der gleichen Meinung. Ab Oktober 1943 gab Heß 16 Monate lang an, sich an nichts erinnern zu können, nicht einmal an Kindheitserlebnisse. Britische Ärzte führten mit Hilfe des Betäubungsmittels Evipan eine Narkohypnose mit Heß durch (dabei sollte das Gedächtnis des Patienten durch Stimulation wiederhergestellt werden), aber die Versuche schlugen fehl und Heß versperrte sich fortan ähnlichen Behandlungsmethoden.[255] Ab Februar 1945 sagte Heß, er habe die Amnesie nur vorgetäuscht. (Kelley beobachtete später, dass derartige falsche Behauptungen für eine Persönlichkeit wie die von Heß charakteristisch seien.)[256] Dann änderte Heß abermals seine Meinung und gab ab 1945 an, die Gedächtnislücken seien abermals erschienen.[257] Juden hätten Menschen auf der ganzen Welt durch Hypnose unter ihre Kontrolle gebracht, auch seine Psychiater.[258]

Heß war wegen der misslungenen Friedensmission wütend und frustriert und entwickelte die Vorstellung, dass seine britischen Gefängniswärter seine Ermordung vorbereiteten. Er war seit jeher ein Hypochonder und Naturkostler, und so wuchs sein Misstrauen gegenüber dem Essen, das man ihm vorsetzte, bis er seinen Teller regelmäßig mit dem eines Wärters vertauschte, um nicht vergiftet zu werden. Die Ärzte mussten seine Medikamente vor seinen Augen prüfen. Trotzdem blieb Heß dabei, dass sein Leben in Gefahr sei. Sorgfältig in Papiertüten verpackt, bewahrte er seiner Überzeugung nach vergiftete Lebensmittelproben auf. Seine Paranoia richtete sich gegen Russen, Juden und alle, die er als Feinde wahrnahm.

Heß unternahm in britischer Gefangenschaft zwei Selbstmordversuche.[259] Beim ersten Versuch 1941 verlangte er nach einem Psychiater, und als dieser in seine Zelle treten wollte, stieß er ihn beiseite und rannte durch die offene Zellentür zur Treppe. Dort stürzte er sich über das Geländer, landete ungeschickt und zog sich einen dreifachen Oberschenkelbruch zu. 1945 stieß er sich dann ein Brotmesser in die Brust und sagte zum Wächter: „Sehen Sie! Ich habe mir ins Herz gestochen." Die von der stumpfen Waffe verursachte Wunde konnte mit zwei Stichen genäht werden. Heß glaubte, das Messer sei von Juden in seiner Nähe platziert worden, um ihn zum Selbstmord zu verleiten.[260] Er wirkte so verwirrt, dass Churchill seine Repatriation in Betracht zog, anstatt ihn dem Internationalen Militärtribunal in Nürnberg zu übergeben. Die Russen bestanden aber auf einer Anklage.[261] Ein britischer Arzt diagnostizierte bei Heß noch kurz vor dessen Abreise nach Nürnberg paranoide Störungen und Wahnvorstellungen.

Colonel Andrus begleitete Heß ins Gefängnisgebäude in Nürnberg, wo sie wenige Minuten später zufällig Göring begegneten. „Heß erkannte Göring sofort, blieb stehen und riss den Arm zum Hitlergruß empor", erinnert Andrus sich. „Göring wirkte überrascht und erwiderte den Gruß nicht, der im Gefängnis verboten war. Ich sagte zu Heß: ‚Lassen Sie das! Diesen Gruß machen sie hier kein zweites Mal! Hier gilt er als vulgär.' Er starrte mich aus tiefen Augenhöhlen mit schwarzen Augen an. ‚Der Hitlergruß', sagte er dann, ‚ist nicht vulgär.'"[262]

Während Andrus dem einstigen Führerstellvertreter die Gefängnisordnung auseinandersetzte, stand Heß bewegungslos mit ausdrucksleerem Gesicht da und „fixierte mich mit einem kalten, gläsernen Blick". Schließlich berichtete Heß aber aufgeregt von den angeblichen Bemühungen der Briten, ihn zu vergiften. Zusammen mit seinem sonstigen Eigentum – darunter eine Taschenuhr, Schlüssel, eine Fliegeruhr und ein Silbersiegel –, händigte Heß auch die mit rotem Wachs versiegelten Päckchen aus, die er aus britischer Gefangenschaft mitgebracht hatte und die angeblich vergifteten Zucker, Schokolade und Kekse enthielten.[263] Andrus war schon früh davon überzeugt, dass Heß' Geisstörung simuliert war: „Heß war, und das habe ich damals sowohl mündlich als auch schriftlich zu Protokoll gegeben, ein Simulant."[264]

Als er dann Kelley kennenlernte, klagte Heß über Bauchkrämpfe, unter denen er schon seit Jahren leide. Medikation aber lehnte er ab. Er ziehe eine pflanzliche oder homöopathische

Behandlung und Vitamine vor. (Heß hatte in Deutschland ein Krankenhaus für alternative Medizin gegründet, das seinen Namen trug. Kelley wusste zu berichten, dass dort „das wichtigste Einstellungskriterium darin bestand, dass man nicht Schulmediziner war".)[265]

Bei einer der ersten Sitzungen in der Zelle von Heß hinterließ der frühere Führerstellvertreter einen tiefen Eindruck bei Kelley.[266] Er trug immer noch die Luftwaffenuniform und die Fliegerstiefel, die er auch bei der Schottlandmission getragen hatte. Heß gab zwar an, sein Gedächtnis verloren zu haben und sich weder seines Geburtstages noch Geburtsortes erinnern zu können, brachte aber seine Sorge um die Päckchen mit angeblich vergifteten Lebensmitteln zum Ausdruck. (Später nahm Kelley einige dieser Päckchen mit in die USA.) „Er trat zwar korrekt und höflich auf, aber er war mir trotzdem unheimlich. [...] Dieser entrückte Gesichtsausdruck – daran allein erkannte man, dass er nicht ganz normal war", erinnert sich Dolibois, der Kelley als Dolmetscher begleitete, obwohl Heß fließend Englisch sprach.[267] Dolibois hatte gehört, Heß sei ein paranoider Hypochonder mit einem Faible für Astrologie und Quacksalberei, der sich angeblich an seine NS-Vergangenheit nicht erinnern konnte. Der Dolmetscher verwarf ihn als „verlogener Typ. [...] Aber seine Show war nicht schlecht."[268]

Das Verhalten von Heß erstaunte viele der Gefängnismitarbeiter. Ein Wärter, der die Unterschriften einiger der National sozialisten auf einer Dollarnote sammelte, bat auch Heß um ein Autogramm. „Heß lächelte, willigte ein, nahm den Geldschein und trat ans Fenster", berichtet Kelley. „Dann drehte er sich zu dem Soldaten um, lächelte abermals, neigte den Kopf und riss den Dollar in Stücke, die er aus dem Fenster warf. Immer noch lächelnd sagte er zu dem Soldaten: ‚Unsere deutschen Unterschriften sind kostbar.'"[269]

Kelley hatte die Befürchtung, dass es sich bei Heß, der augenblicklich zwar geistig gesund war und keine Anzeichen einer Psychose zeigte, dennoch „um einen Fall schwerer Neurose und Hysterie" handele.[270] Heß könne einen Nervenzusammenbruch erleiden. „Ich habe mein Leben lang Angst gehabt, man könne mich umbringen", hatte Heß dem Psychiater erzählt.[271] Auch einen weiteren Selbstmordversuch konnte Kelley nicht ausschließen, „und bevor wir ihn loswerden, wird sich seine Hysterie sicherlich noch bei einigen Gelegenheiten zeigen".[272]

Der Psychiater schrieb, er halte es für möglich, dass Heß die Amnesie so lange vorgetäuscht habe, dass er nun selbst daran glaube.[273] Er zog den Schluss, dass der Gedächtnisverlust von Heß aus einer Kombination aus krankhafter Autosuggestion und bewusster Simulation entstanden sei. Zu Heß' Geisteszustand im Allgemeinen schreibt er: „Angenommen die [Fahrbahn] bezeichnet die geistige Gesundheit, [der Bürgersteig] den Wahnsinn, so möchte man sagen, dass Heß den größten Teil seines Lebens [auf dem Bordstein] verbracht hat."[274]

Kelley hielt Narkohypnose, die schon die Briten bei Heß angewandt hatten, für die beste Therapie zur Wiederherstellung von Heß' Gedächtnis. Statt Evipan wollte Kelley aber Natriumamytal oder Natriumpentothal verwenden, die er schon erfolgreich bei der Therapie traumatisierter Soldaten eingesetzt hatte. „Innerhalb von zwei Tagen hätten wir gewusst, ob sein Gedächtnisverlust simuliert war oder nicht. Eine Injektion und es wäre erledigt gewesen", klagte Kelley später.[275] Dem Psychiater war zwar bewusst, dass die Mittel in wenigen Fällen zum Tod des Patienten geführt hatten, hielt aber seine eigene Erfahrung dagegen: „Ich habe diese Behandlung über 1000-mal durchgeführt, und es ist nie zu solchen Reaktionen gekommen."[276] Der potentielle Nutzen der Behandlung wöge die Gefahren auf. Wenn die Amnesie von Heß echt war, erwartete sich Kelley Heilung. Täuschte Heß den Gedächtnisverlust vor, würde das durch eine fehlende Besserung seiner Gedächtnisleistung angezeigt. Kelley bat Andrus um die Genehmigung.

Colonel Andrus aber war von der Idee, Heß unter Drogen zu setzen, nicht überzeugt. „Heß glaubt oder gibt vor, zu glauben, dass die Briten ihn vergiften wollten", schrieb er an Robert Jackson, den US-amerikanischen Oberstaatsanwalt des bevorstehenden Tribunals. „Eine derartige Behandlung könnte denselben Verdacht oder ähnliche Vorwürfe uns gegenüber auslösen. Unnötige Aufregung könnte dem Patienten schaden", und dadurch auch der Staatsanwaltschaft. Jackson teilte ihm mit, dass er die Behandlung für einen Fall von Gedächtnisschwund in seiner eigenen Familie gestatten würde, sie aber im Fall von Heß dennoch ablehne, sollte auch nur die geringste Möglichkeit bestehen, dass der Gefangene dabei zu Schaden käme.[277] Bevor er von Jacksons Entscheidung erfuhr, sprach Kelley mit Heß über die Möglichkeit einer Behandlung durch Narkohypnose. Heß war der Idee zunächst nicht abgeneigt. Doch dann versicherte Kelley: „Es funktioniert immer." Daraufhin lehnte Heß die Behandlung und im Folgenden jede Form der Hypnose ab. „Er verweigerte lange sogar die Blutabnahme für den Wassermann-Test [Syphilis], aber in diesem Fall standen die Behörden hinter uns", notierte Kelley.

Gleichzeitig versuchten US-Militärs in Verhören, den Heß schützenden Gedächtnisverlust zu durchbrechen. Sie zitierten dazu sogar Heß' ehemaligen Professor und Mentor, den Vertreter der Geopolitik, Karl Haushofer, herbei. Als die beiden sich wiedersahen, sagte Haushofer: „Erinnerst du dich noch an mich, Rudolf? Erinnerst du dich an die Spaziergänge, bei denen wir uns über Literatur unterhielten?"[278] Heß zeigte kein Zeichen des Erkennens. Als Nächstes holten sie acht der ehemaligen Sekretärinnen von Heß hinzu, die er jedoch mit leerem Blick anstarrte. Sie konfrontierten ihn sogar mit Göring, der noch eine offene Rechnung mit dem ehemaligen Rivalen um Hitlers Gunst zu haben glaubte und deshalb hochmotiviert war, dessen echten oder simulierten Gedächtnisverlust aufzudecken. In dem Dialog wird jedoch Görings Eitelkeit deutlicher als die Amnesie von Heß:

Göring: Kennen Sie mich nicht? Sie erkennen mich nicht wieder?

Heß: Nicht persönlich, aber ich erinnere mich an Ihren Namen.

Göring: Aber wir haben doch viel miteinander geredet.

Heß: Wir waren zusammen. Das muss der Fall gewesen sein, das muss so gewesen sein. Als Stellvertreter des Führers, in der ganzen Zeit in dieser Position, muss ich mit den übrigen hohen Persönlichkeiten wie Ihnen zusammengekommen sein, aber ich kann mich an niemanden erinnern, beim besten Willen nicht.

Göring: Hören Sie mal, Heß, ich war der Oberbefehlshaber der Luftwaffe, und Sie sind mit einem meiner Flugzeuge nach England geflogen. Wissen Sie nicht mehr, dass ich Oberbefehlshaber der Luftwaffe war? Zuerst war ich Feldmarschall und später Reichsmarschall. Erinnern Sie sich nicht?

Heß: Nein.

Göring: Wissen Sie nicht mehr, wie ich auf einer Reichstagssitzung zum Reichsmarschall ernannt wurde und dass Sie dabei waren? Erinnern Sie sich daran nicht mehr?

Heß: Nein.

Göring: Können Sie Sich erinnern, dass der Führer in einer Reichstagssitzung, dass er im Reichstag erklärte, wenn ihm etwas zustoßen sollte, sei ich sein Nachfolger, und wenn mir etwas zustoßen sollte, seien Sie mein Nachfolger? Wissen Sie das nicht mehr?

Heß: Nein

[...]

Göring: Erinnern Sie sich, dass Sie in die Wilhelmstraße umgezogen sind, in den Palast, der eigentlich mir gehörte als dem Ministerpräsidenten von Preußen, aber ich habe es ermöglicht, dass Sie dort wohnen konnten?

Heß: Das weiß ich nicht.[279]

Göring sei, so Kelley, daran gelegen gewesen, „den Eindruck [aufrechtzuerhalten], dass die nationalsozialistische Partei aus starken Männern bestand“.[280] Deshalb ließ er schließlich von Heß ab und nannte ihn „komplett verrückt“.[281] Dolibois gegenüber sagte Göring: „Wir haben ja schon immer gewusst, dass Heß nicht ganz normal ist. Das ist ja schon seit dem Englandflug klar gewesen.“[282] Besonders die fehlende Erinnerung von Heß an die glorreichen Zeiten des NS-Regimes war Göring unbegreiflich. Dolibois vermutete außerdem, dass dem Reichsmarschall der Gedanke gar nicht gefiel, ohne einen zurechnungsfähigen, hochrangigen Kameraden an der Seite vor das Gericht zu treten.

Ein paar Zellen weiter hatte Streicher eine freundliche Beziehung zu dem Dolmetscher und Übersetzer – und Juden – Howard Triest aufgebaut, den er für einen „reinrassigen Arier" hielt. Triest sammelte Material über religiös motivierte Verbrechen und blieb ganz ruhig, als Streicher sich in seiner Gegenwart über Juden ausließ. „Einen Juden riech ich aus 100 Metern", sagte er zu Triest. Er glaubte zu wissen, dass Kelley jüdisch sei. „Ich erkenne einen Juden an seinem Gesicht, seinen Augen, seinem Haar, der Art, wie er geht, sogar an der Art, wie er sitzt. Aber bei Ihnen sieht man auf den ersten Blick, dass man es mit einem reinen Arier zu tun hat."[283] Zwar gab er an, er habe nichts gegen einzelne Juden und lobte sogar einen jüdischen Arzt, der ihn einst behandelte, blieb aber dabei, dass die antisemitische Hetze in seinem *Stürmer* die Welt vor den Gefahren der Vermischung der Rassen gewarnt habe. Als Streicher für einige Dokumente eine Übersetzung ins Englische brauchte, wollte er sie auf keinem Fall einem möglichen Juden wie Kelley überlassen und vertraute sie Triest an. „Bitteschön", sagte Streicher, „Fertigen doch bitte Sie eine Übersetzung an. Sie sind doch ein guter Deutscher."

Alfred Rosenberg blieb reserviert und distanziert und berührte in seinen Gesprächen mit dem Gefängnispersonal kaum einmal andere Themen als den Aufstieg von Nazismus und deutschem Antisemitismus. Wenn er über diese Themen referierte, erwachte sein sonst müdes Gesicht zu neuem Leben. Am liebsten sprach Rosenberg über sein Buch *Der Mythus des 20. Jahrhunderts*, das Kelley sich ansah und für „unglaublich dunkel und verschwommen" befand.[284] Zwar räumte der NS-Ideologe ein, dass die europäischen Völker sich schon so stark miteinander gekreuzt hätten, dass die Rassenunterschiede hier fast unkenntlich seien, glaubte aber, dass die Juden, die asiatischen und arabischen Ursprungs seien, sich aufgrund ihrer religiösen Traditionen ihre Rassenreinheit erhalten hätten. Ehen zwischen Ariern und Juden gefährdeten die verbleibende Homogenität der germanischen Herrenrasse. Die Kriminalisierung von Mischehen sei der erste Schritt der Deutschen gewesen, rassische Verunreinigung zu unterbinden. Die US-Amerikaner nordischer Rasse könnten sich davor nur schützen, indem sie Menschen anderer Rassen in entlegene Gebiete vertrieben. Auch in Deutschland wäre man mit dem Problem auf diese Weise verfahren, wenn Außenstehende sich nicht eingemischt hätten, sodass die Ausrottung als einzige Möglichkeit blieb. Rosenberg setzte Kelley seine Pläne zur Säuberung der germanischen Herrenrasse, von der er ausging, auseinander: Zwangsarbeit und Ermordung hätten innerhalb von nur drei bis vier Generationen eine eklatante Wirkung gezeigt.[285]

Bei einem Gespräch mit Rosenberg befragte Kelley den Gefangenen über sein Buch. Rosenberg wusste, dass Dolibois Katholik war. Er klappte das Buch in dessen Händen entschlossen zu und weigerte sich, es in Dolibois' Gegenwart zu diskutieren. „Dieser junge Offizier steht im Dienste seines Landes", sagte Rosenberg zu Kelley. „Er ist ein guter Soldat und ein guter Katholik. Daran möchte ich nichts ändern. Sollte er jemals dieses Buch lesen, würde er sich für immer von der Kirche abwenden."[286] (Derartige Gespräche mit Rosenberg bezeichnete Dolibois später als „dummes Zeug".)

Derweil hielt sich Ribbentrop noch schlechter als Rosenberg. Gefängnismitarbeiter beschrieben ihn als selbstmitleidig, zurückgezogen, passiv, frustriert und depressiv. Für einen 52-Jährigen war er erstaunlich klapprig, außerdem schlief er schlecht, litt unter Kopfschmerzen und versank in seiner Zelle in einem Chaos, das vielen, die es zu Gesicht bekamen, als symbolisch für seinen verwirrten Geist erschien.[287] Die anderen Gefangenen wunderten sich darüber nicht. Schacht beschreibt Ribbentrops „ungewöhnliche Dummheit", sein mangelhaftes Benehmen und fehlendes Taktgefühl.[288] Kelley betrachtete Ribbentrop als selbstmordgefährdet, glaubte aber, dass, „wenn er erst einmal verurteilt ist und die Last der Depression weicht, seine ursprüngliche Arroganz schnell zurückkehren wird. Sollte das eintreten, wird er das Urteil mit Fassung tragen. Es kann aber auch sein, dass er am Ende zusammenbricht."[289]

Um seinen Sorgen zu entgehen, floh Baldur von Schirach, der einstige Reichsjugendführer und zuletzt Gauleiter und Reichsstatthalter in Wien, in die Poesie. In einem Gedicht mit dem Titel „Dem Tod", das er Kelley widmete, werden seine Ängste deutlich:

Dein dunkles Auge hab ich oft geschaut,
so wurdest du mir wie ein Freund vertraut.

Wenn Kugeln peitschten, standest du am Ziel
und sahst mich an. Zur Linken, Rechten, fiel

mein Nebenmann. Da wandtest du dich ab.
Ich grüsste einsam später Grab um Grab.

Als aus dem Himmel brach die Bombenlast
zogst du zu mir, des Hauses stiller Gast.

Noch hast du nicht dein Werk an mir getan.
Ich weiss mein Freund – dein Auge blickt mich an...[290]

Wer Schirach in dieser Zeit in seiner Zelle besuchte, dem bot sich das Bild eines mageren, gequälten Mannes, ein Bild, das dem Gefängnispoeten entsprochen haben mag.[291] Kelley vertraute er etwas an, das er selbst seinen Anwälten verschwiegen hatte. Am 27. Oktober notierte Kelley nach einem Gespräch mit Schirach: „Er habe ein paar Juden vor dem Konzentrationslager bewahrt und dabei Kopf und Kragen riskiert, weil Sonderbehandlungen strikt verboten waren. [...] Angesichts der ungeheuren Opferzahlen aber wolle er sich nicht lächerlich machen und wegen einiger weniger, die er gerettet hätte, um Gnade bitten, wie es manch anderer täte."[292]

Der Gefängnisalltag ging weiter. Die Kleidung der Männer war wild zusammengewürfelt. Teile davon hatten sie noch selbst mitgebracht, anderes hatten sie vom Gefängnispersonal erbeten. Auf dem Sporthof trumpfte Göring mit gelben Schaftstiefeln auf, die die Wachen unbedingt haben wollten und für die sie ihm im Tausch Zigaretten anboten. Rosenberg spazierte in einem Overall herum, Schirach hatte sich eine Camouflagejacke organisiert. Streicher wurde gemieden und Schacht hielt sich von den anderen fern, der Rest aber stand in Grüppchen beieinander und tauschte Neuigkeiten aus, spekulierte über das Schicksal ihrer Familien, jammerte und stellte Vermutungen darüber an, wie es nun mit ihnen weitergehen werde. Göring sprach ihnen Mut zu und ermahnte sie, nicht zu vergessen, wer sie waren. Schließlich sei ihr einziger Fehler gewesen, sich von den Alliierten besiegen zu lassen. Göring war der selbsternannte Antreiber der Gruppe, keine leichte Rolle, weil alle der Gefangenen, glaubte Kelley, von „Gemütsdepressionen verschiedenen Grades befallen waren".[293]

Colonel Andrus fragte sich, wovon die Gefangenen des Nachts träumen mochten, und es überraschte ihn nicht zu hören, dass er in vielen Fällen in ihren Träumen auftauchte: „Ich muss für sie für das gestanden haben, was ihnen bevorstand. [...] Jeder Gefangene hat die Tendenz, seinen Wächter zu hassen, weil er die Strafe verkörpert, die ihm wegen seiner Taten auferlegt wurde."[294] Im Gegensatz dazu repräsentierten die Gefängnisgeistlichen Güte und Mildtätigkeit, zumindest für diejenigen, die an den Gottesdiensten teilnahmen, also alle bis auf Rosenberg, Streicher und Heß. Sowohl der protestantische Pfarrer Henry Gerecke als auch der katholische Priester Sixtus O'Connor waren unter den Gefangenen beliebt und scherzten beide häufig miteinander über die Skrupellosigkeit der Jünger des jeweils anderen. Dann sagte Priester O'Connor beispielsweise zu Pfarrer Gerecke: „Immerhin gehen nur sechs dieser Verbrecher auf unser Konto. Aber ihr Lutheraner müsst euch für ganze 15 verantworten." Gerecke glaubte nicht, dass die ranghohen NS-Verbrecher ein „gesonderter Menschenschlag" seien. Er sah viele Gemeinsamkeiten mit anderen Menschen, nur waren die in Nürnberg Angeklagten in besonderem Maß von Vorurteilen und Gier vergiftet.[295]

Göring war meist einer der Ersten beim Gottesdienst, um einen guten Platz zu ergattern, und er hatte den engsten Kontakt zu Gerecke. Von seinem Platz nahe des schlichten Altars schmetterte Göring die Choräle lauter als jeder andere, bis „man die Orgel kaum noch hören" konnte, erinnert Andrus sich. Eventuell besuchte Göring die Gottesdienste aber vornehmlich des sozialen Kontaktes wegen; wie er Gerecke mitteilte, praktizierte er schon lange nicht mehr.

Hans Frank, der einstige Generalgouverneur des von Deutschland besetzten Polen, der ebenfalls am Hitlerputsch von 1923 teilgenommen hatte und jetzt ein mürrischer Mann mit schütterem Haar war, hatte sich unter dem Einfluss von Pfarrer O'Connor zum Vorzeigehäftling entwickelt. Der katholische Priester taufte Frank am 25. Oktober 1945 in seiner Gefängniszelle. Der ehemalige Privatanwalt von Hitler war als brutaler Verwalter Polens für den Tod von Millionen Juden und Polen verantwortlich. Sein Ziel war es, die polnische und jüdische Kultur in der ihm anbefohlenen Region auszulöschen. Jetzt zeigte er sich dem Gefängnispersonal gegenüber bei jeder Gelegenheit betont dankbar, machte einen gefassten Eindruck und gab an, Trost im katholischen Glauben gefunden zu haben, nachdem Hitler ihm zu Beginn des Krieges viele Titel abgesprochen hatte, was er als Verrat empfunden hatte.[296] (Frank war viele Jahre zuvor, bei Eintritt in die NSDAP, aus der Kirche ausgetreten.)[297] „Er leidet unter Gewissensbissen, hat aber seit seinem Wiedereintritt in die Kirche einen Gleichmut entwickelt, der ihm als Schutz gegen die Schuldgefühle dient", bemerkte Kelley.[298] „In seinen eigenen Augen war Frank offenkundig eine große tragische Gestalt, ein Stellvertreter Gottes, der seine Seele verkauft hatte und jetzt im Begriffe war, sie mit seinem Leben wieder einzulösen." Die Art, wie Frank seine Frömmigkeit zur Schau stellte – der Arzt sprach von seiner „Heiligenpose" –, hinterließ einen bitteren Nachgeschmack bei dem Psychiater.[299]

Von Großadmiral Dönitz hielt Kelley mehr. Er beschrieb ihn als einen freundlichen, wenn auch distanzierten Mann, der häufig einen scharfsinnigen Humor bewies und keine Anzeichen von Depression zeigte. Der grauhaarige Herr mit dem verschmitzten Blick mache nette Witze über die Unannehmlichkeiten des

Gefängnislebens, angefangen mit dem Essen bis zur unbequemen, sitzlosen Zellentoilette. In einem psychiatrischen Bericht für Andrus beschrieb Kelley Dönitz als denjenigen „in der Gruppe, der sich am besten eingewöhnt hatte" und als einen Mann, der mit „Kreativität, Phantasie und einem gesunden Verhältnis zu sich selbst" ausgestattet sei.[300] Um sein Englisch zu verbessern, las Dönitz englische Prosa und Poesie.[301] Seine Intelligenz überraschte Kelley immer wieder. Kelleys Meinung nach habe Hitler gut daran getan, den „hochintelligenten und sehr gut informierten" Dönitz zu seinem Nachfolger zu ernennen.[302]

Einige der Gefangenen bereiteten sich auf die Anklage vor, andere schrieben Briefe und lasen Romane. In der Gefängnisbibliothek fiel auf, dass die Häftlinge größtenteils anspruchsvolle Literatur konsumierten. Goethe wurde viel entliehen.[303] Heß las am meisten: Er verschlang am Tag zwei Bücher. Schacht las mehrere Bände der Briefe Beethovens.

Der Psychiater frequentierte auch die anderen Flügel des Nürnberger Gefängnisses, in denen der Kriegsverbrechen Verdächtigte von niedrigerem Rang und Personen untergebracht waren, die die Alliierten als mögliche Zeugen bei zukünftigen Prozessen festhielten. Hier führte Kelley unter anderem Gespräche mit Karl Brandt, einem Arzt Hitlers und Leiter des nationalsozialistischen Euthanasieprogramms. Brandt hatte unter dem Reichsgesundheitsführer Leonardo Conti gestanden. In den letzten Kriegstagen hatte Hitler Brandts Hinrichtung angeordnet, weil dieser Berlin ohne Erlaubnis mit seiner Familie verlassen hatte. Kelley notierte in seinem eigens für diese Gespräche angelegten Notizbuch über Brandt: „Den Tod derjenigen anordnen, die nach ihren Gesichtspunkten unheilbar sind. [...] ‚Existenz ohne Leben'."[304] Die Röntgenaufnahme von Hitlers Schädel, die wegen einer Nebenhöhlenentzündung 1944 gemacht worden war und die Kelley mit in die USA nahm, hatte ihm vermutlich Brandt verschafft.

Kelley wollte von jedem der NS-Angeklagten ein ausführliches psychologisches Profil erstellen. Die Sammellust war ihm angeboren, das lag den McGlashans im Blut, und es ist anzunehmen, dass er sich dieses Ursprungs seines Bedürfnisses, zu akquirieren und zu kategorisieren bewusst gewesen ist. Sein Großvater Charles McGlashan hatte 20 000 Schmetterlinge gefangen, vergast und in von ihm entworfenen und patentierten Glaskästen in seine Sammlung einsortiert. Sie standen ihm jederzeit zur Verfügung, und er konnte ihnen so nahe kommen, wie es ihm beliebte. Ihr Geheimnis war mit einer Nadel fixiert, nichts konnten sie vor ihm verbergen. Jeder Schmetterling war eine Welt für sich. Viele Jahrzehnte später sah sein Enkel sich Studienobjekten gegenüber, die ihn auf ganz ähnliche Weise in ihren Bann zogen.

Kelley erhielt schon bald von Andrus die Erlaubnis, den Rorschachtest mit den Gefangenen durchzuführen. Dem Psychiater war klar, dass die Ergebnisse vor Gericht unzulässig waren, und tatsächlich wurden sie dem Internationalen Tribunal nie vorgelegt. Er griff zu dem Formdeuteversuch, weil er mit der Methode vertraut war und sich die Chance nicht entgehen lassen wollte, sie auf diese einmalige Gruppe historischer Persönlichkeiten anzuwenden. Die Funktionsweise des Rorschachtests stand in enger Verbindung mit den Techniken der Allgemeinen Semantik. Auch hier wollte man sich die Psyche des Patienten mittels Sprache und Assoziationen erschließen, um Emotionen, Grundeinstellung und Persönlichkeitsstruktur zu erfassen.

Selbst in einer so unnatürlichen Umgebung wie einem Gefängnis machte die Rorschachmethode tiefliegende Persönlichkeitsebenen zugänglich, die sich anderen Untersuchungstechniken verschlossen. Für Kelley war der Rorschachtest „die brauchbarste psychodiagnostische Methode bei der Untersuchung des Geisteszustandes“.[305] Sollten sich in den Testergebnissen der Rorschachuntersuchung der NS-Angeklagten Ähnlichkeiten zeigen, sollten sich Muster ergeben, wäre Kelley der Entdeckung von Merkmalen einer NS-Psyche ein ganzes Stück näher. Ähnlich wie bei der Zauberkunst hing hier vieles von dem Geschick und der Interpretationskunst des Untersuchenden ab.

Kelley führte den Test in den Gefängniszellen durch, die Gefangenen saßen häufig auf dem Bett. Auch wenn der Patient fließend Englisch sprach, zog Kelley vor, mit einem Dolmetscher zu arbeiten. Um durch Übersetzung entstehende

Ungenauigkeiten zu vermeiden, hatte Kelley Dolibois und Triest in der Auswertung des Rorschachtests unterwiesen.

Die NS-Gefangenen waren von der Monotonie des Gefängnisalltags gelangweilt, sodass die meisten, wenn auch nicht alle, gern an dem Test teilnahmen und „sich viele von ihnen positiv über den Test äußerten", schrieb Kelley. Gelegentlich kam Kelley nach dem Test noch einmal auf einen der Gefangenen zu, um Einzelheiten zu klären. Auf diese Weise nutzte er die Privilegien eines Gefängnispsychiaters, dessen größter „Vorteil es ist, dass seine Studienobjekte ihm ständig zur Verfügung stehen".[306] Kelley sah vor, den Rorschachtest etwa einen Monat später zu wiederholen.

Die Gefangenen deuteten die Tintenkleckse natürlich auf sehr unterschiedliche Weise. Besonders Tafel VII, auf der eine leere weiße Fläche von einem Halbkreis aus grau-schwarzen Formen umgeben ist, löste eine große Bandbreite an Deutungen aus. Karl Dönitz sagte: „Wie nett. Zwei Mädchengesichter, die einander ansehen. Sie sehen aus, als wären sie neugierig aufs Leben. Vielleicht tanzen sie auch miteinander." Robert Ley sagte beim Betrachten derselben Tafel: „Wolkenformationen. Gewitterwolken." Joachim von Ribbentrop sah das Bild zehn Sekunden lang an und schwieg.

Göring schien sich für den Rorschachtest besonders zu begeistern. Er redete während des Tests viel, lachte, schnipste mit den Fingern, kommentierte, wie schwierig doch die Deutung einiger der Tafeln sei, und genoss den Vorgang und die Aufmerksamkeit. Auch brachte er „sein Bedauern zum Ausdruck, dass der Luftwaffe derart exzellente Techniken nicht zur Verfügung gestanden hätten", schrieb Kelley in einem vorläufigen Bericht. Die Nationalsozialisten hätten sich das Fehlen guter Testmethoden selbst zuzuschreiben, fügte Kelley hinzu: „Hätten die Nazis die Intellektuellen ihres Landes nicht so radikal unterdrückt, hätten ihnen diese Techniken, die ja größtenteils in Deutschland entwickelt worden waren, wohl zur Verfügung gestanden."[307]

In seiner Auswertung von Görings Testergebnissen konzentrierte Kelley sich auf bestimmte Besonderheiten.[308] Viele von Görings Antworten beinhalteten, was Kelley als „kinästhetische Aspekte" bezeichnete: die häufige Wahrnehmung bewegter Menschen oder Tiere in den Faltbildern. Kelley war überrascht, denn

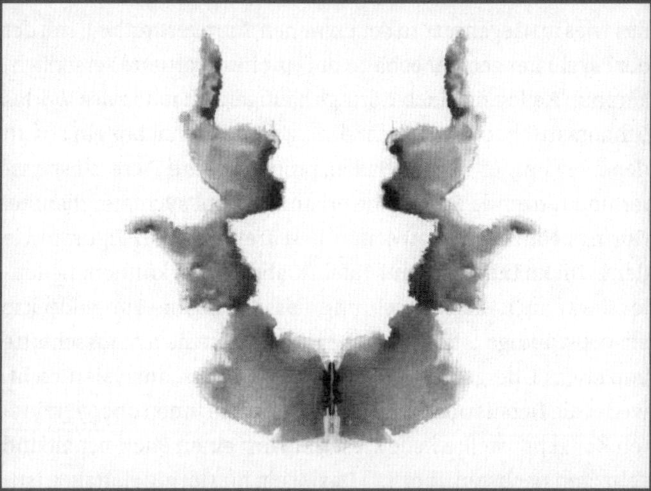

In Bildtafel VII der Rorschachreihe sah Julius Streicher „die bei einer Knieoperation entfernte Substanz“.

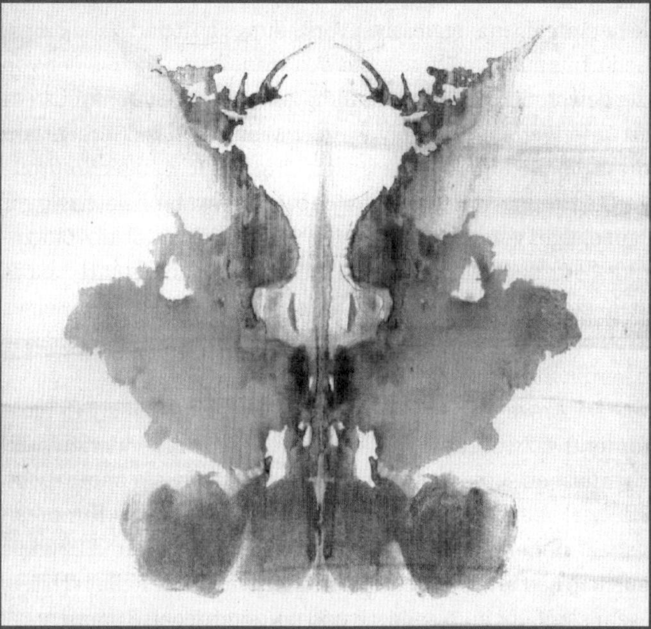

Bildtafel IX, in der Göring einen „Dickbäuchigen“ zu erkennen glaubte.

das wies im Gegensatz zu der extremen Extrovertiertheit, mit der der Psychiater gerechnet hatte, auf eine introvertierte Persönlichkeit hin. Kelley fiel auch Görings häufiger Gebrauch des Wortes „phantastisch“ in der Beschreibung der Rorschachtafeln auf, in denen er immer wieder Hexen, prähistorische Tiere, Gespenster und tanzende Derwische erkannte. Der Psychiater glaubte, Görings Narzissmus an seiner Beschreibung von Figuren wie dem „Dickbäuchigen“ auf Tafel IX ablesen zu können. Bedeutend war auch die Beobachtung, dass Göring die Tintenkleckse als vollständige Situationen begriff, anstatt sie als Ausschnitte von etwas Übergeordnetem zu sehen. Göring „analysiert nicht, weder die Details noch ihr Verhältnis zu dem ihnen übergeordneten Konzept“, stellte Kelley fest. „Er wirft einen Blick, urteilt und geht zum nächsten über. [...] Das ist ein für Göring charakteristisches Verhaltensmuster.“

Alles in allem ergab sich bei Kelley durch den bei Göring angewandten Rorschachtest „das Bild einer Person von beachtlicher Intelligenz, aggressiver Vorstellungskraft und Mitteilungsbedürfnis mit dem Ehrgeiz, die Welt schnellstmöglich seinen von der gewöhnlichen Wahrnehmung abweichenden Denkmustern zu unterwerfen“.[309] Kelley war der Meinung, dass Görings von dieser Vorstellungskraft gelenkter Ehrgeiz leicht außer Kontrolle geraten könne und dass man sich bei diesem Mann nach wie vor „auf einiges gefasst machen muss“. Ein Blick auf Görings Biographie hätte auch einen Laien zu diesem Ergebnis geführt, und es stellt sich die Frage, wie sehr Kelleys Kenntnis der Taten seines Studienobjekts seine Auswertung der Rorschachtestergebnisse beeinflusste.

Die Anwendung des Tests bei Heß war eine größere Herausforderung. Zwar zeigte Heß sich nach außen hin kooperativ, versuchte aber, seine Antworten zu kontrollieren. „Er ahnte nicht, wie viel selbst die allerbanalsten Reaktionen über ihn preisgaben“, notierte Kelley.[310] Heß saß zwischen Kelley und Dolibois auf dem Bett in seiner Zelle. Sie führten einen, wie Kelley schrieb, „sehr sorgfältigen Test durch und notierten jeden Kommentar“. Heß reagierte auf viele Tafeln mit Gelächter und Kopfschütteln und nannte sie inhaltslos.

True Crime mit
Egon Erwin Kisch und
Humor mit Freud
FRÜHJAHR 2026
... entdecken Sie
ganz Andere
Seiten
Die Andere
Bibliothek
Herausgegeben von
Nele Holdack

»Bestimmt hätte Egon Erwin Kisch heute einen Podcast, in dem er seine Erlebnisse für die Hörerschaft in leuchtenden Farben ausmalen und sich selbst als Meisterermittler inszenieren könnte.«

SABINE RÜCKERT

Mit Sabine Rückert
DIE ZEIT VERBRECHEN

Andrus und der Staatsanwaltschaft gegenüber rechtfertigte Kelley die Durchführung des Rorschachtests damit, dass er einerseits zu einer Einschätzung der Wahrscheinlichkeit eines Nervenzusammenbruchs eines der Gefangenen beim bevorstehenden Tribunal verhelfen könne und andererseits dazu diene, die Zurechnungsfähigkeit der Männer festzustellen, vor allem die von Ley, Heß und Streicher, deren man sich besonders unsicher war. Heß erschien als „introvertierte, schüchterne und in sich zurückgezogene Figur. Er misstraute allem und jedem und projizierte Ideen auf andere, die ihren Ursprung in ihm selbst hatten". Streicher hatte paranoide Züge. Doch zeigten weder Heß noch Streicher „Anzeichen einer Psychose und müssen daher als zurechnungs- und prozessfähig betrachtet werden."

Der Test ergab, dass „viele [der Gefangenen] zwar nicht dem entsprachen, was wir im Allgemeinen für normal erachten, aber auch nicht in einem Maße von der Norm abwichen, dass sie von Rechts wegen als prozessunfähig hätten gelten können", schrieb Kelley. „In den meisten Fällen handelte es sich um Exzentriker und Fanatiker."[311] Dazu gehörte auch Ley, dessen Rorschachergebnisse Kelley von allen am meisten beeindruckten. Obwohl die physischen Untersuchungen Leys keine Hinweise auf neurologische Schäden ergeben hatten, stellte der Psychiater die gewagte Diagnose einer Hirnläsion im Frontallappen.[312] Beim Rorschachtest hatte Ley Farben falsch benannt und konfuse, zusammenhangslose Beschreibungen gegeben. Kelley vermutete, dass Ley sich die Verletzung des Frontallappens bei seinem Flugzeugabsturz im Ersten Weltkrieg zugezogen hatte, nachdem er erst lange bewusstlos war und dann stotterte.

Langsam fing Kelley an, über den Prozess und seine Heimkehr in die USA hinaus zu denken und plante eine Weiterverwertung der Rorschachtestergebnisse der ehemaligen NS-Funktionäre. Sie sollten zu mehr dienen als den medizinischen Zielen, die er zu ihrer Rechtfertigung in Nürnberg angegeben hatte. In einer Kurzmitteilung an Andrus schrieb er, dass er die Testergebnisse an Experten in der ganzen Welt weiterleiten wolle, „um ein so klares Bild wie möglich von diesen Individuen zu erstellen, der [größten] Gruppe von Verbrechern, die die Welt je gesehen hat".[313] Kelley war von der historischen Bedeutung der Testergebnisse überzeugt. Sie könnten den Weg zu Antworten auf die Frage bereiten, wieso deutsche Bürger diesen Männern auf ihrem zerstörerischen Kurs gefolgt waren, und die Motive ungewöhnlicher aber weitestgehend gesunder Menschen aufdecken, die genau wussten, was sie taten, als sie rücksichtslos ein Regime aufbauten, das die Verfolgung und Ermordung von Millionen Menschen anordnete.

Am 8. Oktober führte Kelley den Thematischen Auffassungstest (TAT) mit Göring durch. Dabei handelt es sich um eine Untersuchung, die auf Erkenntnisse über die Weltanschauung und das Selbstbild des Patienten und seine Beziehungen zu anderen abzielt. Kelley testete nur eine Auswahl der Gefangenen mit dieser Methode. Er zeigte Göring die 20 Bildtafeln, die Männer und Frauen in alltäglichen Situation darstellen oder Szenen ohne Menschen zeigen. Görings Aufgabe war es, zu einer Abbildung fünf Minuten lang eine Geschichte zu erzählen, die beinhaltete, wie es zu der Situation gekommen war, was gerade geschieht, was die abgebildeten Personen fühlen und denken und wie die Geschichte weitergeht. Die folgende Erzählung entwickelte Göring aus der zweiten TAT-Tafel, die Kelley ihm präsentierte:

> *Da ist ein Mann, ein Bauer. Er liebt seine Arbeit, und er liebt die Natur. Bei ihm dreht sich alles um zwei Frauen, eine schwangere, die an einem Baum lehnt, das ist eine Bäuerin, und eine zweite, ein junges Mädchen. Sie ist heller im Kopf, ein Stadtkind. Der Mann ist von der Jüngeren beeindruckt. Er ist in der Zwickmühle, aber wegen des Kindes und seiner Liebe zu seinem Land wird er bei seiner Frau bleiben und das Mädchen seiner Wege gehen lassen.*[314]

Kelleys Interpretation dieser Geschichte ist nicht bekannt. Ein Laie könnte spekulieren, dass Göring unterbewusst von sich und seinen beiden Frauen sprach und es um die Frage der Treue ging, die beide von ihm erwarteten.

Beim Anblick der neunten Tafel sagte Göring: „Die Männer haben sich nach getaner Arbeit ins Gras gelegt. Ein Junge beobachtet sie und studiert ihre Gesichter. Er denkt, dass er nicht wie sie leben will. Er prägt sie sich genau ein, damit er niemals ein so schweres und eintöniges Leben wie sie führen muss."[315] In dieser Geschichte würde auch ein Amateurpsychologe Angst und Entschlossenheit erkennen, eine Entschlossenheit, sich einem unerwünschten Schicksal zu entziehen, das andere aus Ignoranz einfach hinnehmen. Vielleicht sagte es auch etwas über Görings Entschlossenheit aus, Deutschland von dem seiner Meinung nach erniedrigenden Weg wegzuführen, den es nach 1920 eingeschlagen hatte.

\

Am 6. Oktober erreichte das Gefängnispersonal die Nachricht, dass sich ein Insasse eines anderen Gefängnisflügels trotz der Sicherheitsvorkehrungen von Andrus das Leben genommen hatte. Es war Dr. Leonardo Conti, einer der wichtigsten medizinischen Ratgeber Hitlers und Brandts Vorgesetzter. Zu den grässlichen Aufgaben des Reichsgesundheitsführers gehörte auch die sogenannte Rassenhygiene, die durch das von Conti auf den Weg gebrachte sogenannte Euthanasieprogramm hergestellt werden sollte. Im Rahmen dieses Programms wurde der Massenmord an alten und behinderten Menschen durchgeführt und wurden die medizinischen Menschenversuche in den Konzentrationslagern finanziert. Hierbei wurde zum Beispiel die menschliche Reaktion auf Gifte und Bakterien getestet und wurden Gefangene zu Versuchszwecken eingefroren. Kelley hatte Conti einmal gesprochen und ihn danach als „schüchternen kleinen Mann" beschrieben, der angab, sich zunächst gegen das Programm gewehrt zu haben.[316]

Der gebürtige Schweizer, ein frühes Mitglied der NSDAP, hatte sich erhängt:[317] Er hatte sich einen Hemdsärmel um den Hals gebunden, das andere Ende an den Gitterstäben vor dem Fenster befestigt und war vom Stuhl gesprungen. Kelley eilte zu Contis Zelle.[318] Der NS-Arzt hatte einen Brief hinterlassen, in dem er darauf einging, wie sehr er es bereue, die Alliierten bei den Verhören belogen zu haben, fügte aber hinzu: „Ich bin kein Feigling. Ich habe mir so sehr gewünscht, meine Familie noch einmal wiederzusehen."[319] Andrus sorgte dafür, dass Contis Selbstmord nicht in die Zeitungen kam, wies an, dass die Stühle nachts aus den Zellen zu entfernen seien, und ließ sie nun noch häufiger durchsuchen.[320]

Zur gleichen Zeit etwa bemerkte Kelley eine Verschlechterung von Robert Leys Zustand. Während ihrer Gespräche schwankte Leys Stimmung zwischen Begeisterung und Depression, und Ley redete so viel, wobei er ununterbrochen stotterte, dass es Kelley schwerfiel, „ihm auch nur eine Stunde lang zuzuhören".[321] Kelley sah die Ursache dafür in der von ihm diagnostizierten Hirnläsion, aber Leys Mitgefangene, die seine Tiraden und seine Verzweiflung im Sporthof über sich ergehen lassen mussten, waren verständnislos. „Dr. Ley erschien seinen Genossen, die nicht wussten, dass gewisse Zentren seines Gehirns nicht mehr funktionierten, sodass er buchstäblich kein Urteil mehr, sondern nur spontane gefühlsmäßige Reflexe hatte, als ein lebhafter, zäher, leicht erregbarer, geistig begabter Mensch", schrieb Kelley. „Er war allgemein unbeliebt."[322]

Ley sprach darüber, wie unerträglich er es fände, als politischer Schwerverbrecher betrachtet und vor Gericht gestellt zu werden. Zu seiner Verteidigung gab er an, weder Verbrechen begangen noch einen Krieg erklärt zu haben, sondern stattdessen unter seiner Leitung der Deutschen Arbeitsfront bewundernswerte Sozialreformen geplant und stets im Sinne seines Landes gehandelt zu haben. Ihn und seine Kollegen vor Gericht zu stellen werde nur eine weitere Verbreitung von Hitlers Ideologie zur Folge haben und die Alliierten deutlich als Feinde des neuen Deutschland ausweisen.[323]

\

In der dritten Oktoberwoche schloss die Staatsanwaltschaft des Internationalen Tribunals ihre Arbeit an der Anklageschrift gegen die 22 ranghöchsten überlebenden Nationalsozialisten ab. Eine aus Kelley, Andrus, dem britischen Repräsentanten Airey Neave, einem Dolmetscher und einem Priester bestehende Gruppe versammelte sich, um den Gefangenen, die jetzt offiziell Angeklagte waren, die Anklageschrift zu überreichen. Die Deutschen wurden einer Reihe von Verstößen gegen internationales Recht angeklagt. Einige davon waren der Jurisprudenz bis dahin unbekannt gewesen, darunter die Mitgliedschaft in kriminellen

Organisationen wie der SS und der Gestapo, Verschwörung zur Vorbereitung von Angriffskriegen, Verbrechen gegen den Frieden durch das Führen von Angriffskriegen, Beteiligung an Kriegsverbrechen und Verbrechen gegen die Menschlichkeit. Während die Gruppe von Zelle zu Zelle ging, um die Anklageschrift zu überreichen, machte Kelley sich Notizen zu den Reaktionen der Gefangenen.[324]

Göring war der Erste. Durch das Fenster in der Zellentür sahen sie ihn auf dem Bett sitzen, die weite Kleidung hing schlaff an ihm herunter, die Stirn lag in Falten. Er musste gerade geschlafen haben und erwartete wohl keinen Besuch. Als die Tür geöffnet wurde, sprang er auf. Sein Mund zuckte nervös. Die Schuhe der in die Zelle drängenden Männer knirschten auf dem Steinfußboden, aber in der Zelle war nur Platz für Andrus, den Dolmetscher und Neave. Die anderen versuchten, wie sie konnten, etwas von dem Geschehen mitzubekommen. Auf Görings Tisch standen Porträtfotos von Emmy und Edda, daneben lag ein Bücherstapel. Zunächst erwiderte der Gefangene den eisernen Blick des Repräsentanten der Alliierten nicht, doch dann sah er auf und richtete die wachsamen, glänzenden Augen, deren Blick seine politischen Gegner zu fürchten gelernt hatten, auf Neave.[325]

„Hermann Wilhelm Göring?", sagte Neave. Der einstige Reichsmarschall muss nun geahnt haben, worum es ging. „Jawohl", antwortete er. Neave erklärte, dass er Göring hiermit die Anklageschrift des Tribunals übergebe. Göring nahm die Schrift mit verzerrtem Gesicht entgegen und hörte Neave zu, der ihn über sein Recht auf Rechtsbeistand aufklärte. Göring würdigte das Dokument keines Blickes und schien sich mehr für Neaves britische Uniform zu interessieren. Kelley notierte noch Görings nächsten Kommentar: „Es ist also so weit." Neave fiel auf, „was für gewöhnliche Worte das waren. Es war schwer zu glauben, dass sie das Ende von zwölf Jahren absoluter Macht markierten. In der kahlen Zelle klangen sie alles andere als dramatisch. Es war ganz so, als hätte Göring uns vergessen und einfach laut gedacht."

Nachdem man ihm mitgeteilt hatte, dass er entweder selbst einen Anwalt benennen oder aus einer vom Tribunal zusammengestellten Liste wählen könne, erwiderte Göring: „Ich kenne keine Anwälte. Ich habe mit denen nichts zu tun." Das überrascht nicht, hatte er doch so lange über dem Gesetz gestanden. Als Neave ihm zu einem Anwalt riet, wies Göring darauf hin, dass ihm wohl von keinem Anwalt geholfen werden könne. „Das ist doch zwecklos", sagte er ruhig, aber bestimmt. „Ich werde diese Anklageschrift sorgfältig lesen, aber ich bezweifle, dass sie gesetzlich ist." Sie hatten noch 21 Gefangene vor sich, und Andrus wurde langsam ungeduldig. Neave wiederholte seinen Rat, einen Anwalt einzuschalten. „Anwälte!", rief Göring. „Die können in diesem Prozess auch nichts ausrichten. Was ich brauche, ist ein guter Dolmetscher. Ich verlange meinen eigenen Dolmetscher." Andrus schmunzelte. Er hatte Görings Forderung nach Extrabehandlung in Bad Mondorf nicht vergessen. Der Gefangene sollte keinen eigenen Dolmetscher bekommen. Neave verabschiedete sich, Göring nickte ihm zu. Die Gruppe trat von der Zelle zurück, und die Tür schlug zu.[326]

Heß verhielt sich bei der Ankunft der Männer wie sonst auch. Als die Gruppe in seine Zelle drängte, erhob er sich und „sah mit seinem brennenden Blick direkt durch mich hindurch", wie Neave sich erinnert. „Er betrachtete meine britische Uniform missgünstig. [...] Dann hob er eine gefesselte Hand. Es war eine seltsame, höhnische Geste. Er grinste boshaft und bleckte dabei die Zähne." Man nahm Heß die Fesseln ab und Neave begann: „Rudolf Heß?"[327]

Als der Gefangene nicht antwortete, drückte ihm Neave die Anklageschrift in die Hand. Neave klärte auch diesen Angeklagten über sein Recht auf einen Anwalt auf. Die Antwort von Heß beunruhigte die Gruppe: „Kann ich mich selbst verteidigen?" Das sei möglich, teilte man ihm mit, woraufhin Heß sagte: „Dann ist das mein Wunsch." Anschließend verzerrte er das Gesicht unter Schmerzen – wieder ein Magenkrampf. Heß ließ sich auf das Bett fallen und wiegte den Oberkörper, bis der Schmerz nachließ. Dann erhob er sich abermals und fragte, ob er gemeinsam mit seinen NS-Kollegen vor Gericht gestellt werden würde. Als Neave bejahte, erwiderte wiederum Heß: „Ich wünsche nicht, gemeinsam mit Göring angeklagt zu werden." Dann setzte er die Lektüre eines Edgar-Wallace-Romans fort, das Treffen war beendet.

Als Nächster war Ribbentrop an der Reihe. Er kenne keine Anwälte, klagte er. Rosenberg war von der Übergabe der Anklageschrift tief getroffen. Keitel versuchte, die Hacken zusammenzuschlagen, trug aber Pantoffeln. Jodl zerbrach sich den Kopf über die Wahl des richtigen Anwalts. Der ehemalige Reichswirtschaftsminister Walther Funk, der unter einer Harnwegserkrankung litt, blieb weinend im Bett liegen. „Seien Sie ein Mann, Funk!", brüllte Andrus.[328] Ley „wurde furchtbar unruhig und hielt hochtrabende Reden, in denen er seine Unschuld beteuerte und hoch und heilig schwor, dass er niemals unter solchen Anklagen vor Gericht erscheinen würde", notierte Kelley.[329] Allein Dönitz schien mit der Anklage gerechnet zu haben und gab ruhig den Namen des Anwalts zu Protokoll, der ihn vertreten sollte.[330]

Ende Oktober, vier Wochen vor Prozessbeginn, kündigte sich eine Veränderung beim Gefängnispersonal an: Der 26-jährige John Dolibois fand, dass er mehr als genug Zeit in der Gesellschaft dieser Nationalsozialisten verbracht habe und Abstand brauche. Er teilte Colonel Andrus mit, dass er das Gefängnis gerne verlassen und ins deutsche Oberursel zurückkehren wolle. Andrus willigte ein und befreite Dolibois von seinen Pflichten als Wohlfahrtsoffizier und Kelleys Assistent; Dolibois leistete seine letzten Monate zufrieden in einem Militärfuhrpark ab. Er kehrte noch einige Male nach Nürnberg zurück, um den Prozess zu verfolgen, dann aber nur als Beobachter. Später bereute Dolibois, Nürnberg verlassen zu haben: „Ich hätte mich dafür ohrfeigen können, nicht länger geblieben und Geschichte geschrieben zu haben."[331]

Der Nachfolger von Dolibois war schon unterwegs und traf in der letzten Oktoberwoche in Nürnberg ein. Wie Kelley hatte auch er vor, diese Gelegenheit für seine Karriere zu nutzen, und er hatte auch schon einen Plan, aus seiner Position als Wohlfahrtsoffizier und Dolmetscher noch etwas ganz anderes zu machen: eine Anstellung als Gefängnispsychologe. Er kannte weder Kelley noch dessen Arbeit in Nürnberg und ahnte nicht, dass ihn seine Ambitionen auf Konfrontationskurs mit dem ranghöheren Gefängnispsychiater bringen würden.

Kapitel 6
Der Konkurrent

AM 20. OKTOBER 1945, dem Tag, an dem die alliierten Staatsanwälte dem Tribunal die Anklageschrift übergaben, traf ein gedrungener Mann mit einer dünnen Metallbrille auf der Nase und bitterernster Miene in Nürnberg ein. Er kam zusammen mit einer weiteren Ladung von NS-Gefangenen, die später verhört und vor Gericht gestellt werden sollten. Es war der 34-jährige Gustave Mark Gilbert aus New York State, dessen Eltern als österreichische Juden in die USA ausgewandert waren, wo sie ihn zweisprachig erzogen hatten. Im Ersten Weltkrieg hatte der First Lieutenant Soldaten behandelt, die er selbst als „Sonderlinge" bezeichnete.[332] 1939 hatte er seine Promotion an der Columbia University abgeschlossen und arbeitete seit der Kapitulation Deutschlands für den Militärgeheimdienst. Er schreibt: „Als deutschsprechender Abwehroffizier hatte ich den Zusammenbruch der Nazi-Kriegsorganisation und den Beweis für das Nazi-Barbarentum an Orten wie dem Dachauer Konzentrationslager vor dem eigentlichen Kapitulationstag gesehen."[333] Gilberts Interesse am Nürnberger Prozess glich dem Kelleys: „Als Psychologe interessierte es mich natürlich, herauszufinden, was menschliche Wesen dazu gebracht hatte, sich der Nazibewegung anzuschließen und die Dinge zu tun, wie sie sie getan hatten."[334]

Bisher hatte er aber noch keine Antworten finden können. Wenn er deutsche Militärs und Zivilisten von niedrigerem Rang nach ihren Motiven für die Verbrechen fragte, die sie während des Nationalsozialismus begangen hatten, beteuerten sie, nur Befehle befolgt zu haben, und erklärten, sie hätten ja doch nichts ändern können.[335] Gilbert hoffte, von den in Nürnberg inhaftierten politischen und militärischen Führern mehr zu erfahren. Bei seiner Ankunft im Gefängnis, in dem er Dolibois als Wohlfahrtsoffizier und Dolmetscher ersetzen sollte, meldete er sich bei Colonel Andrus und bat ihn sofort um eine Erweiterung seines Aufgabenfeldes. Er wollte die Chance nutzen, sich als „teilnehmender Beobachter", wie er es nannte, zu etablieren. Diese Rolle sollte es ihm ermöglichen, sich den Angeklagten als Mensch zu nähern, sie so zu studieren und über sie zu urteilen, anstatt die Sichtweise eines unbeteiligten Beobachters einzunehmen. Er betrachtete diese Vorgehensweise als wichtigen Bestandteil der psychologischen Arbeit: „Psychologie bedeutet doch vor allem, zwischenmenschliches Verständnis wissenschaftlich zu untermauern. […] Der einzige Beruf, in dem das Menschliche strikt vom Beruflichen getrennt wird, ist der des SS-Offiziers."[336] Eigentlich hatte Gilbert Sozialpsychologie studiert und keine Erfahrung mit der klinischen Anwendung der Psychologie.[337] Aber er hatte nicht vor, seine Talente für Dolmetscher- und Übersetzertätigkeiten und andere Banalitäten zu vergeuden.

Also fragte er Andrus, ob er dem Gefängnis als Psychologe von Nutzen sein könne. Der Kommandant sei wohl über Gilberts Ausbildung nicht recht informiert gewesen, und wie Dolibois es ausdrückte: „Mit Verlaub gesagt, Andrus konnte einen Psychologen nicht von einem Schuster unterscheiden."[338] Dennoch kam er Gilberts Wunsch nach, und dieser nahm die Arbeit als Gefängnispsychologe auf (seine Stellung wurde allerdings nie offiziell anerkannt) und war Kelley unterstellt, obwohl die beiden unterschiedlichen Verwaltungseinheiten zugeordnet waren.[339] Die Entscheidungsgewalt lag also bei Kelley. Die Männer teilten sich ein Büro.

Gilbert lernte Dolibois in der Offizierskantine des Gefängnisses kennen und Dolibois fiel auf, dass der Neuankömmling „es kaum erwarten konnte, die Arbeit mit den Nazis aufzunehmen". Gilbert wusste auch schon genau, was er mit dem Material, das er hier sammeln wollte, anfangen würde. „Er machte von Anfang an keinen Hehl daraus, dass er ein Buch schreiben wollte", erinnert Dolibois sich. „Irgendwann ging er mir damit ein bisschen auf die Nerven, weil er nur noch nach Zitaten für sein Buch jagte."[340] Dolibois hatte sich einverstanden erklärt, noch einige Tage länger in Nürnberg zu bleiben, um Gilbert, dessen Rolle im Gefängnis nicht klar definiert war, einzuarbeiten.[341] Dolibois: „Ich hätte mich auch ‚Gefängnispsychologe' nennen können, schließlich habe ich auch analysiert, was ich beim Dolmetschen für Dr. Kelley und bei den privaten Gesprächen mit den Insassen erfuhr."[342] Dolibois aber nahm weder sich noch Gilbert für außergewöhnlich wichtig.

Gilbert war die wichtige Aufgabe von Dolibois übertragen worden, sich in Besuchen und Gesprächen um die seelische Verfassung der Angeklagten zu kümmern. Zu diesem Zweck gehörte er nun mit Kelley und einigen wenigen anderen Ärzten und Sicherheitsleuten zu den ausgewählten Gefängnismitarbeitern, denen uneingeschränkter Zugang zu den NS-Gefangenen gewährt wurde. Zusätzlich zu seinen offiziellen Aufgaben führte er mit Kelley und anderen Experten psychologische Untersuchungen der Angeklagten durch. Wie Kelley musste auch Gilbert sich mit dem Konflikt zwischen seiner Aufgabe als Psychologe, dem sich einige der Gefangenen anvertrauten, und einem Mitglied des Militärs, dessen Aufgabe es war, die Gefangenen zu beobachten und Bericht zu erstatten, auseinandersetzen. Gilbert war von Anfang an klar, dass seine Verantwortung dem Militär gegenüber dabei Vorrang haben musste. „Es gab nur eine Ausnahme", erklärte er Jahre später, als er bei dem Prozess gegen Adolf Eichmann in Israel in den Zeugenstand gerufen wurde. „Wenn die NS-Gefangenen sich in meiner Gegenwart hinter dem Rücken ihrer Mitgefangenen über sie lustig machten oder über sie schimpften, baten sie mich, das Gehörte bis zum Ende des Prozesses für mich zu behalten. Das tat ich."[343] Gilbert bestritt lange, der Staatsanwaltschaft in die Hände gespielt zu haben. Er habe „weder im Auftrag der Verteidigung noch im Auftrag der Staatsanwaltschaft gearbeitet. Ich war Mitglied des Gefängnispersonals und in dieser Funktion so objektiv, wie es in einer derartigen Situation eben möglich ist."[344]

Gilbert arbeitete viel und effizient. Weil er fließend Deutsch sprach, suchten einige der Gefangenen das Gespräch mit ihm. In Anwesenheit der Angeklagten machte er sich keine Notizen, schrieb jedoch nach den Begegnungen in sein Tagebuch, in dem er auch lange wörtliche Zitate festhielt. Die Gefangenen wussten nichts von diesen Mitschriften. Sein Ziel war, ähnlich dem von Kelley, diesen Prozess dazu zu benutzen, mehr über das NS-System und die Männer, die es geschaffen hatten, in Erfahrung zu bringen.[345] Gilbert schrieb, er habe auch deshalb so genau Buch über die Gespräche geführt, „weil vieles so haarsträubend war, dass ich es aufschreiben musste – sonst hätten meine Kollegen mir das nie geglaubt".[346] Zunächst wollte er die Gefangenen kennenlernen und interessierte sich für die jeweilige Reaktion auf die Anklage. Danach wollte er ihren Geisteszustand mit Hilfe eines Arsenals neuer psychologischer Tests auf den Prüfstand stellen.

Gilbert sagte den Angeklagten nicht sofort, dass er Jude war. Er wollte die unter NS-Ideologen gängige Behauptung auf die Probe stellen, man könne einen Juden auf den ersten Blick erkennen. „Keinem Einzigen ist es gelungen", stellte er später fest. Auch Streicher nicht, der sich nun schon zweimal getäuscht hatte – vor Gilbert bei Triest – und dessen Glaube an die Unfehlbarkeit seiner Rasseninstinkte auch dazu führte, dass er einige der für das Tribunal ausgewählten Richter fälschlicherweise für Juden hielt. Als Gilbert den Nationalsozialisten schließlich eröffnete, dass er Jude war, behaupteten die meisten, es sei ihnen egal, sie hätten „nie persönlich etwas gegen Juden gehabt, das sei alles nur Ideologie gewesen und einige ihrer engsten Freunde seien Juden gewesen".[347] Nur Streicher und Rosenberg wirkten etwas verunsichert.

Der Neue war ein Jahr älter als Kelley und stellte eine Bedrohung für den Psychiater dar. Zwar war es für Kelley nützlich gewesen, Dolibois in die Grundlagen der Psychologie einzuweisen, aber einen Doktor der Psychologie wollte Kelley nun auch nicht neben sich im Gefängnis sehen. Die psychologischen Testreihen mit den Gefangenen waren abgeschlossen, und Kelley war der Meinung, dass die Ergebnisse einer zweiten Testrunde im Vergleich zur ersten viel ungenauer sein würden. Außerdem war er davon überzeugt, dass seine Erfahrung bei Durchführung und Auswertung der Tests die von Gilbert weit überstieg. Kelley vermutete auch, dass Gilbert im Umgang mit den Gefangenen nicht die nötige Professionalität an den Tag legen und es ihm schwerfallen würde, das richtige Verhältnis zu den Gefangenen aufzubauen. Schließlich akzeptierte er aber Andrus' Ernennung des Psychologen und betrachtete Gilbert „als einen jungen Mann, dessen Karriere durch diese Arbeit auf den Weg gebracht werden könnte", wie Dukie sich später erinnerte. „Das war typisch Doug."[348]

\

Am 23. Oktober besuchten Kelley und Gilbert gemeinsam Robert Ley in Zelle 11, in welcher dieser aufgeregt auf und ab ging. Er klagte, dass er sich gegen Verbrechen nicht verteidigen könne, von denen er nichts wisse, und wiederholte die Behauptung, er und Hitler hätten doch nur das Beste für Deutschland gewollt.

Nach dem Selbstmord Robert Leys verschärfte man
die Sicherheitsvorkehrungen im Nürnberger Gefängnis.

Dann stellte Ley sich an die Wand und streckte die Arme aus wie ein ans Kreuz Geschlagener. Er flehte sie an, ihn sofort zu erschießen, damit er nicht wie ein gewöhnlicher Verbrecher vor Gericht gestellt würde. Danach verfasste Kelley für Andrus und den Mitarbeiter der Staatsanwaltschaft William Donovan einen aktualisierten Bericht zur psychischen Verfassung Leys, in dem er den Gefangenen als erregbar, labil und depressiv beschrieb.[349] Anzeichen von Psychose habe er allerdings nicht feststellen können. Trotz der von Kelley diagnostizierten Verletzung des Frontallappens erklärte der Psychiater Ley als prozessfähig. Kelley schrieb, dass Ley sich auf seine Verteidigung vorbereite und trotz der früheren Befürchtung des Psychiaters, Ley könne einen Selbstmordversuch unternehmen, jetzt „keine suizidale Tendenz" erkennen lasse.

Am darauffolgenden Abend löste ein Wächter gegen 20.15 Uhr den Alarm im Korridor aus. Ley hatte aus dem Saum seines Handtuchs und dem Reißverschluss seiner Jacke unbemerkt eine Schlinge geknüpft, die Knoten befeuchtet, damit sie sich nicht lösten, und die Enden dieses improvisierten Stricks an das Toilettenrohr geknotet. Dann hatte er sich, damit er nicht schreien konnte, eine Unterhose in den Mund gestopft und sich auf die Toilette sinken lassen. Indem er sich nach vorne lehnte, erhängte er sich. Da der Toilettenbereich vom Sichtfenster in der Tür nicht einsehbar war und Ley außerdem nicht besonders groß war, bemerkte der Wärter erst Minuten später, dass etwas nicht stimmte. Man fand Ley bewusstlos über der Toilette zusammengesackt. Dolibois, der seine letzten Tage im Gefängnisdienst leistete, erreichte die Zelle als einer der Ersten: „Auf der kleinen Toilettenschüssel lag, mit von sich gestreckten Beinen, violettem Gesicht und aus den Höhlen hervorstehenden Augen, der leblose Körper des ehemaligen Leiters der Deutschen Arbeitsfront."[350] Dr. Pflücker eilte herbei, aber seine Wiederbelebungsversuche blieben erfolglos, und um 20.35 Uhr wurde der 55-jährige Robert Ley für tot erklärt. Die Gefangenen in den umliegenden Zellen schliefen weiter oder taten zumindest so.

„Dies ist ein langsamer und qualvoller Tod", schreibt Kelley. Seine Tat „beweist, dass Ley unbedingt sterben wollte".[351]

Manche der US-amerikanischen Gefängnismitarbeiter amüsierten sich über Leys Ende. Als der Mitarbeiter der Staatsanwaltschaft Drexel Sprecher am nächsten Morgen zur Arbeit kam, begegnete er einer Gruppe von Dolmetschern, die in vorgetäuschter Feierlichkeit durch den Büroflügel schritten: „Sie summten einen Trauermarsch, und das auch noch schief."[352] In einem privaten Gespräch mit einem Staatsanwalt gab Andrus zu, dass ihn Leys Selbstmord nicht unberührt gelassen hatte: „Was für ein Tod – mit einer Unterhose [im Maul] über der eigenen Scheiße erhängt."[353]

Der Selbstmord bedeutete für Andrus und die US-Amerikaner einen Gesichtsverlust. Andrus verschärfte umgehend die Sicherheitsvorkehrungen im Gefängnis. Zuvor war ein Wärter für vier Zellen zuständig gewesen, sodass jeder der ranghohen NS-Angeklagten zweimal pro Minute kontrolliert wurde. Jetzt stellte Andrus vor jeder Zelle einen Posten auf. Die Wachleute standen Tag und Nacht an den Gucklöchern. Ein Selbstmord wie der Leys „durfte sich auf keinen Fall wiederholen", so Andrus.[354] „Nachdem ein Päckchen für einen der Zeugen eine ganze Selbstmordausrüstung mit Zyankali, Nadel und Spritze enthalten hatte, lehnte das Gefängnis alle Paketsendungen ab, auch diejenigen, in denen angeblich nur Kleidung und Lebensmittel für die Gefangenen waren."[355]

Am 29. Oktober wurde den NS-Gefangenen die Nachricht von Leys Tod in ihren Zellen überbracht. „Es ist gut so", sagte Göring zu Kelley. „Ich hatte meine Zweifel daran, wie er sich vor Gericht benehmen würde. Wahrscheinlich hätte er ein Theater aufgeführt und versucht, eine phantastische, bombastische Rede zu halten. Es ist wirklich gut, dass er sich selbst aus dem Wege räumte."[356]

Auch Kelleys Reaktion war frei von Mitgefühl. Er nannte den Selbstmord eine günstige Wende, weil „eine Verurteilung Leys sowieso nicht erfolgreich gewesen wäre. [...] Dafür war er einfach schon zu kaputt. Man könnte also sagen, dass Robert Ley der Welt mit seinem Selbstmord einen Gefallen getan hat, ganz besonders mir, weil ich doch gerade bei ihm einen Hirnschaden vermutete."[357]

Und Kelley wollte dieses Gehirn haben, das Ley, so der Psychiater scherzhaft, „freundlicherweise für eine Obduktion zur Verfügung gestellt hatte".[358] In der Hoffnung, eine Untersuchung des Organs werde die auf dem Rorschachtest basierende Diagnose eines physischen Schadens bestätigen und die Verschlechterung von Leys Zustand erklären, bat Kelley einen Kollegen aus dem Militär, den Pathologen Najeeb Klan, das Gehirn in der Nürnberger Leichenhalle aus dem Schädel zu entnehmen. Daraufhin schickte Kelley es auf seltsame Wege: Bald traf ein US-Soldat in einer Poststelle des Militärs ein, um eine an das Büro des Surgeon General in Washington, D. C. adressierte quadratische Holzkiste mit der Aufschrift „Gewürze" aufzugeben – per Einschreiben. Die in der Poststelle Diensthabenden wunderten sich, dass er eine Kiste Gewürze auf so teure Weise verschicken wolle. „Das Gehirn von Robert Ley", soll der Soldat daraufhin einfach gesagt haben. So jedenfalls wurde er in einem Artikel einer US-amerikanischen Militärzeitschrift zitiert, den Kelley ausschnitt und an den gleichen Adressaten schickte: Webb Haymaker, einen Neuropathologen des pathologischen Instituts des US-Militärs.

Haymakers Untersuchung des Gehirns ergab eine „sich seit langem vollziehende degenerative Veränderung des Frontallappens", also in dem Gehirnteil, von dem auch Kelley ausgegangen war.[359] Mikroskopische Untersuchungen bestätigten dies.[360] Das Ergebnis der Obduktion begeisterte Kelley: „Ich werde Robert Ley für seine Spende ewig dankbar sein."

Doch Kelley hatte sich zu früh gefreut. 1947 schickte Haymaker Proben von Leys Gehirn an Pathologen der Langley Porter Klinik in San Francisco, um eine zweite Meinung einzuholen. Dort fand man keine eindeutigen Hinweise auf einen physischen Schaden. Im Dezember desselben Jahres informierte Haymaker Kelley davon in einem Brief: Leys Hirnschäden „waren geringer, als wir ursprünglich vermuteten. Wegen der unterschiedlichen Meinungen bezüglich des Grades [der Veränderung] halte ich es für besser, wenn wir den Hirnschaden nicht wieder erwähnen."[361]

Gilbert hatte an der Columbia University die Technik des Rorschachtests erlernt, sich dort aber nicht weiter für die Untersuchungsmethode interessiert. In Nürnberg erkannte er aber die Möglichkeiten des Tests und führte ihn mit den NS-Gefangenen durch, die Kelley noch nicht getestet hatte, und wiederholte den Test mit einigen anderen. Bei der Testwiederholung mit Göring kam Gilbert zu einem anderen Resultat als Kelley. Gilbert stellte fest, dass Görings Testergebnisse „die Mittelmäßigkeit seines Intellekts aufzeigen". Zwar hatte Göring auch bei dieser Präsentation der zehn Tafeln Bewegungen von Menschen und Tieren beschrieben, doch Gilbert beschrieb einen Mangel an Originalität in Görings Antworten, die „einen seichten, gewöhnlichen Realismus anzeigten, anstatt von einem brillanten, kreativen Denker zu zeugen". Mit anderen Worten: Göring war ein schlauer Zyniker, kein Genie. Gilbert hielt Göring des Weiteren für depressiv und verderbt.

Zwei Rorschachgutachter, zwei gegensätzliche Ergebnisse. Aber weshalb? Vielleicht entdeckte Kelley Phantasie, Kraft und Kühnheit in Görings Antworten, weil sich während der Monate ihres fast täglichen Kontaktes eine ungewöhnliche Beziehung zwischen dem Psychiater und dem Nationalsozialisten entwickelt hatte. Die Männer ähnelten einander in ihrem ausgeprägten Selbstbewusstsein, ihrer Hartnäckigkeit, ihrer Arbeitswut und ihrer Egozentrik. Beide waren Erfolgsmenschen und manipulierten andere mit viel Geschick. Ohne es zu merken, hatte Kelley angefangen, sich mit Göring zu identifizieren. Gilbert war von solchen Gefühlen weit entfernt und betrachtete ihn mit mehr Objektivität.

Gilbert führte auch mit Heß den Rorschachtest ein zweites Mal durch und schloss aus den dürftigen Antworten auf einen Mangel an Emotionalität, Empathie und Reife. Der Gefangene sah in keinem der Tintenkleckse etwas Lebendiges, beschrieb keine Bewegungen und nahm nur „leblose Details" wahr. „Das weist auf schwache geistige Fähigkeiten hin", schloss Gilbert und beschrieb die Persönlichkeit von Heß als „von Anspannung und einem mangelhaften Bezug zur Realität charakterisiert".[362]

Der Psychologe führte eine zusätzliche Testbatterie mit den Gefangenen durch, den Hamburg-Wechsler-Intelligenztest, der deutschen Überarbeitung eines ursprünglich US-amerikanischen Tests, bei dem Gedächtnisleistung, Sprachverständnis, mathematische Fähigkeiten und logisches Denken gemessen werden. Bei diesen Tests mussten die NS-Funktionäre Puzzle zusammensetzen, Bilder ergänzen und Zahlen durch Symbole austauschen. Göring stellte sich der Herausforderung mit Eifer und „benahm sich wie ein schlauer, egoistischer Schuljunge, der sich beim Lehrer einschmeicheln will", erinnert Gilbert sich. Als es Göring nicht gelang, sich nach einer Reihe von Gedächtnistests, denen er nicht gewachsen gewesen war, eine neunstellige Zahlenreihe zu merken, schlug er mit der Faust aufs Bett und rief: „Ach, jetzt geben Sie mir noch eine. Ich weiß, dass ich das kann!" Als es ihm schließlich gelang, staunte Gilbert über Görings Reaktion, der „sich vor Stolz und Freude kaum im Griff hatte". Göring lobte die psychologischen Tests aus den USA und nannte sie „viel besser als das Zeug, mit dem unsere Psychologen herumgespielt haben".[363] (Auch Keitel klagte Gilbert gegenüber über das „alberne Zeug", das deutsche Militärpsychologen für die Gutachten über Angehörige der Wehrmacht einsetzten. Keitel hatte die Tests abgeschafft, nachdem sein Sohn bei einem Test für Offiziere durchgefallen war.)[364] Wie Kelley lernte auch Gilbert schnell, dass man Görings enthusiastische Kooperation leicht erreichte, indem man seine Eitelkeit und sein Geltungsbedürfnis ansprach.

Seine IQ-Tests wertete Gilbert anhand einer Formel aus, die die altersbedingte graduelle Verminderung der Leistungsfähigkeit, von der er ausging, in das Endergebnis einbezog. Sie ergaben überdurchschnittliche Werte für die NS-Funktionäre. Der Bankier Schacht stand mit einem Wert von 143 an der Spitze der Gruppe, gefolgt von Arthur Seyß-Inquart mit 141, Göring und Dönitz mit 138, Papen mit 134, Frank und Schirach mit 130, Ribbentrop mit 129, Rosenberg mit 127 und Heß mit etwa 120. Streicher war mit 106 weit von der Gruppe abgeschlagen. Wie zu erwarten war, zeigte Göring sich enttäuscht darüber, nicht den besten Wert erzielt zu haben. Streichers Ergebnis überraschte niemanden.

Gilbert wandte weitere psychologische Tests an, darunter einen, bei dem die Gefangenen Bildtafeln zu einer zusammenhängenden Reihenfolge zusammenfügen mussten (keinem der NS-Funktionäre gelang es), den Thematischen Auffassungstest (bei dem Heß nur immer wieder „Ich weiß nicht“ und „Ich werde schon beim Hinsehen schläfrig“ sagte) und eine Übung, bei der man bei einem imaginären Briefmarkenkauf Wechselgeld herausgeben muss, die Streicher und überraschenderweise auch Schacht völlig verwirrte.[365] Schacht rechtfertigte seine Schnitzer mit dem Ausspruch: „Ein Finanzgenie, das Arithmetik beherrscht, ist ein Schwindler.“[366] Gilbert schlussfolgerte, dass man bei erfolgreichen Menschen, egal, auf welchem Gebiet sie erfolgreich sind – auch beim Aufbau eines faschistischen Regimes –, von überdurchschnittlicher Intelligenz ausgehen kann. Gilbert glaubte, diese Männer seien eigentlich zu intelligent für die von ihnen begangenen Kriegsverbrechen und Gräueltaten, aber er wusste auch, dass Intelligenzquotienten „nur die *mechanische Leistungsfähigkeit* des Gehirns anzeigen und nichts zu tun haben mit dem Charakter oder dem sittlichen Verhalten noch mit verschiedenen anderen Gesichtspunkten, die bei der Bewertung einer Persönlichkeit zu berücksichtigen sind“.[367] Andrus beeindruckten die hohen IQ-Werte wenig. Er hielt diese Männer für alles andere als intelligent: „Nach dem, was ich so mitbekommen habe, würde ich von den Supermännern keinen auch nur als Unteroffizier in meinem Trupp dulden.“[368]

Obwohl Major Kelley ranghoher war als Lieutenant Gilbert, spazierte Letzterer im gesamten Gefängnis herum, befragte die Angeklagten und organisierte sich größtenteils unabhängig von dem Psychiater. Es kam vor, dass Psychiater und Psychologe ihre Ergebnisse nicht miteinander teilten, und sie scheinen nur selten die Meinung des anderen eingeholt zu haben. Irgendwann kam Kelley dennoch auf die Möglichkeit zu sprechen, ihren einmaligen Kontakt zu den Angeklagten zu nutzen und gemeinsam ein Buch über die Funktionsweise der nationalsozialistischen Psyche zu schreiben. Diese Informationen aufzubereiten und einem Weltpublikum zugänglich zu machen wäre mit immensem Prestige verbunden, darüber waren sich beide Männer im Klaren, und sie einigten sich darauf, sich die Lorbeeren zu teilen. Es sollte anders kommen.

Der Psychiater und der Psychologe waren ganz verschiedene Persönlichkeiten und gingen mit den Gefängnisinsassen ganz unterschiedlich um, sodass manche Gefangene den einen, andere den anderen vorzogen. Manche der NS-Männer machte es nervös, dass Gilbert Jude war, andere zogen ihn wegen seiner demonstrativen Hilfsbereitschaft und seiner energischen Art vor. Nachdem Gilbert den IQ-Test mit Hans Fritzsche durchgeführt hatte, vertraute der ihm an, dass er sicher sei, er werde am Galgen enden. „Ein ehrenvoller Tod ist nicht so schlimm, wenn man sein Leben zum Beispiel für Deutschland opfert", sagte Fritzsche. „Aber unter dieser entsetzlichen Schmach zu sterben, mit dem Hass der ganzen Welt auf uns gerichtet – pfui Teufel, das ist bitter!"[369] Gilbert notierte noch, dass er schweigend zugehört habe und ihm dabei das ergraute Haar des NS-Mannes aufgefallen sei. Der ehemalige Vizekanzler Franz von Papen mochte weder Kelley noch Gilbert und beschwerte sich über „diese Herren, die sich Psychiater [oder Psychologen] nennen. [...] Nur wenige von ihnen hinterlassen den Eindruck tatsächlicher wissenschaftlicher Qualifikation."[370]

Göring aber zog Kelleys Gradlinigkeit und Professionalität bei weitem dem vor, was er als die manipulative Feindseligkeit Gilberts wahrnahm. Er brachte vielen der ihn Verhörenden und anderen Gefängnismitarbeitern gegenüber zum Ausdruck, dass er die Legalität des Internationalen Tribunals anzweifle, wählte schließlich aber einen Anwalt.[371] Es war der ehemalige Richter Otto Stahmer, der von Görings Unschuld in allen Anklagepunkten überzeugt war.[372] Kelley gegenüber aber sprach Göring über persönliche Sorgen. Fünf Tage, nachdem Kelley Görings Frau Emmy zuletzt einen Brief überbracht hatte, war sie in ihrer Residenz auf der Burg Veldenstein wegen des Verdachts auf Mittäterschaft bei den Kunstrauben ihres Mannes verhaftet worden.[373] Man brachte sie ins Zuchthaus Straubing bei Regensburg. Dabei wurden Mutter und Tochter getrennt und Edda wurde gemeinsam mit ihrer Kinderfrau zu einem etwa 15 Kilometer entfernten, von katholischen Nonnen geführten Heim in Neuhaus gebracht.[374] Kontakt zueinander war Mutter und Tochter nicht gestattet. Emmy Göring erinnert sich daran als „einen der schwärzesten Tage meines Lebens. Ich musste mich von meinem Kind trennen, musste es zurücklassen, ohne zu wissen, wo es in der nächsten Nacht schlafen sollte."[375] Auf dem Weg nach Straubing steckte Frau Göring sich ein Pfefferminzbonbon in den Mund, was unter den US-Soldaten Unruhe auslöste: Sie dachten, sie hätte sich vergiftet.[376]

Göring war empört und erinnerte an das Versprechen, man werde gut für seine Familie sorgen; Mutter und Tochter voneinander zu trennen könne aber nun wirklich nicht als gute Behandlung bezeichnet werden.[377] Frau Göring litt unter der Trennung, und es vergingen sieben Wochen, bis sie zum ersten Mal von ihrer Tochter hörte.[378] Kelley sprach mit Andrus über das gebrochene Versprechen, und dieser erklärte in einem Schreiben an den Kommandierenden General der 3. US-Armee, der Emmy Göring hatte verhaften lassen, dass Görings Sorge um seine Familie „seine geistige und körperliche Gesundheit" gefährde.[379] Einige Wochen später, am 24. November, betrat der Leiter des Gefangenenlagers, in dem Emmy untergebracht war, ihre Zelle und sagte: „Edda ist da!"[380] Beim Wiedersehen flossen Freudentränen, obwohl das auch bedeutete, dass Edda jetzt die Zellgenossin ihrer Mutter war. Ein früherer Offizier der Luftwaffe besorgte dem Mädchen einen Strohsack als Bett. Göring war dankbar und erleichtert, als man ihm die Nachricht von der Familienzusammenführung überbrachte.[381] Es war ihm irgendwie gelungen, einen Brief aus dem Nürnberger Gefängnis zu seiner Frau zu schmuggeln, der ihr heimlich von dem das Essen verteilenden Gefangenen zugesteckt worden war.[382] Wie Göring das gelungen war, ist nebensächlich, aber es war ein deutliches, wenn auch von den Wachen unbeachtetes Zeichen, dass die Gefängnismauern nicht so undurchlässig waren, wie man gehofft hatte.

Göring teilte weiterhin Erinnerungen mit Kelley und sprach auch offen über sein Verhältnis zu Hitler und einigen der anderen Angeklagten. So berichtete Göring Kelley auch von seiner Ernennung zum offiziellen Nachfolger Hitlers während der ersten Kriegsjahre: „Als Hitler mir das sagte, [...] freute ich mich, so weit es meine Person betraf, obwohl ich nichts anderes erwartet hatte. Aber ich war wütend darüber, dass Hitler diesen Einfaltspinsel von Heß zu meinem Nachfolger bestimmte. Ich sagte dies Hitler auch und machte einen gehörigen Krach." Als Göring diese Geschichte erzählte, saß er auf seinem Feldbett. Nun legte er seine großen Hände auf die Knie und beugte sich vor. „Wissen Sie, was Hitler sagte? Er sagte: ‚Nun, Hermann, seien Sie vernünftig. Rudolf ist stets treu gewesen, ein harter Arbeiter. Ich muss ihn belohnen, und daher gebe ich ihm diese öffentliche Anerkennung. Aber, Hermann, wenn Sie einmal Führer des Reiches werden – haha! – dann können Sie Heß hinausschmeißen und Ihren eigenen Stellvertreter ernennen.'“[383] Görings Augen leuchteten bei diesem Bericht. Trotz der Gefangenschaft flammte sein Ehrgeiz bei der Vorstellung von so viel Macht auf.

Bei einem ihrer Gespräche erzählte Göring dem Psychiater, wie er sich nach dem Ersten Weltkrieg der nationalsozialistischen Bewegung angeschlossen hatte. Er hätte zuvor die vielen rechten Parteien, die zu der Zeit in Deutschland wie Pilze aus dem Boden schossen, genau unter die Lupe genommen und sich dann aber für die Nationalsozialisten entschieden, mit denen sich viele Kriegsveteranen wegen der Kritik an den Bedingungen des Versailler Vertrages identifizierten. Durch die Mitgliedschaft ebendieser Veteranen hatte die NSDAP genug Masse für einen Putschversuch, der 1923 in München stattfand. Den Antisemitismus der Partei habe Göring als nützlichen Köder für weitere Anhänger betrachtet: Das Thema habe viele persönlich angesprochen und sie stärker berührt als die Zumutungen des erzwungenen Friedensvertrages. „Ich hatte recht mit dieser Auffassung“, sagte Göring zu Kelley. „Das Volk strömte uns zu, die alten Soldaten schworen auf uns – und ich wurde das Haupt der Nation.” Dann schien ihm wieder einzufallen, dass er es gar nicht bis zur allerhöchsten ausführenden Position geschafft hatte und bei dem Versuch beinahe sein Leben verloren hatte. „Zu spät, werden Sie sagen?“, fuhr er fort. „Vielleicht doch nicht. Indes, ich setzte es durch.“[384]

Ein solcher Ausspruch hätte auch von einem McGlashan kommen können und wird Kelley in Erinnerung geblieben sein. Göring deutete hier wohl an, dass sein Aufstieg an die NS-Spitze und die Aussicht auf den höchsten deutschen Rang, den er nach Hitlers Selbstmord zu erlangen erwartete, wozu es aber nie kam, weiterhin von Vorteil für ihn waren, obwohl er sich des Todesurteils durch die Alliierten sicher war: „Ja, ich weiß, dass ich gehängt werde, und Sie wissen es auch. Ich bin bereit. Aber ich bin entschlossen, in die deutsche Geschichte als ein großer Mann einzugehen. Wenn ich den Gerichtshof nicht überzeugen kann, so kann ich wenigstens das deutsche Volk davon überzeugen, dass alles, was ich tat, von mir für ein größeres Deutschland getan wurde. In 50 oder 60 Jahren werden in ganz Deutschland Standbilder Hermann Görings zu sehen sein, vielleicht kleine Standbilder, aber eines in jedem Hause."[385]

Er habe keine Angst vor dem Tod: „Nachdem ich hunderttausenden von Männern Befehl erteilt habe, in die Schlacht zu gehen – obwohl ich sehr gut wusste, dass viele nicht zurückkehren würden –, echten Soldaten, die keine andere Wahl hatten, sollte ich, ihr Führer, kneifen, wenn ich mich dem Feind stellen musste?"[386] Jetzt, da die Alliierten ihn gefasst hatten, habe er vor, „Hiebe auszuteilen", um auf seinem Weg nach unten noch so viel Schaden wie möglich anzurichten. „Ich erkenne die Gesetzlichkeit dieses Gerichtshofes nicht an. Da sie aber die Macht haben, ihren Willen durchzusetzen, bin ich bereit, die Wahrheit zu sagen und allem die Stirne zu bieten."[387] Er sehe das ganz pragmatisch, was mit seiner Ausbildung und Erfahrung als Soldat und Kriegsherr zu tun habe.

Aber war es wirklich klug von diesem Mann, der sich für einen vielverehrten Anführer hielt, dem Henker den Hals hinzuhalten? Göring zweifelte die Rechtmäßigkeit seiner Gefangenschaft an. Als er Kelley gegenüber zugab, dass selbst die ausgeklügeltsten Pläne vom Schicksal durchkreuzt werden könnten, notierte Kelley, das sei „das einzige Mal gewesen, dass Göring zu erkennen schien, dass er allein die Welt nicht würde erobern können".

Gewiss prangerte Göring seine Inhaftierung und den bevorstehenden Prozess gegen ihn als Ungerechtigkeit an, als Bestandteil der alliierten Kriegsbeute, aber sein Leben hinter Gittern schien ihm doch erträglich im Vergleich zu der Vorstellung, Hitler säße in der Nebenzelle:

> *Es lag keine Feigheit Hitlers vor, wenn er Selbstmord beging. […] Schließlich war er das Oberhaupt des deutschen Staates. Es wäre für mich unvorstellbar, Hitler in dieser Zelle sitzen zu sehen, um als Kriegsverbrecher von einem fremden Gerichtshof abgeurteilt*

zu werden. Obwohl er mich am Schluss hasste, war er für mich letzten Endes ein Symbol Deutschlands. [...] So viel schwerer auch alles jetzt für mich ist, so nehme ich doch lieber alle Folgen auf mich, statt Hitler als Gefangenen vor einem ausländischen Gerichtshof zu sehen.[388]

Göring scheint Selbstmord schon hier als einzigen Ausweg zu betrachten, wenn Ehre und Nationalstolz in Gefahr sind.

Kelley hielt es für glaubwürdig, wenn Göring abstritt, homosexuell zu sein (ein Gerücht, das Streicher in seiner Zeitung ab 1940 verbreitet hatte): „Psychiatrische Beobachtungen und unabhängige Unterredungen mit anderen Gefangenen, die Göring gut gekannt hatten, scheinen dies [...] zu bestätigen."[389] Wie ließe sich zugleich die sexuelle Energie erklären, die Göring ausstrahlte, wie sein übertriebenes Interesse an seinem Aussehen, seiner Kleidung, seiner Statur? „Wahrscheinlich sublimierte er seinen Geschlechtstrieb durch harte Arbeit, und dies verlieh ihm die erstaunliche Fähigkeit, bis zu 18 Stunden am Tage zu arbeiten", schreibt Kelley. „Zweifellos überwog bei ihm der Ehrgeiz gegenüber [dem Eros]. Sein Familienleben war jedoch ein glückliches, und die Anhänglichkeit, welche die Ehegatten einander entgegenbrachten, schien beide Teile zu befriedigen."[390]

Trotz allem triumphierten gelegentlich persönliche Überlegungen über Görings Loyalität Hitler und der NS-Politik gegenüber. Göring berichtete Kelley und dem Dolmetscher Triest von Bemühungen, der Familie der jüdischen Krankenschwester zu helfen, die ihn nach dem missglückten Putschversuch 1923 versorgt hatte.[391] Einige Jahre später habe er dafür gesorgt, dass sie und ihre Familie nach England ausreisen konnten und so der Verfolgung durch die Nationalsozialisten entgingen. Göring unterstrich dabei, dass es sich um einen Einzelfall gehandelt habe, der an seiner Meinung zu Juden im Allgemeinen und ihrer Rolle innerhalb der deutschen Gesellschaft im Besonderen nichts änderte.

Für Kelley bewies Görings Mitteilsamkeit einmal mehr das gesteigerte Bedürfnis des NS-Mannes nach der stimmungsaufhellenden Wirkung der Aufmerksamkeit anderer. Kelley bewunderte Görings Bereitschaft, die Verantwortung für seine Taten zu übernehmen, und die Energie, mit der er sich verteidigte; doch er vergaß dabei nicht die Abgründe dieser Persönlichkeit. „Göring hat sich überhaupt nicht verändert", erklärte er einige Monate später gegenüber Journalisten. „Er ist immer noch der aufgeblasene, eitle, arrogante Aufschneider, der er immer schon war. Er ist sich seiner Hinrichtung sicher, deshalb will er sich jetzt nur noch als der Nazi Nummer eins etablieren. Eine seltsame Art der Kompensation."[392]

Der Zustand der Gedächtnisleistungen von Heß wechselte weiterhin zwischen lückenhaft und klar. Am 30. Oktober 1945 erklärte er, er könne sich an den Inhalt der Lebensmittelpäckchen nicht erinnern, die er mit so viel Sorgfalt versiegelt und aus England nach Nürnberg überführt hatte. „Er gab zu, dass es sich bei der Handschrift auf den Päckchen um seine handelt, und erkannte auch andere Papiere wieder, aber mehr als einen Blick darauf zu werfen und zu bestätigen, dass es seine Handschrift war, tat er nicht", schrieb Kelley. „Das aufwändige Verpacken und Versiegeln sei ‚ein netter Zeitvertreib' gewesen."[393] Wenige Wochen später versuchte man, sein Gedächtnis zu stimulieren, indem man ihm Wochenschauen zeigte, in denen er und seine Mitangeklagten bei NS-Veranstaltungen und Aufmärschen zu sehen waren.[394] Heß wurde in Handschellen von zwei Wachen in den improvisierten Vorführraum des Gefängnisses geführt, in dem die Beleuchtung so eingerichtet war, dass man die mimische Reaktion von Heß würde ablesen können. Dazu hatten sich außer Kelley und einem weiteren Psychiater, dessen zusätzliche Meinung man einholen wollte, Oberstaatsanwalt Jackson, sein Mitarbeiter Donovan und der Ermittler Colonel John Amen eingefunden. Der erste Filmstreifen, mit Wagner unterlegt, lief ab. Heß beugte sich vor und erhob sich von seinem Stuhl, während er sich selbst auf der Leinwand vor Publikum grölen und seine Rede mit einem leidenschaftlichen dreifachen „Sieg Heil" enden sah. Der Führer wirkte zufrieden. Dann folgten Aufnahmen von Göring, Ley und Streicher, während deren die Anspannung von Heß nachzulassen schien. Nachdem der letzte Film durchgelaufen war, schwieg Heß zunächst. Dann sagte er: „Hitler und Göring kenne ich. Die anderen nur vom Namen her. Vom Hören und von den Schildern an den Zellen im Gefängnisflügel." Er könne sich nicht daran erinnern, an den gezeigten Veranstaltungen teilgenommen zu haben. „Ich scheine ja dabei gewesen zu sein, aber erinnern kann ich mich daran nicht."

Kelley hatte nicht auf die Leinwand geachtet, sondern die Hände von Heß beobachtet. Hier hatte Heß unwillentlich seine Anspannung verraten, indem „er die Hände ballte [...]. Sicher erkannte er einige der Szenen, die in diesem Film gezeigt wurden, obwohl er dies vollkommen abstritt. Er bemerkte seine innere Spannung und war sich vielleicht auch dessen bewusst, dass dies durch Zusammenpressen der Finger zum Ausdruck kam."[395]

Der Prozessbeginn rückte näher, die Staatsanwaltschaft zeigte sich zunehmend besorgt über den Geisteszustand von Heß, der einerseits im Verlauf des Prozesses deutlich werden könnte und es dem Angeklagten andererseits unmöglich machen würde, sich zu verteidigen. Um sicherzugehen, dass Heß prozessfähig war, ließen die Alliierten zwei Experten kommen, die Kelleys psychiatrisches Gutachten prüfen und den Gefangenen selbst noch einmal untersuchen sollten. Es handelte sich dabei um Nolan D. C. Lewis, einen angesehenen Psychoanalytiker, Leiter des New York Psychiatric Institute und Herausgeber der Fachzeitschrift *Journal of Nervous and Mental Disease and Psychoanalytic Review*, und den Schotten Donald Ewen Cameron von der McGill University in Montreal, der später mit seiner Forschung zu Bewusstseinskontrolle und Verhaltensbeeinflussung für die CIA berühmt wurde.

Lewis and Cameron verbrachten viele Stunden mit Heß, wobei Gilbert dolmetschte. Außerdem befragten sie Kelley, Andrus und andere Personen, die Kontakt mit Heß gehabt hatten. Ihr achtseitiges Gutachten bestätigte Kelleys Einschätzung: Heß sei geistig gesund und zeige keine Symptome einer Psychose. Der Gedächtnisverlust des Gefangenen sei widersprüchlich: Obwohl er vorgab, sich an Begegnungen mit bestimmten Personen und an die Lektüre bestimmter Bücher nicht erinnern zu können, sei er aber in der Lage, Ereignisse und Konzepte ins Gedächtnis zu rufen, die mit diesen Personen und Büchern in Verbindung standen, und könne sich unerklärlicherweise auch anderer Erlebnisse aus derselben Zeit entsinnen. Die Untersuchung ergab, dass „der Gedächtnisverlust teilweise simuliert ist. Der hysterische oder unterbewusste Teil ist vermutlich nur oberflächlich.“[396] Heß’ reflexartige Reaktion auf unzählige Fragen mit Sätzen wie „Ich weiß nicht“ und „Ich kann mich nicht erinnern“, sei vermutlich „ursprünglich aus einer bewussten Entscheidung zum Selbstschutz entstanden, [...] dann erst zu einer Angewohnheit und dann zu einer unbewussten Handlung geworden.“

Heß habe demnach so getan, als könne er sich an bestimmte Ereignisse nicht erinnern, um sich die englische Gefangenschaft zu erleichtern, und könne sich nun auch in Nürnberg weiterhin – teilweise unterbewusst, teilweise aus Gewohnheit – nicht entsinnen. Der Gedächtnisverlust mag also ursprünglich simuliert gewesen sein, war nun aber zumindest teilweise real. Außerdem sah Heß wohl augenblicklich keinen Grund, den Gedächtnislücken entgegenzuwirken. Heß sei nach wie vor psychisch labil und unruhig und wolle „offensichtlich an seinem Gedächtnisverlust festhalten“, stellten die Psychiater fest.[397] Der Presse gegenüber verglich Kelley das Gedächtnis von Heß mit einer verkümmerten Extremität, die jede Muskelkraft verloren hatte, einem Gewässer voll von Inseln des Vergessens und einem Meer voller Eisberge, die durch das „Öffnen der richtigen Kanäle zum Schmelzen gebracht werden können“.[398]

Aber Heß hatte noch keine Ruhe vor den Ärzten. Im Ganzen untersuchten den geheimnisvollen Gefangenen noch drei sowjetische, ein französischer, drei britische und ein weiterer US-amerikanischer Psychiater. Das britische Expertenteam hielt ihn für geistig imstande, die gegen ihn erhobene Anklage zu verstehen und dem Prozess zu folgen. Sein Gedächtnisschwund werde aber die Zusammenarbeit mit einem Anwalt und die Vorbereitung seiner Verteidigung erschweren. Die sowjetischen und französischen Teams waren sich einig und beschrieben Heß als „nicht im engeren Sinne geistesgestört“. Kelley hielt an der Echtheit von seinem Gedächtnisverlust fest, der aber zum Großteil freiwilligen Ursprungs sei.[399] Er ging davon aus, dass die Amnesie sich während oder nach dem Prozess geben würde. Es schien also, dass Heß’ Behinderung zumindest teilweise vorsätzlich war. Doch das Tribunal musste jetzt entscheiden, ob er vor Gericht gestellt werden konnte oder nicht. Kelley war der Meinung, dass Heß angeklagt werden sollte. Im Falle eines Todesurteils könne man mit Hilfe psychiatrischer Gutachten entscheiden, ob eine Vollstreckung des Urteils in diesem Fall gerechtfertigt sei.[400]

Zwar ließ Andrus im Fall von Heß eine Vielzahl von Untersuchungen zu, erlaubte aber nicht, dass diese mit allen NS-Angeklagten durchgeführt wurden. Vor der Ankunft des Psychiaters zu seinem Termin mit Heß gab Andrus klare Anweisungen, dass „es ihm nicht gestattet ist, weitere Gefangene zu untersuchen. Der geistige Zustand der anderen Gefangenen ist ausgezeichnet, und außerordentliche Untersuchungen sind besonders deshalb nicht erwünscht, weil sie den Anschein erwecken könnten, man sei um den Geisteszustand der Angeklagten in besonderer Weise besorgt. Dieser Eindruck ist unbedingt zu vermeiden."[401] Andrus gab nicht vor, eine medizinisch begründete Meinung über Heß zu haben, aber für ihn war Heß ein unverbesserlicher Lügner. (Er wies verächtlich darauf hin, dass Heß bei der Frage, ob er Astrologie studiert habe, mit einem entschlossenen: „Nein" geantwortet hatte, statt mit: „Ich kann mich nicht erinnern".)[402] „Ich hatte ihn durchschaut, und das wusste er", schreibt der Kommandant. „Und ich habe ihn mehrfach wissen lassen, dass ich sein Verhalten für feige halte."[403] Darauf reagierte Heß aber nur mit Schweigen oder mit einem Kopfschütteln, wobei er wiederholte, er erinnere sich an nichts.

Heß interessierte sich für medizinische Diagnosetechniken, wenn auch aus einer ungewöhnlichen Perspektive. Eines Tages fragte er Kelley überraschend: „‚Wissen Sie Bescheid über die Untersuchungen zur Form der Augenpupille?'" Kelley antwortete, dass die Pupillen sich weiten und verengen, um mehr oder weniger Licht einzulassen.

„Er unterbrach mich ein wenig spöttisch, da ich offensichtlich nicht wusste, worauf er anspielte. ‚Ich meine die Wissenschaftlichkeit der Diagnose, die auf der Größe und der Form der Pupille beruht. Haben Sie davon nie gehört?'" Das hatte Kelley nicht. Heß fuhr fort: „‚Eigentlich ist sie auch von deutschen Ärzten nicht anerkannt worden, indessen wurde sie von mir und einem Wissenschaftler, der aber kein Arzt war, lange Zeit hindurch studiert. An der Veränderung der Pupille kann man nicht nur erkennen, woran jemand leidet, sondern man kann auch feststellen, wo der Sitz der Krankheit ist.'"

Als Kelley sich skeptisch zeigte, wurde Heß kühl. „Ich habe mir schon gedacht, dass ein amerikanischer Arzt dies nicht glauben würde, aber es ist vollkommen richtig; selbst ich verstehe es ein wenig.' Dann blickte Heß Kelley wie ein Nazihypnotiseur in die Augen, „und einen Augenblick lang fürchtete ich, er würde auch bei mir irgendeine Krankheit entdecken. Anscheinend [entdeckte er in meinen Augen aber nur meinen Unglauben], denn er gab mir zu verstehen, dass die Unterhaltung zu Ende sei", schreibt Kelley.[404]

Ernst Kaltenbrunner, der ranghöchste SS-Offizier in Gefangenschaft, stellte Kelley vor ganz andere medizinische Rätsel.[405] Der gefährliche Mann mit dem kantigen Narbengesicht war zu einem depressiven Häufchen Elend zusammengefallen, hatte Weinkrämpfe und fürchtete sich vor dem Prozess. Der Psychiater hielt ihn für suizidgefährdet. Er sei eine „Heulsuse von der Sorte ‚Alle sind gegen mich'. [...] Die Härte, die für diesen Scharfrichter charakteristisch gewesen war, hatte sich in Weichheit und Weinerlichkeit aufgelöst. Kaltenbrunner fragte ständig, wie es jetzt mit ihm weitergehen würde." Kelley sah in Kaltenbrunners Umgang mit Stress eine für aggressive Persönlichkeiten typische Reaktion. Diese Menschen zeigten sich stark, wenn es gut für sie lief, brachen aber schnell zusammen, wenn Probleme auftauchten.

Am 17. November klagte Kaltenbrunner plötzlich über unerträglichen Kopfschmerz und Schwächegefühl. Kelley beobachtete seinen Zustand, der sich bis zum darauffolgenden Tag stark verschlechterte. Er konnte den Kopf kaum bewegen. Da Kelley eine ansteckende Krankheit (er dachte an Meningitis) nicht ausschließen konnte, was eine Quarantäne aller Angeklagten und eine Verzögerung des Prozesses zur Folge gehabt hätte, überwies er Kaltenbrunner in ein Krankenhaus.[406] Die Lumbalpunktion ergab, dass er eine spontane Hirnblutung erlitten hatte. Das Blut sickerte nun in die umgebende Hirnmasse und ins Rückenmark.[407] Dergleichen kann zwar tödlich sein, Kelley glaubte aber, Kaltenbrunner habe Glück gehabt und brauche nur ein paar Wochen Ruhe. Seine geistigen Fähigkeiten seien uneingeschränkt, obwohl Kaltenbrunners Angst vor dem bevorstehenden Prozess zu Bluthochdruck geführt haben mochte und so für die Blutung verantwortlich sein könne. Kaltenbrunner nahm während der ersten Prozesstage nicht an den Sitzungen teil. Laut Andrus soll jemand bemerkt haben: „Ernst Kaltenbrunner, ein Mann, der Millionen in Schrecken versetzt hatte, wäre beinahe vor Angst gestorben.“[408] Wenige Tage nach seiner Rückkehr ins Gefängnis erlitt Kaltenbrunner eine zweite Hirnblutung, von der er sich aber schnell erholte. Kelley bestätigte abermals seine geistige Gesundheit, wies die Gefängnisleitung aber darauf hin, dass eine weitere Blutung vermutlich „tödlich sein wird. Ob und wann dieser Fall eintreten könnte, ist nicht vorherzusehen“.[409]

In jenem Herbst fuhr Kelley mit seinem Dolmetscher Howard Triest nach Erlangen, das knapp 30 Kilometer entfernt lag.[410] Unterwegs besuchten sie die Universitätsbibliothek, in der sie auf Bücherberge stießen, die von den Alliierten im Zuge der Entnazifizierung beschlagnahmt worden waren. Darunter befanden sich auch die Publikationen der Nürnberger NS-Gefangenen, und Kelley und Triest steckten sich einige Exemplare für ihre Privatsammlungen ein. Sie kehrten mit einem Wagen voller Bücher nach Nürnberg zurück, die sie sich von den Autoren hinter Gittern signieren ließen. Bei ihrer Heimreise in die USA hatten sie diese Bücher im Gepäck. Kelley erwähnt nicht, weshalb er die Publikationen der NS-Funktionäre mitnahm, aber sie dürften ihm als Gesprächsthema bei den Unterhaltungen mit den Gefangenen gedient haben, und ihre Reaktion auf seine Bitte um ein Autogramm könnte ihm wichtige Hinweise auf ihren psychischen Zustand gegeben haben. Außerdem hatte Kelley schon immer eine Schwäche für exotische Spezies gehabt. In diesem Fall waren es hochrangige Nationalsozialisten. 65 Jahre später beschreibt Triest seine eigene Sammlung als „ein Andenken an meine Monate in Nürnberg und eine fassbare Erinnerung an eine auch für mich ganz persönlich schwere Zeit. Das konnte ich nach meiner Rückkehr Freunden und Familie zum Beweis dafür zeigen, dass ich wirklich da gewesen war. Dass ich mit den Männern gearbeitet hatte, die mein Volk ermordet hatten. Es ging mir um das Erinnern – Nürnberg nicht vergessen. Damals hätte ich nie gedacht, dass der Prozess so viel Aufmerksamkeit auf sich ziehen würde und die Bedeutung erreichen würde, die er heute hat."

Kelley sammelte wichtige Informationen von denjenigen Gefangenen, die ihm vertrauten, und gab diese an die Staatsanwaltschaft weiter. Er informierte William Donovan über Veränderungen des Gesundheits- und Geisteszustands der Angeklagten, doch für Donovan war wohl das von größtem Interesse, was Kelley über die Verteidigungsstrategien seiner Patienten in Erfahrung brachte. In einer Notiz vom 11. November berichtet Kelley beispielsweise von Görings Plan, Lord Halifax (E. F. L. Wood) als Zeugen aufzurufen. Bei einer Begegnung zwischen Göring und dem Politiker der britischen Konservativen acht Jahre zuvor habe Halifax versichert, er würde auf deutsche Bemühungen um eine deutsche Erweiterung Richtung Österreich und die Tschechoslowakei mit Appeasement-Politik reagieren. Als die deutschen Truppen die Grenzen zu diesen Ländern überquerten, war Halifax britischer Außenminister, während des Militärtribunals war er Botschafter in den USA. Göring erzählte Kelley, er habe Halifax 1936 geschrieben, um einen Krieg zu verhindern. „Er sagt, Halifax habe Briefe von ihm erhalten, die den Krieg hätten verhindern können", ließ Kelley Donovan wissen.[411]

In demselben Schreiben an Donovan schildert Kelley das Schuldeingeständnis von Streicher, als Parteimitglied die Verantwortung für den Aufbau der Hitlerjugend und für den Erlass von Gesetzen zur Verfolgung der österreichischen Juden zu tragen. Jodl, konnte Kelley berichten, habe darauf hingewiesen, dass die Russen an der Ostfront auch Gräueltaten begangen hatten, und plane, seine Verteidigung auf der Behauptung aufzubauen, er habe doch nur Befehle befolgt. Er leugne mit Nachdruck, sich durch Plünderungen an der Zivilbevölkerung bereichert zu haben. Frank hingegen schien den Prozess zu begrüßen und „glaubt[e] fest daran, dass die Angeklagten eine göttliche Bestrafung erwartet", schrieb Kelley. „Er ist überzeugt, dass die Gruppe um Hitler den Führer schon vor zwei Jahren hätte erschießen sollen." Die Anführer des NS-Regimes, so Frank, seien „mit dem Teufel im Bunde" gewesen, und dafür würde Gott sie nun „auf eine Weise richten, die unvergleichlich schlimmer sei als jede von Menschen erdachte Strafe". In den Gesprächen mit Frank hatte Kelley erfahren, was er seinen Mitgefangenen vorwarf: Sie wollten doch nur ihren Hals aus der Schlinge ziehen und sollten sich stattdessen Gottes Urteil fügen. „Er ist jetzt fast so weit, den ‚Schwächeren' der Gruppe die Schuld zu geben", schrieb Kelley an Donovan. „Sollten die auch alle auf nicht schuldig plädieren – er werde auf schuldig plädieren. Das hat er zweimal gesagt."

Kelleys Berichte an Donovan scheinen auch einen anderen Gefängnismitarbeiter zu einem Hinweis an den Assistenten der Staatsanwaltschaft inspiriert zu haben. Die Notiz ist mit den Initialen J. E. S. unterschrieben:

> *Als Major Kelley heute seinen Bericht an Sie diktierte, sprach er mit mir über die Angeklagten, und ich halte die folgenden Informationen für relevant, obwohl er sie in seinem Bericht nicht eingeschlossen hat.*
>
> *Die Gruppe der Angeklagten entwickelt sich immer mehr zu einer Front. Sie scheinen Göring als ihren Anführer akzeptiert zu haben. Jeder dieser intelligenten Männer trägt zur Verteidigung der Gruppe als Ganzer bei. Major Kelley befürchtet, dass dies die Anklage erschweren könnte.*[412]

Außerdem weist der Autor auf Kelleys Beobachtung hin, die Angeklagten fürchteten die Pläne der Staatsanwaltschaft nicht, eine Verurteilung anhand der überwältigenden Fülle von Dokumenten herbeizuführen. „Sie glauben, dass jedes dieser Dokumente einen oder zwei von ihnen belasten mag, zugleich den Rest aber entlaste. [...] Dönitz kommentierte: ‚Die Amerikaner bereiten meine Verteidigung für mich vor – das nenne ich Yankeehumor!'"

Auf Kelleys erste Korrespondenz mit Donovan über die Verteidigungsstrategien der Angeklagten folgte wenige Tage später die nächste. Diesmal schrieb er, Göring plane, aus seinem 1933 erschienenen *Aufbau einer Nation* zu zitieren. Das Buch bestätige, so Göring, dass er die Gestapo nur zum Zweck der Bekämpfung von Kommunisten gegründet habe und die Organisation sich, solange sie ihm unterstand, auch daran gehalten habe. Außerdem illustriere das Buch, dass Hitlers Machtergreifung eine

Revolution gewesen und „zwar mit Blutvergießen verbunden, aber unvergleichlich weniger unbarmherzig gewesen sei als die Russische und Französische Revolution". In einer Randnotiz auf dem Bericht steht: „Können wir das besorgen?" (Dem Dolmetscher Triest gegenüber behauptete Göring, *Aufbau einer Nation* an einem einzigen Wochenende geschrieben zu haben.)[413]

In seiner Rolle als Arzt teilte Kelley Donovan am 17. November mit, er fürchte, die gnadenlos harte Anklagebank im Nürnberger Gerichtssaal, ohne Rückenlehne, werde für alle NS-Angeklagten „eine Qual sein, sollte der Prozess länger dauern". Kelley dachte dabei besonders an Keitel, Dönitz, Funk, Göring und den ehemaligen Reichskommandanten der Niederlande Seyß-Inquart. Wegen der Rheumaerkrankung dieser Angeklagten sei mit starken Schmerzen zu rechnen, eventuell „nach vielen Gerichtstagen auch einem Zusammenbruch".[414] Kelley riet zu besseren Sitzgelegenheiten mit Rückenlehnen und Sitzkissen, mit denen die meisten anderen Stühle im Gerichtssaal schon ausgestattet waren. Fotos des Prozesses zeigen, dass die Anklagebank eine Rückenlehne bekam. Ob Sitzkissen vorhanden waren, ist nicht zu erkennen.

Letztendlich blieb Donovan aber nicht die Zeit, Kelleys Berichte einzusetzen, denn Donovan und Oberstaatsanwalt Jackson hatten starke Meinungsverschiedenheiten über die Strategie der Staatsanwaltschaft. Donovan wollte die Richter durch geschickte Vernehmungen und Kreuzverhöre von Zeugen beeinflussen, Jackson wollte sich ganz auf die Berge belastenden Materials stützen, die die Alliierten zusammengetragen hatten. Donovan hatte auch seine Bedenken, die Männer, besonders die Militärs unter ihnen, der Zugehörigkeit zu Organisationen anzuklagen, die Verbrechen begangen hatten. Nach einer Reihe von Auseinandersetzungen verließ Donovan die Staatsanwaltschaft schließlich und war Ende November auf dem Weg nach Hause.[415]

Zu Hause in Chattanooga wartete Dukie mit ihrer Schwester Leora Brooke und ihren Eltern auf die Heimkehr ihres Mannes. Auf einem Foto in der Zeitung steht sie neben Leora, deren

Ehemann in einer Pioniertruppe in Europa stationiert war, im elterlichen Wohnzimmer. Dukie hält eine kunstvoll verzierte silberne Teekanne, Teil des neuen Haushalts, den sie bald gemeinsam mit Kelley zu gründen hoffte. In dem maßgeschneiderten Jäckchen und dem knielangen Faltenrock sieht sie um einiges eleganter aus als die großgewachsene ältere Schwester. Sie hatte Kelley seit drei Jahren nicht gesehen, nur brieflich mit ihm Kontakt gehabt und hatte gelegentlich etwas von denjenigen seiner Kameraden erfahren, die schon in die USA zurückgekehrt waren.

Kurz vor ihrem fünften Hochzeitstag befragte ein Journalist aus Chattanooga Dukie über die Arbeit ihres Mannes in Nürnberg. Er wollte auch wissen, wie es war, mit einem Psychiater verheiratet zu sein. „Manchmal weiß er, was man denkt", erklärte sie. „Auch, wenn es einem gerade nicht so gut passt."[416] Kelleys Ehe musste zwar warten, aber die Fähigkeit, die seine Frau hier beschreibt, wusste Kelley auch in Nürnberg einzusetzen.

Kapitel 7
Im Justizpalast

DAS GERICHTSVERFAHREN RÜCKTE NÄHER, mittlerweile hatten alle NS-Angeklagten einen Anwalt eingeschaltet und bereiteten sich auf die Verteidigung vor. Colonel Andrus bestätigte zwar, dass die deutschen Anwälte „fachlich und politisch respektiert" würden, aber ihr Ein- und Ausgehen im Gefängnis brachte die Gefangenen mit der Außenwelt in direkten Kontakt und ermöglichte damit Schmuggel. Andrus hatte die Selbstmorde von Conti und Ley nicht vergessen und erhöhte den Level der Sicherheitsmaßnahmen, die das Gefängnis schützen und etwaige Selbstmordwerkzeuge von den Insassen fernhalten sollten.[417] Wenn ein Gefangener und sein Anwalt Dokumente austauschten, wurden diese von einem Wächter inspiziert. Alles, was eine mögliche Gefahrenquelle darstellte – Schnürsenkel, Rasierklingen, Krawatten –, wurde von den Wächtern aus den Zellen der Gefangenen entfernt, über Nacht konfiszierten sie sogar die Brillen. Bei jeder Rückkehr in ihre Zellen und nach jedem Bad wurden die Gefangenen durchsucht, und die Wächter stellten die Zellen in ihrer Abwesenheit auf den Kopf.

„Und trotzdem entdeckten wir immer wieder verbotene Gegenstände", klagte Andrus.[418] Bei einer Durchsuchung von General Jodls Zelle fand man einen Nagel in seinem Tabaksbeutel, einen 15 Zentimeter langen Draht, neun Tabletten unbekannter Zusammensetzung und einen längeren Stofffetzen. Keitel hatte Aspirin gehortet, besaß ein Stück Blech, einen Geheimvorrat an Tollkirschtabletten (häufig verwendet bei Verdauungsstörungen), eine Schraube und zwei Nägel. In seinem Portemonnaie hatte er außerdem einen Teil eines Absatzbeschlags versteckt. Als man ihn nach der Herkunft des Metallstücks befragte, das keinem seiner Schuhe zuzuordnen war, antwortete Keitel nicht ohne Stolz: „Das habe ich schon lange."

In Ribbentrops chaotischer Zelle fanden die Wächter neun nicht identifizierbare Tabletten (vier davon versteckt in einer Socke) und ein scharfes, fünf Zentimeter langes Metallstück.[419] Selbst der kooperative Dönitz hatte eine Sammlung verbotener Gegenstände: einen Schnürsenkel, einen Bindfaden, eine Schraube und eine Haarklammer. „Was er damit vorhatte, blieb uns ein Rätsel", schrieb Andrus. Schacht lagerte heimlich zehn Büroklammern, Sauckel hatte einen abgebrochenen Löffel versteckt und andernorts im Gefängnisflügel stießen die Wächter auf Glasscherben, einzelne Nägel und eine abgebrochene Rasierklinge. Nur die Durchsuchung der Zellen von Göring und Heß förderte nichts zutage.

Die Sicherheitsmaßnahmen zum Schutz der Insassen wurden auf dem gesamten Gelände des Justizpalastes verstärkt. Die junge Nichte von Generalfeldmarschall Erwin Rommel, Mitarbeiterin der Bibliothek des Justizpalastes, hatte vor möglichen Versuchen von Mitgliedern der Organisation Werwolf gewarnt, das gesamte Gebäude inklusive der Angeklagten, der Staatsanwaltschaft, der Richter und des Beweismaterials in die Luft zu sprengen, um den Prozess zu verhindern. „Es gibt so vieles, das sie verheimlichen wollen, und sie sind ja so verbittert", sagte Christine Rommel.[420] Auch den alliierten Behörden war dergleichen zu Ohren gekommen. Als Reaktion darauf wurden fünf Panzer mit Kalibern von 75 mm zur Abschreckung vor dem Gebäude aufgestellt. Soldaten wurden um das gesamte Gelände herum postiert, außerdem auf den Korridoren, auf dem Dach und an den Eingängen. Jeder, der das Gelände betreten oder verlassen wollte, einschließlich der Richter, musste den Wachen eine offizielle Erlaubnis vorlegen.

Saal 600 im ersten Stock des Justizpalastes, der Gerichtssaal, in dem der erste internationale Prozess dieser Art stattfinden sollte, war umgestaltet worden und kein Trümmerfeld mehr. Neu installierte Deckenstrahler ermöglichten den Fotografen, den Prozess ohne störende Blitze zu dokumentieren.[421] Zur Erweiterung des Saals waren Wände entfernt worden, sodass er jetzt groß genug für 500 Personen war, doch das eigentliche Verfahren sollte sich nur in einem Teilbereich am Südende des Raums abspielen.

Die Anklagebank befand sich neben dem Haupteingang des Gerichtssaals und bestand aus zwei langen, für die ehemaligen führenden NS-Funktionäre bestimmten Sitzreihen. Direkt vor den Angeklagten waren die Tische der Verteidigung. Den Angeklagten gegenüber stand unter vier hohen Fenstern, die gegen das Tageslicht mit grünen Vorhängen verhangen waren, die Richterbank, dahinter hingen die Flaggen der vier alliierten Nationen. Für die Dolmetscher und Dolmetscherinnen, die die schwierige

Aufgabe übernommen hatten, die Verhandlungen simultan ins Deutsche, Englische, Russische und Französische zu übertragen, waren Glaskabinen entlang der Wand zur Rechten der Richter bereitgestellt worden. Die Kabinen waren mit den Mikrophonen und Kopfhörern im Saal durch Kabel verbunden, über die im Verlauf des Prozesses immer wieder jemand stolpern würde. Gleich neben den Richtern war Platz für die Gerichtsschreiber. (Bei ihrem Anblick geriet der Angeklagte Schacht, wie er es ausdrückte, in optische Verwirrung: „Die Kaugummis, die sie ohne Unterlass im Munde bewegten, ließen den Eindruck entstehen, als kauten sie jedes gesagte Wort noch einmal wieder.")[422] Vor dem Pressebereich standen vier den alliierten Staatsanwaltschaften zugeordnete Tische, daneben war das Pult, von dem aus die Staatsanwälte und Verteidiger zum Gericht sprechen würden. Die Presseleute hatten die besten Sitze, gepolsterte Stühle mit viel Beinfreiheit, und im hinteren Teil des Gerichtssaals stand für die Kameras der Wochenschau eine Kabine zur Verfügung. Das Publikum sollte im großräumigeren Nordende des Gerichtssaals und auf dem darüberliegenden Rang Platz nehmen. Winzig im Vergleich zu der Richterbank und den großzügigen Bereichen für Publikum und Gerichtsmitarbeiter stand eine scheinbar unwichtige Sitzgelegenheit für sich allein. Es war der Zeugenstand. Wie Göring später zeigen sollte, war dieser Platz aber von allergrößter Bedeutung.

Über 1300 Personen nahmen als Mitglieder einer der Delegationen der vier alliierten Mächte oder als Mitarbeiter der Verteidigung an dem Internationalen Militärtribunal teil, und mehr als 200 Journalisten waren akkreditiert, um für Radiostationen und Zeitungen weltweit zu berichten. Die Mitarbeiter der Cafeteria des Justizpalastes gaben täglich etwa 1500 Mittagessen an Teilnehmer der Gerichtsverhandlung aus.[423]

In ihren Zellen trugen die Angeklagten üblicherweise eine bunt zusammengewürfelte Sammlung von Kleidungsstücken, aber Andrus wollte, dass diese Männer vor Gericht die sorgfältige Betreuung repräsentierten, die ihnen als Insassen seines Gefängnisses zuteil wurde. „Ihr Anblick soll kein Mitleid erregen."[424] Andrus sorgte dafür, dass ihre Uniformen und Anzüge während des Prozesses täglich gereinigt und gebügelt wurden.[425]

Außerdem beauftragte er Schneider mit der Neuanfertigung von Anzügen für einige der Gefangenen. Schacht war anspruchsvoller als seine Mitangeklagten. Er beschwerte sich über die vom Gefängnis zur Verfügung gestellten Anzüge aus „ausgesprochen minderwertigem Material".[426]

Am Tag vor Beginn der Gerichtsverhandlungen führte Andrus eine Generalprobe durch. Die Stimmung war düster, als er die Insassen vom Gefängnis einige hundert Meter durch den Gang, den er zum Schutz vor äußeren Angriffen hatte bauen lassen, und schließlich über einen Aufzug nach oben und in den Gerichtssaal brachte. Hier befahl er den Wachen, die Handschellen zu entfernen und stellte die ehemaligen NS-Funktionäre wie Chorknaben in der Reihenfolge auf, die sie auf den zwei Reihen der Anklagebank einnehmen würden. Sie entsprach der Anklageschrift: Göring kam zuerst, gefolgt von Heß, Ribbentrop, Keitel, Rosenberg, Frank, Frick, Streicher und den anderen.[427]

Am Morgen des ersten Verhandlungstages, dem 20. November 1945, gaben die Wachen Anzüge, Gürtel, Krawatten und die Brillen aus, die die Gefangenen wie jeden Abend hatten abgeben müssen. Andrus bemerkte, dass die Anspannung sich in einer „ungewöhnlichen Unruhe im Gefängnis" ausdrückte, während die Insassen sich ankleideten. Natürlich befand sich in keiner der Zellen ein Spiegel, dessen Glas in dolchartige Scherben hätte verwandelt werden können. Deshalb musste Göring sich etwas anderes einfallen lassen, um sein Äußeres zu prüfen: Er benutzte seinen schwarz gekleideten Anwalt als Hintergrund hinter der Glasscheibe, die die beiden Männer trennte und in der er sich auf diese Weise spiegeln konnte.[428] Göring prüfte sich in der Scheibe, wobei er sich mit der Frisur besondere Mühe gab.

Aus der Perspektive moderner Sicherheitsstandards betrachtet, waren im Gerichtssaal auffallend wenige Waffen vorhanden. Andrus fürchtete eine Katastrophe, sollte einer der Gefangenen die Waffe eines Wächters an sich reißen.[429] Deshalb sorgte der Kommandant dafür, dass abgesehen von ihm während der Verhandlungen nur ein weiterer Wächter mit einer Handfeuerwaffe ausgestattet war. Er selbst trug seine Pistole unter der Jacke im Schulterholster. Die vielen Wächter, die die Gefangenen eskortierten und den Prozess überwachten, waren mit weißen

Schlagstöcken bewaffnet, die abschreckend genug sein würden, um „die Gefangenen davon abzuhalten, außer Kontrolle zu geraten, und Personen aus dem Publikum davon, einen der Gefangenen anzugreifen", hoffte Andrus.

Göring betrat den Saal als Erster. Er trug die perlgraue Luftwaffenuniform mit Messingknöpfen, die nun keine Abzeichen und Orden mehr zierte, und wirkte fest entschlossen, die Weltbühne ein weiteres Mal zu übernehmen. Die Monate der Haft, die ihn von Sucht und Übergewicht befreit und ihm Zeit gegeben hatten, über seine Vergangenheit nachzudenken und seine Verteidigung zu planen, hatten seinen Geist im Vergleich zu den letzten Kriegsmonaten geschärft. Aber Beobachter berichteten trotz seiner unverkennbaren Stärke auch von einer irritierenden Milde. Sein Anzug umhüllte seine verschlankte Figur mehr, als dass er ihn kleidete. Der gelassene Ausdruck auf dem blassen, faltigen und doch seltsam verjüngten Gesicht erinnerte auf beängstigende Art an eine Schaufensterpuppe. Gelegentlich warf er einen prüfenden Blick in den Rang hinauf, vielleicht, um das Publikum nach Vorzeichen für die Spur abzusuchen, die er in der Geschichte hinterlassen würde. Rebecca West, Berichterstatterin des *New Yorker*, die Görings Mischung aus Berechnung, schwarzem Humor und Weiblichkeit beschrieb, bemerkte, dass er an eine Prostituierte erinnere, die sich mit der „professionellen Maske des Wohlwollens im Gesicht entspannt zurücklehnt, während fette Katzen sich an ihren gespreizten Beinen reiben [...]. Er war unter den Angeklagten der Einzige, der Deutschland, hätte man ihm die Gelegenheit gegeben, sofort wieder übernommen hätte, um es zur Bühne seiner Privatphantasien zu verwandeln, wegen denen er vor Gericht stand."[430] Er nahm auf der Anklagebank den wichtigsten Platz ein, ganz links in der ersten Reihe.

Heß betrat den Gerichtssaal geduckt und wirkte, als sei er an den Verhandlungen gänzlich unbeteiligt. Sein seltsames Gebaren faszinierte viele der Beobachter. Oft hob er das Gesicht, das der Journalist und Autor John Dos Passos als „so eingefallen" beschrieb, dass „es nichts als eine spitze Nase, tiefe Augenhöhlen und ein kinnloser Mund" war, und blickte wie ein gefangenes Tier zur Saaldecke.[431] Gelegentlich stieß er ein seltsames, ängstliches Lachen aus. Auf West wirkte er „einfach wahnsinnig;

so wahnsinnig, dass es schändlich schien, ihn überhaupt vor Gericht zu stellen. Seine Haut war aschgrau, und er hatte diese seltsame Angewohnheit, die man oft bei Wahnsinnigen beobachtet, Körperpositionen einzunehmen, die kein normaler Mensch länger als ein paar Minuten aushält. [...] Er sah aus, als hätte sein Geist keine Oberfläche mehr, als wäre alles weggebombt, abgesehen von den Kellergewölben, in denen die Alpträume wohnen."[432] Bei diesem ersten Auftritt seit seinem Großbritannienflug in der Messerschmitt einige Jahre zuvor war der vor Fanatismus und Selbstbewusstsein strotzende Redner bei Naziaufmärschen, als den man ihn zuvor gekannt hatte, nicht wiederzuerkennen. Manchmal ließ Heß jedoch von seiner krankhaften Zurückhaltung ab und gab gegenüber seinen Sitznachbarn Göring und Ribbentrop, der eine Sonnenbrille trug, einen kurzen Kommentar ab.

Auch andere Angeklagte hinterließen beim Betreten des Gerichtssaals einen bleibenden Eindruck. Dos Passos schrieb, dass Streicher einer „fürchterlichen Karikatur aus dem *Foxy Grandpa* Comic ähnelt", und West fand, der junge Schirach sehe „wie eine Frau aus, aber nicht so, wie man es von manchen Männern kennt, die feminin wirken. Man hatte den Eindruck, da säße eine schüchterne alte Gouvernante, die zwar nicht hübsch war, aber deren Frisur immer saß".[433] Im karierten Jackett war Frick der Einzige, der keine Uniform oder einen bankiersgrauen Anzug trug.[434] Er stach hervor wie ein Zirkusclown. Teilweise hatten die Auftritte einen komischen Effekt, zum Beispiel als Fritzsche sich an einigen fälschlicherweise vor ihm eingetretenen Angeklagten vorbeidrängeln musste, um an seinen Platz zu gelangen. Schacht sah aus wie ein wütendes Walross. Während sie auf den Beginn der Gerichtsverhandlung warteten, lasen einige der Angeklagten Zeitung. So nebeneinander aufgereiht, sahen die NS-Funktionäre uninteressant und unbedeutend aus, als hätte schiere Gewohnheit sie dazu getrieben, die Welt in den Krieg zu führen. Hinter ihnen standen weiß behelmte Wachen stramm. Nur Kaltenbrunner, der sich noch von der letzten Hirnblutung erholte, fehlte. Er sollte die ersten 15 Tage des Verfahrens abwesend sein und sich von seinem Anwalt vertreten lassen.

Nachdem die Richter das Verfahren um 10 Uhr morgens eröffnet hatten, wandte sich das Tribunal seiner ersten Aufgabe zu: Der Verlesung der Anklageschrift durch die Staatsanwaltschaft. Dies nahm viele Stunden in Anspruch. Währenddessen unterhielten sich die Angeklagten in dem heißen, vollgestopften und nach frischer Farbe riechenden Raum untereinander oder guckten gelangweilt in die Gegend – sie hatten das Dokument schon gelesen. Görings Gesicht leuchtete dennoch kurz auf, als er in der Anklageschrift des Diebstahls eines besonderen französischen Schatzes bezichtigt wurde: 78 Millionen Flaschen Champagner.[435] An diesem ersten Verhandlungstag verzog er gelegentlich das Gesicht, schüttelte den Kopf und erlaubte sich Mitangeklagten gegenüber Kommentare. Heß las derweil einen Roman mit dem Titel *Der Loisl*, einen heiteren Roman aus Bayern, und unterbrach die Lektüre nur für ein Lächeln, als die Staatsanwaltschaft zum ersten Mal den Namen Hitlers erwähnte. Während einer Sitzungspause packten ihn wie so oft Magenkrämpfe, und er verzog das Gesicht unter Schmerzen. Er fasste sich an den Bauch, wiegte den Oberkörper vor und zurück und legte den Kopf auf das Geländer der Anklagebank. Kelley ging zu ihm, verabreichte aber keine Medizin und riet ihm, den Oberkörper weiter zu bewegen. Heß erholte sich bald, saß wieder aufrecht und wirkte „abwechselnd höflich interessiert und gelangweilt".

Die anderen Angeklagten reagierten kaum auf die Schmerzen von Heß. Schacht, einer der wenigen Angeklagten, die der Verhandlung aufmerksam folgten, lachte laut, als einer der Staatsanwälte die gegen ihn erhobene Anklage der Verschwörung verlas. Einige der Angeklagten vertrieben sich die Zeit damit, mit den ihnen zur Verfügung gestellten Kopfhörern zwischen den Sprachen hin und her zu schalten. In der Mittagspause aßen die Angeklagten gemeinsam im Gerichtssaal, während alle anderen der Enge entflohen. Es war das erste Mal seit ihrer Ergreifung, dass die Männer zusammenkamen. Göring verteilte großzügig Zigaretten unter den Mitangeklagten. Während des Essens sprachen die Männer über die morgendliche Verhandlung, wobei sie Streicher ignorierten und nicht in das Gespräch einbezogen. Dieser versuchte, eine Unterhaltung mit Gilbert anzuknüpfen und erzählte, dass er bereits zwölf oder dreizehn Mal angeklagt worden sei und schon einmal in diesem Saal vor Gericht gestanden habe. Ribbentrop versuchte, Heß die auf Japan abgeworfenen Atombomben zu erklären, der wiederum sagte, er wisse davon nichts, und beschwerte sich über das seiner Meinung nach gesetzeswidrige Tribunal. Später erlitt der einstige Reichsaußenminister Ribbentrop im Gerichtssaal einen Schwindelanfall und Hörsturz, brach zusammen, wurde ruhiggestellt und kehrte dann auf die Anklagebank zurück. Irgendwann im Laufe dieses ersten Tages lehnte Heß sich zu Göring und flüsterte: „Sie werden sehen, dieser Spuk wird verschwinden, und Sie werden in einem Monat wieder der Führer Deutschlands sein." Daraufhin bemerkte Göring gegenüber Gilbert, dass er jetzt endgültig von Heß' Wahnsinn überzeugt sei.[436] Am Ende des Tages waren die meisten Angeklagten so erschöpft, dass sie schon um 19 Uhr in den Betten lagen.

Am nächsten Tag mussten die Angeklagten auf die Anklage reagieren. Göring stand als Erster auf und verlas eine umfangreiche Stellungnahme, in der er die nationalsozialistische Regierung verteidigte und die Taten der Angeklagten rechtfertigte. Der Vorsitzende Richter Geoffrey Lawrence unterbrach ihn und verlangte, Göring solle sich kurzfassen. Das Ergebnis war der Satz: „Nicht schuldig im Sinne der Anklage", der im Folgenden von allen angeklagten hochrangigen Nationalsozialisten wiederholt werden sollte.

Die Eröffnungsansprache von Oberstaatsanwalt Robert Jackson stieß nicht nur wegen ihrer Eloquenz auf Bewunderung, sondern auch, weil er darin die internationale justizielle Bedeutung des Prozesses hervorhob. Die Alliierten, betonte er, wollten das deutsche Volk nicht schwerer Verbrechen anklagen, sondern mit dem Tribunal internationale Standards für Handlungsweisen in Kriegs- und Friedenszeiten setzen, die in der Zukunft für Machthaber, Generäle und Armeen bindend sein würden. „Wir dürfen eins nicht vergessen: Aufgrund des Urteils, das wir heute über diese Angeklagten fällen, wird die Geschichte morgen über uns urteilen", mahnte Jackson.

Im Folgenden ging es darum, dass die NS-Funktionäre Kriegshandlungen geplant hatten, während sie friedliche Absichten vorspielten, es ging um den Angriffskrieg gegen Russland, um

Kriegspropaganda, die Gräueltaten in Polen und die Unterdrückung jüdischer und christlicher Oppositioneller. Derweil berichtete die Presse von jeder Handbewegung der NS-Angeklagten. „Wenn Göring einen Zeugen kaum hörbar beschimpfte, was er oft tat, gingen seine Worte innerhalb von Minuten um die Welt", bemerkte Andrus. „Wenn Heß die Lektüre wechselte, kannten Millionen noch am selben Tag den Titel des neuen Buches."[437]

Mit Prozessbeginn konnte Göring es kaum noch erwarten, Nazideutschland ein letztes Mal in vollem Glanze vor einem Weltpublikum zu präsentieren. Wenn es noch irgendwelche Lorbeeren zu gewinnen gäbe, sollten sie ihm gehören. Zu verlieren hatte er nichts. Er hatte sich zum Ziel gesetzt, seine Mitangeklagten dazu zu bringen, sich zu verteidigen, stolz auf ihre Taten zu sein und die Strafe der Sieger geschlossen anzunehmen; eine Strafe, die er zunächst als Exil begriff und später als Gruppenexekution darstellte, die ihnen ein Nachleben als Nationalhelden sichern würde. Er beharrte auf einer Vision der Zukunft mit Ehrenmalen und der Verehrung durch nachfolgende deutsche Generationen. All dies könnten sie erreichen, wenn sie während des Prozesses nur zusammenarbeiteten. Die Monate der Passivität hinter Gittern hatten in ihm einen gewissen Durst nach offensivem, herausforderndem Handeln geweckt. Im Gegensatz zu vielen der anderen versuchte Göring nicht, Hitler die Schuld zu geben oder die Verantwortung für die Taten des NS-Regimes auf seine Kollegen abzuwälzen. Er übernahm immer wieder die Verantwortung für seine Entscheidungen und stellte sich als eine treibende Kraft des Dritten Reiches dar. Ein Kommentar Görings zu Prozessbeginn, der im ganzen Gerichtssaal hörbar war, fasst seine Einstellung zusammen: „Verdammt nochmal, ich wünschte, wir hätten alle die Courage, unsere Verteidigung auf vier einfache Worte zu beschränken: ‚Leckt mich am Arsch.'"[438]

Es blieb vorerst dabei, dass die Angeklagten gemeinsam zu Mittag aßen. Göring nutzte diese Gelegenheiten, um die Entwicklung von Meinungen zu unterbinden, die seiner Ansicht nach dem gemeinsamen Ziel schaden könnten. „Zu Prozessbeginn demonstrierte er seine besonderen Fähigkeiten als Führungspersönlichkeit, indem er sofort den obersten Platz am Speisetisch für sich beanspruchte", beobachtete Kelley. „Und niemand bestritt ihm dieses Recht. Die Gefangenen schienen es als selbstverständlich zu betrachten, dass er Befehle erteilte; später maßte Göring sich an, die Führung in der Verteidigung seiner Landsleute zu übernehmen. Er äußerte zu mir: ‚Wir, die wir hier gefangen sind, bilden gewissermaßen eine Mannschaft, und wir müssen zusammenhalten, um uns so wirkungsvoll wie nur möglich zu verteidigen. Natürlich bin ich der Anführer, und es muss meine Sache sein, dafür zu sorgen, dass ein jeder seinen Beitrag leistet.'"[439]

Göring wollte nichts von Eingeständnissen irgendwelcher Verbrechen oder öffentlichen Denunziationen des nationalsozialistischen Regimes wissen. Auf Keitels vorsichtige Andeutung während eines Mittagessens, Hitler trage die Schuld am Untergang Deutschlands, unterbrach Göring ihn: „Ihr Männer kanntet den Führer. Er wäre als Erster aufgestanden und hätte gesagt: ‚Ich habe die Befehle gegeben, und ich übernehme die volle Verantwortung!' Doch ich will lieber zehn Tode sterben, als den deutschen Herrscher einer solchen Demütigung ausgesetzt sehen."[440] Frank schlug sich wütend auf Keitels Seite: „Schon andere Herrscher haben vor Gericht gestanden! [...] Er hat uns hier hereingeritten, und jetzt bleibt als Einziges übrig, die Wahrheit zu sagen!"[441] Daraufhin standen Frank und drei weitere auf und verließen den Saal. Einige der Angeklagten, Frank eingeschlossen, zeigten sich bestürzt darüber, dass Göring des Kunstraubs und anderweitiger Selbstbereicherung in den besetzten Ländern angeklagt worden war. In ihren Augen waren das egoistische Straftaten, die die Glaubwürdigkeit des ehemaligen Reichsmarschalls erschütterten.[442]

Trotz derartiger Rückschläge bewahrte Göring starken Einfluss auf die meisten der Mitangeklagten, indem er seine Argumente auf ihre Anliegen und Unsicherheiten abstimmte. Manchen versprach er, die Verantwortung für ihre Taten zu übernehmen. Anderen redete er wegen der angeblichen Unehrenhaftigkeit, die ehemalige Regierung zu verleumden, ins Gewissen. Einigen gegenüber brachte Göring seine Ablehnung der Alliierten zum Ausdruck und erklärte, die Siegermächte hätten nicht das Recht, über die internen Entscheidungen Deutschlands zu richten. In seiner Zelle bestätigte Göring zwischen den Sitzungen Kelley gegenüber die Kriegsvorbereitungen Nazideutschlands in den 30er-Jahren, die den Versailler Vertrag verletzten: „Natürlich haben wir aufgerüstet", sagte Göring, der wie so oft neben dem Psychiater auf seiner Pritsche saß. „Wir rüsteten Deutschland auf, bis wir von Waffen starrten. Ich bedaure nur, dass wir nicht noch mehr aufrüsteten. Natürlich betrachtete ich Verträge nur als Klopapier. Natürlich wollte ich Deutschland groß machen. Wenn dies auf friedliche Weise geschehen konnte, umso besser. Wenn nicht, dann war auch das gleichgültig. Meine Pläne gegenüber Großbritannien waren umfangreicher, als man selbst heute glaubt. Auf deren Bemerkung, ich habe mit dem Krieg gespielt, als ich die Luftwaffe aufbaute, antwortete ich den Briten, ich sei ja nicht Leiter eines Pensionats gewesen."[443]

Kelley beriet einige der Angeklagten, wie sie sich dem Einfluss von Göring entziehen konnten. Als Fritzsche den Arzt zu Görings Absichten und zum Zynismus befragte, der sich in dessen Ermahnungen verbarg, antwortete Kelley, Göring wolle als deutscher Nationalheld in die Geschichte eingehen, und dieses Ziel halte ihn davon ab, die kollektive Schuld der Angeklagten einzugestehen. „Wenn er es so will, soll er für sich sprechen", erwiderte Fritzsche, „und uns nicht in seine Heldentaten hineinziehen." Göring jedoch fühlte sich genau dazu berufen.

Kelley und Gilbert verfolgten die Gespräche zwischen den Gefangenen während der Mittagspausen und der Verhandlungen. Ab und zu fühlte Kelley sich veranlasst, die Gefangenen zu korrigieren. Bei einer dieser Gelegenheiten setzte er sich mit einigen Angeklagten über den Vergleich zwischen der angeblichen Rassenproblematik in Deutschland und den USA auseinander. Nachdem Kelley ihnen versichert hatte, dass es in den USA keine Gesetze gebe, die mit den Rassengesetzen des Deutschen Reiches vergleichbar wären, antwortete Rosenberg: „Das wird aber kommen. Warten Sie nur ab. Und wenn Sie kein Judenproblem haben, dann auf jeden Fall ein Negerproblem."[444] Streicher erwähnte einen schwarzen Anführer, der in den USA einen Aufstand anzetteln wolle, worauf Kelley antwortete, er habe davon nichts gehört. Derartige Spinner, so der Psychiater, „kommen und gehen. Vernünftige Leute kümmern sich gar nicht darum." Streicher gab zurück: „Natürlich haben auch Sie ein Rassenproblem. Es ist der Talmud." Rosenberg fügte hinzu: „Das ist biologisch." Mit diesen Worten traten die NS-Angeklagten wieder in die Anklagebank, und die Nachmittagssitzung des Tribunals begann.

Als es am Nachmittag des 29. November zum wohl dramatischsten Moment des Prozesses kam, war der ganze Gerichtssaal wie gelähmt. Die Staatsanwaltschaft zeigte Filmaufnahmen der Konzentrationslager, die während der Befreiung durch britische und US-amerikanische Truppen weniger als ein Jahr zuvor gemacht worden waren. Während der Saal abgedunkelt wurde und der Vorführer die Filmspule in Bewegung setzte, nahmen Kelley und Gilbert ihre Positionen zu beiden Seiten der Anklagebank ein; die war beleuchtet, damit Psychiater und Psychologe die Gesichter nach Spuren von Emotionen oder anderen aussagekräftigen Reaktionen absuchen konnten. Die Aufnahmen von KZ-Häftlingen, buchstäblich nichts als Haut und Knochen, von gequälten Gesichtern und gähnenden Krematorienöfen, in denen verkohlte Skelette lagen, und von Bulldozern, die Leichenberge in Massengräber schoben – Bilder, die uns heute nur allzu vertraut sind –, trafen alle Anwesenden mit voller Kraft. Vom Rang dringendes Schluchzen und leise Schreie mischten sich mit dem Summen des Projektors. Göring hustete nervös, stützte sich auf das Geländer der Anklagebank und verdeckte das Gesicht mit der rechten Hand. Heß sah verwirrt auf die Leinwand, verriet aber ansonsten keine Gefühle. Funk und Fritzsche weinten. Beobachter vermuteten, dass ihnen die Tränen aus Angst vor dem sie erwartenden Schicksal kamen. Schacht, der vor seiner Ergreifung durch die Alliierten in einem Konzentrationslager interniert gewesen war, wandte den Blick ab. Ribbentrop legte sich die Hände vor die Augen, und schaute ab und zu durch die Finger. Rosenberg rutschte unruhig hin und her und warf den Mitangeklagten verstohlene Blicke zu. Dönitz wandte den Blick immer wieder ab und sah wieder hin, nahm die Sonnenbrille ab und setzte sie wieder auf. Streicher vertiefte sich als Einziger in die Bilder.[445]

Am Ende des Films blieben die Angeklagten sitzen, „als wären sie zu Stein erstarrt", notierte ein Beobachter. „Sie standen nur zögernd auf, nachdem die Richter sich in entsetztem Schweigen zurückgezogen hatten."[446] Das Filmmaterial hatte den Vorsitzenden Richter Lawrence so erschüttert, dass er vergessen hatte, die Sitzung offiziell zu vertagen. Nur allmählich kamen die Angeklagten zur Besinnung. Heß protestierte als Erster: „Das glaube ich nicht."[447] Göring brachte ihn zum Schweigen. Schließlich führten die Wachen sie aus dem Gerichtssaal, wobei Frank Hilfe brauchte, da ihm die Kraft zum Aufstehen zu fehlen schien. Als Kelley und Gilbert die Gefangenen an jenem Abend in ihren Zellen aufsuchten, sahen sie Tränen und mussten sich Proteste anhören: Dafür seien andere verantwortlich, sie hätten von diesen Gräueltaten nichts gewusst. Eine Aussage von Frank relativierte derartige Unschuldsbezeugungen allerdings: „Lassen Sie sich von niemand erzählen, dass sie nichts gewusst hätten! Jeder ahnte, dass etwas ganz und gar nicht in Ordnung war mit diesem System, auch, wenn wir nicht alle Einzelheiten wussten. Sie wollten es nicht wissen!"[448] Streicher nannte den Film in eisigem Ton „schrecklich" und bat die Wachen, leise zu sein, damit er schlafen könne.

Die Vorführung der Aufnahmen aus den Konzentrationslagern durchkreuzte Görings Pläne für den Prozess. „Es war ein so angenehmer Nachmittag [gewesen], bis man diesen Film zeigte", sagte er. „Mein Telefongespräch über die Österreichaffäre [war vorgelesen worden] und alle [hatten] mit mir darüber [gelacht]. Und dann kam dieser grauenhafte Film und verdarb einfach alles."[449]

In solchen Augenblicken gestand Göring die Kraft des gegen ihn und seine Kollegen vorgebrachten Beweismaterials widerwillig ein. „Es wird wohl schwieriger, den Kampfgeist Ihrer Leute aufrechtzuerhalten, nicht wahr?", bemerkte Kelley während der Verhandlungspause am dritten Wochenende. Das gab Göring zu. Dann hakte Kelley nach: „Aber das Beweismaterial ist ja tatsächlich stark belastend. Das müssen Sie selbst zugeben." Göring antwortete nicht gleich. Schließlich sagte er: „Wer hätte das denn glauben sollen? Wenn jemand daherkommt und mir erzählt, dass die Einfrierexperimente an menschlichen Versuchskaninchen machen oder dass Leute gezwungen werden, ihre eigenen Gräber zu graben und tausendfach umgenietet werden, also den hätte ich doch auf der Stelle rausgeschmissen mit diesem Quatsch. [...] Es war einfach unvorstellbar. Ich habe das als Feindpropaganda abgetan."[450] Aus den im weiteren Verlauf des Prozesses vorgestellten Beweisen ging jedoch klar hervor, dass Göring von den Einzelheiten der „Endlösung der Judenfrage" gewusst hatte. Der Holocaust war mit seiner Zustimmung und Unterstützung durchgeführt worden.

Am neunten Prozesstag, dem Tag nach der Vorführung des Filmmaterials über die Konzentrationslager, widmete sich das Gericht der Frage nach der Amnesie von Heß; der ehemalige Führerstellvertreter saß allein auf der Anklagebank. Die Richter wollten wissen, ob Heß geistig in der Lage sei, auf nicht schuldig zu plädieren; der Anwalt des Gefangenen, Gunther von Rohrscheidt, legte den Antrag vor, Heß vorläufig vom Prozess zu befreien, bis er in der Lage sei, aktiv an seiner Verteidigung teilzunehmen. (Das Gericht hatte einem Aufschub des Verfahrens schon im Prozess gegen den gebrechlichen Industriemagnaten und Waffenfabrikanten Gustav Krupp von Bohlen zugestimmt, den die Staatsanwälte des Tribunals 1945 angeklagt hatten. Krupp starb 1950 ohne jemals vor Gericht gestellt worden zu sein.) Rohrscheidt räumte ein, dass Heß selbst sich für verhandlungsfähig halte. Die Richter diskutierten rechtliche Aspekte der Frage nach Heß' Prozessfähigkeit. Oberstaatsanwalt Jackson fügte hinzu, dass es Heß nicht gestattet sein dürfe, Amnesie zu seiner Verteidigung oder als Grund für die Verzögerung des Prozesses ins Spiel zu bringen, weil er sich der von Kelley empfohlenen narko-hypnotischen Therapie verweigert hatte, um sein Gedächtnis wiederherzustellen.[451] „Diese Amnesie ist wohl nicht ganz unfreiwillig", meinte Jackson, der offensichtlich der Überzeugung war, dass Heß sich seinen Erinnerungen absichtlich sperrte.[452]

Während der zweistündigen Debatte kritzelte Heß etwas auf ein Blatt Papier, flüsterte und winkte, um seinen Anwalt auf sich aufmerksam zu machen. Seine wachsende Unruhe war unverkennbar. Schließlich sah Richter Lawrence Heß an und sagte: „Das Tribunal gibt nun dem Angeklagten Heß die Möglichkeit, sich zu dem Thema zu äußern." Heß erhob sich und ging mit großen Schritten in die Mitte des Gerichtssaals, woraufhin drei Wächter aufsprangen, ihn festhielten, zur Anklagebank zurückführten und ihm ein Mikrophon reichten. Heß bat dann um die

Erlaubnis, eine Stellungnahme zu seiner psychischen Verfassung verlesen zu dürfen, die er gerade vorbereitet hatte. Er sprach mit gemessener, aber schriller Stimme, was auf unterdrückte Nervosität hinwies.[453]

> *Ab nunmehr steht mein Gedächtnis auch nach außen hin wieder zur Verfügung. Die Gründe für das Vortäuschen von Gedächtnisverlust sind taktischer Art. Tatsächlich ist lediglich meine Konzentrationsfähigkeit etwas herabgesetzt. Dadurch wird jedoch meine Fähigkeit, der Verhandlung zu folgen, mich zu verteidigen, Fragen an Zeugen zu stellen oder selbst Fragen zu beantworten, nicht beeinflusst. Ich betone, dass ich die volle Verantwortung trage für alles, was ich getan, unterschrieben oder mitunterschrieben habe. Meine grundsätzliche Einstellung, dass der Gerichtshof nicht zuständig ist, wird durch obige Erklärung nicht berührt. Ich habe bisher auch meinem Offizialverteidiger gegenüber den Gedächtnisverlust aufrechterhalten. Er hat ihn daher guten Glaubens vertreten.*[454]

Das Geständnis von Heß traf auf erstauntes Schweigen. Dann lachte Rohrscheidt überraschenderweise, und viele der Anwesenden stimmten ein.[455] Richter Lawrence vertagte die Verhandlung. Der verärgerte Rohrscheidt berichtete Journalisten, dass ihn die Aussage seines Mandanten vollkommen überrascht habe, fügte aber auch hinzu, dass das Spektakel im Gerichtssaal seine Zweifel an der Zurechnungsfähigkeit von Heß bestätigt hätte. Heß kehrte in seine Zelle zurück, wo Andrus zu ihm sagte: „Ich bin froh, dass Sie jetzt nichts mehr vortäuschen."[456] Heß antwortete, anscheinend zustimmend: „Ach, ich fühle mich befreit – es geht mir besser."[457]

Dann erzählte Heß Rohrscheidt stolz, er habe Kelley und Gilbert, die an seine Amnesie glaubten, lächerlich gemacht. Beschwingt setzte Heß seinen Bericht fort. Er konnte sich jetzt an Dinge erinnern, die er zuvor als seiner Erinnerung unzugänglich dargestellt hatte. Auf Kelleys Frage, weshalb er diese Stellungnahme vor Gericht gemacht habe, leuchtete sein Gesicht auf „wie bei einem Schauspieler am Premierenabend". Ihm schien nicht klar zu sein, dass die Affäre für seinen eigenen Anwalt ungleich unangenehmer war als für die Staatsanwaltschaft.

„War ich nicht gut?", rief Heß. „Das hatte keiner erwartet, meinen Sie nicht?" Kelley antwortete, dass nicht alle überrascht gewesen seien. „Dann habe ich Sie also nicht hereingelegt, als ich behauptete, ich hätte das Gedächtnis verloren? Ich fürchtete bereits, Sie wären darauf hineingefallen. Sie haben so viel Zeit für mich aufgewendet." Daraufhin erinnerte Kelley Heß, dass er bei Sichtung der Aufnahmen von Naziaufmärschen im November vorgegeben habe, niemanden wiederzuerkennen, nicht einmal sich selbst. „Ich dachte damals, Sie wüssten, dass ich simulierte", erinnerte Heß sich. „Die ganze Zeit über sahen Sie nur auf meine Hände. Es machte mich äußerst nervös, zu wissen, dass Sie mein Geheimnis erraten hatten." Später schrieb Kelley: „Natürlich hatte ich sein ‚Geheimnis' nicht ganz auf die Weise erraten, wie er es dachte. Ich wusste lediglich, dass er sich an mehr erinnerte, als er zugeben wollte." [458]

Der Psychiater hielt an der Überzeugung fest, dass Heß unter echter Amnesie litt, die, wie Kelley schon früher vermutet hatte, bei den Verhören in englischer Gefangenschaft eingesetzt hatte, als es noch einfacher war, Gedächtnisverlust vorzutäuschen. Kelley glaubte nach wie vor, dass mit der Zeit „große Abschnitte seines Lebens seiner Erinnerung entglitten waren. [...] Am Ende war er tatsächlich Opfer einer nicht nur selbstbestimmten, sondern wirklichen Amnesie." Die Tatsache, dass Heß im Folgenden von Erinnerungen berichtete, die er zuvor verleugnet hatte, stand jedoch im Widerspruch zu Kelleys Theorie.

Gilbert und Kelley berichteten einigen der anderen Gefangenen von Heß' Geständnis. Ribbentrop konnte es kaum glauben. „Heß? Unser Heß? Der hat das gesagt?", rief er.[459] Schirach fand die Täuschung zwar amüsant, aber eines ehrbaren und geistig gesunden Deutschen unwürdig. Göring war von Heß' Vorspiegelung zwar beeindruckt, aber vor allem beleidigt, wie alle anderen hinters Licht geführt worden zu sein.[460] Als Göring und Heß sich am nächsten Tag auf der Anklagebank wiedersahen, tauschten sie sich über die Sache aus wie Schuljungen, die dem Direktor einen Streich gespielt hatten. Jetzt konnte Heß vor dem ehemaligen Oberbefehlshaber der Luftwaffe endlich mit dem gefährlichen geheimen Flug nach Großbritannien angeben. Doch „als sich Göring im Gerichtssaal umblickte und bemerkte, dass Heß jetzt im Mittelpunkt stand, hörte er allmählich auf, den Streich mit dem simulierten Gedächtnisschwund lustig zu finden. Heß fand es wundervoll“, notierte Gilbert.[461]

Manche Beobachter mochten die Aussage von Heß als Erniedrigung Kelleys betrachtet haben, der an eine ernste psychische Erkrankung geglaubt hatte, die sich dann als Theater erwiesen hatte. Der Psychiater aber versicherte, wenn man ihn danach befragte, von Heß' Worten nicht überrascht gewesen zu sein. Die Stellungnahme vor Gericht, so Kelley gegenüber einigen Journalisten, passe zum hysterischen Charakter des Gefangenen. Kelley wiederholte, dass er glaube, ein Teil von Heß' Gedächtnisverlust sei echt und ein Teil vorsätzlich: „In jedem Fall hat er die Amnesie zu seinem Schutz eingesetzt.“[462] Später gab Heß Gilbert und anderen gegenüber zu, dass die Aussage falsch gewesen sei und seine Amnesie zumindest teilweise echt war. Heß' Geisteszustand verschlechterte sich im Laufe des Prozesses weiter, sodass er bei seiner Verteidigung nicht in den Zeugenstand gerufen werden konnte, weil er „zu verrückt war, um auszusagen“, wie Kelley es später ausdrückte.[463]

Insgeheim machte Kelley Gilbert für die unerwartete Aussage von Heß verantwortlich. Direkt vor besagter Gerichtssitzung hatte Gilbert dem Gefangenen mitgeteilt, das Tribunal könne ihn für geistesgestört erklären und ihn vom Verfahren ausschließen. Das aber wollte Heß unbedingt vermeiden, „weil er befürchtete, man könne seinen Ausschluss vom Prozess auf eine geistige Minderwertigkeit zurückführen. Er wollte mit seinen Kameraden zusammen angeklagt werden“, schrieb Kelley. „Auch diese Reaktion unterstreicht seinen hysterischen Charakter und sein Verlangen, im Mittelpunkt zu stehen, koste es, was es wolle, anstatt durch ein Fortführen der Vortäuschung davonzukommen.“[464]

Trotz der dramatischen Ereignisse um die Stellungnahme von Heß, einigten die Richter sich schnell darauf, dass der Gedächtnisverlust simuliert sei, dass weitere medizinische Untersuchungen unnötig seien. Kelley war mit dieser Entscheidung einverstanden. Im Abschlussgutachten über den angeklagten Nationalsozialisten, das Kelley Mitte Dezember fertigstellte, schrieb er: „Dieser Mann ist bei klarem Verstand und zeigt keine psychopathologischen Symptome. Er ist prozessfähig.“[465]

Als die Angeklagten immer aufsässiger wurden und Göring zu sehr dominierte, wies Andrus Gilbert an, sie in Gruppen aufzuteilen, in denen sie von nun an ihr Mittagessen zu sich zu nehmen hätten. Die Neuordnung sollte Görings Einfluss schwächen und anderen Gefangenen, die seinen Argumenten etwas zu erwidern hatten, die Chance dazu geben. Von nun an musste Göring allein zu Mittag essen, was ihn sehr wütend machte.[466] „Er war aufgebracht und machte mir klar, dass ich ‚ein Niemand‘ sei“, erinnerte sich Gilbert, „wohingegen er und die anderen Männer Persönlichkeiten seien, die ‚in die Geschichte eingehen würden‘.“[467] Aber es hatten auch weitere Faktoren Einfluss auf Gilberts Neugruppierung. So weisen die Historiker Ann und John Tusa darauf hin, dass „Heß und Ribbentrop zusammengesetzt wurden, weil Gilbert glaubte, dass sie sich wenig zu sagen hätten und sie das neutralisieren würde“.[468] Die neue Sitzordnung bewirkte sofort, dass Angeklagte wie Schacht und Speer nun die nationalsozialistische Politik offen kritisierten und Hitler anstelle der Alliierten die Schuld an der Niederlage Deutschlands gaben. Je mehr sich der Prozess dem 218. Tag näherte, desto mehr NS-Angeklagte entzogen sich Görings Einfluss und distanzierten sich von ihm. So lange konnte nicht einmal der einstige Reichsmarschall seine Kollegen auf Kurs halten und die Öffentlichkeit in seinen Bann schlagen. „Gott im Himmel!“, fluchte er an schlechten Tagen, und immer wieder beschimpfte er Belastungszeugen zischelnd als „Schweinehund“ und „Verräterschwein“.[469]

Schon in den ersten Verhandlungswochen, als ihnen noch die neun Monate mit Beweisführungen bevorstanden, lastete das während des Prozesses an die Oberfläche tretende Material auf den Angeklagten. Kelley gegenüber gab Keitel zu, dass ihn die vom Militär begangenen Gräueltaten, von denen er erfahren hatte, tief beschämten und er jeden Tag bereute, den er abgeschnitten im Führerhauptquartier dem Schlachtfeld ferngeblieben war. Nach einem ihrer Besuche, als Kelley und Gilbert die Zelle gerade verlassen wollten, stand der ehemalige Chef des Oberkommandos der Wehrmacht vor ihnen stramm und flehte sie an: „Bitte sprechen Sie doch gelegentlich mit mir, solange ich noch kein verurteilter Verbrecher bin. Verachten Sie mich nicht. Kommen Sie ab und zu vorbei. Es hilft mir sehr, diese Tortur zu überstehen, wenn ich gelegentlich mit jemandem reden kann."[470] Gilbert fand die Bitte so erschreckend erniedrigend für Keitel, „dass ich für Kelley erst dolmetschte, nachdem wir die Zelle verlassen hatten".

Gegen Ende Dezember gab Kelley bekannt, Nürnberg verlassen und in die USA zurückkehren zu wollen. Der Psychiater hatte genug von den Geständnissen verängstigter Männer in Einzelhaft, genug von den Gerichtsdramen. Kelley hatte Dukie seit 1942 nicht gesehen. Er wollte nach Hause. Der Briefwechsel der beiden in den letzten Monaten des Jahres 1945 zeigt, dass das Paar sich innerlich schon auf Kelleys Rückkehr in die Staaten vorbereitete. Außerdem konnte Kelley es kaum erwarten, sein Zivilleben wiederaufzunehmen und mit der Arbeit an einem Buch über die Psyche der führenden Nationalsozialisten anzufangen, das er zusammen mit Gilbert plante. Seine Schlussfolgerungen standen noch nicht fest, aber er wusste, dass er genug Material für ein Buch gesammelt hatte. Die Gesprächsnotizen, die Rorschach- und IQ-Testergebnisse füllten viele Ordner. Kelleys persönliches Interesse an dem Aufenthalt in Nürnberg war nie der Prozess gewesen. Die Psyche Görings und seiner nationalsozialistischen Kameraden interessierte ihn viel mehr als ihr Schicksal vor Gericht. Der Psychiater hatte zu keinem Zeitpunkt an der Schuld der Nationalsozialisten gezweifelt. Kelley aber wollte wissen, wie ihr Innerstes funktionierte und was sie zu diesen abscheulichen Taten bewegt hatte. Er wollte etwas finden, das die 22 Angeklagten miteinander verband. Er ahnte, wie das Gerichtsurteil über die meisten der Angeklagten ausfallen würde, doch um ihren psychischen Zustand zu analysieren, musste er Nürnberg jetzt verlassen.

Kelley hatte seinen Auftrag erfüllt und trat immer mehr Aufgaben ab. Nach dem ersten Prozessmonat hatte er den Gefangenen einen „guten Geisteszustand" attestiert. „Das sind nicht mehr die großspurigen, beinahe fröhlichen Männer, die damals festgenommen wurden", sagte er einem Reporter. Vor dem Prozess hatten manche noch über die Möglichkeit gelacht, sie könnten am Galgen enden, aber jetzt hatte sich bei den meisten von ihnen panische Angst vor einer bevorstehenden Exekution breitgemacht.[471]

Während seiner letzten Tage im Gefängnis besuchte Kelley die Gefangenen zu einem letzten Gespräch und bot ihnen seine Einschätzung ihrer Lage und Zukunft an. Heß gab zu, dass ihn nach wie vor die Angst quäle, sein Essen würde vergiftet. Manchmal, sagte Heß, habe er versucht, die Wahnvorstellung zu überwinden, indem er die zweifelhafte Speise aß, woraufhin er aber oft Magenkrämpfe und Schwindelanfälle erlitt. „Er wollte wissen, ob es möglich ist, dass derartige Vorstellungen einen Mann von gesundem Verstand heimsuchen, oder ob sie ein Zeichen von einsetzendem Wahnsinn sind", schrieb Kelley.[472] Die Antwort des Psychiaters ist nicht bekannt, aber zu diesem Zeitpunkt konnte Kelley schon nicht mehr helfen. Heß war der einzige der Angeklagten, der Kelley nicht für seine Arbeit in den letzten Monaten dankte.

Eine Dankesbezeigung kam von besonders unerwarteter Seite: Am 26. Dezember schrieb Rosenberg einen langen Brief, der ungewöhnlich warmherzig anfing. Das Schreiben war an den „Generalstabsarzt Major Kelley" adressiert und begann mit folgenden Worten: „Sowohl ich als auch die mit mir gefangenen Kameraden bedauern Ihre Abreise aus Nürnberg sehr. Ich möchte Ihnen für Ihre Menschlichkeit danken und dafür, dass Sie versucht haben, unsere Beweggründe zu verstehen." Dann fuhr er fort: „Ich möchte hiermit auch meine Überzeugung zum Ausdruck bringen, dass es nicht so weit hätte kommen müssen, wenn die Politik die Gesetze der Natur beachtet hätte." Damit war Rosenberg wieder in seinem Element. Es folgten fünf weitschweifige Absätze: gegen das Judentum, für mehr „Respekt" gegenüber der natürlichen Herrschaft bestimmter Rassen über andere, sowie über die unvermeidbare jüdische oder negroide Katastrophe in den Vereinigten Staaten, sofern die US-Amerikaner nicht bald Maßnahmen zum Schutz der „weißen Rasse" ergreifen würden. Erst im letzten Satz des Briefes kehrte er zu dem persönlichen Ton zurück, mit dem er eingesetzt hatte: „Ich wünsche Ihnen für Ihr weiteres Leben alles Gute." Er unterzeichnete: „Mit besten Wünschen und abermaligem Dank, Alfred Rosenberg."[473]

Bei einem der letzten Treffen zwischen Kelley und Göring ging es nicht mehr um Politik und den Prozess. Stattdessen berichtete Göring von einem Gespräch, das er kurz zuvor mit Heß geführt habe, in dem dieser sich über das Geräusch der Generatoren unter ihren Zellen beschwerte.[474] Heß glaubte, man würde sie absichtlich diesem Lärm aussetzen, um ihren Schlaf zu stören und sie auf diese Weise für den Prozess zu schwächen. Obwohl Göring darüber gelacht hatte, wollte er Kelley doch davon in Kenntnis setzen.

Als Göring von Kelleys bevorstehender Abreise erfuhr, brach er in Tränen aus.[475]

\

Der Prozess und die Zeit davor wurden für Kelley zum einzigartigen Laboratorium, in dem er Aggression und Gruppendynamik, Verbrechensmotive, Abwehrmechanismen von Schuldigen, Depression und die Reaktion eigenwilliger Persönlichkeiten auf die Gerichtsverhandlung hatte untersuchen können. Kelley hatte die Gefangenen während des Prozesses begleitet und miterlebt, wie die Gefühle aus ihnen in verstörender Weise hervorbrachen. Er hatte beobachtet, wie die Siegermächte Rache nahmen und sich in gewisser Weise von ihrer eigenen Schuld an Kriegsverbrechen, die auch sie begangen hatten, reinwuschen, indem sie eine große Menge eindeutigen Beweismaterials gegen die Nationalsozialisten vor Gericht zusammentrugen. Die Angeklagten sollten die Verantwortung für den Krieg und die damit verbundenen Schreckenstaten übernehmen, vielleicht auch, damit andere sich weniger verantwortlich fühlen konnten. Das mörderische Chaos und der glühende Hass auf dem Schlachtfeld verwandelten sich im Gerichtssaal in ein berechnetes Strategiespiel, an dessen Ende ein befriedigendes Urteil winkte. Kelley arbeitete im Auftrag einer Nation, die für den Kampf gegen eine Ideologie, deren Ziel die Weltherrschaft war, die Leitung des Tribunals übernommen hatte – und die fortan selbst große Teile der Welt dominieren sollte.

Am 8. Januar 1946 kam Leon Goldensohn, ein 43-jähriger Arzt aus Newark, in Nürnberg an und löste Kelley als Gefängnispsychiater ab.[476] Der neue Mann überraschte die Gefangenen und das Gefängnispersonal mit seiner sympathischen, zurückhaltenden Art und seiner Bereitschaft, den Gefangenen lange aufmerksam zuzuhören, wobei er ihre Aussagen nie in Frage stellte und allgemein nur wenig sagte.

\

Ende Januar 1946 kehrte Douglas Kelley zu seiner Frau Dukie in Chattanooga zurück. Er hatte kistenweise Aufzeichnungen, Gesprächs- und sonstige Notizen über seine Zeit mit den NS-Gefangenen im Gepäck. Als Gilbert klar wurde, wie viel Material Kelley mitgenommen hatte – darunter auch die handschriftlichen autobiographischen Abrisse, die zu schreiben der Psychiater die Angeklagten gebeten hatte, sowie Kopien von Gilberts Gesprächsnotizen – war der Psychologe rasend vor Wut. Als er dann auch noch erfuhr, dass Kelley ihm keine Adresse hinterlassen hatte, geriet er endgültig außer sich. Einige Monate später erhielt Gilbert einen Brief von Kelley, in dem dieser ihn von seiner Entscheidung in Kenntnis setzte, das Buch über Nürnberg allein zu schreiben. Dem Kollegen war das unbegreiflich, aber Kelleys Sicht der Dinge war vermutlich, dass die Ergebnisse ihrer Untersuchungen dem Ranghöheren zustanden – also ihm. Gilbert war in Nürnberg noch mit der Betreuung der Gefangenen beschäftigt, Kelley hatte also einen Vorsprung bei der Erstellung der psychologischen Profile der Nationalsozialisten und bei der Auswertung etwaiger gemeinsamer Charakterzüge. Kelley war dem Kollegen um Monate voraus.

Kelley versprach seiner Frau nach den ersten fünf Ehejahren, während derer aus dem Major ein Lieutenant Colonel geworden war und die beiden einander kaum gesehen hatten, zweite Flitterwochen. Bei den Interviews, die folgten, wurde Kelley schnell klar, dass sich die Presse sehr für seine Berichte über die Nürnberger NS-Verbrecher interessierte. Und er gab ihnen, was sie wollten: Er sagte, er habe in den vergangenen Monaten „richtiggehend mit Heß zusammengelebt", und erklärte seinen anhaltenden Unmut über dessen Weigerung, sich einer Narkohypnose zu unterziehen. Als es dann um Göring ging, sprach er ausführlich über die Drogenabhängigkeit des einstigen Reichsmarschalls – hier wiederholte er, was er noch viele Jahre lang wiederholen sollte, dass Göring Paracodintabletten knabberte „wie andere Erdnüsse. Er warf sie beim Lesen oder während des Gesprächs so nebenbei ein“ – und beschrieb auch die Mitarbeit des NS-Funktionärs, die zum Ende der Drogenabhängigkeit in der Obhut des Psychiaters geführt hatte. „Ohne Hitler sind diese Leute weder abnormal und pervers noch genial“, sagte Kelley. „Sie waren wie jeder andere aggressive, gerissene, ehrgeizige und rücksichtslose Geschäftsmann – nur dass ihr Geschäft der Aufbau einer Weltmacht war.“[477]

Der Prozess ging nun ohne Kelley weiter. Obwohl sein Einfluss auf die Mitangeklagten schwand, hielt Göring an dem Vorhaben fest, das Dritte Reich im Verlauf des Prozesses energisch zu verteidigen, um sein Ansehen beim deutschen Volk zu wahren. Im März 1946 wurde er in seinem eigenen Fall in den Zeugenstand gerufen und es kam zu dem legendären Zweikampf mit Staatsanwalt Jackson. Zunächst konnte er auf die Beweise, die zeigten, dass Göring von den Konzentrationslagern gewusst hatte, nichts erwidern, und der Angeklagte Schacht bemerkte zu Gilbert: „Jetzt kriegt der Dicke eine Abreibung.“ Doch bald wendete sich das Blatt. Görings Auftreten wechselte von defensiv zu aggressiv, und es gelang ihm, den Zeugenstand in eine Kanzel zu verwandeln, von der aus er sich in ausgedehnten Rechtfertigungen seiner Rolle innerhalb des NS-Regimes ergoss. „Das einzige Motiv, das mich leitete, war heiße Liebe zu meinem Volk, sein Glück, seine Freiheit und sein Leben. Dafür rufe ich den Allmächtigen und mein deutsches Volk zum Zeugen an“, verkündete er. „Er sprach vor dem Nürnberger Tribunal, aber es hätte auch ein Nürnberger Parteitag sein können“, schrieb Airey Neave.[478]

In dem folgenden zwölfstündigen, sich über zwei Tage erstreckenden Wortschwall, zeichnete Göring ein strahlendes Porträt Nazideutschlands und seiner Rolle in dessen Regierung. Seine Leidenschaft und Sachkenntnis erstaunten viele der Anwesenden. Es war unter anderem Kelleys medizinischer Versorgung und der Aufmerksamkeit, die er Göring entgegengebracht hatte, zu verdanken, dass der alte Göring wieder da war; der Göring, der vor vielen Jahren eine blitzschnelle Luftwaffe aufgebaut hatte, das Vertrauen des argwöhnischen Führers gewonnen und in der NSDAP für Ordnung gesorgt hatte. Ohne Hitler, der ihm auf die

Finger klopfte, war er selbstsicherer denn je. Göring sprach angeregt, lächelte viel, schien das Ganze sichtlich zu genießen und hatte die ihm eigene Anziehungskraft wiedergewonnen. „Irgendwie erinnert er mich an einen Löwen in Gefangenschaft", notierte der US-amerikanische Staatsanwalt Thomas J. Dodd.[479] Die Presseberichterstattung ließ zögernde Bewunderung für Görings strategisches Vorgehen durchschimmern. „Die anderen Angeklagten lauschten gebannt", schrieb Neave. „Manche von ihnen, darunter insbesondere Rudolf Heß, der jetzt Görings unzertrennlicher Kamerad auf der Anklagebank war, waren sichtlich mitgerissen. Vor meinem inneren Auge sah ich sie schon aufstehen, salutieren und ‚Sieg Heil!' brüllen. In diesem Augenblick wurde mir klar, weshalb er in den Anfangsjahren des NS-Regimes so einflussreich gewesen war."[480] Görings fesselnde Rede markierte den Höhepunkt in der Verteidigung der Rechtmäßigkeit des NS-Regimes.

Robert Jackson hatte nun die wenig beneidenswerte Aufgabe, diesen Meister der Manipulation, der so überraschend Oberwasser gewonnen hatte, ins Kreuzverhör zu nehmen. Aber Göring war vorbereitet. Er wusste, welche Fragen Jackson stellen würde, half sogar weiter, wenn der Staatsanwalt in seinen Papieren den Überblick verlor, und korrigierte mit selbstgefälliger Miene. Er beantwortete Jacksons Fragen wegwerfend mit ausschweifenden Reden, wobei ihn der Vorsitzende Richter Lawrence nicht unterbrach. Einige Anwesende glauben beobachtet zu haben, dass Görings unverhohlene Verachtung und die Weigerung des Gerichts, seine Tiraden zu unterbinden, Jackson den Tränen nahebrachte.[481] „Als der ehemalige Reichsmarschall nach seinem letzten Auftritt mit Mr Jackson den Zeugenstand verließ und zur Anklagebank schritt, beglückwünschten ihn die anderen Nazis wie einen Gladiator, der gerade einen Kampf für sich entschieden hatte", kommentierte Janet Flanner vom *New Yorker*.[482]

Es dauerte Wochen, bis die Staatsanwaltschaft den Schaden behoben hatte und wieder ein anderes Licht auf Görings zwischenzeitlich strahlende Gestalt schien. Der Wendepunkt kam, als Göring ein skandalöses Kriegsverbrechen nachgewiesen wurde: Aus dem von der Staatsanwaltschaft vorgelegten

Beweismaterial ging hervor, dass der Reichsmarschall 1944 die Exekution von 50 gefangenen britischen Offizieren zugelassen hatte. Göring stritt jegliche Beteiligung daran ab, verlor aber im Zeugenstand die Beherrschung und behauptete im Widerspruch zu einem Großteil des gesammelten Beweismaterials, von der sogenannten „Endlösung der Judenfrage" nichts gewusst zu haben, und er sorgte für großes Erstaunen, als er auch Hitler Unkenntnis attestierte.[483] Das hielt nun niemand für möglich, und Görings Glaubwürdigkeit sank dramatisch.

Von nun an waren die NS-Angeklagten in der Defensive. Doch Göring blieb teuflisch aufsässig. Gilbert bezeichnete seine Reaktion als „zunehmend offene, verbale Aggression".[484] Ein Beispiel war sein Verhalten Mitte Juni: Als Richter Francis Biddle die Richterbank verließ, um zur Toilette zu gehen, drehte Göring sich auf der Anklagebank um und flüsterte einem der anderen Angeklagten eine abfällige Bemerkung zu.[485] Ein Wächter packte ihn bei den Schultern, woraufhin der hochrangige Angeklagte mehrfach demonstrativ über den vorgeblich verschmutzten Stoff wischte. Der Zerfall der Gruppe schien Göring gegen alles und jeden aufgebracht zu haben. „In dieser Phase war es wirklich äußerst interessant, sich mit anderen Offizieren auszutauschen, die mit Göring Kontakt hatten", schrieb Gilbert. „Er machte den Psychologen vor dem Psychiater schlecht, den katholischen vor dem protestantischen Pfarrer, beide Geistlichen gegenüber dem Psychologen und dem Psychiater und biederte sich gleichzeitig bei allen an."

Göring wandte sich von den meisten Mitangeklagten ab. Er war so frustriert und stand unter so großem Druck, dass er „zwar nicht mehr um Drogen bitten konnte, wir aber doch alle spürten, dass er für eine Prise Kokain oder eine großzügige Dosis Paracodin seinen rechten Arm gegeben hätte", wie Gilbert beobachtete.[486] Am Ende wurde Göring von Bergen an Beweismaterial erdrückt, dem nicht einmal jemand mit seinem Talent zur Theatralik etwas entgegenzusetzen hatte. Auch die Tatsache, dass Presse und Öffentlichkeit in gleichem Maße des Tribunals überdrüssig geworden waren, war schlecht für ihn. Göring bot „einfach nichts Neues mehr; aber er hielt bis zum bitteren Ende durch, das muss man ihm lassen, wenn auch oft mit dem Gesicht in den

Händen oder dem Kinn auf der Brust, versunken in Gedanken oder eine tiefe Depression", schreiben seine Biographen Roger Manvell und Heinrich Fraenkel.[487]

In der Zwischenzeit hatte Jackson seine Eloquenz im Gerichtssaal wiedergefunden und beendete die Anklage mit einer Rede, die viele Beobachter als meisterhaft bezeichneten. Zur Behauptung der Unschuld seitens der Angeklagten fügte er hinzu:

> *Vor diesem Hintergrund bitten die Angeklagten dieses Tribunal nun also, sie der Planung, Durchführung oder Verschwörung zu einem der vielen Verbrechen, deren sie angeklagt sind, für nicht schuldig zu erklären. Sie stehen vor den Beweisen wie der blutüberströmte Gloucester vor der Leiche seines erschlagenen Königs. Er bat die Witwe, wie die Angeklagten hier das Tribunal bitten:*
>
> *„Sag, dass ich sie nicht erschlagen habe." Worauf die Königin erwidert: „Dann sage, dass sie nicht erschlagen wurden. Aber tot sind sie."*
>
> *Wenn diese Männer unschuldig sind, dann hat es wohl auch keinen Krieg gegeben, es sind keine Toten zu betrauern und es haben keine Verbrechen stattgefunden.*[488]

Am 21. Juni 1946 zogen die Richter sich zur Urteilsfindung zurück. Es vergingen zwei weitere Monate, dann hatten die Gefangenen Gelegenheit zu einem Schlusswort. Göring stellte in seiner Rede mehrere unglaubliche Behauptungen auf: „Ich möchte es aber noch einmal vor dem Hohen Gericht klar aussprechen: Ich habe niemals, an keinem Menschen und zu keinem Zeitpunkt einen Mord befohlen und ebenso wenig sonstige Grausamkeiten angeordnet oder geduldet, wo ich die Macht und das Wissen gehabt hatte, solches zu verhindern."[489] Das Schlusswort von Heß war auffallend unzusammenhängend. Er warf der Staatsanwaltschaft die Fälschung von Beweisen und die Verwendung falscher Zeugenaussagen vor. Die Nationalsozialisten seien in einem „anomalen Geisteszustand" gewesen und hätten Deutschland deshalb so geführt, wie sie es taten. Während Heß weiter zusammenhanglos redete, versuchte Göring, ihn zum Schweigen zu bringen. Nachdem Richter Lawrence ihn darauf hingewiesen hatte, dass seine Zeit abgelaufen sei, schloss er mit den Worten: „Ich bereue nichts. [...] Gleichgültig, was Menschen tun, dereinst stehe ich vor dem Richterstuhl des Ewigen. Ihm werde ich mich verantworten, und ich weiß, er spricht mich frei."[490]

Eines tröstete Göring: Die Nachricht, dass seine Frau und Tochter wieder auf freiem Fuße waren. Im März 1946 hatten Emmy und Edda Göring das Gefangenenlager Straubing verlassen und sich in einem Jagdschloss etwa 45 Kilometer nordöstlich von Nürnberg eingemietet. Ihr neues Heim, in dem sie die nächsten zwei Jahre verbringen sollten, lag so weit von einer Schule entfernt, dass Frau Göring die siebenjährige Edda zu Hause unterrichtete.[491] Emmy Göring wandte sich bald in einem Schreiben an das Internationale Militärtribunal:

> *Hiermit wende ich mich mit einer großen Bitte an das Militärtribunal. Wäre es möglich, dass ich meinen Mann für wenige Minuten sehe? Ich habe ihn seit über einem Jahr nicht gesehen und sehne mich so sehr nach ihm, dass ich mir nicht anders zu helfen weiß. Um ohne meinen Mann weitermachen zu können, brauche ich Kraft. Einige wenige Minuten lang seine Hand halten zu können, würde mir unsäglich helfen. Ich bitte Sie von ganzem Herzen, mir diese Bitte nicht abzuschlagen.*[492]

Die Gerichtsverwaltung hatte nichts gegen den Besuch einzuwenden, aber angesichts des noch laufenden Prozesses und der hohen Sicherheitsstandards im Gefängnis lehnte Andrus ab. „Ihr Besuch hätte nicht den Vorschriften entsprochen", schrieb er. Die Entscheidung des Kommandanten entsprach Görings Wünschen. Er hatte immer abgelehnt, dass seine Frau oder andere Verwandte nach Nürnberg kamen oder für ihn vor dem Tribunal aussagten.[493]

Nach dem Ende des Tribunals erlaubte Andrus den Familienmitgliedern der Gefangenen, diese vor der Urteilsverkündung zu besuchen. Heß lehnte Besuche weiterhin ab, aber Göring änderte seine Meinung. „Was ich auch von Göring halten mochte – zu jener Zeit fiel es mir tatsächlich schwer, mich nicht durch das

Pathos um die Trennung von seiner Familie beeinflussen zu lassen", gab Andrus zu.[494] Emmy Göring und Tochter Edda kamen am 14. September nach Nürnberg, wo sie zwei Wochen bei Görings Anwalt einquartiert waren. Eifrige Fotografen lichteten sie in den Straßen der Stadt ab. Frau Göring besuchte ihren Mann täglich außer sonntags und nahm nach den ersten Besuchen auch Edda mit. „Du darfst auf keinen Fall weinen", schärfte die Mutter ihrer Tochter ein.[495] Göring war von seiner Familie durch ein Gitter getrennt. Frau Görings Bitte, ihren Mann küssen oder wenigstens seine Hand halten zu dürfen, wurde abgelehnt. Jede Berührung „war eine Gelegenheit, ein Selbstmordinstrument zu übergeben", schrieb Andrus.[496] Als er Edda sah, verlor Göring, von Sicherheitsleuten flankiert, die Fassung und brach in Tränen aus. „Du bist groß geworden", brachte er schließlich hervor.[497] Dann sagte Edda Gedichte auf, die ihr die Mutter beigebracht hatte.

Die Angehörigen der Angeklagten mussten Nürnberg am 29. September 1946 verlassen. Wenige Tage später, nachdem das Gericht das Ende des 218-tägigen Prozesses bekanntgegeben hatte, kehrten die Richter zur Urteilsverkündung in den Gerichtssaal zurück. Auf dem Dach des Justizpalastes standen Scharfschützen, während im Inneren des Gebäudes 18 der Angeklagten schuldig, Fritzsche, Papen und Schacht freigesprochen wurden. Sieben der verurteilten NS-Funktionäre – Heß, Funk, Dönitz, Raeder, Schirach, Speer und Neurath – wurden zu Gefängnisstrafen zwischen zehn Jahren und lebenslänglich verurteilt, die anderen – darunter Martin Bormann in Abwesenheit – wurden zum Tode verurteilt. Gehenkt werden sollten Göring, Rosenberg, Streicher, Ribbentrop, Jodl, Keitel, Kaltenbrunner, Frank, Frick, Seyß-Inquart und Sauckel. Frau Göring konnte Tochter Edda das gegen ihren Vater verhängte Todesurteil nicht verschweigen, fügte aber hinzu: „Das Urteil wird wahrscheinlich nicht vollstreckt werden. Er kommt vielleicht auf eine Insel in die Verbannung."[498] Wie Napoleon. Für die Exekution legte man den 16. Oktober fest.

Indem sie Heß mit einer lebenslänglichen Haftstrafe belegten, erkannten die Richter die lange Geschichte einer geistigen Verwirrung des Angeklagten an. Obwohl Heß abstritt, tatsächlich unter Amnesie zu leiden, erlitt er angesichts der vielen Beweise für Hitlers brutale Politik und die Verbrechen seiner Mitangeklagten abermals einen Gedächtnisverlust. Kelley befürwortete das vergleichsweise milde Urteil gegen Heß. Der Nationalsozialist sei hysterisch, paranoid, emotional unterentwickelt und geistig verwirrt, da er das Dritte Reich heroisierte. „Über geisteskranke Menschen ein Todesurteil zu verhängen, gehört nicht zu den Grundsätzen des zivilisierten, demokratischen Rechtes", schreibt er. „Aus diesem Grunde fällte das Gericht ein Urteil, das ihn lebenslänglich hinter Schloss und Riegel setzte."[499] Weiterhin sagte Kelley voraus: „Später, wenn er sich darüber klar geworden sein wird, dass man ihn nicht hinrichtet, wird er vielleicht ruhiger werden und scheinbar gesunden. Eine derartige Reaktion kann aber nur oberflächlich sein; Heß wird in der Zukunft stets am Rande des Wahnsinns leben."[500]

In der Öffentlichkeit gab Kelley an, mit den meisten Urteilen zufrieden zu sein. Nur Papens Freispruch sei angesichts seiner Taten ungerechtfertigt. „Ein hübscher, langer Gefängnisaufenthalt hätte ihm gutgetan." Den drei Freigesprochenen prophezeite er nichts Gutes: „Sie haben keine Chance. Die Deutschen werden schon dafür sorgen, dass sie ihre gerechte Strafe bekommen nicht für ihre Sünden, sondern weil sie den Krieg verloren haben. Die Drei sind ausgezeichnete Redner und für diesmal haben sie ihren Hals aus der Schlinge geredet. Aber aus allem werden sie sich nicht herausreden können."[501] Zum Teil bewahrheitete sich das: Hans Fritzsche wurde später von einem deutschen Gericht nationalsozialistischer Verbrechen für schuldig befunden und starb bald darauf an Krebs; Papen wurde im Rahmen der Entnazifizierung vor Gericht gestellt und schuldig gesprochen, gewann aber das Berufungsverfahren. Hjalmar Schacht jedoch wurde nie wieder vor einen Richter geführt und war bis zu seinem Tod 1970 aktiv im deutschen Bankengeschäft.

Göring bat den alliierten Kontrollrat, statt des für ihn demütigenden Todes durch den Strang vor ein Erschießungskommando geführt zu werden. Gilbert überbrachte die Nachricht, dass seine Bitte abgelehnt worden sei. Die Alliierten beabsichtigten, ihn auf entwürdigende Weise hinzurichten. Gilbert gegenüber gab Göring zu, dass seine 16-monatigen Anstrengungen, das

Bild einer glorreichen NS-Ära und die Bewunderung der Deutschen für ihn aufrechtzuerhalten, gescheitert seien. „Wegen einer Hitlerlegende müssen Sie sich jetzt keine Sorgen mehr machen", sagte er. „Wenn das deutsche Volk erfährt, was in diesem Prozess zutage gekommen ist, wird es nicht mehr nötig sein, ihn abzuurteilen. Er hat sich selbst verurteilt."[502] Gilbert warnte die zuständigen Alliierten vor einem möglichen Selbstmord von Göring. Tod durch den Strang war etwas für gewöhnliche Kriminelle, deshalb griff Göring auf seinen Notfallplan zurück.

Überraschenderweise bat er Pfarrer Gerecke am Abend vor der geplanten Hinrichtung, das Abendmahl von ihm empfangen zu dürfen. Als Gerecke von Göring erfuhr, dass dieser zwar an Gott, nicht aber an Jesus als seinen Sohn und an die Heilige Bibel glaube, lehnte er ab.[503] Wenige Stunden später setzte Göring sich an den Tisch in seiner Zelle, schrieb etwas auf ein Blatt Papier und faltete es zusammen. Dann ging er zu der Toilette in der von außen nicht einsehbaren Nische. Einige Minuten später schleppte er sich zu seinem Bett und legte sich still hin, wobei er darauf achtete, dass seine Hände für den Wächter gut sichtbar waren, wie die Gefängnisordnung es vorsah.

Aber Göring hatte keine Verwendung mehr für seine Hände. In seinem Mund befand sich schon die gläserne Ampulle, die er gerade seinem Körper oder einem Versteck in der Toilette entnommen haben musste. Er blickte noch kurz zu dem ihn beobachtenden Wächter, dann presste er die Kiefer aufeinander. Aus der zerbrochenen Kapsel rann das Zyankali den Rachen hinunter. Göring rang nach Luft, röchelte und krümmte sich. Der Wächter rief um Hilfe und schloss die Zellentür eilig auf, aber da war der einstige Reichsmarschall wohl schon tot. Andrus war unter den Ersten, die die Zelle erreichten, in der er Göring erblickte: Die Augen geschlossen, der Mund halboffen, die Haut grün angelaufen.[504]

Die Nachricht, die Göring nur Augenblicke vor seinem Tod verfasst hatte, war an Andrus gerichtet. Mit ihr verpasste Göring einerseits dem Colonel einen Seitenhieb und befreite andererseits die Andrus Unterstellten von jeder Verantwortung, das Gift nicht gefunden zu haben.

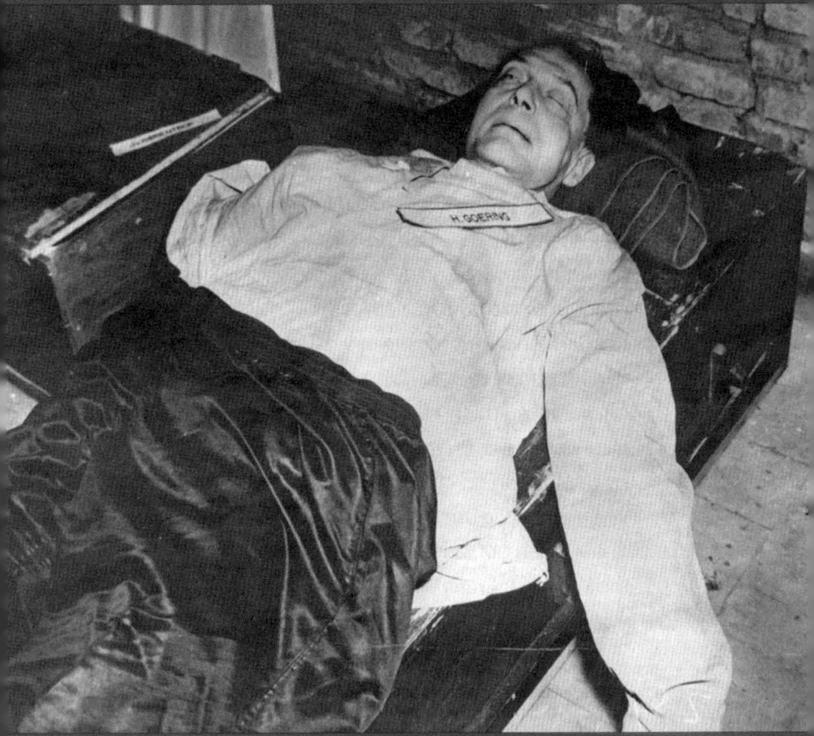

Für Kelley war Görings Selbstmord ein bewundernswerter
Akt der Renitenz gegenüber der Gefängnisverwaltung.

An den Kommandanten:
Ich habe die Giftkapsel seit Beginn meiner Gefangenschaft bei mir gehabt. Als man mich nach Mondorf brachte, hatte ich drei davon bei mir. Eine trug ich in meiner Kleidung, damit man sie bei einer Durchsuchung fände. Eine weitere legte ich beim Entkleiden unter den Schrank und nahm sie wieder an mich, wenn ich mich ankleidete. Ich versteckte sie in Mondorf und hier in dieser Zelle so gut, dass sie trotz häufiger und gründlicher Durchsuchungen nicht gefunden werden konnte. Während der Gerichtsverhandlungen versteckte ich sie an meinem Körper oder in meinen Schaftstiefeln. Die dritte befindet sich noch immer in meinem kleinen Koffer in einer runden Cremedose, versteckt in der Creme. Wenn ich sie gebraucht hätte, hätte ich sie in Mondorf zweimal an mich nehmen können. Keiner derjenigen, der die Durchsuchungen durchführte, kann dafür verantwortlich gemacht werden, denn es war praktisch unmöglich, die Kapsel zu finden. Man hätte nur durch puren Zufall darauf stoßen können.

Wie Dr. Gilbert mir mitteilte, ist meine Bitte um die Hinrichtungsmethode des Kopfschusses vom Kontrollrat abgelehnt worden.[505]

Jahrzehntelang gab es keine Hinweise darauf, wie Göring an das Gift gekommen sein konnte, bis Telford Taylor, der Robert Jackson zunächst assistiert hatte und ihn bei weiteren Prozessen in Nürnberg als Hauptankläger der Staatsanwaltschaft ablöste, dem Gericht seine Vermutung mitteilte, ein US-Soldat und Wächter im Nürnberger Gefängnis, First Lieutenant Jack Wheeler, habe Göring die seit seiner Ergreifung in seinem Gepäck versteckten Kapseln zugespielt. In seinem Buch *The Mystery of Hermann Goering's Suicide* (Das Rätsel um den Selbstmord Hermann Görings) bringt Ben E. Swearingen eine große Anzahl von Beweisen dafür vor, dass Wheeler sich mit Göring angefreundet und ihm diesen letzten Wunsch im Tausch gegen Görings Wertgegenstände erfüllt habe. Erst 2005 sorgte ein Geständnis für neuerliche Unklarheit.[506] Herbert Lee Stivers, ehemals eine der weißbehelmten Wachen im Nürnberger Gerichtssaal, gab an,

Göring auf Drängen seiner deutschen Freundin heimlich einen Füllfederhalter zweifelhaften Inhalts zugesteckt zu haben. Er habe geglaubt, darin sei nicht Gift, sondern Medizin enthalten.

Der Selbstmord des einstigen Reichsmarschalls überraschte Kelley. Er befand sich zu dem Zeitpunkt für einen Vortrag in San Francisco und hatte erst am Tag zuvor der Presse gegenüber geäußert, dass er wegen Görings Sturheit und seinem hohem IQ davon ausgehe, dass dieser Nationalsozialist in Würde abtreten werde. „Es ist ausgeschlossen, dass er vor dem Galgen schwach wird", bemerkte Kelley. „Er betrachtet das von einer geschichtlichen Perspektive aus. Er wird noch im Fall ‚Heil Hitler!' rufen – das hat nichts mit Mut zu tun, sondern einfach damit, dass er seinen Namen schon in den Geschichtsbüchern sieht."[507]

Kelley kann die Mitteilung von Görings Selbstmord nicht ganz kalt gelassen haben. Diese unwiderstehliche Führungspersönlichkeit – Kelleys Patient, Proband und Vertrauter, mit dessen Interessen und Charakterzügen der Psychiater sich teilweise identifizieren konnte – war jetzt tot, und der Zauberkünstler Kelley war nun selbst auf einen letzten Trick hereingefallen. Göring hatte sich seinem fachmännischen Blick entzogen. Kelley hatte sich in ihm getäuscht. Görings Ableben muss Kelley die eigene Sterblichkeit vor Augen geführt haben. Vielleicht faszinierte es Kelley aber auch, dass dieser große Manipulator, dessen Gegenwart fünf Monate lang Kelleys Leben dominiert hatte, eine Tat begangen hatte, die er nicht hatte vorhersehen können. Im Rückblick aber überrascht es nicht, dass der ehemalige Reichsmarschall mit seinem Tod ein Zeichen des Widerstands setzte. Es passte zu Görings Idealen und seinem Selbstbild. Mit Feigheit hatte Görings Selbstmord in Kelleys Augen nichts zu tun. Ganz im Gegenteil „demonstriert der Selbstmord Görings Genialität", ließ der Psychiater sich von Journalisten zitieren.[508] Außerdem habe Göring „mit dieser letzten Handlung die amerikanischen Streitkräfte lächerlich gemacht. Aus deutscher Sicht ist es eine Art Heldentat, mit der er sich in die Riege der großen Vier einreiht: Hitler, Himmler, Goebbels und nun er selbst." Die anderen NS-Größen waren dem Galgen entgangen, wieso also nicht auch Göring? Kelley schreibt:

Göring ging indes noch einen Schritt weiter als seine früheren Kollegen. Er ertrug stoisch die lange Haft, mit dem Ziel, das alliierte Gericht zu besiegen und die Staatsanwälte mit ihren eigenen Waffen zu schlagen. Durch diese Methoden vertrat er die Interessen des deutschen Volkes. Sein Selbstmord, der von Geheimnis umhüllt [war] und die Unfähigkeit der amerikanischen Bewachungsmannschaft offenbarte, war ein geschickter, sogar glänzender Schachzug, ein Schlussstein in dem Gebäude, das die Deutschen in kommenden Zeiten bewundern sollten.[509]

Kelleys Interpretation des Endes dieses Nationalsozialisten ist überraschend positiv, als beschreibe er eine glorreiche Wendung im letzten Akt, bevor der Vorhang fällt. Wie das Ende eines Lebens liest sich das nicht. Die dramatisch inszenierte Geste eines geschickt durchgeführten Selbstmords hatte die Kraft, nicht nur dem Feind eine letzte Wunde zuzufügen, sondern auch ein gewaltiges Vermächtnis zu hinterlassen. Görings Inszenierung eines Ablebens nach eigenen Vorstellungen sollte auch in Kelleys Erinnerung nicht erlöschen.

Den Gang der verbleibenden NS-Verurteilten zum Galgen überwachte Andrus persönlich, der Görings Entkommen als Beleidigung empfand. Ribbentrops Verhalten vor der Hinrichtung beeindruckte Kelley besonders, der bis dahin davon ausgegangen war, dass die Wachen Ribbentrop an Händen und Füßen auf den Galgen würden zerren müssen. Kelley schrieb, dass der ehemalige Außenminister „ganz zum Schluss noch etwas Mut [fand]. Wahrscheinlich war es die Nachricht von Görings Selbstmord und das Bewusstsein, dass er nun der Führer des [Todesmarsches] und die Hauptperson der Schlussszene war, die Ribbentrop den Rücken [stärkt], sodass er in den letzten Sekunden mehr Würde zeigte als jemals sonst in seinem Leben."[510] Kurz bevor er in die Schlinge fiel, drückte Ribbentrop den Wunsch aus, Deutschland möge vereinigt bleiben.

Rosenberg hatte die Teilnahme am Gebet und selbst das Mithören von Gebeten abgelehnt. Er trat dem Henker zitternd und schwach gegenüber, während er, so mutmaßte Kelley, innerlich vielleicht noch ein Detail nationalsozialistischer Philosophie durchdachte. Streicher, vermutete Kelley, würde „mit einem Lächeln gehen", und tatsächlich starb er mit Hitlers Namen auf den Lippen.[511] Frank, nahm der Psychiater an, würde „mit der Überzeugung sterben, dass ein einziger Tropfen seines Blutes die 5 Millionen in seine Seele gebrannten schwarzen Male ausradieren würde". Entsprechend Kelleys Vermutung musste keiner der übrigen verurteilten Männer mit Gewalt auf den Galgen geführt werden. „Ob gute oder böse Tat – ein jeder handelt, wie es seinem Wesen entspricht", schrieb er und setzte damit Worte, die als Grabinschrift für alle in Nürnberg Verurteilten hätten gelten können.

Aus dem Büro des US-amerikanischen Militärarztes Surgeon General Thomas Parran Junior kam die Anfrage nach Hirnproben der gehenkten NS-Größen. Andrus gab dieser „makabren Bitte", wie er sie nannte, „natürlich nicht statt".[512] Stattdessen wurden die Leichen in einem letzten Vergeltungsakt im Konzentrationslager Dachau verbrannt und die Asche in einen Fluss gekippt. Unbelehrbaren Nationalsozialisten sollte keine Gelegenheit gegeben werden, vor marmornen Mausoleen Totenwachen zu halten. Es sollte keine ehrfurchtgebietenden Gräber geben.

Heß und die anderen schuldig Gesprochenen, die mit dem Leben davongekommen waren, wurden nach Berlin-Spandau gebracht, um im dortigen Gefängnis ihre Haftstrafe anzutreten. Nichts sollte übrig bleiben, und so sorgte Andrus zuletzt dafür, dass jedes noch verbleibende Schmuckstück aus Görings Besitz in seine Einzelteile zerlegt, geschmolzen und unkenntlich gemacht wurde. Der Kontrollrat übergab die Edelsteine und Brocken kostbaren Metalls dem Finanzministerium des neuen Deutschland, das gerade mühsam wieder auf die Beine kam.

Kapitel 8

Die NS-Psyche

IM VERLAUF DES INTERNATIONALEN Militärtribunals kamen Fragen zu den Männern auf, die, wie die zutage beförderten Beweise und Zeugenaussagen zeigten, Gräueltaten begangen und ein verbrecherisches Regime aufgebaut hatten. Was hatte die NS-Funktionäre und ihre Anhänger dazu bewegt? Waren sie wahnsinnig? War bei ihnen eine besondere Geisteserkrankung festzustellen, die für ihr kriminelles Verhalten verantwortlich gemacht werden konnte? Diese Fragen formulierte die Kongressabgeordnete Emily Taft Douglas 1945 bei einer Anhörung über die Bestrafung von Kriegsverbrechen im Repräsentantenhaus der Vereinigten Staaten. Douglas brachte ihre Überzeugung zum Ausdruck, dass weder in den USA noch irgendwo im Rest der Welt viel über die Motive von solchen Gewalttaten bekannt sei, derer die Nationalsozialisten angeklagt worden waren. „Wir wissen nichts über Kriegsverbrechen", sagte sie. „Überhaupt nichts. Wir wissen von einzelnen Taten, aber wir verstehen die psychischen Vorgänge hinter den Verbrechen nicht [...]. Den Verbrechen muss eine Geisteskrankheit zugrunde liegen, die wir verstehen müssen, wenn wir damit in der Zukunft umgehen können wollen."[513]

Zugleich wurde vielen, die am Tribunal als Zuschauer oder Mitarbeiter beteiligt waren, deutlich, dass eine Bestrafung der Schuldigen allein noch keinen Erfolg bedeutete. Der monatelange Gerichtsprozess musste mehr erreichen und ein unverkennbares Zeichen setzen, dass Nazideutschland und die dazugehörigen Ideologien endgültig dem Erdboden gleichgemacht worden waren und die Welt nun aus den Schrecken der vergangenen zwölf Jahre würde lernen können, um zukünftige Katastrophen zu verhindern. Harry Truman brachte die Hoffnung zum Ausdruck, „dass die Öffentlichmachung der Schuld dieser Übeltäter bei unseren ehemaligen Feinden eine allgemeine und anhaltende Abneigung gegenüber Krieg, Militarismus, Angriffskriegen und der Idee rassischer Überlegenheit hervorrufen wird".[514]

In Dukies Heimatstadt Chattanooga angekommen, ging Kelley eine Menge durch den Kopf, aber nur wenig davon hatte mit der Psyche nationalsozialistischer Verbrecher zu tun. Er „wollte die Kriegsjahre hinter sich lassen und sich neuen Projekten widmen", schrieb Dukie später vielleicht etwas leichtherzig.[515]

Kelley brauchte dringend eine Anstellung, und zwar eine, die ihn seinem Ziel einer hohen universitären Position näherbrachte. Außerdem musste er an seine über Jahre hinweg vernachlässigte Frau denken, und dann war da noch die Frage der Familiengründung.

Trotz allem vergaß Kelley die NS-Männer nicht. In seiner Freizeit in Nürnberg hatte er seine Gedanken über Nationalsozialisten, den Ursprung des von ihnen ausgehenden Bösen und die Lektionen, die die USA aus dem letzten Krieg ziehen sollten, niedergeschrieben. Nach seiner Rückkehr in die USA „wurde er von mehreren Seiten dazu gedrängt, seine Untersuchungen der Nazis zu veröffentlichen", schrieb Dukie an Bekannte. „Aber das wollte er nicht. Nach vier Jahren pausenlosem Militärdienst war er erschöpft und wollte eigentlich nur noch mit mir im Auto durch die USA reisen und die Landschaften bewundern, die wir beide so sehr liebten – und das taten wir dann auch."[516] Doch schon während seiner Reisen nahm das Buch, das ihm seit seinen ersten Wochen mit den NS-Gefangenen vorschwebte, Formen an. Kelley konnte seine Nürnberger Erlebnisse nicht hinter sich lassen. Sie waren ihm über den Atlantik gefolgt.

Als Basis für sein Buch sollten Kelley die Materialien dienen, die er von Deutschland in die USA hatte verschiffen lassen. Die Kisten quollen über von Dokumenten, viele davon Unikate. Unter den Dingen, die er nach Tennessee mitgenommen hatte, war auch die Sammlung der von ihren NS-Autoren signierten Bücher, Kopien der Briefe Hermann Görings, die Kelley Emmy Göring überbracht hatte, eine Probe der Paracodintabletten Görings, Röntgenaufnahmen von Hitlers Schädel und die versiegelten Proben von Kräckern, Keksen und Küchlein, die Rudolf Heß zufolge von seinen englischen Wärtern vergiftet worden waren.[517] Kelley stand ein großer Vorrat an Dokumenten und Gegenständen zur Verfügung, von denen viele von medizinischem Interesse, andere eher makaber waren. Die Materialien ließen ihm keine Ruhe. Aus persönlichen wie beruflichen Gründen wollte Kelley etwas aus diesem vergangenen Lebensjahr machen, einem Jahr voller Erfahrungen, um die ihn andere Psychiater, Psychologen und Akademiker beneideten. Durch den gewonnenen Abstand konnte Kelley sich nun zögerlich eine persönliche Meinung zu den NS-Männern bilden. Was für Hypothesen ließen sich aus den Zeugnissen der Brutalität und des Verbrechens entwickeln?

Ein Blick auf die Rorschachtests und Kelleys Auswertung der Ergebnisse führte ihm erneut vor Augen, dass abgesehen von Ley keiner der Männer Anzeichen einer Geisteskrankheit zeigte oder Persönlichkeitsmerkmale hatte, die sie als verrückt auswiesen. Das stieß Kelley auf einen den Krieg betreffenden weitverbreiteten Irrtum. Jeder dieser Männer, selbst der verwirrte Heß mit dem lückenhaften Gedächtnis, war für seine Taten verantwortlich und fähig, richtig von falsch zu unterscheiden. Görings Fall, der des Charmeurs, mit dem Kelley so viel verband, warf besonders viele Fragen auf. Es erstaunte den Psychiater, dass einem so offensichtlich intelligenten und kultivierten Mann auf so eklatante Weise jedes moralische Verständnis und jede Empathie fehlte. Das suggerierte doch, schloss Kelley, dass vielleicht jeder intelligente Mensch mit großer Verantwortung – also auch Kelley selbst – vom rechten Weg abkommen und andere schädigen könnte. Kelleys besonderes Interesse am Fall Göring wurde an der Masse des Materials über den einstigen Reichsmarschall deutlich, das er aus Nürnberg mitgebracht hatte und das die Menge an Material über alle anderen Angeklagten weit überstieg.

Aber nichts wies auf einen „Nazivirus" oder von der Norm abweichende, allen Angeklagten eigene Charakteristika hin. Ganz im Gegenteil: Kelley entdeckte bei den Männern Eigenschaften, die er Neurosen nannte und bei denen es sich um verbreitete psychische Fehlbildungen handelte, die die NS-Größen zwar irritiert haben könnten und ihre Skrupellosigkeit verstärkt haben mochten, aber nicht rechtfertigten, ihre Persönlichkeitsstrukturen als jenseits aller Norm zu betrachten. Kelleys Auffassung nach gab es unzählige Männer wie Göring, die, frei von Gewissensregungen und getrieben von einem unbändigen Narzissmus, als Geschäftsmänner, Geschäftemacher und Politiker hinter überdimensionierten Schreibtischen überdimensionierte Entscheidungen trafen: „Gewandte, aalglatte, gewissenlose Redner und Schriftsteller wie Goebbels, gerissene Konjunkturreisende wie Ribbentrop und die zahllosen finanziellen Schmarotzer und Winkeladvokaten sind Typen, die wir [alle] kennen."[518]

Der lange und enge Kontakt mit den Gefangenen hatte Kelley davon überzeugt, dass sie einige Merkmale teilten: zügelloser Ehrgeiz, schwach ausgebildete Moralvorstellungen und exzessiven Patriotismus, mit dem fast jede fragwürdige Tat gerechtfertigt wurde. Darüber hinaus seien die Nationalsozialisten, auch die höchsten und mächtigsten unter ihnen, weder Monster noch bösartige seelen- und gefühllose Maschinen. Görings Sorge um seine Familie, Schirachs Liebe zur Dichtkunst und Kaltenbrunners stressinduzierte Panik hatten Kelley bewegt und ihm bewiesen, dass seine ehemaligen Patienten wie jeder andere Gefühlsregungen kannten. Wer sie ignoriere, „weil wir auf ihre Taten mit Ekel und Hass blicken, weil sie im Kontext des Dritten Reichs stehen", begehe einen gravierenden Fehler.[519] Die Durchschnittlichkeit ihrer Persönlichkeiten warf unangenehme Fragen auf. Wie war ihr zunächst unerklärliches Verhalten zu interpretieren? Ohne diese Nationalsozialisten verstehen oder ihre Psychosen beschreiben zu können, blieb Kelley nichts anderes übrig als die schmerzhafte Einsicht, dass viele Menschen potentielle Kriegsverbrecher waren.

Weil psychiatrische Nachweise fehlten, fiel Kelley auf Soziologie, Geschichtswissenschaft und die Allgemeine Semantik zurück, um das Verhalten der Deutschen zu interpretieren. „Das Wesen der Nazis lässt sich jedoch nicht mit dem Begriff ‚Geisteskrankheit' erklären", schreibt er. „Diese Menschen waren Produkte ihrer Umgebung, wie alle Menschen es sind; sie waren aber auch – und dies in einem größeren Umfang, als es bei anderen Menschen der Fall ist – die Schöpfer ihrer Umgebung."[520] Wie viele derer, die sich mit der Entstehung des Dritten Reichs beschäftigten, sah Kelley eine Verbindung zwischen der Verbreitung nationalsozialistischer Ideologie und einer seit langem bestehenden Neigung zur Barbarei in der deutschen Kultur. Vom späten 19. Jahrhundert bis zum Ersten Weltkrieg hatten führende Deutsche die Abschlachtung des Gegners als notwendig gepredigt, wobei die Deutschen als anderen Völkern überlegen und zur Eroberung berufen dargestellt worden waren. Die Nationalsozialisten hatten weder das Führerprinzip, den zur Rettung der Nation eilenden Volkshelden, noch die Idee der alle anderen anführenden Elite erfunden. Sie mussten sich nur zunutze machen, was in der gegenwärtigen Situation in Deutschland ohnehin schon vorhanden war. „Es ist wissenschaftlich erwiesen, dass ein Mensch, der mit Gefühlshirnzentren (Thalamus) denkt, nicht intellektuell mit der Gehirnrindensubstanz denken kann", bemerkte Kelley im Sinne der Allgemeinen Semantik. „Hitler verfügte über ein ganzes Volk, das mit dem Thalamus dachte. In diesem Zustand wurde es eine leichte Beute für Goebbels, Streicher, Ley und die anderen Propagandaleute."[521] Man musste keine besonderen Fähigkeiten besitzen, um sich diese bereits kulturell verankerten Ideen zunutze zu machen – abgesehen von Führungsqualitäten.

Wenn aber diese Nationalsozialisten sich nicht durch eine Geisteskrankheit auszeichneten, was hatte sie zu dem gemacht, was sie waren? Kelley identifizierte nur zwei Charakteristika, in denen die in Nürnberg Angeklagten sich ähnelten. Da war erstens die enorme Energie, mit der sie sich ihrer Arbeit widmeten. Göring und seine Kollegen waren Workaholics erster Güte. „Jeder der Männer hatte überdurchschnittlich viel gearbeitet, wenig geschlafen und sein Leben der Nazifizierung der Welt gewidmet. Sie versklavten sich auf fanatische Weise. Wie schade nur", fügte Kelley bedauernd hinzu, „dass wir uns dem Aufbau einer funktionierenden Demokratie nicht mit ebensolcher Energie widmen."[522] Weiterhin stellte Kelley zweitens fest, dass die NS-Funktionäre sich auf den Zweck ihrer Bemühungen konzentriert hätten, wobei ihnen die Mittel egal gewesen seien. Diese Ziele jedoch variierten – manche strebten die Verbreitung des Nationalsozialismus an, andere persönliche Macht und Ruhm.

Die Figur Hitler war bei den Gesprächen im Nürnberger Gefängnis allgegenwärtig, doch direkten Zugang zu ihr würde Kelley nie haben. Dennoch machte der Psychiater kühne Versuche, die Motive und die Person des Führers zu erklären. In Bad Mondorf und in Nürnberg hatte Kelley Gespräche mit Hitlers Mitstreitern, Ärzten, Sekretärinnen und allen anderen, die über das Leben Hitlers Auskunft geben konnten, geführt. Er schlussfolgerte, dass „Hitler selbst überzeugt davon [war], dass er überdurchschnittliche Fähigkeiten besaß; diese Überzeugung ging bei ihm bis zum Größenwahn. Er glaubte fest daran, dass er der einzige Mensch sei, der das Dritte Reich zum Erfolg führen könnte, und eine Zeit lang schien er das Gefühl zu haben, dass er von der Vorsehung auserkoren sei, seine Aufgabe zu erfüllen."[523] Wer sich dem Führer in den Weg stellte, hatte mit seiner unbändigen Tobsucht zu rechnen. In Kelleys Augen war dieser Größenwahn nicht mit der Tatsache unvereinbar, dass Hitler meist freundlichen und sanften Umgang mit seinen Mitarbeitern pflegte, Frauen, Kinder und ältere Menschen gut behandelte und sich an gutem Essen und den einfachen Dingen des Lebens erfreute.

Kelleys Analyse der von ihm gesammelten Aussagen von Hitlers Mitstreitern überzeugte ihn außerdem davon, dass der Geschlechtstrieb des deutschen Führers unterdurchschnittlich stark ausgebildet war und er wie Göring seine sexuelle Energie auf seine Arbeit übertragen hatte. „Hitler war in jeder Hinsicht so normal wie jeder andere normale Mann", hatte Göring zu Kelley gesagt.[524] Ein schauriger Gedanke.

Douglas Kelley war natürlich nicht der erste Psychiater oder Psychologe, der sich an einer Analyse von Hitlers Psyche versuchte. 1942 hatte der Cambridgeprofessor Joseph MacCurdy den Antisemitismus des Führers unter die Lupe genommen und geschlussfolgert, dass er Hitlers Frustration und seinen sich dem Wahnsinn nähernden Geisteszustand zu einer Zeit widerspiegele, da seine Truppen immer häufiger Niederlagen erlitten.[525] Auch der Psychoanalytiker Walter C. Langer und der Psychologe Henry Murray hatten Persönlichkeitsprofile erstellt, an denen sich der US-Militärgeheimdienst OSS, der Vorläufer der CIA, während des Kriegs orientierte.

Kelley jedoch baute seine Analyse Hitlers schließlich auf dessen allgemein bekannter Magen-Darm-Erkrankung auf – 20 Jahre mit Blähungen und Magenkrämpfen. Hitlers Ärzte hatten keine körperliche Ursache feststellen können, und Kelley diagnostizierte nichts als eine „nervöse Magenkrankheit".[526] Seiner Meinung nach wiesen die Symptome auf „eine Angstneurose und eine Fixation auf den Magen. [...] Nichts, weswegen man eingeliefert werden müsste. Er hatte Angst vor dem Tod. Er traf viele wichtige Entscheidungen in Eile und sorgte auch für ihre eilige Durchführung." Zum Beispiel hatte Kelley erfahren, dass Hitler Göring 1941 mitteilte, der geplante Russlandfeldzug müsse vorgezogen werden, weil seine Verdauungsbeschwerden sich verschlimmerten. Der Führer fürchtete Magenkrebs und seinen baldigen Tod. Das Ergebnis dieser Angst war, dass Hitler seine Aufmerksamkeit von den erfolgreichen Angriffen auf Großbritannien abzog und auf einen Feldzug im Osten richtete, der mit einer Niederlage endete. „Die entsetzlichen Folgen dieser Entscheidung sind wohlbekannt", schreibt Kelley, „und es ist furchtbar, wenn man sich vorstellt, dass ein Krieg lediglich deshalb vom Zaun gebrochen wurde, weil ein Psychoneurotiker, der zufällig an der Spitze eines Staates stand, von heftigen hysterischen Magenkrämpfen gequält wurde."[527] Im Bestreben, es so weit wie möglich zu bringen, bevor der Krebs ihn niederstreckte, hatte Hitler auch seinen Untergebenen viel abverlangt. Es gibt keinen Beweis dafür, dass Hitler Krebs hatte, denn um seine Ängste nicht bestätigt zu finden, ließ er Röntgenaufnahmen nicht mehr zu. Von Karl Brandt, einem der Ärzte Hitlers, erfuhr Kelley aber, dass Hitler sich in seinen letzten Lebensjahren regelmäßig Vitamin- und Glukosepräparate hatte spritzen lassen, um die eingebildete Krankheit aufzuhalten.[528]

Hitlers Angst vor dem Tod, die sich auch in der Tatsache niederschlug, dass er bis zu fünf Ärzte gleichzeitig in Dienst nahm, half Kelley auch, Hitlers Verhältnis zum Selbstmord zu verstehen.[529] Zunächst hatte Hitler nicht zugelassen, dass in seiner Gegenwart über dieses Thema auch nur gesprochen wurde. Selbst als der Krieg sich gegen ihn zu wenden schien, erklärte Hitler oft: „Nur Schwächlinge und Idioten begehen Selbstmord." Doch als sich die Niederlagen der Nationalsozialisten häuften und sich sein Gesundheitszustand verschlechterte, änderte er seine Meinung. 1944, als er schon an einem Zittern und einer Schwäche der linken Hand und des linkes Beines litt, die seine Ärzte für psychosomatisch hielten, „hörte ihn jemand sagen, dass er großes Verständnis dafür habe, dass sich jemand aus gesundheitlichen Gründen das Leben nimmt. [...] Er habe außerdem von seiner großen Angst gesprochen, die Störung könne sich auf die rechte Hand ausbreiten", berichtete Kelley. „Eines Tages sagte er kategorisch, dass er in diesem Fall seinem Leben ein Ende setzen würde."

Ein weiterer Grund für Hitlers veränderte Sicht war das Schicksal eines anderen faschistischen Diktators, des Italieners

Benito Mussolini, dessen Leiche nach der Hinrichtung von seinen Feinden öffentlich aufgehängt worden war.[530] Nachdem Hitler Aufnahmen der Leichenschändung gesehen habe, berichtete Göring Kelley, „raste er vor Wut. Mit den Fotos wedelnd, lief er den Flur auf und ab und schrie: ‚Niemals wird mir das passieren!‘ Danach kam Hitler mehrfach spontan auf das Thema zu sprechen. [...] Er schwor sich, niemals bei lebendigem Leib gefasst zu werden und dass wütende Deutsche niemals die Gelegenheit haben sollten, seine Leiche zu schänden.“ Das sei auch der Grund gewesen, weshalb Hitler es ablehnte, seine Armee in einen letzten Kampf gegen Russland zu führen. Seine Leiche durfte unter keinen Umständen in Feindeshand geraten. Schließlich schrieb Hitler in seinem Testament wenige Tage vor dem gemeinsamen Selbstmord mit Eva Braun im Berliner Bunker: „Ich selbst und meine Gattin wählen, um der Schande der Absetzung oder der Kapitulation zu entgehen, den Tod.“ Kelley entdeckte weitere psychische Eigentümlichkeiten an Hitler – darunter seine Abneigung, Tiere ohne Handschuhe zu berühren, das gleichzeitige Interesse an Pferden und zugleich die Furcht vor ihnen, den Wiederholungszwang in den Tagesabläufen und seine pedantische Körperhygiene – nichts jedoch, was die Diagnose von Wahnsinn oder einer Psychose gerechtfertigt hätte.

Kelley wurde schnell klar, dass die von den angeklagten Nationalsozialisten begangenen Gräueltaten und Kriegsverbrechen alles bisher Dagewesene übertrafen. Die Angeklagten waren selbst überrascht, als sie begriffen, was sie getan hatten und wohin es sie geführt hatte. Aber psychisch wichen diese Männer nicht übermäßig von der Norm ab, was Kelley zu der Sorge veranlasste, dergleichen könnte sich wiederholen. „Mit Ausnahme von Dr. Ley war von denen keiner verrückt“, sagte er einem Journalisten des *New Yorker*.[531] Die hohen NS-Repräsentanten „waren [...] keine besonderen Typen. Obwohl sie nicht zu den in sozialer Hinsicht schätzenswerten Typen gehören, kann man aufgrund der Untersuchung ihres Charakters behaupten, dass ähnlich geartete Menschen sehr leicht in Amerika gefunden werden können“ – dort und im Rest der Welt.[532] Er befürchtete, dass der Holocaust und die Verbrechen gegen die Menschlichkeit von Tätern mit ähnlichen Persönlichkeitsstrukturen wiederholt werden könnten. Seine Ansichten unterschieden sich von denen Hannah Arendts, die in ihrem berühmten Buch über den Prozess gegen Adolf Eichmann 1961 in Israel von der „Banalität des Bösen“ spricht. Arendt behauptet, die Nationalsozialisten hätten Befehle befolgt, deren Durchführung sie als Routine wahrgenommen hätten und ihre Taten demzufolge als ganz normal. Im Gegensatz dazu betrachtete die große Mehrheit der von Kelley untersuchten Männer das NS-Regime und ihre eigene Rolle weiterhin als etwas Besonderes, begünstigt von der menschlichen Evolution. Diese Sichtweise hatte es Göring erlaubt, ehemalige Wegbegleiter zu liquidieren und mörderische Gesetze zu erlassen – wobei er seine Macht genoss – und gleichzeitig ein Leben als liebevoller Familienvater zu führen.[533]

Der Psychiater hätte die NS-Funktionäre aufgrund seiner Nürnberger Untersuchungen auch einfach als Psychopathen abstempeln oder ähnlich wie Arendt darstellen können. Er hätte sich auf der Schlussfolgerung ausruhen können, die Deutschen seien eben kulturell so außergewöhnlich, dass sich das NS-Regime nur hier hatte entwickeln können. Stattdessen kam er zu einem unbequemeren, erschreckenderen Schluss: Die Charakteristika, die es diesen Männern erlaubt hatten, Gräueltaten zu begehen und geschehen zu lassen, teilten sie mit Menschen auf der ganzen Welt. Ja, die Nationalsozialisten waren in Deutschland zum Teil wegen der kulturellen Vorgeschichte des Landes an die Macht gekommen. Aber die Deutschen „sind kein einzigartiges Volk“, erklärte Kelley nicht lange nach der Hinrichtung der Verurteilten im Herbst 1946 während einer Lesung:

> *Solche Menschen gibt es überall auf der Welt. Sie haben keine geheimnisvollen Persönlichkeitsmuster. Aber sie haben starke Triebe, und sie wollen an die Macht. Sie sagen, dass es solche Menschen bei uns nicht gibt? Ich bin mir ziemlich sicher, dass es selbst hier in den USA Leute gibt, die über die Leichen der Hälfte der amerikanischen Bevölkerung gehen würden, um die andere Hälfte unter ihre Kontrolle zu bringen. Bisher reden diese*

Personen nur, aber sie setzen schon heute ihre demokratischen Rechte antidemokratisch ein.[534]

Kelleys Nürnberger Beobachtungen wiesen darauf hin, dass sich die deutsche Tragödie theoretisch auch in den USA abspielen könnte. Seine Mitbürger beruhigten sich meist mit dem Glauben daran, dass es einer Minderheit in den USA unmöglich sei, eine Mehrheit zu kontrollieren, dass diese Zivilisation niemals auf eine vergleichbare Ebene der Barbarei sinken würde und die Nation ihrer demokratischen Tradition wegen Totalitarismus nicht tolerieren würde. Kelley hielt diesen Optimismus für naiv. Er war immer stärker davon überzeugt, dass „in Amerika wenig vorhanden ist, was die Errichtung eines naziähnlichen Staates verhindern könnte".[535] Schlimmer noch: Faschistische Bigotterie rüttele schon jetzt an der US-amerikanischen Kultur. „Die amerikanische Bevölkerung ist von einer ganz ähnlichen Angst vor Minoritäten durchsetzt", erklärte er bei einem Vortrag.

Kelley glaubte, dass Vertreter der White Supremacy wie Senator Theodore Bilbo, der Kongressabgeordnete John E. Rankin aus Mississippi und Gouverneur Eugene Talmadge aus Georgia, rassistischen Irrglauben auf dieselbe Weise politisch missbrauchten „wie Hitler und seine Bande. Sie benützen die Rassenfrage als Mittel, um zu persönlicher Macht, politischem Aufstieg oder zu Reichtum zu gelangen. Und wir gestatten es, dass die Rassenfrage dazu benützt wird, solchen Zwecken zu dienen. Ich bin überzeugt, der ständige Missbrauch dieser Mythen wird bald dazu führen, dass wir mit den Naziverbrechern in der gleichen Kloake landen."[536] Einerseits gab Kelley zu verstehen, dass es sich nicht um eine unmittelbare Gefahr für die USA handele. Andererseits aber betrachtete er die politischen Machenschaften und den Missbrauch der Polizeimacht durch Populisten wie Huey Long als Beweis dafür, dass nationalsozialistische Strategien der Machtergreifung in bestimmten, bisher geographisch begrenzten Teilen des Landes stark ausgebildet waren, und erinnerte an die Verbreitung von Hitlers nationalsozialistischer Bewegung von seinem ideologischen Hauptquartier in München aus.

Das US-amerikanische Volk, schlussfolgerte Kelley, täte gut daran, sich seine eigene Kultur und Politik genau anzusehen, wenn es nicht wie die Nationalsozialisten in einen Strudel von Extremismus und Brutalität geraten wollte. In dieser Hinsicht hätten Streicher und Rosenberg recht gehabt, als sie vor den der USA bevorstehenden Unruhen warnten. Die größte Gefahr drohe den USA nicht von rassistischem Chaos durch Afroamerikaner oder Juden, wie es die beiden verurteilten Nationalsozialisten prophezeiten, sondern von ideologischen Demagogen. „Wir Amerikaner [müssen] unseren Gedanken und unserer Erziehung, unserer Politik und unseren politischen Methoden [eine andere Richtung geben], wenn wir uns das traurige Schicksal ersparen wollen, das den Deutschen beschieden war.“[537]

Aus diesem Grund hielt Kelley es für dringend notwendig, dass die US-Amerikaner in ihrem Land Personen mit Persönlichkeitsstrukturen wie den von ihm beobachteten davon abhielten, die politische Macht zu ergreifen. Antikommunistische Hysterie und der Widerstand gegen die Grundrechte wüchsen, und die USA verfüge über reichlich Ultranationalisten und Rassenfanatiker. Die Deutschen hätten sich schon lange eingeredet, dass aus einer angeblichen nordischen Herrenrasse einst Helden hervorgehen und sie in den Triumph führen würden und dass es akzeptabel sei, wenn eine kleine Gruppe über den Rest der Gesellschaft nach Belieben herrsche. „Den Amerikanern wird das jetzt erst in die Köpfe gesetzt“, meinte Kelley.[538] Um der von dieser Entwicklung ausgehenden Gefahr entgegenzuwirken, plädierte er für uneingeschränktes Wahlrecht aller US-Bürger, dafür, so viele Menschen wie möglich an die Wahlurnen zu bringen, und für eine Umgestaltung des Bildungssystems, damit es Studenten hervorbrächte, die, hier folgte er Korzybski, zu kritischem Denken fähig waren und sich bei ihren Entscheidungen nicht von Emotionen leiten lassen würden. Schließlich warnte er seine Mitbürger davor, Kandidaten zu wählen, die „politisches Kapital“ aus Rassen- oder Glaubensunterschieden schlugen, indem sie direkt oder indirekt die Rasse, Herkunft oder den Glauben politischer Gegner zu Wahlkampfthemen machten. „Die Vereinigten Staaten werden erst dann zu ihrer vollen Größe gelangen“, wenn diese Veränderungen stattgefunden hätten.[539]

Kelley glaubte an die Traditionen und das Potential seines Landes, machte aber keinen Hehl aus seinem Misstrauen gegenüber Politikern und ihren Anhängern.[540] Seiner Meinung nach waren Träger öffentlicher Ämter oft manipulativ und machthungrig, die Wähler hingegen schlecht informiert und naiv. Ohne eine wachsame, gebildete Bevölkerung könne Faschismus jederzeit aufkommen. Autoritäten neigten grundsätzlich zum Schlechten. Kelley merkte nicht, dass er sich mit diesem ausgeprägten Misstrauen gegenüber Regierungseinrichtungen an die Seite vieler seiner bigotten Gegner stellte.

1946 trat Kelley eine längere Vortragsreise an, um seine Arbeit mit den NS-Funktionären vorzustellen und Interesse an seinem noch unvollendeten Buch zu wecken. (Gleichzeitig veröffentlichte er mehrere Artikel, darunter auch einen mit dem ungeschickten Titel: „Squeal, Nazi, Squeal" [Schrei, Nazi, schrei].) Er reiste vor allem innerhalb von Kalifornien, wo er gute Kontakte hatte, die ihm zu Vortragseinladungen verhalfen. Bei diesen Vorträgen ging es um vielerlei Themen, darunter psychologische Aspekte der Nürnberger Prozesse, Kriegspsychologie und die Physiologie neuerer deutscher Geschichte.[541]

Bis Ende des Jahres war das Buchmanuskript so gut wie fertig, und Kelley bot es einigen New Yorker Verlagen an, die es zu seiner Überraschung ablehnten. Schließlich unterschrieb er einen Vertrag mit dem Greenberg Verlag, der ihm einen Vorschuss von lächerlichen 300 US-Dollar auszahlte.[542] Der Verlag war 22 Jahre zuvor von den Brüdern Jacob und David Greenberg gegründet worden und hatte ein breitgefächertes Programm, das von Wildwestromanen, Kochbüchern und Erotikliteratur für Homosexuelle bis zu Geschichte, Soziologie, Kriminologie und Architektur reichte. Das war sicherlich nicht die Art von Verlag, die Kelley sich erträumt hatte, aber Greenberg hatte das beste Angebot gemacht. Außerdem ging Kelley vermutlich davon aus, dass die Publikation in jedem Fall Aufsehen erregen und seine Universitätskarriere fördern würde. Bis Greenberg das Buch, das unter dem Titel *22 Cells in Nuremberg* (22 Männer um Hitler) erscheinen sollte, lektoriert und gedruckt hatte, vergingen jedoch

Monate. Da die Veröffentlichung kaum Geld einbringen würde, brauchte Kelley jetzt schnellstmöglich eine Anstellung.

Im Laufe des Jahres 1946 bewarb er sich bei seiner Alma Mater, der University of California in Berkeley, als Dozent. Berkeley bot ihm schließlich „eine Dozentenstelle an, dazu die Aussicht, dass er, wenn er ein guter Junge war, vielleicht in nur 20 Jahren zum Juniorprofessor aufsteigen könnte", erinnerte sich später der Neurologe Howard D. Fabing, Kelleys Freund und Kollege beim Militärsanitätsdienst.[543] Kelley aber war zu sehr von sich und seinen Fähigkeiten überzeugt, um ein derartiges Angebot anzunehmen, und setzte seine Suche nach einer Stelle fort, die dem ehemaligen Psychiater der in Nürnberg Angeklagten gerecht wurde.

Bald fand Kelley eine Stelle als Privatdozent der Psychiatrie an der medizinischen Fakultät Bowman Gray, die zur Wake Forest University in Winston-Salem in North Carolina gehörte, fast 600 Kilometer von seinem Heim in Chattanooga entfernt. Dort hatte Lloyd Thompson, Kelleys Vorgesetzter beim Militär, erst wenige Wochen zuvor ein Institut für Neuropsychiatrie eröffnet. Zunächst sollte Kelley hier vor allem unterrichten, aber schon ein Jahr später arbeitete er wieder am Patienten: Er wurde als Direktor des Graylyn eingesetzt, des im Sommer 1947 eröffneten Sanatoriums der medizinischen Fakultät mit einer Belegung von 35 Betten. Es war in der Villa des ehemaligen Präsidenten und Vorsitzenden der R. J. Reynolds Tobacco Company Bowman Gray und seiner Frau Nathalie untergebracht, einem Bau im normannischen Stil. Nach dem Tod Grays hatten seine Frau und Söhne das Anwesen der Wake Forest University geschenkt. Die vom Eingang über das 20 Hektar große Grundstück zum Haus führenden Wege schlängelten sich entlang säuberlich geschnittener Rasenflächen und gepflegter Gärten. Graylyn war ein riesiges, einem „englischen Herrenhaus nachempfundenes Gebäude, das nur ein Amerikaner mit einem über Jahre hinweg gemästeten Konto bauen konnte", schrieb ein Journalist einst. Für die Inneneinrichtung hatte man Schmiedeeisen, edle Fliesen und feine Möbel gewählt.

Durch diese Anstellung hatten die Kelleys zum ersten Mal seit ihrer Hochzeit die Gelegenheit, sich wirklich niederzulassen.

Im Dezember zogen sie in ein Backsteinhaus in Winston-Salem, dessen Bibliothek groß genug war für Kelleys dreitausend Kilo schwere Sammlung, die er für die größte Privatsammlung psychiatrischer Veröffentlichungen in den USA hielt.

Der angesehene 36-jährige Psychiater, eben aus dem mehrjährigen aufregenden Militärdienst zurückgekehrt, war der Star von Graylyn und mit der Aufsicht über die Behandlung aller Patienten der Klinik betraut. (Wie alle Mitarbeiter in Graylyn erhielt Kelley ein Monatsgehalt und führte keine Privatpraxis.) Die Universität hatte Graylyn mit allen erdenklichen Testapparaturen und Sachmitteln ausgestattet, sodass die unterschiedlichsten Behandlungsmethoden zur Verfügung standen, darunter Insulinschocktherapie, Beschäftigungstherapie und Elektrokonvulsionstherapie. Die Ärzte konnten sogar mit Lobotomie experimentieren, einer Technik der Neurochirurgie, deren Ergebnisse sich Kelley zufolge bei 50 Prozent der behandelten Patienten zwischen „beachtlich" und „spektakulär" bewegten.[544] (Später wurde diese Praxis wegen der starken Nebenwirkungen, des geringen Wirkungsgrades und der Vorzüge von Psychopharmaka weltweit verworfen.)

Als Pionier der Gruppentherapie führte Kelley den neuen Ansatz, den er während des Krieges zur Therapie traumatisierter Soldaten entwickelt hatte, jetzt in Graylyn ein. Seine Arbeit mit den Patienten offenbarte eine Mischung aus Ernsthaftigkeit, allgegenwärtiger Intelligenz und dem Talent, mit Diagrammen, Skizzen und Zeichnungen bestimmte Prozesse an der Tafel zu illustrieren. Um die Wirkung der Gruppentherapie zu erweitern, plante Kelley in Graylyn den Bau eines kleinen Theaters. Hier sollte eine neue Therapieform, das Psychodrama, praktiziert werden. Dabei wurden die Ängste der Patienten von ihnen selbst inszeniert und von anderen, im Publikum sitzenden Patienten, diskutiert. Ziel war es, dem Gefühl der Isolation unter den Patienten entgegenzuwirken. „Jeder Neurotiker hält sein Problem für einzigartig", sagte Kelley zu einem Journalisten kurz nach seinem Dienstantritt in Gaylyn, „und dass außer ihm niemand so etwas je erlebt haben kann. Wir und die anderen Patienten zeigen ihnen, dass andere ähnliche Sorgen haben, und versuchen, ihnen Mittel an die Hand zu geben, mit denen sie ihre Ängste in den Griff bekommen können."[545]

Solange Kelley der Direktor Graylyns war, nahm das Sanatorium weder „geistig behinderte" Patienten noch Psychopathen auf, weil Kelley nicht glaubte, dass diesen mit den Mitteln der Psychotherapie geholfen werden konnte. Die meisten Patienten in Graylyn waren neurotisch oder leicht psychotisch; nur für sie könne man in Graylyn etwas tun. Eine kleine Anzahl von Alkoholikern wurde auch aufgenommen, aber nur solche ohne psychopathische Symptome.

Obgleich Kelley selbst häufig einen Drink nahm, war er sich beruflich des Alkoholproblems bewusst. Viele Jahre lang sprach er sich für die Behandlung von Alkoholikern mit einem neuen Präparat namens Antabus aus, das probeweise in der Form kleiner weißer Tabletten erhältlich war. „Niemand", erklärte Kelley, „wird die Wirkung von Antabus in Kauf nehmen und sich dabei mit Whiskey betrinken. Wenn die Droge sie erst einmal gegen Alkohol sensibilisiert hat, kriegen die wenigsten auch nur ein einziges alkoholisches Getränk runter."[546] Das Medikament führt bei gleichzeitigem Alkoholkonsum zu einer Anreicherung von Acetaldehyd im Körper und dadurch zu Kopfschmerzen, Kurzatmigkeit und heftiger Übelkeit. Kelley glaubte, durch diese Nebenwirkungen könne man bei Alkoholikern eine Abneigung gegen Alkohol konditionieren. Antabus, das Kelley in Graylyn versuchsweise einsetzte, mache es möglich, „dass jedem, der wirklich von seinem Alkoholismus geheilt werden will, auch geholfen werden kann", was weder gesellschaftliche Ablehnung noch die Prohibition erreicht hätten, erklärte Kelley 1948 einem Journalisten. Er war davon überzeugt, dass Wissenschaftler noch zahlreiche sinnvolle Therapien gegen Alkoholismus finden könnten, wenn es nur genug Förderung gäbe. Deshalb regte Kelley immer wieder die Erhöhung der Alkoholsteuer an, mit der diese Forschung finanziert werden könne.

\

Auch die Allgemeine Semantik, die Kelley vor dem Krieg bei Alfred Korzybski studiert hatte und bei der Verhaltensmuster mit Hilfe von Sprache und einzelnen Begriffen modifiziert werden, wurde wesentlicher Bestandteil des in Graylyn verwendeten therapeutischen Handwerkszeugs. Kurz vor der Eröffnung der Klinik hatte Kelley die Vizepräsidentschaft des Instituts für Allgemeine Semantik angenommen, das Korzybski zur Förderung der Weiterentwicklung der Disziplin gegründet hatte. Kelley war nach wie vor der Ansicht, dass die Allgemeine Semantik für die Psychiatrie unverzichtbar sei, da sie in der Therapie psychischer Störungen auf den Verstand als Mittel gegen Emotionen setzte. „Wir verändern die Denkmuster unserer Patienten und ermöglichen ihnen dadurch, ihre Probleme rational und wissenschaftlich zu betrachten", erklärte Kelley.[547]

Abgesehen von den Neurose- und Psychosepatienten nahm Graylyn zahlreiche Kriegsveteranen auf, die sich von Kelleys Erfahrung bei der Behandlung von Kriegsneurosen Heilung erhofften. Im Herbst des Jahres 1948 beobachtete und beschrieb Chester S. Davis, der für das *Winston-Salem Journal & Sentinel* arbeitete, die Behandlung eines Patienten namens Jonathan Worth (vermutlich ein Pseudonym, das Kelley den Journalisten zu benutzen bat). Der Soldat hatte eine Explosion auf der Insel Attu in Alaska überlebt, wo 1943 nach der japanischen Besetzung der Insel im Vorjahr heftige Kämpfe ausgebrochen waren. (Die Schlacht von Attu war die einzige Schlacht im Zweiten Weltkrieg, die auf US-amerikanischem Territorium ausgetragen wurde.) Worth trug keine körperlichen Verletzungen davon, erlitt aber schwere psychische Schäden und klagte über Schwächeanfälle und chronische Kopfschmerzen. An die Explosion, die ihn zum psychischen Invaliden gemacht hatte, erinnerte er sich aber nicht. Aufgrund der Symptome, die ohne organische Ursache waren, diagnostizierte man eine Psychoneurose und führte die Kur durch, die bei Kelleys kürzlich vom Schlachtfeld zurückgekehrten Graylyn-Patienten üblich war. Drei Wochen lang erhielt Worth Insulininjektionen, die Komaschübe verursachen und Körper und Geist auf diese Weise tiefe Erholung verschaffen sollten. Weiterhin glaubte Kelley, eine Insulinüberdosis würde den Appetit von Worth anregen, eine Gewichtszunahme bewirken und sein Zentralnervensystem stärken.

Nach der Insulintherapie fühlte Worth sich besser und sah auch besser aus, aber die Kopfschmerzen hielten an. Jetzt setzte die zweite Phase von Kelleys Behandlung ein, in der sein Lieblingsinstrument bei der Therapie von Psychosen zur Anwendung kam. Er ließ den Patienten in sein Büro kommen, verabreichte ihm entweder Natriumamytal oder Natriumpentothal, um ihn in den schläfrigen Zustand der Narkohypnose zu versetzen, und spielte eine ungewöhnliche Tonaufnahme ab. Während Worth in einen Halbschlaf sank, wurde der Raum von Kriegslärm erfüllt: Landungsboote setzten auf, Flugzeuge knatterten und kreischten, Maschinengewehre spien Geschosse, und Bomben pulverisierten ihre Angriffsziele. Der schlafende Soldat Worth war vom Lärm der Schlacht auf Attu oder etwas, das ihm ähnelte, umgeben.

Plötzlich setzte er sich im Sofa auf und „da erlebte Jonathan Worth die Landung auf Attu ein zweites Mal, ein Erlebnis, das bis dahin nichts als ein weißer Fleck in seiner Erinnerung gewesen war", schrieb Davis. Auf Kelleys Nachfragen sagte Worth, er sei wieder auf seinem Posten am Maschinengewehr, am Bug des angreifenden Landungsbootes der US-Marine. Er schoss auf japanische Küstenpositionen und sah viele Soldaten fallen. Nach der Landung stellte er jedoch fest, dass die Menschen, die er getötet hatte, die angeblichen Feinde, US-Soldaten waren. Als er sich ihnen näherte, bemerkte er einen, der wie sein Vater aussah. Der Schock löste eine Ohnmacht aus. Er brach zusammen und wurde später ins Krankenhaus gebracht.

Davis beschreibt weiter: „Als die Wirkung der Medikamente nachgelassen hatte, sprach Dr. Kelley mit dem Patienten und machte ihm klar, dass es ein Unfall gewesen war und dass seine Schuldgefühle zwar normal, aber unnötig seien." Doch auch nach dieser Therapiesitzung ließen die Kopfschmerzen von Worth nicht nach. Kelley konzentrierte sich jetzt auf das Verhältnis des Soldaten zu seinem Vater. Er hielt es für unwahrscheinlich, dass einer der auf Attu Erschossenen tatsächlich wie Worth senior ausgesehen hatte. Es stellte sich also die Frage, warum der Schütze das Gesicht des Erschossenen mit dem seines Vaters überdeckt hatte. In den folgenden Sitzungen erfuhr Kelley, dass der Vater von Worth ein gewalttätiger Trinker gewesen war, der seiner Frau und seinem Sohn gegenüber oft handgreiflich geworden war „und dem kleinen Jonathan öfter einen Schlag versetzt hatte, dass der nur so durchs Zimmer flog“, berichtet Davis. Worth war in dem Glauben aufgewachsen, diesen Mann zu lieben, obwohl er insgeheim einen mörderischen Hass gegen ihn gehegt haben musste.

„Doctor Kelley rekonstruiert den Hergang folgendermaßen“, berichtet Davis weiter. „Als Jonathan den Strand betrat und auf die Leichenberge zurannte, erlitt er zwei Schocks: Erstens die Erkenntnis, Landsleute getötet zu haben, und zweitens einen Schock, der ihn vor dem ersten schützen sollte. Dieser zweite war durch die Vorstellung ausgelöst, er habe den Mann getötet, den er schon immer hatte töten wollen: seinen Vater. Mit dieser Erkenntnis war die Behandlung nun ein Leichtes.“ Kelley erklärte Worth, es sei normal, einem Vater wie diesem mit Hass zu begegnen, und dass er glaube, Worth habe ihn tatsächlich gehasst. Worths Wut sei völlig gerechtfertigt, sagte Kelley. „Nachdem er das bewusst akzeptiert hatte, entspannte Jonathan sich, die kräftige Nackenmuskulatur lockerte sich und packte seinen Schädel nicht länger von hinten. Jonathan Worth erlebte die Erleichterung eines von unerträglichen Kopfschmerzen befreiten Lebens.“ (John Hersey berichtet von einem erstaunlich ähnlichen Fall eines mit Narkohypnose behandelten Kriegstraumas: „A Short Talk with Erlanger“, erschienen im Oktober 1945 in der Zeitschrift *LIFE*.)

Davis’ Bericht von Diagnose, Behandlung und Heilung der Beschwerden von Worth ist zugleich spektakulär und überzeugend, und Kelley selbst betonte den rationalen und wissenschaftlichen Ausgangspunkt seines von der Allgemeinen Semantik beeinflussten Ansatzes. Er war stolz auf seine Fähigkeit, seine Patienten von Fehlwahrnehmungen zu befreien, indem er diese gegen eine rationale Perspektive austauschte. Die Allgemeine Semantik blieb zentraler Bestandteil seiner Behandlungsmethoden, so zum Beispiel in seiner Verwendung von Tonaufnahmen von Kampfhandlungen und der Idee, Worth dazu zu bringen, sich das Wort „Hass“ in der Beschreibung seiner Gefühle für seinen Vater anzueignen. In Kombination mit den anderen Therapiemöglichkeiten in Graylyn erreichte die Verwendung der Allgemeinen Semantik eine viel schnellere Heilung der Patienten, als es mit irgendeinem anderen Ansatz allein möglich gewesen wäre. Wie Kelley gern sagte: Wenn die Leute ein bisschen rationaler dächten, „würden sie nicht so verrückt handeln".[548]

\

Parallel zu seiner Arbeit im Sanatorium und an der medizinischen Fakultät, hielt Kelley weiterhin Vorträge, vor allem in den nahe gelegenen Mittelatlantikstaaten. Dabei kam er nach North und South Carolina, Georgia, Pennsylvania und Virginia, gelegentlich auch in den Mittleren Westen und bis an die Westküste.[549] Zu seinen Themen gehörte „Was aus Nürnberg zu lernen ist" und „Horizonte der Psychiatrie". Zwischen 1947 und 1949 hielt er 46 Vorträge, darunter einen über Neurologie im Rahmen einer Tagung von Zauberkünstlern.

Kelley sprach oft von der emotionalen Unreife des US-amerikanischen Volkes. „Das durchschnittliche emotionale Alter der Amerikaner ist [...] erschreckend niedrig", erklärte er vor Zuhörern in San Francisco. „Ich sage es nicht gern – es ist mir wirklich unangenehm, es zuzugeben –, aber alles weist darauf hin, dass das emotionale Alter einer großen Anzahl von Amerikanern zwischen fünf und sieben Jahren liegt. Wenn wir es über die Pubertät hinwegschafften, wären wir auf der sicheren Seite – als Volk und als Nation."[550]

Er widmete ganze Vorträge dem Phänomen der seiner Meinung nach schwächlichen psychischen Gesundheit seines Volkes und empfahl Verbesserungen bei der Geburtshilfe, um die Zahl der US-Amerikaner zu verringern, die „geistig minderbemittelt und emotional unreif sind. Wir begegnen ihnen täglich – hier ein Erwachsener mit einem Tobsuchtsanfall wie ein Kind, dort eine Frau, die immerzu weint, wenn sie nicht bekommt, was sie will, da jemand, der nur wie ein Haufen Protoplasma herumsitzt und seine Umgebung überhaupt nicht mehr wahrnimmt, und dann immer wieder welche, die einfach gar nichts mehr machen", beschrieb er dem Publikum seine Landsleute.[551] Das war weder ein mitfühlendes noch optimistisches Porträt. Kelley gab auch zu, dass viele seiner Psychiaterkollegen „seltsam" seien: „traurig, aber wahr. [...] Labile Persönlichkeiten fühlen sich von der Psychiatrie angezogen. Die Fachrichtung hat wahrscheinlich mehr Sonderlinge als irgendein anderes Teilgebiet“ der Medizin. Zur Ehrenrettung seiner Kollegen stritt er aber zumindest ab, „dass Psychiater auf jeder Party das Verhalten der anderen interpretieren – wir analysieren nur von 9.00 bis 17.00 Uhr“.[552]

Gelegentlich wollte jemand im Publikum wissen, wie Göring an die tödliche Zyankalikapsel gekommen war. Dann antwortete Kelley, dass er es nicht mit Sicherheit sagen könne, aber vermute, der Anwalt Görings habe die Kapsel in für seinen Mandanten bestimmten Prozessunterlagen versteckt.[553] Wegen der von Kelley vorgenommenen gründlichen Durchsuchungen war der Psychiater ganz sicher, dass Göring während seiner Dienstzeit als Gefängnispsychiater nicht im Besitz von Giftkapseln gewesen sein konnte.

In anderen Vorträgen schlug Kelley vor, Reisenden den Zutritt zu den USA zu verwehren, wenn der Verdacht bestand, sie könnten totalitäre Ideologien verbreiten. Wenn es nach ihm ginge, müssten sich außerdem alle Politiker und Personen im Staatsdienst vor Aufnahme ihrer Arbeit psychologischen Tests unterziehen.[554] 1947 sagte Kelley in einer Ansprache an die Anti-Defamation-League der B'nai B'rith in New York: „Das Wichtigste ist und bleibt, die bestehende Gefahr anzuerkennen. Wir dürfen nicht wie ein Patient handeln, der ahnt, dass er krank ist, und aus Angst vor einer Bestätigung der Befürchtung nicht zum Arzt geht. Und die Gefahr ist unübersehbar: Jede gegen Minderheiten gerichtete Bewegung – ob gegen die Schwarzen im Süden, gegen die Juden in dieser Gegend hier oder gegen Orientalen an der Westküste – ist ein Zeichen dafür.“[555] Dabei schien Kelley den autoritären Ansatz seiner Forderung nach Prüfung und Selektion übersehen zu haben. Denn wem waren diese Aufgaben anzuvertrauen, wenn nicht dem guten Doktor höchstselbst?

Zwar dramatisierte Kelley vor Publikum seine Ergebnisse im Blick auf die NS-Psyche, in seinem Buch ist er aber weniger selbstbewusst, wenn es um die Identifizierung potentieller Nationalsozialisten geht. Anfang 1947 veröffentlichte sein Verlag Greenberg endlich *22 Cells in Nuremberg*, und schon bald ging die zweite Auflage in Druck. Das Buch beinhaltete eine sachkundige Beschreibung seiner Einschätzung der NS-Angeklagten und von Hitler, aber keine ausführliche Darlegung der

Rorschachtestergebnisse und seiner in Nürnberg erarbeiteten Auswertungen. Kelley wusste die Testergebnisse noch nicht zu interpretieren.

Viele seiner Leser waren gespannt auf Kelleys Widerlegung der Idee, die Nationalsozialisten seien alle wahnsinnig gewesen, Göring und Schirach nicht ernst zu nehmende Homosexuelle und Heß sei ein Simulant. Die Behauptung des Autors, die mächtigen NS-Funktionäre seien hochintelligent und aus psychiatrischer Sicht normale Männer gewesen, sorgte damals für Aufmerksamkeit, verschwand in den darauffolgenden Jahrzehnten aber aus dem Blickfeld der Öffentlichkeit.

Kelley hoffte, das Buch würde den Gerüchten ein Ende setzen, er habe während seiner Zeit in Nürnberg Gefallen an den Überzeugungen und Persönlichkeiten der NS-Angeklagten gefunden. Er „identifizierte sich überhaupt nicht mit den Nazis, ihrer Ideologie und ihrem Verhalten. Ganz im Gegenteil!", schrieb Dukie treu. „Als Wissenschaftler hatte er seine Abneigung aber unter Kontrolle. Unterstellungen dieser Art kommen vermutlich von Leuten, die sich nicht so kontrollieren könnten."[556]

In der Zwischenzeit hatte Gustave Gilbert nicht vergessen, dass Kelley viele Dokumente, Testergebnisse und Aufzeichnungen mitgenommen hatte. Nach dem Ende des Gerichtsprozesses und seines Militärdienstes überarbeitete Gilbert eilig seine Notizen, um ein eigenes Buch für Laien herauszugeben, in dem er die Persönlichkeiten der hochrangigen NS-Männer beschreibt und berichtet, was in Nürnberg hinter den Kulissen vor sich gegangen war. Es erschien unter dem Titel *Nuremberg Diary* (Nürnberger Tagebuch – Gespräche der Angeklagten mit dem Gerichtspsychologen) nur wenige Wochen nach der Veröffentlichung von Kelleys *22 Cells in Nuremberg*. Wie Kelley vermied auch Gilbert jeden direkten Verweis auf die Rorschachtests, die sie durchgeführt hatten, was an seiner Unerfahrenheit in der Auswertung der Ergebnisse gelegen haben mag.[557]

Dennoch geht Gilbert in seinem Buch ausführlich auf die Figur des Nationalsozialisten ein und bietet eine detaillierte Beschreibung seiner Monate im Nürnberger Gefängnis, die großen Einfluss auf Psychologen und Historiker haben sollte. Seine Darstellung der deutschen Machthaber unterscheidet sich stark von der Kelleys. Gilbert schreibt, dass er einige der in Nürnberg Angeklagten nicht für normal und schon gar nicht für gewöhnlich halte, sondern für Psychopathen mit einer ganz eigenen Persönlichkeitsstruktur. Gilbert zeichnet Göring als impulsiven, egozentrischen, der Zivilcourage unfähigen Mann mit der Tendenz, auf jeglichen Widerspruch heftig zu reagieren, wenn er nicht gerade eine Maske der Liebenswürdigkeit trug. Für Personen außerhalb seines engsten Familienkreises empfand er nichts. Für Göring war Krieg ein Mittel, um Macht über andere zu erlangen; er hatte nichts mit nationalen Interessen oder anderen hehren Zielen zu tun. Durch seinen Machthunger traten sein Zynismus, Sadismus und seine Gier zutage. Görings Loyalität Hitler gegenüber betrachtete Gilbert als oberflächliche Formalität, die es dem Reichsmarschall erlaubte, seinen Appetit nach persönlicher Macht zu befriedigen.[558] Görings Selbstmord sei nichts als aufwändig inszenierte Feigheit gewesen.[559] Während Gilbert Görings abstoßende Charakterzüge als Symptome eines Psychopathen verstand, stellte Kelley sie als Charakteristika dar, die vielen erfolgreichen Geschäftsmännern und Politikern eigen waren. Im Gegensatz zu Kelley, der den Zielen von Machthabern grundsätzlich skeptisch gegenüberstand, betrachtete Gilbert den Nationalsozialismus als eine unvergleichlich bösartige Form politischer Herrschaft, die nur unter ganz bestimmten Bedingungen entstehen konnte.

Gilberts Buch erhielt von unerwarteter Seite Lob: Albert Speer, der mittlerweile seine 20-jährige Gefängnisstrafe in Spandau angetreten hatte, kommentierte: „Ich muss zugeben, dass [Gilbert] die Situation damals erstaunlich wirklichkeitsgetreu darstellt. Seine Einschätzungen sind im Großen und Ganzen richtig und gerecht; ich selbst hätte es nicht anders ausgedrückt." Speer hatte Gilberts Arbeit in Nürnberg immer gewürdigt und dem Psychologen gegenüber sogar zugegeben, er verspüre „beinahe Dankbarkeit". (Auf das erste Buch folgte 1950 *The Psychology of Dictatorship* [Die Psychologie der Diktatur], in dem Gilbert das NS-Regime und seine Akteure systematisch analysiert.) Der wohl größte Unterschied zwischen Kelleys und Gilberts Studien liegt darin, dass Gilbert eine Erklärung liefert, die den selbstgerechten siegreichen US-Amerikanern gefallen musste. Gilberts Buch war ein Kind seiner Zeit.

Greenberg verkaufte die Rechte an *22 Cells in Nuremberg* an einen britischen Verlag und hoffte auf gute Verkaufszahlen in Europa. „Aber unser alter Freund Gilbert ist schneller gewesen", schrieb einer der Lektoren bei Greenberg an Kelley. „Sie haben vielleicht schon in der Times gesehen, dass sein Buch hier erst Ende März erscheinen wird. Es ist ein Trost und außerdem ein echter Vorteil, dass wir ihm doch noch zuvorgekommen sind." Kelleys Nachfolger, der Psychiater Leon Goldensohn, beschwerte sich über die Behauptung auf dem Schutzumschlag von *22 Cells in Nuremberg*, derzufolge Kelley der einzige Psychiater gewesen sei, der engen Kontakt zu den Angeklagten hatte. Daraufhin entfernte der Verlag den Satz. „Über Goldensohn müssen wir uns keine Sorgen machen", kommentierte der Lektor. (Auch Goldensohn hatte seine Begegnungen mit den NS-Angeklagten dokumentiert, veröffentlichte seine Aufzeichnungen aber nicht. Sie erschienen 2004, 45 Jahre nach Goldensohns Tod, unter dem Titel *The Nuremberg Interviews: An American Psychiatrist's Conversations with the Defendants and Witnesses* [Die Nürnberger Interviews: Gespräche mit Angeklagten und Zeugen], herausgegeben vom Historiker und Spezialist für den Zweiten Weltkrieg Robert Gellately.)[560]

Kelley stellte sich gern der Öffentlichkeit und bewarb sein Buch unermüdlich. Er war überzeugt, er habe etwas Wichtiges mitzuteilen. Im März 1947 war er mit dem Buch vier Tage lang in New York City unterwegs, gab vier live Radiointerviews, nahm eine weitere Sendung zur späteren Ausstrahlung auf und gab eine Pressekonferenz.[561] Dabei betonte er immer wieder, dass *22 Cells in Nuremberg* kein Fachbuch für Psychiater, Mediziner anderer Fachgebiete oder Spezialisten sei; vielmehr wolle er Wahrnehmung und Verhalten der gesamten US-amerikanischen Öffentlichkeit verändern. Kelley hoffte, seine Leser für die Charaktereigenschaften zu sensibilisieren, die es einer Gruppe von Männern möglich gemacht hatte, sich auf brutale Weise ein ganzes Land zu unterwerfen und das Volk auch noch in dem Glauben zu lassen, sie seien dazu berechtigt. Er wollte zeigen, dass jedermann zu einem Nationalsozialisten werden könne, die USA zu einem Land wie Deutschland. Die Vereinigten Staaten stünden an einem Wendepunkt, und was er in Nürnberg gelernt hatte, erschien ihm richtungsweisend. In jedem von uns, so warnte er, stecke ein Nationalsozialist und ein kleiner Stoß des Schicksals genüge, um ihn zum Vorschein zu bringen. Während der weitgehend optimistischen Nachkriegsjahre in den USA wirkte seine Einstellung fast paranoid.

Kelley war von dieser Idee so überzeugt, dass er seinen kleinen Sohn viele Jahre später zur Lektüre seines Buches nötigte. „Das war ihm sehr wichtig", erinnert Douglas Kelley Junior sich. „Ich musste mich mit dem Buch hinsetzen und das letzte Kapitel lesen, damit ich verstand, dass jeder Mensch an jedem Ort und in jeder Kultur jederzeit ein Regime wie das der Nationalsozialisten aufbauen könnte."

In einer Rezension von Kelleys Buch in einer Psychologiefachzeitschrift schrieb Lewis Terman, er sei schon gespannt auf die angekündigte Dokumentation der Rorschachtests, die Kelley mit den Angeklagten durchgeführt hatte. Kelley und Gilbert gerieten wegen einer möglichen gemeinsamen Veröffentlichung des Berichts bald aneinander und konnten sich auf keinen Kompromiss einigen, weil jeder der beiden die Hauptautorschaft für sich beanspruchte.

Kelley war nach wie vor von der Bedeutung des Rorschachtests überzeugt und sollte ihn ein Leben lang verwenden. In den späten 40er-Jahren übernahm er für den Zeitraum einer Amtszeit die Präsidentschaft des US-amerikanischen Rorschachinstituts. Doch als Psychiater fühlte er sich verpflichtet, die Ergebnisse der Rorschachtests mit den NS-Angeklagten genauer auszuwerten, als das für sein populärwissenschaftliches Buch *22 Cells in Nuremberg* nötig gewesen war. 1947 begann er deshalb, die Dokumentation der mit sieben der ranghohen Nationalsozialisten vorgenommenen Tests an Experten aus aller Welt weiterzureichen, auf deren Sachkenntnis er vertraute; darunter: Marguerite Loosli-Usteri, die erste Präsidentin der Internationalen Rorschachgesellschaft, S. J. Beck, ein Psychiater aus Chicago, der viel über die Rorschachtechnik veröffentlicht hatte, und Kelleys früherer

Kollege Bruno Klopfer. „Mich interessiert weniger, welche Techniken der Auswertung und Interpretation jeweils verwendet werden, noch möchte ich die Bedeutung der Rorschachmethode unter Beweis stellen", ließ Kelley sie wissen. „Ich will von so vielen Experten wie möglich so vollständige Persönlichkeitsmuster der Nazis wie möglich sammeln." Weiterhin schrieb er, dass er später einen Artikel veröffentlichen wolle, in dem die Auswertungen vorgestellt werden würden.

Unter den Antworten, die Kelley erhielt, waren zahlreiche ausführliche und sorgfältige Analysen. Doch den Artikel schrieb Kelley nie. Loosli-Usteri nahm dem Kollegen die ausbleibende Veröffentlichung der Beiträge besonders übel und beklagte sechs Jahre später in einem Brief an Kelley, dass es jetzt zu spät sei: „Wen interessiert heute noch die Psyche dieser sieben Männer?", schrieb sie.[562]

Ein weiterer Versuch, dieses Material über die NS-Angeklagten auszuwerten, fand 1947 in London statt, beim ersten Internationalen Kongress der World Federation of Mental Health, einer Vereinigung zur Prävention von psychischen Störungen. Die klinische Psychologin und Rorschachexpertin Molly Harrower lud zehn Kollegen ein, die von Kelley und Gilbert zusammengetragenen Daten von 17 der NS-Funktionäre und einer Kontrollgruppe von acht Personen auszuwerten. (Das Material hatte Gilbert zusammengestellt.) Die Ergebnisse der Auswertung der Rorschachtests durch das Komitee wurden nie veröffentlicht. Auch Harrower selbst legte ihr Ergebnis nicht vor. 1976 erklärte sie das Fallenlassen des Projektes damit, dass sie in den Tests „nicht fanden, was wir erwartet hatten und was die Öffentlichkeit von uns zu finden verlangte, nämlich, dass diese Männer wahnsinnige Kreaturen waren, die mit einem normalen Menschen so viel gemeinsam hatten wie ein Skorpion mit einem Hundewelpen. Stattdessen fanden wir Hinweise auf ganz unterschiedliche Persönlichkeiten, alles von schwer verhaltensgestörten Neurotikern bis zu ausgesprochen gut angepassten Individuen." Für die Mitglieder des Auswertungsteams aber, so erkannte Harrower rückblickend, grenzte sich das Böse so klar gegen das Gute ab wie Schwarz gegen Weiß. Graustufen hatten keinen Platz in den Persönlichkeitsstrukturen derer, die zu solchen Gräueltaten fähig waren. Also blieb Kelley der einzige Wissenschaftler, der bereit war, öffentlich zu erklären, dass Menschen, die den schlimmsten Nationalsozialisten ähneln, mitten unter uns leben.

Kelley entfernte sich langsam von der klinischen psychiatrischen Arbeit. Zwar widmete er sich weiterhin engagiert der Lehre an der medizinischen Fakultät und der Behandlung seiner Patienten in Graylyn. Doch wegen seiner Erlebnisse in Nürnberg und des Fehlens von Hinweisen auf psychiatrische Ursachen für die Entwicklung der Nationalsozialisten oder zumindest auf eine ihnen allen gemeinsame Persönlichkeitsstruktur, entwickelte Kelley den immer stärker werdenden Drang, die Psyche von Verbrechern, nicht nur solchen mit nationalsozialistischem Hintergrund, zu erforschen. Nach monatelangen Studien der Männer, die für die grässlichsten Verbrechen der neueren Geschichte verantwortlich waren, hatte er herausgefunden, dass das Böse in ganz normalen Menschen hauste. Hier kam er mit den Werkzeugen der Psychiatrie nicht weiter. Also wandte Kelley sich der Kriminologie zu, um diese Männer verstehen zu lernen.

Aber die Hinwendung zur Kriminologie war riskant. Die Suche nach den Samen des Bösen in anderen würde Kelley dazu zwingen, sich mit seinen eigenen finsteren Seiten zu konfrontieren. Die Kriminologie bot Antworten auf die Ursachen abnormen Verhaltens und bewegte sich damit in einer dunklen, unberechenbaren Welt, in der Lob auch an einen großen Mann wie ihn nicht verschenkt wurde. Dies hatte seine Mutter June ihn schon Jahre zuvor gelehrt. Die Hinwendung zu dieser neuen Disziplin würde für Kelley bedeuten, dass er sich seiner größten Angst würde stellen müssen.

\

1947 übernahm Kelley zum ersten Mal einen Auftrag als Fachberater der Polizei und unterrichtete Mitarbeiter der Polizeibehörde von Winston-Salem in psychiatrischen Techniken und half der Polizei bei einzelnen Fällen.[563] Im Frühjahr 1947 sagte er im Prozess gegen den wegen Vergewaltigung angeklagten Ralph Vernon Litteral vor Gericht aus und diagnostizierte einen Hirnschaden, auf den seine Auswertung der Rorschachtestergebnisse schließen ließ. Litteral wurde verurteilt. Die darauffolgende öffentliche Auseinandersetzung zwischen Kelley und Gouverneur R. Gregg Cherry wegen dessen Weigerung, Litteral zu begnadigen, ging in North Carolina durch alle Zeitungen. Nach einem persönlichen Gespräch zwischen Cherry und Litteral widersprach der Gouverneur Kelleys Urteil der Unzurechnungsfähigkeit. Kelley setzte entgegen, der Gouverneur solle doch erst einmal Medizin studieren, bevor er psychiatrische Diagnosen stelle. „Das Gouverneursamt ist keine Wissenschaft, und die Psychiatrie scheint mir ebenfalls reichlich undurchsichtig", gab Cherry zurück. Dem entgegnete wiederum Kelley: „Wenn es Gouverneur Cherry gelingt, nachzuweisen, dass Litteral richtig von falsch unterscheiden kann, dann erkläre ich das Problem eines Psychiatermangels in den USA für gelöst."[564] Litteral wurde im November 1947 hingerichtet.

Kelley entwickelte den Einsatz narkohypnotischer Medikamente für die Anwendung bei der Fahndung weiter, speziell für den Einsatz bei Fällen von Amnesie und krankhaft unterdrückter Erinnerung, indem er Natriumpentothal und Natriumamytal durch Somnoform ersetzte, einem in der Zahnmedizin verwendeten Anästhetikum. Das Gas musste nicht wie die zuvor verwendeten Medikamente injiziert werden, doch für Kelley war der größte Vorteil der dezente Geruch, den die Patienten meist erst wahrnahmen, wenn die Wirkung eingesetzt hatte und sie sich für dergleichen schon nicht mehr interessierten. Somnoform wirkte innerhalb von 90 Sekunden, die Betäubung hielt zehn Minuten an. „Schnuppern Sie mal!", forderte Kelley einen Journalisten einmal auf. „Kommen Sie schon, riechen Sie! Es tut nicht weh. Manchmal fühlt man sich danach nur ein bisschen, als hätte man zu tief ins Glas geschaut."[565] Kelley sprach aus Erfahrung. Er hatte die „Wahrheitsseren" auch an sich selbst getestet. „Nach wenigen Atemzügen", beschrieb er die Wirkung von Somnoform, „macht sich im Körper eine Taubheit breit und man spürt nur noch ein leichtes Kribbeln. Dann wird man schläfrig und hat das Gefühl, davonzuschweben. Kurz darauf kommt einem alles ganz wunderbar vor, man entspannt sich. Die ganze Zeit über hat man das Gefühl, etwas oder jemand würde sich vor einem auflösen."[566] Kelley hoffte, ein für die Narkohypnose geeignetes Präparat zu finden, das noch leichter zu verabreichen und zu transportieren wäre als Somnoform, vielleicht in einem kleinen Fläschchen oder einem ähnlich praktischen Behältnis, für den Einsatz am Tatort.

Ob unter Einsatz althergebrachter Mittel oder neuer Medikamente: Die Narkohypnose erfreute sich kurzzeitig großer Beliebtheit in der Strafverfolgung. Aussagen unter dem Einfluss sogenannter Wahrheitsseren führten in den späten 40er- und frühen 50er-Jahren zur Freilassung von Mordverdächtigen in Kalifornien, Oklahoma und weiteren Staaten. Die Medikamente, versicherten Kelley und seine Mitstreiter, konnten Geständnisse erzwingen, fälschlich Verdächtigte entlasten und Zeugen Details entlocken, die ihr Gedächtnis andernfalls weiterhin unterdrückt hätte.[567] Obwohl Kelley zugab, dass es möglich war, auch unter dem Einfluss der Medikamente zu lügen, war er vielleicht der größte Fürsprecher ihrer Anwendung und unterhielt Journalisten oft mit ausgeschmückten Geschichten seiner Erfolge. In einer davon ging es um eine Jugendliche, die nach einem hysterischen Anfall ihre Eltern nicht wiedererkannte. Sie waren ihr vollkommen fremd. Unter dem Einfluss von Somnoform konnte dem Mädchen durch den Psychiater die Notwendigkeit suggeriert werden, sich an alle wichtigen Ereignisse ihres Lebens zu erinnern, besonders solche, die mit ihren Eltern zu tun hatten. Kelley zufolge erwachte das Mädchen in Gegenwart ihrer Eltern mit den Worten aus der Hypnose: „Hallo Mama, Hallo Papa!" Kelley diagnostizierte eine krankhafte Ablehnung der eigenen Eltern. Diese Störung musste weiter behandelt werden, aber durch die Hypnose konnte die Patientin von ihrem schwersten Symptom befreit werden.

Nach vielen Jahren der Erforschung der Psyche von Verbrechern wollte Herman Morris Adler von der University of California in Berkeley einen neuen Studiengang in einer relativ jungen Disziplin einführen: die Kriminologie. Als Adler 1936 plötzlich starb, hatte man die Pläne zu den Akten gelegt. Doch nach dem Krieg wurden sie wieder aufgegriffen, und die Universität suchte nach einem Direktor für das neue Institut, in seiner Art das erste an der Westküste der USA und eines der ersten in den gesamten Vereinigten Staaten. Die Veröffentlichung von *22 Cells in Nuremberg* hatte Aufmerksamkeit erregt, Kelleys Name

Der junge Psychiater und zukünftige Kriminologe.

kam ins Spiel. Die Universität, die ihm erst wenige Jahre zuvor nur eine Dozentenstelle mit geringen Aufstiegschancen angeboten hatte, wollte ihn zum Herbst 1949 als Professor der Kriminologie einstellen. Kelley gab ihnen zu verstehen, dass er „das Angebot ernstlich in Betracht" zöge, vor einer Zusage aber mit der Verwaltung von Bowman Gray Rücksprache halten wolle.[568]

Ende 1947 war Doug, das erste Kind der Kelleys, geboren worden. (1951 und 1953 kamen seine Geschwister Alicia und Allen zur Welt.) Da Dukie kürzlich 400 000 US-Dollar geerbt hatte, konnte die Familie Kelleys Karrierewechsel dennoch riskieren. Die Professur in Berkeley bedeutete mehr Gehalt und Prestige, stellte aber seine Identität als klinischer Psychiater in Frage, die Kelley sich über Jahre hinweg aufgebaut hatte und unter der er im ganzen Land bekannt war. „Die Professur bedeutet Lehre und Forschung", sagte Kelley, während er über das Angebot nachdachte. „Wenn ich annehme, ziehe ich mich aus der klinischen Psychiatrie zurück und konzentriere mich ganz und gar auf die Forschung."[569] Dem konnte er nicht widerstehen. Er reichte bei Bowman Gray die Kündigung ein, die am 31. Juli 1949, nur zwei Jahre nachdem Graylyn mit ihm als Direktor eröffnet worden war, in Kraft trat. In dieser Zeit hatte er die Verantwortung getragen für die Behandlung von über 560 stationären Patienten und zusätzlichen 1600 ambulant behandelten Kriegsveteranen.[570]

Greenberg hatte sich einige Monate zuvor gegen eine Neuauflage von *22 Cells in Nuremberg* entschieden und die Rechte an Kelley für 250 US-Dollar zurückgegeben.[571] Die Öffentlichkeit war des Krieges, seiner Folgen und der Tribunale überdrüssig und hatte wenig Interesse an weiteren Details über Hitler und seine Schergen. Das Buch geriet in Vergessenheit. Nur in bestimmten Kreisen verhalf es Kelley zu höherem Ansehen. Sein guter Ruf half ihm in Berkeley weiter – bis er in sein Gegenteil umschlug.

Kapitel 9
Zyankali

KELLEY LIEBTE ES SEIN Leben lang, im Zentrum der Aufmerksamkeit zu stehen, und für den geborenen Erzähler und Alleinunterhalter war die Lehre genau das Richtige. Der Wechsel 1949 an das Institut für Kriminologie der University of California in Berkeley gab ihm außerdem die Gelegenheit, sich ganz der Untersuchung dessen zu widmen, das ihn seit Nürnberg nicht losließ. Er stand hier vor Jurastudenten, angehenden Polizisten und Richtern, eben jenen, deren Arbeitsgebiet er schon als Berater der Polizei und der Rechtsanwälte von Winston-Salem kennengelernt hatte. Aus den verqualmten Polizeirevieren und den nach Kaffee riechenden Kanzleien North Carolinas trat er ein in die Welt der Glockentürme und Landschaftsgärten der größten Universität Kaliforniens (und dies mit dem fürstlichen Gehalt von 9000 US-Dollar).[572] Aber er sollte sich schon bald wieder einen Weg in die schmuddeligen Justizhöhlen graben, die er so liebte. Seine Psychiaterkollegen interessierte sein Wechsel zur Kriminologie. „Dürfen an Ihren Kursen auch Freizeitkriminologen teilnehmen?", wollte ein Arzt wissen. „Wenn Sie irgendwann Zeit hätten, würde ich gern mehr über Ihre Arbeit erfahren – welcher Fan von Ellery Queen, Nero Wolfe und Co. würde das nicht?"[573]

Im ersten Semester in Berkeley unterrichtete Kelley psychiatrische Kriminologie und Täuschungserkennung.[574] Seinen Studenten wurde schnell klar, dass der Mediziner ihrem Bild eines Psychiaters nicht entsprach: Er scherzte, machte Kunstpausen, um seine Kompetenz und seinen Charme wirken zu lassen, und hinterließ an der Tafel ganze Kunstwerke aus Illustrationen und wilden Graphiken. Außerdem legte er eine kriminologische Sammlung an, die einen Löffel mit messerscharf geschliffenem Stiel und andere heimtückische Waffen beinhaltete, die er von den Wachen im San Quentin Gefängnis bekommen hatte.

Im Seminar zur „Erkennung von Täuschungen" zeigte Kelley den Studenten, dass unterschiedliche Perspektiven auch auf rationalem Weg zu unterschiedlichen Schlüssen führen können. Um das zu illustrieren, machte er besonders gern von kleinen Tricks Gebrauch. Einer davon war der „Wassertrick", wie er ihn nannte. Dazu stellte Kelley Wassereimer auf, jeweils gefüllt mit heißem, lauwarmen und kaltem Wasser, und bat Freiwillige, die Hand in einen der Eimer zu halten. Nachdem sie sich an die Temperatur gewöhnt hatten, bat er sie, die Hände aus dem Wasser zu nehmen und sie in den mit kaltem Wasser gefüllten Eimer zu halten. Das Auditorium war immer erstaunt, wenn sich herausstellte, dass das kalte Wasser von unterschiedlichen Studenten als eiskalt, kühl und warm wahrgenommen wurde. Kelley wollte damit zeigen, dass die Wahrnehmung von legal oder kriminell – ganz zu schweigen von Gerechtigkeit –, stark von der Perspektive abhängt, die uns durch unsere Sinne vorgegeben wird.

Kelley spielte weiterhin gerne den Illusionisten, weil er glaubte, dass man, „wenn man die Täuschungstechniken des Zauberkünstlers kennt, dieselben Techniken bei einem Lügner und Verbrecher erkennen kann". Zwei Jahrzehnte zuvor hatte er die Bewohner von Berkeley in Erstaunen versetzt, indem er mit verbundenen Augen Auto gefahren war und sich aus verschlossenen Kisten befreit hatte, jetzt nahm er weniger aufwändige und dennoch ebenso wirksame Tricks zu Hilfe. Manchmal holte er mitten im Unterricht ein Kartenspiel heraus und zog daraus immer wieder dieselbe Karte hervor, bis die Studenten davon überzeugt waren, dass die Karten alle identisch waren. Dann gab er ihnen das Kartenspiel, und sie stellten fest, dass es aus 52 verschiedenen Spielkarten bestand. Die Sinne, illustrierte er damit, können trügen. „Meine Seminare schwänzt keiner", sagte er nicht ohne Stolz.[575] Kelley wollte seine Studenten auf keinen Fall langweilen. Bald machte er Pläne für ein Buch über Täuschung, das seine Erfahrungen mit den angeklagten Nationalsozialisten, mit gewöhnlichen Betrügern und mit der Zauberkunst wirkungsvoll miteinander verbinden sollte.

Kelley war jetzt 40 Jahre alt, war ein rotgesichtiger, stämmiger Mann mit Bierbauch und kräftigen Oberschenkeln, die seine 75 Kilo trugen. Bevor er sich morgens auf den Weg zur Universität machte, sah er sich im Badezimmerspiegel ins Gesicht und wiederholte die Vokalreihe a-e-i-o-u, um seine Stimme zu trainieren, die einen so wichtigen Teil seiner Person ausmachte. Schon bald trat etwas ein, das niemand (abgesehen von Kelley selbst) erwartet hatte: Der Neuling wurde eine international bekannte Koryphäe in einer bis dahin kaum beachteten Disziplin, die von schüchternen Akademikern bevölkert war und in der, wie ein

Die Prinzipien der Allgemeinen Semantik fanden in vielen von Kelleys Kriminologieseminaren Eingang.

Kriminologe bemerkte, „sich nur wir Hasenfüße herumtreiben".[576] Kelley hatte Spaß daran, die Wissenschaft der Kriminologie auf den Boden der Tatsachen zu holen und gab seinen Studenten die Lektüre von Trivialtexten wie Joseph Mitchells *McSorley's Wonderful Saloon* und David Maurers *The Big Con* auf. „Er ist jetzt auch als medizinisch-juristischer Experte, als Dozent und so weiter richtig gut im Geschäft", schrieb der Freund und Kriminologiekollege Howard Fabing bewundernd an einen Bekannten.

Ein Großteil von Kelleys ansehnlichem Einkommen bestand aus Zahlungen der Polizeibehörde von Berkeley, die Kelley im November 1949 gleich nach seiner Ankunft in der Stadt als psychiatrischen Berater einstellte. Die örtliche Polizeidirektion hatte die Hilfe der Wissenschaftler der nahe gelegenen Universität seit vielen Jahren in Anspruch genommen, und der legendäre Chief of Police August Vollmer hatte an der Universität Strafrecht unterrichtet. Auch Paul L. Kirk, ebenfalls ein Star unter den Dozenten des Instituts für Kriminologie, stellte seine Fachkenntnis regelmäßig der Polizei zur Verfügung. Kirk war als Chemiker beim Manhattanprojekt, der Entwicklung der ersten Atombombe, beteiligt gewesen und hatte sich dann der mikroskopischen Spurenuntersuchung in der Polizeifahndung gewidmet.[577] Später führte er Blutanalysen für die Verteidigung in dem berühmten Fall des wegen Mordes angeklagten Sam Sheppard in Ohio durch und half bei der Revision seiner Verurteilung.

In den 50er-Jahren arbeitete Kelley eng mit Superintendent John Holstrom zusammen, der Kelley den Polizeieid abnahm, ihm den Titel des Psychiatric Chief of Police verlieh und ihm die Polizeimarke von Alameda County verlieh, die Kelley, wenn nötig, so geschickt aus dem Ärmel zog wie eine seiner Spielkarten. Als er auf einer Autobahn im Norden Kaliforniens mit seinem Sohn im Wagen zu schnell fuhr, hielt ihn ein Verkehrspolizist an. „Mein Vater zückte sein Portemonnaie und zeigte ihm die Polizeimarke", erinnert Doug sich. „Der Polizist sagte nur ‚Oh, verstehe. Bitte entschuldigen Sie.' Ich dachte: ‚Was für ein Heuchler', und dann, ‚Ich will auch so ein Ding.'"

Man hatte Kelley die Marke vor allem für seine psychologische Beurteilung von Polizeianwärtern verliehen. Eine seiner ersten Aufgaben bei der Polizei war die psychiatrische Musterung von 13 Anwärtern für den Streifendienst, von denen er drei als so labil einschätzte, dass sie „in dieser Position echten Schaden anrichten könnten“. Wegen des hohen Prozentsatzes der abgelehnten Anwärter bat Holstrom Kelley, nun regelmäßige Untersuchungen der Bewerber durchzuführen. Kelleys Fähigkeit, schlechte Kandidaten auszusortieren, wuchs in gleichem Maße wie seine Bekanntheit als Verfechter einer Standarduntersuchung angehender Polizisten.

Seltsamerweise hielt Kelley es auch für seine Aufgabe, die psychische Gesundheit derjenigen Bürger Berkeleys zu überprüfen, die häufig Anzeige erstatteten. 1950, in nur einem Jahr, untersuchte er sieben Personen, die der Polizei durch häufige Anzeigen aufgefallen waren, zusätzlich bei zwei von ihnen die Familien. Kelley kam zu dem Ergebnis, dass einige von ihnen psychisch krank waren und „an eine Psychiatrie überwiesen oder sogar eingeliefert“ werden sollten. Er ging davon aus, dass sich die Anzahl „seltsamer Anrufe bei der Polizei“ nun stark verringern würde. „Berkeley ist auch nicht verrückter als andere Städte“, erklärte er in einem Interview. „Es ist nur so, dass ein hoher Anteil unserer Psychotiker und Wahnsinnigen frei herumläuft. Jede Woche finden wir zwei neue.“ 1953 strengte Kelley eine ähnliche Kampagne gegen gefährliche Autofahrer mit der Begründung an, häufig gegen die Verkehrsregeln verstoßende Personen seien psychisch auffällig.

Kelley nutzte seine Erfahrungen, indem er regelmäßig Vorträge hielt und Artikel zum Thema Polizeiarbeit veröffentlichte. Der Titel eines seiner Vorträge lautete „Dumb Cops“ (Dumme Polizisten). „Zwischen einem Drittel und der Hälfte der Polizisten in diesem Land sind unfähig, Sie zu beschützen oder Verbrechen aufzuklären“, erklärte er in einem seiner Artikel pauschal. „Sie sind emotional labil, geistig minderbemittelt und ihr logisches Denken ist unterentwickelt.“ Das war noch nicht alles. Kelley behauptete weiter, viele der Streifenpolizisten seien paranoid, sadistisch und sogar wahnsinnig. „Diese Leute sind genauso gefährlich wie der Typ, der Ihnen hinter einer Hecke mit einer Pistole in der Hand auflauert.“[578] Um mit dieser bedrohlichen Lage umzugehen, schlug Kelley vor, mehr Polizeibehörden sollten mit ihren Anwärtern die psychologischen Tests durchführen, für die er sich in Berkeley eingesetzt hatte, darunter IQ-Test und natürlich den Rorschachtest. Bei seinen Vorträgen erzählte er gern von dem Polizeianwärter, der in einer der Rorschachbildtafeln einen „aufgeschnittenen, zertretenen Hasen" gesehen hatte. Die Polizeikarriere dieses Mannes war leider beendet, bevor sie begann, sagte Kelley. Er rügte Polizeidirektionen, die noch kein psychologisches Auswahlverfahren eingeführt hatten. „Das ist unverantwortlich", schimpfte er. Je mehr Kelley in die Welt des Verbrechens und der Verbrechensbekämpfung eintauchte, desto mehr erschien ihm die Gesellschaft in ihrer Gesamtheit verbrecherisch, und desto weniger glaubte er an die Fähigkeiten einzelner Polizisten.

Manchmal aber wehrte sich die Polizei. Im Sommer 1954 ließen einige Teilnehmer einer Tagung der New Jersey State Association of Chiefs of Police Kelleys „Dumb Cops"-Artikel auf die Agenda setzen und beschwerten sich daraufhin beim FBI. Der beauftragte Agent kam zu dem Schluss, dass Kelleys „Darstellung der Polizei allgemein sehr negativ" sei und fügte seinem Bericht die belanglose Tatsache hinzu, dass Kelleys Buch *22 Cells in Nuremberg* in einer von der Washington Cooperative Book Shop Association herausgegebenen Zeitschrift positiv besprochen worden war; diese Organisation aber werde als subversiv eingestuft. Als Kelley einige Wochen später an einer Konferenz der International Association of Chiefs of Police teilnahm, waren auch FBI-Agenten anwesend. Sie hörten sich seinen Vortrag über Verkehrssünder an, stießen dabei aber nicht auf Bemerkungen über unqualifizierte Polizisten und legten die Sache zu den Akten.

Das Publikum musste bei Kelley mit einigem rechnen, aber nicht damit, dass er beim Thema blieb. In Los Angeles erklärte er vor Publikum, die Russen seien mindestens so gefährlich wie die Nationalsozialisten, und die USA sollten mit Bestimmtheit, nicht mit zurückhaltender Appeasementpolitik auf die sowjetische Koreapolitik reagieren. 1951 eröffnete er seinen Zuhörern in San Francisco, dass viele seiner Psychiaterkollegen völlig überfordert seien und sich hinter Fremdwörtern versteckten, „damit keiner merkt, dass sie keine Ahnung von der Materie haben". Wenn er über Psychopathen sprach, erklärte er, ihre Persönlichkeitsstruktur sei wie ein Elefant: zu komplex für eine einfache

Beschreibung, aber „wenn einem einer über den Weg läuft, erkennt man ihn“. Der Prospekt, der über die von ihm angebotenen Vortragsthemen informierte, beinhaltete folgende Titel: „Fact and Fable in Psychiatry“ (Fakt und Fabel in der Psychiatrie), „Fear: Its Facts and Fictions“ (Angst: Was ist Fakt, was ist Fiktion?), „Fads, Frauds, and Fools“ (Hochstapler, Betrüger und Idioten), „How to Keep Young in Mind“ (Wie man den Geist beweglich hält) und „Nothing But the Truth“ (Nichts als die Wahrheit). Er sprach lebhaft über Jugendkriminalität und machte für die steigende Kriminalitätsrate unter jungen Leuten die modernen Formen der Erziehung verantwortlich, die zu wenig Wert darauf legten, den Kindern beizubringen, ihren Trieb zum Bösen zu unterdrücken und Reue zu empfinden, wenn sie vom rechten Weg abwichen. Kelley hatte am Menschen eine Menge auszusetzen.

Kelley wandte seine Kenntnisse der Psychiatrie bei der Aufklärung vieler berühmter Kriminalfälle an. Manchmal arbeitete er im Auftrag der Staatsanwaltschaft, manchmal für die Verteidigung, manchmal war er Fachberater und manchmal Zeuge. Er war an vielen Prozessen gegen berüchtigte Mörder aus der Gegend um San Francisco Bay beteiligt, darunter dem gegen Ray Cullen, der 1952 wegen des Doppelmordes an seiner Frau und seinem Schwiegervater angeklagt wurde, gegen Mary Edna Glenn, die man 1952 des Mordes an zwei Kindern anklagte, gegen Hildegard Pelton, die ihren gewalttätigen Mann umgebracht hatte, gegen Rodney Sheran, der 1955 für den Mord an seiner Frau verurteilt wurde, und gegen Saul Sidney Klass, ein 1957 verurteilter Juwelier, der aus Rache den Arzt erschossen hatte, den er für den Tod seiner Frau verantwortlich machte. In Zusammenarbeit mit der Staatsanwaltschaft verhörte Kelley Stephen A. Nash, der in Los Angeles eine Serie von Morden um des Nervenkitzels willen begangen hatte. Dass er Psychiater war, verschwieg Kelley dem Angeklagten. Dann bezeugte er Nashs psychische Gesundheit und Zurechnungsfähigkeit.

In Fällen wie diesem kamen ihm seine Kenntnisse der Rorschachmethode zugute, und der psychologische Test blieb eines seiner wichtigsten Werkzeuge, wenn man ihn als Fachberater heranzog. Sein 1942 gemeinsam mit Bruno Klopfer veröffentlichtes Buch über die Rorschachmethode, *The Rorschach Technique*, stand in Schreibtischnähe im Regal.[579] In der Öffentlichkeit beharrte Kelley trotz der vielen unbeantworteten Fragen, die den Rorschachtest nach wie vor umgaben, auf dessen Bedeutung für die Psychiatrie. Nur manchmal entglitt ihm ein Kommentar, aus dem hervorging, dass auch er nicht genau wusste, weshalb der Test funktionierte. 1951 schrieb er: „Der Rorschachtest ist seit seiner Entwicklung vor 29 Jahren weit gekommen. Wie weit wir mit ihm aber gekommen sind, ist weniger leicht zu sagen. Wir wissen noch immer sehr wenig darüber, warum er funktioniert. Theorien gibt es zuhauf, nachweisbare Fakten hingegen kaum."[580]

Auch an der Wirksamkeit verschiedener Wahrheitsseren und anderer Techniken zur psychologischen Wahrheitsfindung hielt er fest. Er setzte Somnoform weiterhin zum Erzwingen von Geständnissen und zur Behandlung von Amnesie ein. Kelley gestand ein, dass krankhafte Lügner auch unter Somnoform die Unwahrheit sagen könnten, diese seien aber wegen ihrer geringen Anzahl zu vernachlässigen. Kelley hielt die Methode aber für verbesserungswürdig. „Ich bin auf der Suche nach einem Präparat, das man in diesem Stift hier unterbringen könnte", erklärte er einem Journalisten. „Wenn ich das geschafft habe, gebe ich Ruhe."[581]

Der Mord an der 14-jährigen Stephanie Bryan 1955 war der größte Fall in Kelleys Karriere. Auf dem Heimweg von der Schule, die nur wenige Häuserblocks vom Berkeley Campus entfernt lag, hatte die Arzttochter eine Abkürzung durch ein Waldstück genommen und war verschwunden. Man fand ihre Leiche schließlich in einem eilig geschaufelten Grab in Trinity County im Norden Kaliforniens. Hauptverdächtiger war der 27-jährige ehemalige Berkeley-Student Burton Abbott. Ein Journalist verglich den rätselhaften, dürren, intelligenten und gepflegten Mann mit Brille, Schnurrbart und sorgfältig manikürten Nägeln mit einem „spitzen, aufrechten Bleistift". Die Polizei bat Kelley und den Polygraphieexperten Albert Riedel, Abbott auf den Zahn zu fühlen, und tatsächlich brachen sie Stück für Stück aus der aalglatten Fassade des Verdächtigen. Nachdem Abbott sich Riedels beharrlichen Lügendetektorverhören unterzogen hatte, brachte Kelley seine Verhörtechniken zum Einsatz. Mitten im Gespräch wollte Kelley wissen, ob Abbott an einer Münzensammlertagung im Claremont Hotel teilgenommen hatte, einem Gebäude unweit Stephanies tödlicher Abkürzung. „Sammeln Sie Münzen?", fragte Kelley weiter. „Nein", antwortete der Verdächtige und fügte hinzu, dass seine Frau sammle. „Welche Art von Münzen?", fragte daraufhin Kelley. „Die zum Ausgeben", scherzte Abbott.[582] Kelley lachte nicht, notierte aber Abbotts deplatzierte Heiterkeit. In einem anderen Verhör konfrontierte Kelley Abbott mit einer detaillierten Beschreibung der halbverwesten und von Tieren zerfledderten Leiche des jungen Mädchens. Abbott zeigte keinerlei Gefühlsregung und sagte zu einem anderen Mann im Raum: „Verdammt, O'Meara, wo bleibt eigentlich mein Schinkensandwich?" Später notierte Kelley, Hermann Göring und Burton Abbott seien die egozentrischsten Persönlichkeiten, denen er im Laufe seiner Karriere begegnet sei.[583]

Abbott mochte den Psychiater nicht und hatte schließlich Angst vor dem Mann, den er der Hirnwäsche bezichtigte und der ihm „das Leben zur Hölle" gemacht habe.[584] Kelleys Einschätzung, er sei gewissenlos und emotional unreif, wies Abbott mit Verachtung zurück: „Der hat doch keine Ahnung. Ich bin nicht gewissenlos. Und wenn überhaupt, dann leide ich so langsam an Verfolgungswahn. Dr. Kelley nimmt sich ein bisschen zu wichtig."[585] Derartige Kommentare muss Kelley als Hinweis darauf verstanden haben, dass er sich der Wahrheit näherte. Obwohl Abbott seine Schuld bis zum Schluss leugnete (selbst, nachdem man die Kleidung und die Handtasche des Mordopfers in seinem Keller gefunden hatte), wurde er 1956 zum Tode verurteilt. Er starb im Folgejahr in der Gaskammer von San Quentin.

Es waren Fälle wie dieser, die Kelley zu einem begehrten Fachmann machten. Sein Rat in Sachen Personalauswahlverfahren und Strafverfolgung wurde von den Luftstreitkräften des Militärflughafens Travis Air Force Base, dem San Quentin Gefängnis, dem Letterman Militärkrankenhaus, der

Generalstaatsanwaltschaft Kaliforniens, der US-amerikanischen Atomenergiekommission und der Polizeibehörde von Oakland eingeholt. In der wenigen ihm verbleibenden Zeit nahm er freiberuflich einzelne Beratungsaufträge auf der ganzen Welt an, darunter in Zentral- und Südamerika, Pakistan und Thailand. Doch damit nicht genug: Kelley übernahm schließlich auch die Präsidentschaft der Landesgruppe des US-amerikanischen Psychiaterbundes. Mitte der 50er-Jahre überlegte Kelley dann, zusätzlich zu alledem eine Firma für psychiatrische Unternehmensberatung zu gründen.

Mit seiner Rückkehr nach Kalifornien war der Ruf nach Hollywood besiegelt. Vor dem Start der Dreharbeiten für *Rebel Without a Cause* (... denn sie wissen nicht, was sie tun) im Jahr 1954 setzte der Regisseur Nicholas Ray sich mit Kelley in Verbindung, um Stewart Sterns Drehbuch (das auf Nicholas Rays und Irving Shulmans Adaption von Robert Lindners gleichnamigem Roman basiert) nach psychologischen Gesichtspunkten prüfen zu lassen.[586] Dabei ging es Ray besonders um die Darstellung von Jugendbanden und Jugendkriminalität. Kelley wies Ray auf einige Ungenauigkeiten hin, darunter Polizeidialoge und -verhöre und eine unrealistische Szene zwischen den von James Dean und Sal Mineo gespielten Charakteren. Außerdem fand er, dass das Drehbuch der psychischen Verfassung der Jugendlichen zu wenig Raum gebe, räumte aber ein, dass eine ausführlichere psychologische Darstellung „die Spannung rausnehmen könnte".

Im selben Jahr beriet Kelley eine Fernsehproduktion auf NBC zum Thema Zaubertricks. Mit dem Honorar kaufte er einen Farbfernseher – damals ein teures und in Privathaushalten seltenes Gerät. Das neue Medium interessierte Kelley schon lange, besonders die Erzähltechniken des Fernsehens und die potentiellen Publikumszahlen hatten es ihm angetan. Über die Jahre hatte er einige Sendungen zum Thema Psychologie und Verbrechen entworfen. Eine dieser Sendungen, über die er mit Freunden sprach, sollte *Fakes, Frauds and Fools* (Schwindler, Betrüger und Idioten) heißen und jede Woche einen berüchtigten Gauner, Quacksalber oder dergleichen und seine größten Tricks vorstellen.[587] Zu der Idee hatte Kelley ein an seinen Vater gerichteter Brief eines „Spanischen Gefangenen" inspiriert – ein Vorläufer des heutigen Vorschussbetruges per E-Mail. Damals hatte Kelley den Spieß umgedreht und die mexikanischen Betrüger, die es auf seinen Vater abgesehen hatten, dazu gebracht, ihm 50 US-Dollar für seine Reise in den Süden zu schicken, um dort die Geldübergabe abzuwickeln. Ein Freund von Kelley schrieb über die geplante Fernsehshow: „Er meint, dass er Material für fünf bis zehn Jahre hat, und zwar ohne große Recherche. [...] Wenn das klappt, dann tritt Kelley da als Professor der Kriminologie, Wissenschaftler, Doktor der Medizin, Psychiater, Illusionist und so weiter auf, der alle Fragen beantworten kann, die mit der Raffgier der Menschen und den Grundtrieben zu tun haben, denen der Trickbetrüger und sein Opfer gleichermaßen ausgesetzt sind." Das war vielleicht auch eine Art Schwindel, aber die University of California unterstützte das Projekt mit Begeisterung. Die Sendung würde Glaubwürdigkeit und Bekanntheitsgrad des Studiengangs der Kriminologie und der Fakultät steigern und im Namen der Universität die Idee verbreiten, dass „Verbrechen sich nicht auszahlt, solange die Schäfer aus Berkeley ein wachsames Auge auf die Schafe Amerikas halten", wie Kelleys Freund es in einem Brief an einen Kollegen ausdrückte. Die Serie aber wurde nie produziert.

Kelley trat in einigen anderen Fernsehsendungen auf, darunter in zehn Folgen von *Science in Action* (Wissenschaft im Einsatz) und in einer von der kalifornischen Ärztekammer finanzierten Serie mit dem Titel *Why, Doctor?*. Vom Educational Television and Radio Center, der US-amerikanischen Radio- und Bildungsfernsehgesellschaft in Ann Arbor, Michigan, erhielt er fast 50 000 US-Dollar für die Sendereihe *Criminal Man*, die er zusammen mit Gordon Waldear zu schreiben begann. Der Autor und Produzent aus Ann Arbor war ursprünglich Testpilot gewesen und nach einem Absturz Journalist geworden. Die beiden arbeiteten nicht zum ersten Mal zusammen, Waldear hatte sich als Ghostwriter an einem Buch Kelleys beteiligt, in dem sie große Teile von Kelleys Wissen über die Schnittpunkte von Psychiatrie und Kriminologie zusammentrugen. Wie Dukie sich später erinnerte, hatte Kelley Waldear damals als „Psychopathen" bezeichnet. Während der Arbeit an dem Buch hatte „Doug es wirklich nicht leicht mit ihm" gehabt, sagte sie. „Sie können sich gar nicht vorstellen, was Doug

Am Set von Kelleys erfolgreicher Bildungsfernsehsendung *Criminal Man*.

an Frustration und Druck ertragen musste: Waldear arbeitete im Schneckentempo, wenn er überhaupt anfing, erschien nicht zu Verabredungen, log ständig und war vollkommen verantwortungslos, was vertragliche Abmachungen und Finanzen anging." Kelleys Urteil war übertrieben: Waldear war vielleicht nicht so produktiv, wie sein Partner es sich gewünscht haben mochte, aber ein Psychopath war er deshalb noch lange nicht. Waldear war später beliebt und angesehen in der Szene der Dokumentaristen und Fernsehproduzenten aus San Francisco.

Waldear war fraglos auch ein talentierter Produzent, sodass *Criminal Man* reibungslos anlief und ein großer Erfolg wurde. In 20 Folgen widmete die Serie sich der Geschichte des Verbrechens, seinen Ursachen, unterschiedlichen Kategorien von Verbrechen und Strategien der Verbrechensbekämpfung und -vermeidung. Der Projektantrag legt das pädagogische Ziel der Sendereihe dar: „Ein besseres Verständnis der Öffentlichkeit für Personen, die Verbrechen begehen, damit in Zukunft das, was Dr. Kelley als ‚bloße Rache' bezeichnet, in den Hintergrund tritt zugunsten einer wirklichen Rehabilitation der Täter."[588]

Das Fernsehen würde ein riesiges Publikum schaffen, auch für Wissenschaftssendungen, davon war Kelley überzeugt. „Und warum sollen Bildungssendungen nicht genauso spannend sein wie ein Theaterstück?"[589] Kelley legte größten Wert darauf, vor der Kamera das Bild des verstaubten Professors zu vermeiden. Er machte von seiner ganzen Überzeugungskraft Gebrauch, modulierte die Stimme, variierte die Tonlage, zog Grimassen, lächelte und hob die buschigen Augenbrauen. „Nein!", rief er in einer Folge in die Kamera, in der es um die Frage ging, ob man einen Verbrecher am Aussehen erkennen könne. „So etwas wie einen Verbrechertypen gibt es nicht. Das sind Ammenmärchen. Denken Sie an die Frage, ob die Erde rund oder flach ist. Nur Hingucken reicht zur Beantwortung nicht. Niemand wird als Verbrecher geboren." In einer Folge über die Ursachen von Gewalt tritt Kelleys ältester Sohn Doug auf, der ein Kind spielt, dessen ununterbrochenes Trommeln seinen Vater zur Raserei bringt. Kelley ist der genervte Vater.

Ende 1957 wurde *Criminal Man* in den KQED Studios in San Francisco abgedreht und sollte im Sommer und Herbst des

Jahres 1958 landesweit im Bildungsfernsehen ausgestrahlt werden. Aber das erlebte Kelley nicht mehr: Diese Serie war sein letztes Projekt.

War ihr Vater oben in seinem Arbeitszimmer mit einem sensiblen Fall beschäftigt, dann war er für die Kinder der Familie Kelley unerreichbar, an einem dunklen Ort. Verschanzt in seinem Büro, legte er Platten auf mit lauter Musik oder Klassik, und man durfte ihn auf keinen Fall stören. „Wir assoziierten die Musik bald mit Papas wichtigsten Fällen", erinnert Doug sich. Oft besuchten Polizisten, Verdächtige und Staatsanwälte oder Verteidiger das Haus der Familie, um Kelley zu sprechen. Der Psychiater hatte ein Geheimfach in seinen Schreibtisch einbauen lassen, in dem er ein Aufnahmegerät unterbrachte, das an einen mit einem Mikrophon ausgestatteten Aschenbecher angeschlossen war. Auf diese Weise konnte er Gespräche unbemerkt aufzeichnen. Eines Tages, erinnert Doug sich, kam ein Mann wegen einer psychiatrischen Untersuchung zu den Kelleys, ein Verbrecher, „der mit einem Gewehr unterm Mantel Leute erschossen hatte". Der kleine Junge spielte mit dem Besucher, bis Kelley aus seinem Büro nach unten kam. Dann gingen die Männer nach oben, schlossen die Tür hinter sich, und bald ertönte die vertraute Musik.

Schon als Kind erkannte Doug die zweifache Anziehung, die die psychiatrische Kriminologie auf seinen Vater ausübte: die intellektuelle Herausforderung, vor die diese Disziplin Kelley stellte, verbunden mit seinem Bedürfnis danach, „der Star auf dem Campus" zu sein. Diese Kombination machte die Zusammenarbeit mit Polizei und Gerichten für ihn unwiderstehlich. Aber die Polizeiarbeit löste in Kelley auch Angst aus, sogar Paranoia. Die Verbrechen anderer beunruhigten ihn und reizten seine unterdrückte Wut, die sich aus verdrängten Emotionen und einem Weltbild nährte, das er nicht akzeptieren und dem er sich nicht stellen konnte. Seine Ängste äußerten sich darin, dass er befürchtete, Verbrecher könnten in sein Haus eindringen und ihm oder seiner Familie etwas antun. Zwei Pistolen von der Berkeley Polizei inklusive Munition waren immer griffbereit, und die Fenster im Erdgeschoss waren mit Sicherheitsschlössern ausgestattet.

Kelley war nach wie vor als der Nürnberg-Psychiater bekannt, und manchmal setzte sich diese Vergangenheit auf unangenehme Weise in der Gegenwart fort. 1952 erhielt er einen bösen Brief von Christa Schroeder, einer ehemaligen Sekretärin Hitlers, die von Kelley während ihrer Haft im Nürnberger Gefängnis befragt worden war. Schroeder protestiert in dem Schreiben dagegen, wie Kelley sie vier Jahre zuvor einerseits in Artikeln und andererseits in *22 Cells in Nuremberg* dargestellt hatte. In seinem Buch beschreibt er sie als „mütterlich aussehende, unverheiratete Frau gegen Ende der 40, von mittlerer Größe, untersetzt, ungepflegt, in ihrem Äußeren unnordisch". Er kommentiert auch ihre Loyalität Hitler gegenüber: „In ihren Augen indes blieb er ein Held, selbst als seine Brutalität nicht mehr geleugnet werden konnte. Ihr Bericht muss daher, obwohl er freimütig ist, als der einer Person betrachtet werden, die in Adolf Hitler nur den großen Menschen sehen wollte."[590]

Schroeder warf Kelley Ungenauigkeit und Boshaftigkeit vor, außerdem, dass er das Versprechen gebrochen habe, das Interview nicht zu veröffentlichen. Sie habe im Weiteren gerade von ihm Verständnis dafür erwartet, dass es unter den im Gefängnis herrschenden Bedingungen einer Frau unmöglich gewesen sei, ein gepflegtes Äußeres zu wahren. Sie wies darauf hin, dass sie zum Zeitpunkt ihrer Begegnung schon sechs Monate hinter Gittern und von der Niederlage Deutschlands traumatisiert gewesen sei und ihr sämtliche Toilettenartikel abgenommen worden seien, „selbst Kämme und Nadeln zum Hochhalten der Haare, Schuhriemen – von Cremes und Maniküreutensilien ganz zu schweigen". Damals sei sie 38 Jahre alt gewesen, nicht Ende 40. Und „mein Äußeres ist absolut nicht ‚unnordisch'". Ganze 1,70 Meter sei sie groß, nicht untersetzt und von mittlerer Größe. Sie verlange eine Entschuldigung von Kelley, außerdem „eine Berichtigung und Wiedergutmachung für die angetane Schmähung", sofern er negative Presse in Europa vermeiden wolle.[591] Was und ob Kelley geantwortet hat, ist nicht bekannt. Jedenfalls kam es zu keiner Kampagne gegen ihn in europäischen

Zeitungen. Schroeder arbeitete in der Folge für verschiedene deutsche Firmen und starb 1984.

Mit einem Professorengehalt und den Beratungshonoraren musste Kelley sich um Geld keine Sorgen machen. Und das tat er auch nicht. Er stattete sein Privatlabor aus, brachte von seinen Reisen Volkskunst und Kunsthandwerk mit, kaufte Bücher und Küchenutensilien. Er verdiente das Geld, wieso sollte er es also nicht ausgeben? Etwas zurückzulegen kam ihm nicht in den Sinn, auch wenn Dukie andere Bedürfnisse gehabt haben mag.

Kelley und Dukie bezogen eine beeindruckende Villa auf der Highgate Road in Kensington, einer wohlhabenden, von Professoren, Ärzten und Anwälten bewohnten Gegend im Norden Berkeleys. Das Haus war dem spanischen Kolonialstil nachempfunden, mit roten Dachziegeln gedeckt und stuckverziert. Die U-förmig angeordneten Gebäudeteile umschlossen einen großzügigen Innenhof mit Backsteinboden. Von dort trat man durch ein grünes Gartentor unter Eukalyptusbäumen und Redwoods hindurch in einen Obstgarten mit Kirsch-, Pfirsich-, Kaki- und Mandelbäumen. Das Gelände fiel in Terrassen ab zu einer Wiese, die an eine Straße grenzte, und endete beim Friedhof. Durch Bäume und Sträucher schlängelten sich Steinwege. Obwohl sie einen Gärtner angestellt hatten, gärtnerte Dukie auch selbst und suchte dort den Sonnenschein.

Im Inneren des Hauses gingen Wohn- und Schlafzimmer von langen, breiten und lichtdurchfluteten Fluren mit hohen Fenstern ab. Dass die Räume trotzdem düster wirkten, lag wohl an dem unübersehbaren Sammelsurium von Relikten der Donner Party, Fossilien, getrockneten Pflanzen, ausgestopften Tieren und unzähligen anderen Sammlerstücken in jeder Ecke und Nische. In diesem Haushalt waren die von Charles McGlashan persönlich etikettierten und mit einem Echtheitszertifikat versehenen Glasfläschchen mit Holzsplittern von Hütten der Donner Party heilig. Ein Schrank im zweiten Stock beinhaltete eine besonders geheimnisvolle Sammlung: Zwangsjacken, Spielkarten, die mit winzigen, kaum sichtbaren Rädchen und anderen Symbolen markiert waren, und den auf einem kleinen Podest sitzenden Oscar, die ‚lustige Holzente', deren Kopf und Schnabel Kelley so geschickt bewegen konnte, dass er damit den von Zuschauern gehaltenen Kartenspielen einzelne Karten entnehmen konnte. Kelley trat nicht mehr als Zauberer auf, ließ sich aber keine Gelegenheit entgehen, andere in Erstaunen zu versetzen und seine Taschenspielertricks vor Freunden oder Nachbarn und natürlich vor seinen Studenten zur Schau zu stellen.

Im ersten Stock hatte Kelley sich ein Zimmer mit einem atemberaubenden Blick als Büro eingerichtet. Von hier beobachtete er oft, wie der Nebel zwischen den Hügeln um die Golden Gate Bay aufstieg und Alcatraz Island verschlang. Bei Sonnenuntergang fing der Raum Feuer. Das war Kelleys Rückzugsort, und die Kinder Doug, Alicia und Allen wussten genau, dass sie ihn nur nach ausdrücklicher Erlaubnis betreten durften. Kelleys Schreibtisch, stets sorgfältig aufgeräumt, stand vor der Fensterfront. Auf der anderen Seite des Zimmers lag hinter einer Tür das Labor des Arztes – ein seltsames Kuriositätenkabinett mit Knochen, Pflanzenproben, Schädelsägen, verkorkten, mit Chemikalien, Mineralien und Steinen gefüllten Glasgefäßen und einer Reihe anderer Forschungsutensilien. Kelleys Bibliothek war seit dem Umzug von North Carolina noch größer geworden und umfasste zusätzlich zu den Bänden über Biologie, Zoologie, Chemie und Astronomie auch Bücher über südwestamerikanische Kunst, Mythologie und Hexerei. Hier standen auch die signierten Ausgaben von Büchern der Nürnberger NS-Größen.

Die vom ersten Stock hinabführende schwarze Treppe war zwei Meter über dem Boden von einem breiten Absatz mit weißem Geländer unterbrochen, den man vom gesamten Wohnzimmer aus sehen konnte. Wenn er das Berufliche mal beiseiteschob, entspannte Kelley sich im Wohnzimmer. Unter der Treppe war eine gutsortierte Plattensammlung und eine Hi-Fi-Anlage mit Plattenspieler, Radio und Lautsprechern in einem maßgefertigten, hölzernen Wandschrank untergebracht, den sie von North Carolina bis hierher hatten transportieren lassen. Musik hatte eine starke Wirkung auf Kelley, der mit Vorliebe hawaiianische, afrikanische und klassische Platten auflegte. Auf der anderen Seite des Wohnzimmers stand ein Stutzflügel, an der Wand ein Terrarium, in dem wie versteinert eine Krötenechse und eine Eidechse saßen.

Kelley machte es sich gern in Boxershorts und einem weißen T-Shirt in seinem grünen Ledersessel vor dem Fernseher bequem. Der Sessel war eine Spezialanfertigung: Doug und Alicia konnten auf den Armlehnen sitzen, und für den kleinen Allen war dann auf Kelleys Schoß Platz. Manchmal saß der Psychiater auch lange allein vor dem Fernseher und sah Boxkämpfe, auf dem Tisch neben sich eine Dose Pabst Blue Ribbon Bier. Je mehr er trank, desto weniger zugänglich war er für die Kinder, und am Ende des Tages war sein Zustand, wie Doug sich erinnert, stets irgendwas zwischen „nicht mehr ganz klar und sturzbesoffen".

Die Kinder sahen den Bierdosenberg wachsen und fragten sich, ob ihr Wissenschaftlervater vielleicht einer neuen Frage nachging: Wie viele Biere kann ein Mann an einem Tag leeren und trotzdem weiter funktionieren? Aber ihren Vater bewegte ein ganz anderes Problem: Wie konnte er der emotionalen Belastung durch die Kriminologie standhalten, einer Disziplin, die ihn gleichermaßen quälte und anzog? Alkohol war die einfachste Antwort.

Hier im Wohnzimmer und an dem großen Kirschholztisch mit den lederbezogenen Stühlen im Esszimmer nebenan fanden Gesellschaftsspiele, Schachturniere und spontane Denkspiele statt. Kelley und Dukie lachten viel und versuchten unentwegt und beinahe krankhaft, einander im Wortspiel zu übertreffen. Die Kinder mussten irgendwie mithalten. „Wenn wir ein Wort nicht kannten, mussten wir es nachschlagen", erinnert Doug sich. Auf Socken schlitterten die Kleinen über den polierten Steinboden durchs ganze Wohnzimmer, und die an der Küchenaußenwand gestapelten Heuballen wurden zu Zielscheiben fürs Bogenschießen umfunktioniert – bis es Scherben gab.

Die Küche, vom Wohnzimmer aus am anderen Ende des Flurs, war Kelleys Revier – hier hatte er das Sagen. „Papa war ein echter Pfadfinder – allzeit bereit", erinnert Doug sich, und tatsächlich sorgte sein Vater dafür, dass die an die Küche anschließende Speisekammer stets mit 25-Kilo-Säcken Bohnen und Reis und einem großen Wasservorrat ausgestattet war. Mit seinem Fleischwolf verarbeitete er gewaltige Mengen. Er hatte zwei Kühlschränke und drei Tiefkühltruhen und eine große Auswahl an Gewürzen. Für Kelley gehörten ständige Rezeptabwandlung und häufiges Kosten zum Kochen dazu, und einer seiner Lieblingssprüche lautete: „Hüte dich vor hungrigen, abgemagerten Köchen." Am besten gelang ihm sein berühmtes indisches Curry, er tischte aber auch Blutente, Schwalbennestersuppe, riesige Schinkenspeckscheiben und sogar gefüllte Bärentatzen auf, die er auf den acht Gasflammen seiner zwei Herde oder dem Grill briet.

Wenn Dukie und Kelley Freunde und Nachbarn zum Essen einluden, kochte Kelley anspruchsvolle Rezepte. Dukie hatte nie richtig kochen gelernt, und ihr Mann bestand darauf, diesen Teil der Vorbereitungen zu übernehmen. Auch bei den Abendgesellschaften musste Kelley im Zentrum der Aufmerksamkeit stehen. Oft bereitete er dann sein beliebtes Entenrezept, und das Tamtam, mit dem er die Blutentenpresse präsentierte, das Tier darin platzierte und zum Auspressen seiner Lebenssäfte an dem großen Griff zu kurbeln begann – das alles gehörte zu seiner Selbstinszenierung. Dann goss er den Bratensaft in die dafür vorgesehene Terrine und servierte sie stolz den Gästen. Aber er kannte noch andere Wege, um sich in den Mittelpunkt zu stellen. Bei einer Abendgesellschaft, die Gruppe saß draußen im Hof, bemerkte einer der Gäste ein großes, sich durch den Garten schleichendes Tier – ein Dachs oder ein Opossum. Der Zeremonienmeister überraschte seine Gäste, indem er es in die Enge drängte, bis es sich instinktiv totstellte. Aber das reichte Kelley noch nicht. Er packte das Tier beim Schwanz und hob es in die Luft, damit es alle bewundern konnten – und natürlich auch, damit ihn alle bewunderten. Kelley war bis zum Schluss ein Alleinunterhalter, der das Rampenlicht brauchte und immer mit dabei sein musste – egal, wobei.

Das Ehepaar Kelley sprach weder zu Hause noch außerhalb über Politik, und mit Ausnahme des Wahlkampfs von 1952, während dem Kelley und Dukie Eisenhowerbuttons trugen, erfuhren selbst die Kinder nicht, wen ihre Eltern wählten. McCarthy hatte eine Ära der allgemeinen Einschüchterung eingeläutet, und Dukie hatte Kelley davor gewarnt, seinen Namen unter irgendwelche Unterschriftensammlungen zu setzen. Das würde nur seinen Ruf ruinieren. Das Paar war der Auffassung, dass es nichts

Wertvolleres gab als den eigenen Namen. Den galt es zu schützen. Man war zu dieser Zeit angespannt und vorsichtig.

Kelley war ein typischer Kalifornier und unternahm in den Semesterferien am liebsten ausgedehnte Autoreisen mit den Kindern. Oft verkündete er ganz unerwartet, dass sie auf eine viermonatige Reise gehen würden und stopfte die Kinder und jede Menge Campingausrüstung in den alten DeSoto, aus dem er durch den Ausbau einer der beiden hinteren Sitzreihen ein richtiges Reisemobil gemacht hatte. Auf den Fahrten nach Arizona und New Mexiko kam die Familie durch Indianerland, nahm von überall archäologische Funde und Handwerkskunst mit, verkostete bei jeder Gelegenheit fremde Gerichte und erkundete Kultur und Religion. Das Ziel dieser Studienreisen war, in den Kindern dieselbe unstillbare Neugier zu wecken, mit der Kelley infiziert war.

Seine Kinder sollten alle exotischen Speisen probieren, die sich unterwegs anboten. In einem Fall war es Seeohr. Das war Alicia zu viel, und alle Versuche ihres Vaters, sie dazu zu bringen, die Schnecke zu kosten, waren erfolglos. Kelley machte jeden Ausflug mit den Kindern zu einer Lektion. So kamen sie nie zur Ruhe. Wenn die Familie wieder nach Hause kam, war der DeSoto randvoll mit neuen Gegenständen für Kelleys Sammlung – Fenster zu den Naturwissenschaften, zu Anthropologie und Geschichte. „Er war wie eine Spinne mit einem Netz voller Zufallsfänge", erinnert sich sein Sohn Doug, und unermüdlich füllte das sammelwütige Raubtier die Villa an der Highgate Road mit seinen Schätzen. Einem Freund gegenüber sagte Kelley, dass er unbedingt einen Walfötus in seine Sammlung aufnehmen wolle und jederzeit „durch die ganze Bay" schwimmen würde, um einen zu ergattern.[592]

Nach diesen Reisen fühlte Kelley sich wie neu. Er ähnelte darin seinem Großvater, der Jahrzehnte zuvor auf der Suche nach innerer Ruhe immer wieder zu den verfallenen Blockhütten der Donner Party gewandert war. Auch Kelley empfand es als Wohltat, der vertrauten Umgebung zu entkommen. Er fühlte

Nancy Bayley (r), eine Wissenschaftlerin der Terman-Studie, zu Besuch bei Dukie und Douglas M. Kelley mit den Kindern Alicia und Doug im Wohnzimmer im Haus an der Highgate Road.

sich gestärkt, wenn er sich auf einen neuen Ort eingelassen, ein neues Jagdgebiet für Artefakte erschlossen hatte und es neue körperliche und kulturelle Eindrücke zu verarbeiten gab. Er ähnelte seinem Großvater, dem Anwalt, auch in der manipulativen Kraft seines Zuhörens, der Art, wie er sich auf jedes Wort des Gesprächspartners konzentrierte und mit seinem bohrenden Blick tief in die Seele des anderen eindrang, um ihn zu Schmeicheleien zu zwingen oder ihm seine Geheimnisse zu entreißen.

Er schleifte seine Familie regelmäßig nach Truckee und zum Donner Lake. In Kelleys Augen lag hier sein Ursprung. Er betrachtete ein Leben lang die McGlashans, die Familie seiner Mutter, als seine wirklichen, würdigen Vorfahren. Die Linie seines Vaters interessierte ihn nicht. Auf einer dieser Fahrten in die Berge fuhr er betrunken mit der Bierdose in der Hand. Sein aggressiver Fahrstil machte den Kindern Angst. „Er war ein ausgezeichneter Fahrer, aber kein vorsichtiger", sagt Doug. Dukie saß oft in finsteres Schweigen versunken auf dem Beifahrersitz, die Finger verkrampft und blutleer. Kelleys Aggressivität hinter dem Lenker, die Wut, die aus ihm hervorbrach, wenn er Zeit mit der Familie verbrachte, zeugten davon, dass es in ihm schmerzhaft brodelte. Sein Lehrauftrag, die Beratungsaufträge der Polizei, die Produktion unzähliger Artikel zu psychiatrischen und kriminologischen Themen, Ehe und Vaterschaft – diese vielen Aufgaben belasteten ihn schwer. Der fröhliche, aber sture Mann hatte oft Auseinandersetzungen mit den Kollegen an der Universität, und diese Machtkämpfe raubten ihm viel Energie. Er konnte sich auch äußerst engherzig und empfindlich zeigen und jede Kleinigkeit in ein Problem verwandeln. In einem Fall entzündete sich das an einer Rechnung über 17,50 US-Dollar, die ein Krankenhaus ihm für Röntgenaufnahmen von Dukie gestellt hatte. Er wandte sich deshalb an keinen Geringeren als den Leiter der Krankenhausverwaltung und brachte zum Ausdruck, der Preis erscheine ihm „unprofessionell und unmoralisch hoch. Aber irgendetwas müssen Sie sich dabei ja gedacht haben."[593]

Dass es in Kelley so brodelte, war jedoch nicht nur auf den Stress zurückzuführen. Er war in einer unruhigen, von Unzufriedenheit bestimmten Atmosphäre aufgewachsen. Seine Mutter June Kelley, die brillante, früh erfolgreiche Anwältin, die sich lange dem Ansehen und Wohlergehen ihres Vaters gewidmet hatte, verbrachte verbittert ihre letzten Lebensjahre. Sie hatte Kelley dazu erzogen, nie zufrieden zu sein, in ihm das Verlangen nach immer mehr Wissen, immer mehr Erfolg geweckt und ihn in dem Glauben gelassen, ihm stehe noch viel mehr zu. Der Ursprung ihres Verhaltens bleibt im Unklaren, aber Junes Leben war von dunkler Verzweiflung und Angst bestimmt: Überall lauerten Gefahren, und June brachte ihrem Sohn bei, Bedrohliches rasch zu erkennen und sofort darauf zu reagieren. Die Rolle des Sohnes war es, seiner Mutter emotionalen Halt zu bieten.

Von Kindheit an mochte Kelley Spaß, sprühte vor Geist, war immer heiter und liebte Spiele und Tricks aller Art. Das war die eine Seite. Diese Lebensfreude stammte von seinem Vater Doc, dem Zahnarzt, dem er sich nie besonders nah gefühlt hatte. Doc hatte in seinem Leben nicht viel erreicht, er hatte fast 50 Jahre lang dieselbe Praxis in Irving Street in San Francisco. Über der lag seine mit altmodischen Möbeln eingerichtete und mit dicken Vorhängen verhangene Wohnung, in der die Zeit stehengeblieben zu sein schien. Auf der anderen Seite war Kelley ein Erfolgsfanatiker, für den Anerkennung lebensnotwendig war, den aber letztendlich nichts befriedigte, egal, wie weit er es brachte. Diese Eigenschaften gingen auf seine Mutter June zurück. „Er schaffte es einfach nicht, seinen inneren kleinen Douglas Kelley mit dem inneren erwachsenen Douglas Kelley spielen zu lassen“, bemerkt Sohn Doug. Das Anhäufen von Wissen und Fähigkeiten bereicherte ihn zwar, befriedigte ihn aber nicht. Er wandte sich wohl auch deshalb der Kriminologie zu, um sich seine eigenen emotionalen Ausbrüche und sein unstillbares Verlangen nach Anerkennung zu erklären, doch Forschung und Lehre hinterließen nur Ratlosigkeit. Er arbeitete wie ein Verrückter und ließ auf diese Weise Druck ab. „Er war eine Kreuzung aus einem Wissensschwamm und einem wildgewordenen Bullen“, meint Doug. „Ein Universalgenie auf Speed.“

Die erschreckende Erkenntnis, die ihn in Nürnberg zum ersten Mal beschlichen hatte, dass die schlimmsten Verbrechen der neueren Geschichte nicht der gestörten Persönlichkeit der Täter oder einer bestimmten Geisteskrankheit geschuldet waren, bewegte ihn dazu, ohne Rücksicht auf Verluste zu forschen und zu veröffentlichen. Kam dann noch Alkohol hinzu, ging er oft auf seine ahnungslose Familie los. Seine Kinder hatten Angst vor ihm.

Dukie bemühte sich, ihren eruptiven Ehemann zu lieben und zu unterstützen. Sie war eine starke Frau, und Kelley wusste, dass sie ihm eine gute Partnerin war. Sie hatten eine Art Erkennungsmelodie, eine bestimmte Notenfolge, die Kelley trällerte oder pfiff, wenn er sie im Haus oder Garten suchte, und auf die Dukie auf ähnliche Art antwortete: Es war eine Verbindung jenseits von Worten. Dukie wusste, dass ihr Mann sie liebte, insgeheim fehlte ihr aber zärtliche, sanfte Aufmerksamkeit. Meistens konnte sie mit seinen Stimmungsschwankungen umgehen und verhinderte das Äußerste. Seine Verbindung zu seiner noch immer quicklebendigen Mutter aber war ihr ein Dorn im Auge. Dukie klagte, er sei seiner Mutter näher als ihr. Trotz Dukies Bemühungen eskalierten die Auseinandersetzungen zwischen ihr und Kelley oft ohne ersichtlichen Grund. Sie konnten sich über alles Mögliche bis aufs Blut streiten, zum Beispiel über eine Aufgabe in der Quizsendung *What's My Line?* oder die möglichen Gründe dafür, dass der Zeitungsjunge ihre Zeitung nicht ordentlich zustellen konnte. Bei Streitigkeiten wurde Kelley laut. Dukie hatte eine zwar schrille, aber keineswegs schwache Stimme, doch Kelleys verbale Explosionen übertönten sie dennoch ganz und gar.

Bei den beiden musste man auf alles gefasst sein. Einmal kam es vor dem Abendessen zu einem Streit und ein Glas ging zu Bruch. Dukie hatte die Schnittwunde nicht bemerkt und ihrem Sohn Doug einen blutverschmierten Teller vorgesetzt. Als der sie darauf hinwies, wischte sie das Blut ruhig und sorgfältig ab und reichte ihm denselben Teller. Einmal erlebten die Kinder wie gelähmt mit, wie Kelley und Dukie sich in dem sonnendurchfluteten Flur im ersten Stock anschrien, an dessen Ende das Arbeitszimmer des Psychiaters lag. Sie standen einander vor dem Zauberschrank gegenüber. Die Kinder fürchteten sich vor ihrem Vater, aber dass Kelley eine Waffe auf ihre Mutter richten würde, hatten sie nicht erwartet. Sein Zeigefinger schloss sich um den Abzug, und ein Knall dröhnte durch das Haus. In letzter Sekunde hatte er die Pistole gesenkt: Vor Dukies Füßen war ein Loch in den Dielen. Später bedeckte sie die Stelle mit einem Teppich. War das nicht eine tolle Show gewesen? Die Kinder waren jedoch aufgewühlt. „Richtet er die Pistole als Nächstes auf uns?", dachte Doug damals. „Das war unser Familiengeheimnis: In regelmäßigen Abständen drehte unser Familienoberhaupt einfach durch." Doug stieg oft in den ersten Stock hinauf, „um sich das Einschussloch im Fußboden anzusehen".

Dukie hatte ihrem Mann aber noch viel mehr vorzuwerfen: Kurz nach dem Umzug nach Berkeley 1950 hatte Dukies Vater einen von Kelleys Ausbrüchen miterlebt und das Gewaltpotential des Psychiaters erkannt. Der stille, friedfertige Mann war entsetzt über die Behandlung, die seine Tochter erfuhr. Er erholte sich von dem Schrecken nicht, erlitt bald darauf einen Schlaganfall und starb. Dukie machte Kelley nicht nur für den Tod ihres Vaters verantwortlich, sondern auch dafür, ihren Traum von einem Familienleben in liebevoller Wärme und mit wachsender Hingabe zerstört zu haben, den sie sich zum Teil durch die Lektüre der heiteren Romane von Clarence Day zurechtgelegt hatte. Das und nichts anderes wünschte sie sich für ihr Leben mit Kelley, aber seine wutschnaubenden Gewaltausbrüche verhinderten das. Wenn sie manchmal selbst überkochte und es nicht mehr ertrug, packte sie ein paar Sachen, nahm die jüngeren beiden Kinder und fuhr auf ein oder zwei Tage zu Verwandten. „Einmal habe ich meinem Vater dann gesagt, wie sehr ich die anderen vermisse", erinnert Doug sich. „Er antwortete: ‚Ich auch. Komm, wir fahren hin und holen sie.' Das taten wir, und bald darauf fuhren wir alle zusammen nach Hause."

Vielleicht war es unvermeidlich, dass der Sammler, ehemalige Zauberkünstler und Psychiater auf der Suche nach Einblicken in menschliche Abgründe es sich in den Kopf setzte, auch aus seinem Ältesten etwas ganz Besonderes zu machen. Kaum hatte Dukie mit dem Neugeborenen die Entbindungsstation verlassen, wurde der Kleine zum Versuchsobjekt seines Vaters bei dessen rücksichtslosen Experimenten zur Beschleunigung geistiger Entwicklung. Als Studienobjekt Kelleys trat Sohn Doug damit an die Stelle von Göring, Heß und Rosenberg. Zu Hause musste der Junge Privatunterricht, ein Trommelfeuer an Informationen und nicht enden wollende Übungen zur Entwicklung des Gehirns über sich ergehen lassen. Bis heute verfolgt Kelley Junior die Erinnerung an das Wahrnehmungstraining, das sein Vater als Wettbewerb gestaltete. Wenn sie im Wohnzimmer saßen, forderte Kelley seinen Sohn auf, sich alles genau anzusehen und sich so viele Details wie möglich einzuprägen. Dann schickte er den Jungen hinaus und veränderte eine Kleinigkeit – es konnte auch nur die Position eines Bleistifts auf dem Tisch sein. Dann durfte Doug Junior wieder eintreten. „Was ist anders?", wollte Kelley wissen. Doug empfand bei der Übung eine seltsame Mischung aus Panik, Anspannung und schließlich Befriedigung und Freude, wenn er die Veränderung erfolgreich benannt hatte.

„Ich musste ständig IQ-Tests machen", erinnert Doug sich. Kelley gab die Testergebnisse, deren Wert üblicherweise bei etwa 155 lag, an Pädagogen und seinen alten Bekannten Lewis Terman weiter, der noch immer die vielzitierte Stanforder Langzeitstudie zu hochbegabten Kindern leitete. 1952, als Doug Junior vier Jahre alt war, druckte die *Saturday Evening Post* einen Artikel über die Familie, in dem es um Termans Studie und Menschen mit hohen IQ-Werten ging. Das Begleitbild zeigt Dukie, die sich zu dem neben ihr auf dem Sofa sitzenden Doug lehnt, der eine Puppe in Händen hält und seine Mutter erwartungsvoll ansieht. Neben ihm sitzt seine Schwester Alicia, und über allen ragt der hinter dem Sofa stehende Vater Kelley. Die Seidenkrawatte glänzt, und sein intelligenter, bohrender Blick ist von oben auf den Kopf seines Sohnes gerichtete.

Kelley machte Gedächtnistraining mit seinem Sohn und brachte ihn regelmäßig für psychologische Untersuchungen und Intelligenztests zu den Universitäten in Stanford und Berkeley, wo er von Bruno Klopfer, Alfred Korzybski und S. I. Hayakawa, Koryphäen auf ihrem Gebiet, untersucht wurde. Wenn Kelley plötzlich beschloss, Dougs Kenntnisse in Astronomie seien unzulänglich, holte er den Leiter des nächstgelegenen Planetariums für Privatunterricht herbei. Er bewirkte, dass sein Junge dreieinhalb Schuljahre übersprang. Kelley war autoritär und ließ keinen Widerspruch zu, seinen Sohn aber lehrte er, die Autorität anderer in Frage zu stellen. Der junge Doug wurde täglich von seinem Vater und dessen Trainingsplan schikaniert. „Wenn ich morgens aufwachte, gab mein Vater mir einen Proteindrink, stellte sich an die Heizung und gab mir die Liste mit den Wörtern, die ich an dem Tag auswendig lernen sollte." Kelley erfüllte seine väterlichen Pflichten mit Kampfgeist und Kompromisslosigkeit. Er wollte aus dem Jungen eine erstklassige Denkmaschine mit schnellem Verstand und präziser Beobachtungsgabe machen. Er wollte alles aus ihm herausholen. Kelley war ein Experte auf dem Gebiet der Anleitung zu rationalem Denken und strahlte große Selbstsicherheit aus. Sein größtes Ziel war, Sohn Doug beizubringen, zunächst mit Hilfe logischen Denkens zu Schlussfolgerungen zu gelangen und sich „dann von sich selbst zu distanzieren, um beurteilen zu können, wie man auf andere wirkt", erinnert sich Doug.

Seine Wirkung auf andere war für Kelley von großer Bedeutung, denn Anerkennung, und damit ein Hauch von Befriedigung, konnte für ihn nur von außen kommen. Doch es waren andere Ziele, die ihn veranlassten, Doug die ständige Beobachtung seiner Mitmenschen einzuschärfen. Indem man die Äußerungen und Bewegungen anderer aufmerksam verfolge, könne man, so Kelley, ihr Verhalten vorhersehen. Der Psychiater erklärte seinem Sohn, dass man auf diese Weise schließlich etwas entwickeln könne, das er Teleempathie nannte: Die Fähigkeit, die Gefühle und Gedanken anderer wahrzunehmen. Kelley war ein Meister dieser Technik. Er verstand es, bei Gesellschaften alle Aufmerksamkeit auf sich zu ziehen, war ein überzeugender Redner, strahlte Kompetenz aus und hielt das Publikum während seiner Zaubertricks ganz in seinem Bann. Durch aggressives Training seines Sohnes gelang es Kelley tatsächlich, die Fähigkeit, die Gefühle anderer zu lesen, in Doug Junior zu entwickeln. Doug lernte, die Atmosphäre eines Ortes und die Stimmung der Anwesenden einzuschätzen und andere in seinem Sinne zu manipulieren.

„Wenn ich einen Raum betrete, kann ich sehr genau sagen, wie die Stimmung so ist. [...] Damit kann man eine Menge erreichen, aber es ist auch eine echte Last", erklärt Doug. Der junge Doug nutzte diese von seinem Vater in ihm geweckte Fähigkeit zunächst vor allem dazu, die Lage zu Hause zu taxieren und die Wutausbrüche seines Vaters vorherzusehen. Aber ein Kind hat genug Sorgen, auch ohne die Anwandlungen und Komplexe der Erwachsenen verstehen zu wollen. Als Doug in die Pubertät kam, stand er den Grundsätzen seines Vaters immer ablehnender gegenüber. „Ich wollte weder Erfolg und Kontrolle, noch eine Führungsposition", sagt er. Er weigerte sich, sich in den von seinem Vater vorgegebenen Bahnen zu entwickeln, und trotz der Erwartungen des Vaters gelang es ihm, „mit mir zufrieden zu sein", wie er sagt. Doug verübelte es seinem Vater, keine andere Meinung außer seiner eigenen gelten zu lassen und fing mit elf Jahren an, zu trinken und Marihuana zu rauchen. Insgeheim übte er, sich nicht darauf zu konzentrieren, was um ihn herum vor sich ging. Stück für Stück lernte Doug etwas schätzen, dessen Bedeutung sein Vater nie begriffen hatte: die Individualität anderer. Kelleys zum Scheitern verurteilter Versuch, einen brillanten, perfekten Sohn – einen wahren McGlashan Erben – großzuziehen, war das einzige Projekt, dem er sich von seiner Rückkehr aus Deutschland bis zu seinem Tod durchgehend widmete. Kelley hatte an den NS-Verbrechern nichts finden können, das sie grundsätzlich von ihm oder irgendjemand anderem unterschied. Vielleicht beschloss er deshalb, seinen Sohn zu einem besseren, stärkeren, einem bestimmten Ideal entsprechenden Menschen zu erziehen – kurz einem Mann, der den menschlichen Abgründen, die zu diesen grässlichen Kriegsverbrechen geführt hatten, nicht ausgeliefert sein würde. Vielleicht investierte Kelley auch deshalb so viel in die Entwicklung seines Sohnes, weil er seine eigenen Schwächen erkannte. Kelley litt und hoffte vielleicht, Doug ähnliches Leid ersparen zu können, indem er ihn auf Verbrechen, Engstirnigkeit, Kleinlichkeit und natürlich auf das Böse im Menschen vorbereitete.

\

„Mein Vater hatte für uns immer Geburtstagsgeschenke. Er zeigte uns, was wir sehen wollten und war selbst ziemlich verspielt", erinnert sich Sohn Doug. Aber Kelleys eigene Unzufriedenheit ließ nicht zu, dass er ein wirklich guter Vater war. „Er konnte einfach nicht verstehen, dass wir eigenständige Persönlichkeiten waren und nicht nur seine Kinder." Im Alter von sieben Jahren entwickelte Doug kaltblütig Pläne, der Tyrannei des Vater zu entkommen. „Wenn ich mich mit einem Beil in der Hand auf den Kühlschrank setze, könnte ich ihm damit den Schädel spalten, bevor er mich bemerkt?" Derartige Fragen gingen ihm durch den Kopf. Aber Doug war kein gewalttätiges Kind und lernte stattdessen, „die Klappe zu halten, still zu leiden und zu überleben. Aber ich wollte da raus. Ich wollte frei sein."

Douglas Kelley als Vater zu haben war Segen und Fluch zugleich. Der Junge lernte das Abenteuer Lernen und die Freuden der Neugier kennen. Er lernte, andere sehr genau einzuschätzen und verbrachte viele glückliche Stunden mit der Ausbildung seines Intellekts. Gleichzeitig aber war sein Führer auf diesem Weg ein labiler Mann, ein erstklassiger psychiatrischer Diagnostiker, der sich selbst weigerte, einen Psychiater aufzusuchen. Kelley war ein liebender Vater, aber er war unfähig, sich seinen Kindern gegenüber zu öffnen. Wenn er sich ihnen näherte, spürten sie mit Angst seine unterdrückten Aggressionen. Er raste durch ihr Leben wie eine Dampflok ohne Führer.

Die Erziehungsmethoden seines Vaters belasteten Doug, und er saß oft grübelnd in seinem Zimmer. „Manchmal hatte ich auch Wutausbrüche und schlug alles kurz und klein. Dann beruhigte ich mich und reparierte die Sachen wieder. Ich hatte einen leichten Schlaf, weil ich immer Angst hatte, mein Vater könnte die Treppe runter und in mein Zimmer torkeln und mich verprügeln." Doug glaubte nicht, dass die Aggressionen seines Vaters ganz außer Kontrolle geraten würden, aber Angst hatte er trotzdem: „Ich spürte schon eine gewisse Gefahr." Kelley konnte wegen jeder Kleinigkeit durchdrehen, gelegentlich auch ganz ohne Grund. Aber manchmal kam der Psychiater auch die Treppe hinunter in das Zimmer seines Sohnes, um ihm einen Kuss auf die Stirn zu geben. Doug wusste nie, welche Version seines Vaters hereintreten würde, wenn er seine schweren Schritte auf der Treppe hörte.

Doug malte sich oft aus, wie es wäre, seinem Vater die Meinung zu sagen: „Du hältst dich vielleicht für allwissend, aber eins wirst du nie verstehen: mich. Du kannst mich nicht brechen, und da", hier würde er auf sein Herz zeigen, „kommst du auch nicht rein. Das kleine Organ hier kriegst du nicht. Da müsstest du mich schon umbringen." Manchmal kletterte Doug aus einem Fenster im ersten Stock, setzte sich auf das Vordach und dachte über seinen rätselhaften Vater nach. „Ich konnte einfach nicht begreifen, dass jemand mit seinen Fähigkeiten, der so vielen anderen Menschen hatte helfen können, vollkommen unfähig sein sollte, sich selbst zu helfen. Das ist mir eigentlich bis heute ein Rätsel", gesteht Doug. Kelleys Bekannte und Kollegen ahnten nichts von der Schwere seiner psychischen Probleme.

An das Schlafzimmer des Ehepaars Kelley grenzte ein Wandschrank, der vom Flur aus zu öffnen war, und wenn zwischen ihren Eltern wieder einmal die Fetzen flogen, verkrochen die Kinder sich hier und lauschten den schrillen Stimmen durch die Wand. „Ich wickelte mich dann in ihren Pelzmantel und hörte zu", sagt Doug. „Ich dachte, die sind verrückt. Papa war wütend, eine kalte, rationale Wut. Ihre Wut war weicher. Er war so dominant. Ich kann mich noch an einen heftigen Streit erinnern. Es ging um etwas, das Bennett Cerf im Fernsehen gesagt hatte. Ich weiß nur noch, dass Mama recht hatte." Aber der Vater setzte sich meist durch. „Ich hatte immer Angst, dass einer von ihnen sterben würde. Mama hatte Angst, dass er sich oder die Familie zerstören würde. Aber ein Mann wie er würde eben nie zugeben, dass mit ihm etwas nicht stimmt."

Einen Psychiaterkollegen um Hilfe zu bitten hätte in Kelleys Augen wohl seine Autorität untergraben. Welchen Psychologen hätte er aufsuchen können, der den weltbekannten Mann nicht kannte, der Experte für die Rorschachmethode war, die Polizei bei der Wahl ihrer Auszubildenden beriet und sich besser als jeder andere Psychiater mit Gewalt und Verbrechen auskannte? Wer konnte einen Mann verstehen, der die höchstrangigen Nationalsozialisten behandelt hatte, die berüchtigten Verbrecher seines Jahrhunderts, aber seine eigenen Wutanfälle nicht erklären konnte? Und wem konnte er sich anvertrauen? Das Bild, das er in der Öffentlichkeit zeigte, setzte sich aus Kompetenz, Rationalität und Kontrolle zusammen. Nur zu Hause streifte er diese Verkleidung ab, trank, lief in Shorts und T-Shirt herum und konnte jederzeit explodieren. Später bestätigte Dukie ihrem Sohn gegenüber, dass sein Vater einfach zu bekannt gewesen sei, um einen Psychiater aufzusuchen.

Also blieb es dabei, und Kelley trug seine Frustration und Wut weiterhin mit sich herum. Er wechselte zwischen Arbeitsamkeit und Aggressivität. Die Anforderungen der vielen Aufgaben, die er übernommen hatte, lenkten ihn von seiner inneren Unruhe ab. Er war ununterbrochen mit Vorlesungen, Fernsehterminen, Vorträgen, Beratungen zur Verbrechensbekämpfung und zu Polizeiauswahlverfahren, mit seinem eigenen Schreiben und seinen Aufgaben als Ehemann und Vater beschäftigt. Er kochte jeden Abend, arbeitete mit Psychopathen, versuchte, aus einem vorpubertären Jungen Höchstleistungen herauszuholen, und spielte auf Gesellschaften den Alleinunterhalter – doch seinen eigenen Geisteszustand ließ er von niemandem untersuchen. Sein Körpergewicht nahm in gleichem Maße zu wie der Stress. Bald verstärkten sich die Symptome eines Darmgeschwürs (so etwas konnte ihn natürlich nicht davon abhalten, weiterhin scharf zu würzen), und er warf von nun an Schmerzmittel ein wie Göring früher Paracodin. Sein Hausarzt Harry Borson warnte Kelley, das Geschwür sei vermutlich auf Überarbeitung zurückzuführen. Aber Kelley verschwendete keinen Gedanken an seine Gesundheit.

Manch einer erkannte, dass Kelley einen gefährlichen Weg eingeschlagen hatte. Lewis Terman zum Beispiel warnte ihn davor, sich zu überfordern. „Ich bin beeindruckt, wie vielen Dingen Sie sich widmen, aber zugleich frage ich mich, ob das Ihrer Karriere auf längere Sicht zuträglich sein wird“, schrieb er 1955 in einem Brief an Kelley.[594] Terman war älter als Kelley und kannte den Psychiater schon seit dessen Kindheit. Er gestand, ähnliche bedauerliche Tendenzen zu übermäßiger Arbeit zu haben. In seinem Antwortbrief verteidigte Kelley seine Arbeitsweise, indem er beschrieb, wie er seine Effizienz und Geschwindigkeit gesteigert habe, um alles zu schaffen: „Für die Vorbereitung eines Vortrags oder Artikels brauche ich jetzt zum Beispiel nur noch 20 bis 30 Minuten, es sei denn natürlich, es geht um ein größeres Forschungsprojekt.“[595] Er gab allerdings zu, dass es ihm nun nicht länger möglich sein würde, seiner Verantwortung als Vater, als Universitätsprofessor und als Wissenschaftler gleichermaßen gerecht zu werden, und versprach, Termans Warnung zu beherzigen. Was er aber nicht tat – er konnte sich gegen sich selbst wohl nicht durchsetzen. Im selben Jahr starb Kelleys Mutter June. Obwohl es keine schriftlichen Hinweise darauf gibt, ist davon auszugehen, dass ihr Tod ihn schwer traf.

Auch George Dreher, einem Freund der Familie, war aufgefallen, dass Kelley sich mit Arbeit überhäufte. Im Herbst 1957 habe Kelley begonnen, „die Last der großen Verantwortung zu spüren", schrieb Dreher in einem Brief an Dukie einige Monate später. „Aber erst jetzt begreife ich das Ausmaß des inneren Drucks. Ich könnte mir vorstellen, dass ich nicht der Einzige bin, der sich von dem Bild uneingeschränkter Kraft und Vitalität hat täuschen lassen und deshalb nicht reagiert hat."[596] Doch als Dreher diesen Brief schrieb, war es schon zu spät.

\

Als Kelley 45 Jahre alt war, kam es durch den beruflichen Druck, private Enttäuschungen und Ehesorgen zu einer gewaltsamen Explosion. Sein Sohn Doug kann diesen alptraumhaften Abend in seiner Erinnerung jederzeit wachrufen. Es ist der erste Januar 1958, später Nachmittag, der kleine Doug ist seit 24 Stunden zehn Jahre alt. In der Wohnzimmerecke steht noch der Weihnachtsbaum, und auf dem Boden beim Kamin spielen Dougs jüngere Geschwister, die achtjährige Alicia und der vierjährige Allen. Über den Farbfernseher flackert ein Fußballspiel, Doug sitzt mit seinem Großvater Doc davor. In der Küche bereiten Kelley und Dukie das Abendessen vor.

Dann ist plötzlich Krach in der Küche. Irgendetwas muss passiert sein. Die Stimmen werden lauter. Die Worte sind unverständlich, aber die Tonlage wird höher. Doc blickt auf und lauscht. Kelley und Dukie schreien einander an. Keine Frage – ein heftiger Streit ist ausgebrochen. Irgendwann reißt der Vater die Küchentür auf und durchquert mit großen Schritten das Wohnzimmer. Er redet unverständliches Zeug, spuckt vor Wut. „Jetzt reicht's", brüllt er, dreht sich auf dem Absatz um, rennt nach oben ins Arbeitszimmer und schlägt die Tür hinter sich zu. Ein blauer Türstopper aus Porzellan zittert auf dem Treppenabsatz, fällt um und regnet in Scherben ins Wohnzimmer hinab. Dukie kommt herein, sieht Doc an und sagt: „Diesmal ist es wirklich schlimm."

Doc steht auf, um die Kinder aus dem Zimmer zu bringen. Alicia und Allen gehen mit ihm hinaus, aber der kleine Doug kriecht hinter das Sofa und stellt sich dort in die Biegung des Flügels. Er muss sehen, was jetzt passiert. Und wenige Augenblicke später geschieht es: Sein Vater marschiert aus dem Arbeitszimmer bis zur Treppe. Er hat etwas in der Hand. Dukie geht mit leichten Schritten auf den Fuß der Treppe zu. Kelley steigt bis zum Treppenabsatz hinunter und steht nun wie ein Orator vor seiner Frau, seinem Vater und seinem Sohn. „Ich muss das nicht länger ertragen", brüllt er. „Ich nehme jetzt dieses Zyankali hier, und in 30 Sekunden ist es aus mit mir. Ich nehme das jetzt, auch wenn es niemanden interessiert!"

Dukie sagt: „Nicht, Doug." Doc ruft: „Tu's nicht!"

In geräuschloser Zeitlupe tritt in diesem endlos währenden Moment ein Ungetüm aus Kelley hervor und schlägt in einer Welle aus Wut, Stress, Frustration und Angst über den Köpfen der ganzen Familie zusammen. Dieses Wesen, das es bisher nicht gewagt hat, sich so offen zu zeigen, ist nun umso gewaltiger. Es hat Kelley unter Kontrolle. Und es weiß um die Gefährlichkeit der Situation und um die Macht, die es über sein hilfloses Publikum hat. Es bringt Kelley dazu, die geöffnete Hand zum Mund zu führen. Er schluckt.

„Nein, Doug! Nein!", sagt Dukie.

Kelley sackt wie eine fallengelassene Marionette in sich zusammen und rutscht die Treppen hinunter. Das Monster hat sich erhoben und ist entschwunden. Dukie läuft zu ihm und berührt ihren Mann. Sie zieht ihn zum Fuß der Treppe. Er lebt noch, atmet schwer, in seinem starren Blick liegt Erstaunen. Sie legt seinen Kopf in ihren Schoß. Die beiden sprechen miteinander, tauschen letzte Worte. Der Auftritt ist schiefgegangen. Der Trick ging zu weit. Gemeinsam ziehen Dukie und Doc ihn durch den Eingangsbereich ins Bad bei der Haustür. Während Dukie zum Telefon rennt, um Hilfe zu holen, spült Doc ihm den Mund aus.

Der kleine Doug steht noch immer fassungslos hinter dem Sofa. Kurz darauf kommt jemand und führt die Kinder durch den Haupteingang aus dem Haus. Als Doug an seinem Vater vorbeikommt, dessen Kopf im Handwaschbecken liegt und dessen Beine in den Flur ragen, blickt er ihm ins Gesicht: Es ist von Krämpfen verzerrt, die Augen stehen rot hervor, aus dem Mund tropft Schaum. In diesem Moment denkt der Junge: „So will ich nicht sterben." Dann zieht man ihn fort von der Hülle dieses Mannes. Die nächsten Stunden verbringen die Kinder bei Nachbarn. „Ich hatte überhaupt nicht damit gerechnet, dass er sterben würde. Bis meine Mutter kam und mir sagte, dass er tot ist, war ich sicher, dass er noch irgendeinen Trick im Ärmel hat." Bei seiner Ankunft im Krankenhaus in Berkeley um 16.56 Uhr wurde Douglas Kelley für tot erklärt.[597]

Am Abend traf Polizeiinspektor Holstrom bei den Kelleys ein. Er sah den kleinen Doug an und ging mit ihm auf sein Zimmer. Er suchte nach Worten und sagte schließlich zu dem Jungen: „Das ist alles entsetzlich. Du musst das hinter dir lassen. In deinem armen Herzen bleibt er lebendig. Was hier passiert ist, kannst du zurücklassen und ihn dennoch mitnehmen." Lass es hinter dir – was passiert ist, muss deine Zukunft nicht bestimmen. Doug vergaß die freundlichen Worte des Polizisten nie.

Dukie machte später einen kläglichen Versuch, Doug mit einer Unwahrheit über die Ereignisse hinwegzutrösten: „Dein Papa und ich haben uns gestritten, Schatz. Dann hat er sich am Herd verbrannt." Diese Erklärung hatte rein gar nichts mit dem zu tun, was der kleine Doug mit eigenen Augen gesehen hatte. Sein Vater war nicht an einer Verbrennung gestorben. Das wusste er. Dukie blieb ihrem Bild von Kelley treu, verstehen konnte sie ihn nicht. Für sie blieb der Selbstmord unerklärlich. Kelley hinterließ keinen Abschiedsbrief. „Ich habe nie herausgefunden, warum er es getan hat. Es ging ihm doch gut", sagte seine Frau noch über 40 Jahre später bei einem Interview. „Ich habe das alles vergessen und möchte mich auch nicht mehr daran erinnern. [...] Ich will einfach nicht darüber nachdenken. Es bleibt eben ein Rätsel."[598]

Doug beschäftigt der Selbstmord seines Vaters bis heute. Er würde es gerne genauer wissen – und ähnelt darin dem Vater. Der hätte das Schlimmste verhindern können, glaubt Doug. Erst in dem Moment, als er nach dem Zyankali griff, sei es zu spät gewesen. Ein Mann von echter Größe hätte seine Wut unter Kontrolle gehabt, hätte das Feuer zu löschen verstanden, aber in

Wirklichkeit sei Kelley auch nur ein ganz normaler Mensch gewesen. Doug ist zu dem Schluss gekommen, dass sein Vater sich auf dem Treppenabsatz in seiner Selbstdarstellung verloren, dass die geballte Kraft seiner Gefühle und seines inneren Schmerzes ihn in diesem Moment überwältigt habe. Die Ratio, deren Bedeutung Kelley auch durch die Anwendung der Allgemeinen Semantik ein Leben lang in den Vordergrund gerückt hatte, habe ihn plötzlich im Stich gelassen.

Da Kelley eines gewaltsamen Todes gestorben war, musste eine Autopsie durchgeführt werden. Dabei kamen aber keine Krankheiten zutage, die den Psychiater zu einer Verzweiflungstat hätten treiben können. (Gerüchten zufolge hatte Kelley sich wegen einer fortgeschrittenen Erkrankung des Verdauungsapparats das Leben genommen.) Kelleys sterbliche Überreste wurden zwei Tage nach seinem Tod im Familiengrab der McGlashans beigesetzt. Dort überragt der Grabstein Charles McGlashans den seines Enkels und aller anderen. Am Grab standen nur wenige Trauergäste. Dukie, die ihre Kinder schonen wollte, erlaubte ihnen nicht, an der Beerdigung teilzunehmen. Das Haus auf der Highgate Road wurde düsterer.

Kelleys Selbstmord beschäftigte die lokale Presse tagelang. In fast jedem der Artikel wurde ein schockierter Freund und Kollege zitiert, der um eine Erklärung rang. Manche vermuteten, die Last der Arbeit habe Kelley zu diesem Schritt getrieben, andere glaubten an eine tödliche Krankheit, wieder andere meinten, ihn habe plötzlich die schmerzhafte Erkenntnis von der Bosheit einer unmenschlichen Menschheit ereilt. Manche behaupteten, sein früher Tod habe sich abgezeichnet. So erinnerte sich ein Journalist der *Berkeley Gazette* traurig: „Dr. Kelley hat einmal gesagt, dass das Arbeitsleben eines Psychiaters etwa 15 Jahre dauert – danach wird er entweder wahnsinnig oder bringt sich um. Kelleys Karriere begann 1940.“[599] Keiner der Artikel erwähnte den Streit, der Kelleys Suizid vorausgegangen war. Ganz im Gegenteil berichteten viele sogar, er habe Dukie umarmt und ihr ein schönes neues Jahr gewünscht, bevor er das Zyankali schluckte. Der *San Francisco Examiner* schrieb paradoxerweise: „Soweit wir wissen, gab es in Kelleys Leben keine dunklen Geheimnisse.“[600]

Bald setzten die Spekulationen ein über die Herkunft des Zyankali und die Bedeutung der Giftwahl von Kelley. War Göring durch Kelley an das Gift gekommen? Viele Journalisten schrieben, Kelleys Zyankali sei ein Andenken aus Nürnberg oder ein Geschenk Görings gewesen. Und auf eine gewisse Weise war es das vielleicht, wenn auch wohl im übertragenen Sinne. Göring hatte gezeigt, dass Männer wie er und Kelley tödliches Gift am besten griffbereit haben.

Es war taktvoll, aber auch fahrlässig, dass man Dukie eine Befragung ersparte. Sie machte zwar vor der Polizei eine Zeugenaussage, aber weder Ermittler noch Presse fragten nach. „Jede Verbindung zwischen dem Tod von Kelley und dem von Göring", erklärte sie, „ist lächerlich und an den Haaren herbeigezogen. Das riecht nach Assoziation – im Gegensatz zu auf Tatsachen basierender Berichterstattung –, die von nichts anderem als den persönlichen Zielen und Problemen des Autors bestimmt ist." Sie wies darauf hin, dass es unmoralisch und illegal gewesen wäre, hätte ihr Mann Göring zum Selbstmord verholfen, und stellte die Frage in den Raum, „ob diejenigen, die so etwas unterstellen, nicht deshalb auf diese Idee kommen, weil sie es selbst getan hätten".[601] Die Vorstellung, Göring könne ihrem Mann die Zyankalikapsel gegeben haben, verwarf sie schlicht als „Unsinn!"[602]

Dukie zweifelte sogar an, dass Kelley das Zyankali wie Göring in Kapselform genommen hatte. In seiner Hand habe er etwas gehabt, „das von der anderen Seite des Zimmers aus wie ein Pulver aussah", schrieb sie 1985. „Den Behälter habe ich nicht gesehen, aber wegen der Art, wie er ihn in der Handfläche hielt, glaube ich, dass er rund gewesen sein muss und groß genug, dass er etwas von dem ‚Pulver' nehmen, die Hand zum Mund führen und es runterschlucken konnte."[603] Dukie war der Überzeugung, Kelley sei eines schnellen Todes gestorben, noch während Doc ihm den Mund ausspülte: „Als ich am Telefon war, hörte ich diesen Aufprall. In dem Moment muss er zusammengebrochen sein – schnell und schmerzfrei." Dieser Bericht ist wohl von Wunschvorstellung gefärbt. Wie Doug beobachtet hatte, war Kelleys Tod alles andere als schmerzlos gewesen. Kelleys Arzt erklärte den Journalisten, Selbstmorde mit Zyankali seien relativ selten, weil die Chemikalie ein „äußerst schmerzhaftes Brennen" im Hals verursache.[604] Der offensichtlichsten Frage stellte Dukie sich nie: Wieso hatte ein Arzt gerade diese Art des Selbstmords gewählt?

Kelley hatte Pistolen in seinem Arbeitszimmer – ein Kopfschuss hätte ein schnelleres und deshalb zumindest für das Opfer erträglicheres Ende bedeutet und wäre mannhafter gewesen. Wenn Kelley es an jenem Neujahrstag auf ein melodramatisches Schauspiel abgesehen hatte, wieso hat er dann nicht mit einer Pistole oder einem Messer vor seinem gepeinigten Publikum herumgewedelt, um die Spannung zu steigern, anstatt irgendeine den Anwesenden unbekannte Substanz in der Hand zu verstecken wie eine Münze bei einem Zaubertrick? Als Arzt und Kriminologe muss Kelley klar gewesen sein, dass man nach der Einnahme von Zyankali auf die allerschmerzhafteste Weise verendet.

Es steckte mehr hinter Kelleys Wahl gerade dieses Giftes, gerade dieser außergewöhnlichen Art des Suizids. Beides hing mit einem Gedankengang zusammen, der mehr war als nur Selbstdarstellung, mehr als die mitreißende Kraft teuflischer Dramatik. Durch seine Giftwahl setzt Kelley seinen Tod zu dem von Göring in Beziehung und beschwört die Figur des in die Ecke gedrängten Helden herauf. Dass Kelley sich Zyankali besorgt hatte, weist darauf hin, dass er in Erwartung eines persönlichen Schicksals lebte, das für ihn schlimmer war als der Tod. Indem er sich für den Freitod entschied, hatte sich der überforderte Psychiater auf schnelle, elegante Art einer entwürdigenden Zukunft entzogen: Dem Abstieg zu Mittelmäßigkeit angesichts wachsender Unsicherheit und eines Übermaßes an Verantwortung und Druck. So wie Görings überhöhtes Selbstbild es ihm nicht erlaubte, den entwürdigenden Tod durch den Strang zu akzeptieren, so konnte Kelley die Vorstellung nicht ertragen, einst vielleicht als ein jeden Lobes und jeder Anerkennung unwürdiger Stümper betrachtet zu werden. Er wählte einen schmerzhaften Tod, um dem größeren Schmerz des Weiterlebens zu entgehen.

In seinem 1950 erschienenen Buch *The Psychology of Dictatorship* erklärt Gustave Gilbert Görings Begeisterung für den Nazismus mit „seiner Leidenschaft für Schwelgerei und Selbstdarstellung und für die Rolle des Helden". Auch Kelley strebte ein schnelles, intensives Leben vor einem bewundernden Publikum an. Diese Ähnlichkeiten erklären vielleicht auch die besondere Beziehung, die die Männer zueinander entwickelten. Als sich ihre wilde Fahrt aber ihrem bitteren, schmerzhaften Ende näherte, stiegen sie aus. Dass sie zu ihrer Flucht Zyankali wählten, ist kein Zufall: Kaum ein Gift hat einen vergleichbar dramatischen Effekt.

Die vielen Nachrufe sprechen einerseits von Kelleys besten Eigenschaften und demonstrieren dadurch andererseits unwillentlich, wie erfolgreich der Psychiater sein Privatleben geheimgehalten hatte. „Uns verband eine fast 30-jährige Freundschaft", schrieb der Zauberkünstler Dariel Fitzkee, „und in all den Jahren habe ich ihn niemals impulsiv erlebt. [...] Doug hat zu mir einmal gesagt, dass niemand vorhersehen kann, wann er zerbricht." Kelley habe dem selbsterzeugten Druck nachgegeben. „Auch bei einem so komplexen Mann wie ihm kann die Antwort so einfach sein."[605]

Irgendwann verschwand Kelley aus den Zeitungen, die Post brachte keine Kondolenzschreiben mehr, und was von der Familie Kelley übrig war, blieb sich selbst überlassen.

Kapitel 10
Post Mortem

ALS ALLE GEGANGEN WAREN, ihr Mann kremiert, seine Asche unter der Erde und die verbliebenen Kelleys in das Haus an der Highgate Road zurückgekehrt waren, musste Dukie sich mit ihrer neuen Rolle als Familienoberhaupt auseinandersetzen. Es war, als hätte jemand den Kutscher erschossen und nun war nur noch sie da, um die Zügel der panischen Pferde zu ergreifen. Sie war umringt von Kelleys Laborausrüstung, Büchern, Artefakten und Gerätschaften, nur war der Sammler nicht mehr da, der dem Ganzen einen Sinn gab. Dukie war eine liebende Mutter, hatte aber nie gelernt, eine aktive erzieherische Rolle zu übernehmen. Disziplinieren, Auto fahren, Geld verdienen und neue Ideen entwickeln – das waren die Aufgaben ihres Mannes gewesen. Gekocht hatte er auch. Dukie konnte nicht einmal eine einfache Mahlzeit zubereiten.

Im ersten Jahr nach Kelleys Tod bot sie vieles zum Verkauf an: Kristalle, Mörser, Bechergläser, Pipetten, Bunsenbrenner, ein Autoklav, ein Mikroskop, Objektträger mit Pflanzenproben, eine Algensammlung, eine Unzahl Giftpflanzen unter Glas, einen Sextanten, zwei menschliche Schädel, eine topographische Karte Kaliforniens, eine Polaroidkamera mit Blitz, das Aufnahmegerät aus Kelleys Schreibtisch, eine Modell-Erdölraffinerie und eine Modell-Dampfmaschine.[606] Doch sie behielt noch viel mehr, zum Beispiel die vielen medizinischen Berichte, Dokumente, Notizen, Rorschachtestergebnisse und Andenken aus Kelleys Zeit in Nürnberg.

Dukie bemühte sich auch darum, die Thesen und Forschungsergebnisse ihres Mannes im Umlauf zu halten. 1961 bewilligte sie eine Neuauflage von *22 Cells in Nuremberg*. Das Leserinteresse an Zeitzeugenberichten über den Holocaust wie Anne Franks Tagebuch wuchs, NS-Kriegsverbrecher aber waren für viele Leser Schnee von gestern. Kelleys Buch verkaufte sich schlecht. Seine TV-Serie *Criminal Man* wurde im Jahr nach seinem Tod im Bildungsfernsehen ausgestrahlt und mit dem Sylvania Award für herausragende Fernsehproduktionen ausgezeichnet. Dukie hoffte, diesen Erfolg nutzen zu können, um das eingestaubte Manuskript des Kriminologiebuchs zu verkaufen, an dem Kelley zusammen mit Gordon Waldear gearbeitet hatte. Waldear investierte weitere Monate an Arbeit, um das

Manuskript fertigzustellen und Verlage dafür zu interessieren. Zu einer Veröffentlichung kam es aber nicht. Die Verleger glaubten nicht, dass das Buch eine Chance hatte ohne den dynamischen Kelley, sein Verkaufstalent und seine fesselnden Vorträge, in denen er seine neueste Veröffentlichung angepriesen hätte.

Nachdem es ihr nicht gelungen war, einen Verleger für das Kelley-Waldear-Projekt zu finden, weitete Dukie ihre Bemühungen aus. Sie wollte verhindern, dass die Arbeit ihres Mannes verloren ging und kam auf die Idee, dass man aus Kelleys Karriere eine Fernsehserie machen könnte, setzte sich mit dem Drehbuchautor Frank L. Moss in Verbindung (dem Autor einiger Episoden von Fernsehserien wie *Route 66* und *U.S. Marshal*) und versuchte, einen Fernsehproduzenten an Land zu ziehen. Das Exposé schrumpfte zu „ein psychologischer Gutachter und seine Abenteuer in der Welt des Verbrechens und der Kriminologie", bevor das Projekt schließlich ganz von der Bildfläche verschwand.

\

Im Sommer 1961 ließ die Familie das Haus an der Highgate Road hinter sich und zog in ein höher gelegenes Anwesen mit einem Blick über die ganze San Francisco Bay und mit Fenstern, die vom Boden bis zur Decke reichten und endlich für Licht sorgten.

Je weiter Kelleys Selbstmord in die Vergangenheit rückte, desto häufiger unternahmen Dukies Bekannte Versuche, sie zu verkuppeln. Ein Anwärter lud sie und die Kinder auf eine Bootsfahrt ein, aber es fing nicht gut an, denn Allen purzelte, bevor es überhaupt losging, vom Steg ins Wasser. Den Kindern gegenüber sagte Dukie oft so etwas wie: „Ich komme wunderbar zurecht. Warum wollen mir nur alle einen Mann vermitteln?" Sie bahnte sich ihren Weg und erkannte, dass sie keinen Mann in ihrem Leben brauchte, der ihr ja doch nur „auf die Nerven gehen" würde, und einen besseren als den, den sie einst geheiratet hatte, gebe es ohnehin nicht. Die stoische Frau erinnerte sich nur an die aufregenden und schönen Momente ihrer Ehe, die schlechten Erinnerungen begrub sie. Sie war zufrieden mit dem, was ihr Mann und sie aus ihrem gemeinsamen Leben gemacht hatten.

Aber selektive Erinnerung konnte nicht allen Familienmitgliedern dabei helfen, über Kelleys verheerenden Selbstmord hinwegzukommen. Die Familie „brach auseinander. Jeder reagierte auf seine Weise auf diesen Tod", erinnert sich Sohn Doug. Allen, der Jüngste, war weiterhin Dukies Kleiner, und sie kümmerte sich um ihn besonders liebevoll. Alicia hing am Rockzipfel ihrer Mutter und half ihr.

Doug jedoch lehnte alles ab, was sein Vater ihm beigebracht hatte: „Macht widerte mich an, und der Gedanke, andere anzuführen, schreckte mich ab." Seine Eltern hatten seinen schulischen Werdegang so stark beschleunigt, dass er mit nur neun Jahren in die 7. Klasse kam. Nach einem kurzen Aufenthalt in einem Militärinternat in Tennessee kehrte er an die El Cerrito High School zurück und machte dort seinen Abschluss. Doug wurde Hippie, machte diesen und jenen Job, heiratete diese und jene Frau und vermied es viele Jahre lang, in irgendeiner Weise herauszuragen oder Erfolg zu haben, vermied überhaupt alles, was sein Vater von ihm erwartet hätte. Schließlich blieb er bei einer Anstellung als Postsortierer. Unter den Kollegen war er bald dafür bekannt, zu jeder Zeit ganz genau zu wissen, was sich unter den Mitarbeitern im ganzen Gebäude abspielte – seine Teleempathie war weiterhin rund um die Uhr aktiv. Eine Zeit lang gehörte Georgia Abbott zu seinen Kolleginnen, die Frau von Burton Abbott, die im Keller ihres gemeinsamen Hauses die Habseligkeiten von Stephanie Bryan gefunden hatte. Dougs Vater hatte dabei geholfen, dass ihr Mann in der Gaskammer endete.

George Kelley arbeitete noch bis zu seinem 91. Lebensjahr als Zahnarzt in seiner Praxis in San Francisco und überlebte seinen Sohn um 14 Jahre. Er wurde 1971 neben Kelley auf dem Friedhof von Truckee beigesetzt.[607]

Zu diesem Zeitpunkt waren von den 22 Männern in den Zellen des Nürnberger Gefängnisses nur noch drei am Leben. Auf der anderen Seite des Globus fristete Rudolf Heß sein Dasein im Spandauer Gefängnis in Berlin. 1948 hatte Maurice N. Walsh, ein Psychiater der Mayo Klinik und Gutachter für die US-Armee, Heß abermals untersucht. Walsh interessierte sich schon seit einigen

Jahren beruflich für Gewaltherrscher, seitdem er dem Diktator der Dominikanischen Republik Rafael Trujillo in der Mayo Klinik begegnet war, in der man ihn behandelte. Offiziell war Trujillo für eine allgemeine Vorsorgeuntersuchung in der Klinik, in Wirklichkeit wurde dort seine Syphilis behandelt. Nach einigen Gesprächen mit Trujillo beschrieb Walsh ihn als „schizophrenen Mann [...] ohne Gefühle von Schuld, Liebe oder Zärtlichkeit anderen Menschen gegenüber“.[608] Walsh fragte sich, wie es einem Mann wie diesem gelungen war, nicht nur ein Land mitzuregieren, sondern auch Anhänger zu gewinnen. Er entwickelte ein großes Interesse für die erstaunliche Abgebrühtheit, mit der seiner Meinung nach viele Despoten mit Menschenleben und den Menschenrechten umgingen.

In Spandau drängte neben Walsh noch eine Gruppe von Repräsentanten der Alliierten in den Besucherraum, sodass ein normales Gespräch zwischen Walsh und Heß so gut wie unmöglich war. Heß hatte abgenommen und litt noch immer unter starken Magenkrämpfen, verhielt sich Walsh zufolge aber „während des zweistündigen durch einen amerikanischen Dolmetscher ermöglichten Gesprächs angenehm und freundlich“.[609] Von einer Amnesie war nichts mehr zu erkennen, Heß konnte sich die meisten Ereignisse sehr deutlich ins Gedächtnis rufen. Nur an seinen Gedächtnisverlust in England konnte er sich nicht recht erinnern, und er wiederholte, der Gedächtnisschwund im Nürnberger Gefängnis sei simuliert gewesen. „Heß bat, eine Stellungnahme zu Protokoll geben zu dürfen“, schreibt Walsh. „Dann erklärte er sehr würdevoll und förmlich, dass er seine Inhaftierung für unehrenhaft und ungerecht halte. Er sagte weiter, dass seine Gefängnisgenossen und er ungenügend versorgt und zu Zwangsarbeit herangezogen würden, was nicht dem Nürnberger Urteil entspreche. [...] Er verlange seine Freilassung.“ Walsh erklärt in dem Bericht, dass Heß weder unter Halluzinationen noch Wahnvorstellungen leide, dass sein Gemütszustand normal sei und er keine Anzeichen einer Psychose zeige. Weiter schreibt er, Heß habe mehr emotionale Tiefe gezeigt, als Walsh erwartet hätte. Er beschrieb Heß als „einen Mann von überdurchschnittlicher Intelligenz mit schizoiden Persönlichkeitsmerkmalen“, der in der Vergangenheit eine durch emotionalen Stress ausgelöste hysterische Amnesie erlitten hatte.

Als Walsh Jahrzehnte später noch einmal über Heß schreibt, klingt das ganz anders. Heß sei, so erinnert er sich, „latent schizophren gewesen. Es bestand kein Zweifel, dass eine psychotische Erkrankung vorlag und Heß seit Jahren wiederholt psychotische Episoden erlitten hatte. Das Ganze war tatsächlich erstaunlich."[610] Walsh war gegen die Fortsetzung der Inhaftierung von Heß gewesen und erklärte später, es sei ihm damals „von der US-Militärverwaltung untersagt worden, mein Gutachten zu Heß zu veröffentlichen, weil es, wie man mir sagte, die Russen reizen könnte, und die waren damals, als ich während der Berlinblockade in der Stadt war, schon ziemlich reizbar."[611]

Die Sowjets lehnten eine Begnadigung von Heß ab, er blieb in Haft. Ein US-amerikanisches oder britisches Gericht hätte Heß im Normalfall vermutlich gar nicht erst verurteilt, aber die Russen bestanden auf Vollstreckung des Nürnberger Urteils. In den 70er-Jahren, als seine letzten beiden ehemaligen Mitangeklagten Baldur von Schirach und Albert Speer entlassen worden waren und Heß der einzige Häftling in Spandau war, fanden sich in Großbritannien besorgte Bürger zusammen und verlangten eine Überprüfung im Fall des ehemaligen Führerstellvertreters. Schließlich setzten sich auch die Ehefrau von Heß und der Sohn dafür ein, seiner Behandlung als Kriminellen ein Ende zu setzen. Die Sowjetunion lehnte als einzige Siegermacht eine Strafmilderung ab.[612] Die Sowjets sollten Heß nie wieder freilassen.

John Dolibois, Kelleys erster Dolmetscher in Nürnberg, sah Heß 1984 kurz wieder. Seine Frau und er waren zu einem Besuch der US-amerikanischen Berlin Brigade in der Stadt und machten einen Helikopterrundflug über Berlin. Die Maschine flog tief über das Spandauer Gefängnis und schwebte kurz darüber. „Ich konnte gerade noch eine einzelne Figur ausmachen, die durch den Gefängnisgarten schritt", erinnert Dolibois sich. Heß war kränklich und hatte sich ganz zurückgezogen, sprach mit niemandem und wollte auch seine Familie nicht sehen. Der starrköpfige Mann, den Dolibois kennengelernt hatte, war verschwunden. Der Mann, den er sah, „schlurfte mit gekrümmtem Rücken über den Weg".[613] Drei Jahre später gelang Heß im Alter von 93 Jahren der Selbstmord: Er erhängte sich mit einem Verlängerungskabel. Bald darauf wurde das Spandauer Gefängnis abgerissen, um zu verhindern, dass es zu einer Kultstätte von Neonazis würde.

Während sich der Zustand von Heß in der Haft verschlechterte, entbrannte außerhalb des Gefängnisses eine Kontroverse darum, wie die Rorschachtestergebnisse von Göring und den anderen in Nürnberg angeklagten Hauptkriegsverbrechern, die Kelley und Gilbert zusammengetragen hatten, zu interpretieren seien. Einige Psychologen zweifelten die Ergebnisse an: Die Studienobjekte, die erst kurz zuvor eine politische und persönliche Niederlage erfahren hatten, hätten nach ihrer Ergreifung und Inhaftierung unter starkem Stress gestanden. Außerdem sei es ein Fehler, sie als repräsentativ für Nationalsozialisten im Allgemeinen anzusehen. Die ungleiche Machtverteilung zwischen Patient und durchführendem Arzt habe überdies die Ergebnisse verfälscht.[614] Wie dem auch sei, wegen der reizvollen Einsichten in die Psyche der wichtigsten Nationalsozialisten gehören diese Rorschachtestergebnisse zu den umstrittensten in der Geschichte dieses psychologischen Tests.

In der Debatte haben sich zwei Lager gebildet. Auf der einen Seite stehen jene, die Kelley zustimmen und glauben, die Ergebnisse des mit den NS-Angeklagten durchgeführten Rorschachtests wiesen nicht auf die Existenz einer „NS-Psyche" hin. Einige Vertreter dieses Lagers meinen außerdem, dass unter den richtigen Umständen viele als geistig gesund eingestufte Personen zu Taten wie denen der ranghöchsten Nationalsozialisten fähig seien. Das ist genau das Ergebnis, das auch Kelley so erstaunt hatte. Die Wissenschaftler des zweiten Lagers verweisen auf Details in den Testergebnissen, die sie für deutliche Anzeichen dafür halten, dass die Nationalsozialisten doch gewisse psychologische Symptome teilten.

Gustave Gilbert war der Fahnenträger der letzteren Gruppe.[615] Der mittlerweile Fünfzigjährige, nun Mitglied der psychologischen Fakultät der Long Island University, schürte die Debatte, als er im Rahmen des Prozesses gegen den Architekten des Holocaust und flüchtigen NS-Funktionär Adolf Eichmann 1961 in Jerusalem aussagte. Das Gericht wollte mehr über die Denkweise der Nationalsozialisten wissen und hatte ihn als Experten herangezogen. Gilbert nahm in Eichmanns Anwesenheit den Zeugenstand ein und gab präzise und sachlich Auskunft. Seine Auswertung der Ergebnisse der mit den Nürnberger Gefangenen durchgeführten Rorschachtests habe ergeben, dass ihnen ein ganz bestimmtes Persönlichkeitsprofil eigen gewesen sei, zu dem unsoziales Verhalten und ein mangelndes Interesse am Leid anderer gehörten. All dies widersprach Kelleys Theorie. (Bezeichnenderweise betitelte Gilbert zwei wissenschaftliche Artikel „The Mentality of S. S. Murderous Robots" [Die Mentalität der SS-Mördermaschinen] und „Goering, Amiable Psychopath" [Göring, der liebenswerte Psychopath]).

Kelleys These, die psychologischen Charakteristika der Nationalsozialisten seien nicht abnormal, wurde von Stanley Milgrams berühmten, 1963 durchgeführten Experiment bestätigt. Milgram prüfte darin die Bereitschaft freiwilliger Teilnehmer, Befehle zu befolgen, bei denen sie andere Menschen gefährlichen, sogar tödlichen elektrischen Stromstößen aussetzten. Milgram wies nach, dass Persönlichkeit hier unbedeutend sei. Die Studie sei durch die Ereignisse während des Zweiten Weltkriegs angestoßen worden, glaubt der Kollege Philip Zimbardo, der selbst ein bekanntes Experiment entwickelte, das deutlich machte, zu welch brutalen Taten ganz normale Menschen fähig waren: Das Stanford-Prison-Experiment. Zimbardo glaubt, dass Milgram „wissen wollte, ob es auch in den USA einen Holocaust geben könnte. […] Wenn Hitler dir befehlen würde, jemanden durch Knopfdruck zu töten: Würdest du's tun? […] Dann antworteten natürlich alle ‚Auf keinen Fall, Stanley, niemals. Ich bin nicht so ein Mensch.' [Milgram] hat schon in der Oberschule immer gesagt: ‚Das kann keiner wissen, der es nicht erlebt hat'."[616]

Nach Milgrams Experiment verging ein weiteres Jahrzehnt, in dem die Dokumente über die Rorschachtests mit den ranghohen NS-Funktionären einstaubten. Der Großteil der Ergebnisse von Kelleys Studien, deren Dokumentation bei seiner Frau Dukie kistenweise lagerte, war in Vergessenheit geraten. Molly Harrower, die Rorschachexpertin, die in den späten

40er-Jahren einen Konsens über die Nürnberger Tests angestrebt hatte, machte jetzt, 30 Jahre später, einen zweiten, erfolgreicheren Versuch. Harrower war mittlerweile Professorin an der University of Florida, aber die Rorschachtests hatte sie nicht vergessen und bereute, die frühere Untersuchung nicht fortgeführt zu haben. Jetzt gab sie einer Gruppe aus 15 Kollegen die anonymisierten Ergebnisse der von Gilbert mit Göring, Heß, Ribbentrop und fünf weiteren NS-Funktionären durchgeführten Tests, dazu weitere acht Ergebnisse von Tests mit einer aus Krankenhauspatienten und Geistlichen bestehenden Kontrollgruppe. Selbst in den späten 70er-Jahren gab es noch keine standardisierte Auswertungsmethode für den Rorschachtest, und Harrower machte keine Vorgaben.[617] Zwar fanden die Experten in der Versuchsgruppe einzelne psychische Abweichungen, aber Ähnlichkeiten zwischen den Testergebnissen der Nationalsozialisten fanden sie nicht. „Diese Tatsache widerlegt die Theorie, dass die Kriegsverbrechen auf Geistesstörungen zurückzuführen sind", schlussfolgerte Harrower. Tatsächlich glaubten die Experten, aufgrund der Rorschachtestergebnisse in den NS-Funktionären mit Ausnahme von Ribbentrop entweder normal angepasste oder sogar überdurchschnittlich gut angepasste Persönlichkeiten zu erkennen. Diese Männer konnten anhand des Rorschachtests nicht von gewöhnlichen Menschen unterschieden werden. Harrower kam zu der Überzeugung, dass Persönlichkeitsmerkmale wenig mit der Brutalität des NS-Regimes und den von ihm begangenen Gräueln zu tun hatten. Entscheidende Faktoren für den Erfolg des Nationalsozialismus in Deutschland seien die Empfänglichkeit der ganz normalen Bürger für Mythen und Manipulation durch Propaganda, Täuschung und Angstmacherei gewesen. Diese Empfänglichkeit aber sei ein Charakteristikum der Spezies Mensch. „Ja, es könnte auch hier bei uns passieren", sagte sie und wiederholte damit Kelleys Befürchtung.[618]

Parallel zu Harrowers Untersuchung bemühte sich auch ein Forschungsteam um Michael Selzer und Florence Miale um eine Auswertung der Testergebnisse. Miale war eine Schülerin Bruno Klopfers, der jahrzehntelang mit der Rorschachmethode gearbeitet und zu den Experten gehört hatte, die Harrower für ihre erste Studie kurz nach Kriegsende herangezogen hatte. Selzer, der Dozent am politikwissenschaftlichen Institut des Brooklyn College der City University New York war, hatte Dukie 1975 um eine Möglichkeit zur Sichtung von Kelleys Dokumenten gebeten. Sie hatte ihn abgewimmelt: Kelleys Unterlagen seien zu zahlreich, um darin die besagten Dokumente zu finden, seine Handschrift sei unlesbar und überhaupt habe er das meiste im Kopf gehabt und nicht niedergeschrieben.[619] Den eigentlichen Grund dafür, dass sie die Unterlagen nicht herausgeben wollte, verriet sie viel später Freunden: Sie habe geglaubt, Kelley hätte einer ausführlichen Psychoanalyse der NS-Funktionäre, die sie Selzer zu planen unterstellte, nicht zugestimmt.[620] Außerdem wollte Dukie die Dokumente vielleicht grundsätzlich nicht aus der Hand geben, denn später lehnte sie auch eine ähnliche Anfrage seitens des Schweizer Rorschachinstituts ab.

Also schrieben Miale und Selzer ihr Buch ohne Kelleys Unterlagen und beriefen sich nur auf Gilberts Material. In dem 1975 veröffentlichten *The Nuremberg Mind: The Psychology of the Nazi Leaders* (Die Nürnberger Psyche: Die Psychologie der führenden Nationalsozialisten) stimmen sie mit Gilberts These voll überein. Gilbert verfasste auch das Vorwort und nutzte die Gelegenheit, darin einige Spitzen gegen Kelley unterzubringen: Indem Kelley „viele der Tests mit Hilfe eines Dolmetschers durchführte, weil er nicht wusste, dass ein Psychologe mit Deutschkenntnissen auf dem Weg war", habe Kelley die Chance auf klare Rorschachtestergebnisse „verspielt". Wegen dieser Vorgehensweise seien „nicht nur die Vollständigkeit, sondern auch die Genauigkeit der Testergebnisse fragwürdig", außerdem habe sie die „Bildsprache behindert".[621] (Das Vorwort gehört zu Gilberts letzten Veröffentlichungen vor seinem Tod 1977.)[622]

Im ersten Kapitel erklären Miale und Selzer einführend, dass Personen wie Arendt, Milgram und Kelley „nicht überzeugend haben zeigen können, dass die NS-Kriegsverbrecher gewöhnliche Menschen waren, die sich nicht bedeutend von Leuten wie uns unterschieden".[623] Ganz im Gegenteil waren Miale und Selzer der Meinung, dass die Persönlichkeiten der in Nürnberg Angeklagten ähnliche Störungen aufwiesen. Ihre Auswertung der Rorschachtestergebnisse ergab, dass viele der hochrangigen Nationalsozialisten Psychopathen gewesen seien, charakterisiert durch ein stark eingeschränktes Schuldverständnis und die unterentwickelte Fähigkeit, sich nach anderen Menschen oder gesellschaftlich festgelegten politischen oder ideologischen Verhaltensnormen zu richten. Die virulente Selbstsucht der Nationalsozialisten habe ihr Verhalten maßgeblich bestimmt, sie von normalen Menschen unterschieden und sie als von der Norm abweichend und psychisch krank ausgewiesen.

Auf den ersten Blick mag diese Schlussfolgerung im Widerspruch zu Kelley stehen (und hätte Kelley die Veröffentlichung von Miales und Selzers Buch erlebt, hätte er es gewiss scharf kritisiert), aber eigentlich liegen die Ergebnisse gar nicht so weit auseinander. Der israelische Politikwissenschaftler und Historiker José Brunner hat darauf hingewiesen, dass Miale und Selzer die Möglichkeit einräumen, dass sich die Charakteristika dieser Nationalsozialisten in bestimmten großen Personengruppen von in der Öffentlichkeit stehenden Menschen wiederfinden – zum Beispiel bei Politikern, Wirtschaftsführern und Kunstschaffenden.[624] Dem hätte auch Kelley zugestimmt.

Harrower bezeichnet Miales und Selzers Ergebnisse als durch die Kenntnis der Vorgeschichte und der Verbrechen der getesteten Studienobjekte verzerrt und kritisierte die Autoren dafür, die Rorschachtests weder blind ausgewertet noch mit einer Kontrollgruppe verglichen zu haben. Sie war überzeugt, dass „ihre Auswertung der Rorschachtestergebnisse lediglich ihre Vorstellung von der nationalsozialistischen Psyche widerspiegelt".[625] Mit anderen Worten: Das Ergebnis der Untersuchung von Miale und Selzer habe von vornherein festgestanden.

1978 wandte der Psychologe Barry Ritzler von der Long Island University quantitative und statistische Kriterien auf die Rorschachtestergebnisse der NS-Funktionäre an, um willkürliche Auswertungen zu verhindern, und verglich die Antworten mit den Daten aus tausenden unter ähnlichen Bedingungen zuvor durchgeführten Rorschachtests.[626] Ritzlers Auswertung bewegt sich zwischen Harrower und Selzer-Miale: Die Assoziationen der NS-Angeklagten wichen zwar von der Norm ab, allerdings nicht stark genug, als dass man dies als Symptom einer psychischen Störung hätte betrachten können. Die Nürnberger Angeklagten seien wie „erfolgreiche Psychopathen", die ohne

Rücksicht auf andere ihrem Egoismus folgten und jede Gelegenheit nutzten, um weiterzukommen. Sie zeigten dabei aber nicht die akuten Symptome von Psychopathen, deren Ziel es ist, anderen Leid zuzufügen.

Die von Ritzler verwendete Auswertungsmethode hatte der Chicagoer Psychologe Samuel J. Beck entwickelt, dem Kelley 1947 einige der NS-Rorschachtestergebnisse geschickt hatte. Viele Jahre nach Becks Tod 1992 entdeckte der Forscher Reneau Kennedy die Testergebnisse unter Becks Papieren im Psychoanalytischen Institut von Chicago.[627] Auf diese Weise gelangten einige von Kelleys Dokumenten über die angeklagten Nationalsozialisten trotz Dukies Bemühungen, sie unter Verschluss zu halten, zum ersten Mal an die Öffentlichkeit.

Das Auftauchen von Kelleys Aufzeichnungen brachte die bisher ausführlichste Auswertung der Rorschachtestergebnisse bei den NS-Funktionären ins Rollen. Sie war das Ergebnis einer Zusammenarbeit zwischen Ritzler, Harrower, dem Experten für psychische Gutachten Robert P. Archer und einem Psychologen der Drexel University, Eric A. Zillmer, der schon lange an der Kontroverse beteiligt war. 1995 veröffentlichte die Gruppe dann *The Quest for the Nazi Personality: A Psychological Investigation of Nazi War Criminals* (Die Suche nach der NS-Persönlichkeit: Eine psychologische Studie der NS-Kriegsverbrecher), in dem sowohl auf Kelleys als auch auf Gilberts Testergebnisse Bezug genommen wird. Die Wissenschaftler kommen hier zu dem Ergebnis, dass es unmöglich sei, diese NS-Verbrecher einer einzigen psychischen Kategorie zuzuordnen. Göring, Heß und ihre Landsmänner mochten zwar einzelne Eigenschaften geteilt haben – darunter die Tendenz zur Unentschlossenheit bei Problemlösungen, wie sie etwa 20 Prozent der Einwohner der USA eigen ist –, diese allein rechtfertigten aber keine psychopathologische Diagnose und kämen vermutlich bei einer Vielzahl von Politikern und anderen Personen vor.[628] Das Forschungsteam schrieb: „Tatsächlich überwiegen in dieser Gruppe die Unterschiede gegenüber den Ähnlichkeiten."[629] Abschließend wiesen sie darauf hin, dass „in der Vergangenheit unzählige Menschen Gräueltaten begangen haben, ohne diagnostizierbare Störungen zu haben, anhand deren ihr Handeln erklärt werden könnte". Krankhafter Sadismus habe vielleicht einige an die Spitze der NS-Bewegung gebracht, aber auf der Nürnberger Anklagebank hätten auch Männer mit ganz anderen Eigenschaften gesessen. Bekannterweise durchlaufen Denkansätze in der Forschung oft Zyklen, und es kann sein, dass Gilberts Auslegung der NS-Rorschachtests eines Tages abermals aufgegriffen werden wird. Die Ergebnisse der Studie von Ritzler, Harrower, Archer und Zillmer aber geben Kelley recht. Bis sie widerlegt werden, besagt die neueste Forschung, dass die einzigartige NS-Psyche, die Kelley nicht erkennen konnte, die Gilbert verführte und so viele andere Wissenschaftler in ihren Bann zog, ein Märchen ist.

Doug Kelley Junior brauchte 28 Jahre, um sich nach dem Tod seines Vaters mit seiner Mutter zu versöhnen. Bis dahin hatte er ihr eine Mitschuld an seiner Erziehung gegeben und ihr vorgeworfen, ihn nicht vor Kelleys emotionalen Ausbrüchen beschützt zu haben. Mitte der 80er-Jahre erkannte er schließlich, dass sie für die von ihm verlangte Gerechtigkeit einen hohen Preis würde zahlen müssen. Sie wollte sich an die schmerzhaften Momente ihrer Ehe nicht erinnern, und schließlich gab der Sohn die Hoffnung auf, sie könne die Fehler seines Vaters eines Tages eingestehen. 1987 besuchte er sie im kalifornischen Santa Barbara, wo sie ein Haus mit zauberhaftem Meerblick bewohnte. Dort soll er seiner Mutter erst einmal erklärt haben, wie man einen Computer benutzt. So nahm der Heilungsprozess seinen Anfang. Heute erinnert Doug sich sehr positiv an diese Geste: „Es war eine Art Liebesbezeigung. ‚Wir sind eine Familie', schien es zu sagen. Seitdem nannte sie mich nicht mehr Douglas, sondern Doug. Ich war nicht mehr nur ihr Sohn, sondern ein gleichwertiger Mensch, mit dem sie offen reden konnte."

Zu diesem Zeitpunkt waren ihre Erinnerungen an ihren Ehemann schon nur noch Standbilder seiner Genialität und grenzenlosen Neugier, und Doug betrachtete seinen Vater als einen Mann mit einer ganz eigenen Art, zu lieben, einen Mann, der seinen Sohn auf einen Weg führen wollte, den dieser ablehnte, und der ein Leben lang von unkontrollierbaren Monstern gequält worden war. Als Dukie 2007 starb, erbte Doug die zerfledderten Kartons voller Dokumente, Krankenberichte und Notizen, die sein Vater 60 Jahre zuvor aus Europa mitgebracht hatte.

Dougs Schwester Alicia starb 2006 bei einem Autounfall, sein Bruder Allen ist schwerkrank, und so ist Doug der letzte Hüter dieses unberührten Archivs, einer weiteren McGlashan Sammlung, die ihre eigene bewegte Geschichte erzählt. Doug ist bis heute im Besitz vieler Kostbarkeiten seines Vaters, darunter sind ein Meteorit, glasgefasste Blätter, afrikanische Schnitzereien und polierte Kristalle. Wenn man ihn darum bittet, holt er ein Glasfläschchen mit einem Splitter der Blockhütten der Donner Party heraus: Darin schwebt in Öl ein Span Elend aus der Vergangenheit, kaum substantieller als eine Wimper, sodass man unweigerlich blinzelt, um sich zu vergewissern, dass man ihn auch wirklich gesehen hat.

Der drahtige aber kräftige Mittsechziger mit Falten im Gesicht und schütterem Haar hat die ungeordneten Papiere seines Vaters mittlerweile sortiert und in mit den Namen des jeweiligen Nürnberger Angeklagten beschrifteten Ordnern abgeheftet. Die Sammlung verströmt den Geruch von Tabak, trockenem Papier und verblassten Fotos. Darin enthalten sind auch drei kleine Kästchen, etwa so groß wie Schmucketuis. Sie umschließen außergewöhnliche Juwelen: Das erste enthält eine Reihe von Abbildungen von Robert Leys Gehirn; das zweite birgt sechs papierene Päckchen, deren rote Wachssiegel ungebrochen sind und Zucker, Schokolade und andere Lebensmittel einschließen, in denen Rudolf Heß Gift vermutete; im dritten Kästchen liegt auf einem Baumwollbett ein Glasfläschchen mit etwa 100 weißen Paracodintabletten – ein Teil von Hermann Görings Privatapotheke.

Die Sammlung gehört in ein Museum oder Archiv, aber Doug hat sich noch nicht von ihr trennen können. Sie soll griffbereit sein, denn er ist neugierig, und er will immer noch mehr wissen.

Danksagung

Ohne die Hilfe von Doug Kelley, dem ältesten Sohn meines Protagonisten, hätte ich nie auch nur den Versuch gemacht, dieses Buch zu schreiben.

Ich suchte Doug Kelley 2008 in der Hoffnung auf, er könne sich vielleicht noch an Einzelheiten des Berufslebens von seinem Vater erinnern, und wenn es auch nur vage Erinnerungen wären. Ich konnte es kaum glauben, als ich herausfand, dass er nicht nur im Besitz von Dr. Kelleys umfangreicher Sammlung von Dokumenten und Fotos aus der Nürnberger Zeit war, sondern auch Material aus der Zeit vor und nach Nürnberg besaß. Doug lud mich in sein Leben ein und beantwortete meine Fragen mit Offenheit. Der kluge und witzige Mann ging seinen Erinnerungen an seine Kindheit mit Douglas M. Kelley für mich nach, was oft schmerzhaft und verwirrend war.

Ich danke Doug und seiner Partnerin Christine Straub für ihren Enthusiasmus und ihre Gastfreundschaft in einer Zeit, in der ich damit beschäftigt war, Dr. Kelleys Geschichte zusammenzusetzen.

Ich hatte das große Glück, die wohl letzten Zeitzeugen von Douglas M. Kelleys Arbeit in Bad Mondorf und Nürnberg befragen zu können. Ich danke John Dolibois und Howard Triest für ihre Zeit, ihre Ideen und ihre Geduld. Ich danke auch Steven Miles von der University of Minnesota und Michael Gelles für ihre Interviews.

Meine Arbeit ist von mehreren Institutionen und Archiven unterstützt worden. Mein Dank geht an Luisa Haddad und ihre hilfsbereiten Kollegen am Department of Special Collections and Archives der University of California in Santa Cruz, Hilary Lane von der medizinhistorischen Bibliothek der Mayo Klinik, an die Mitarbeiter des US National Archives in Silver Spring, Maryland, und die Archivare der William Donovan Trials Collection in der juristischen Bibliothek der Cornell University.

Viele andere haben meine Arbeit auf unterschiedliche Weise unterstützt.

Mein Dank gilt ihnen allen: Fred Appell, Dr. Arnold E. Aronson, Maisy und Bert Aronson, Ann Bauer, Laurie Brickley, Katherine Eban, Karla Ekdahl, Cornelia Elsaesser, Nancy Gardner, Elizabeth Giorgi, Anne Hodgson, Eugene Hoffman, Peter

Hutchinson, Jon Klaverkamp, Bill Magdalene, Mary Meehan, Brad Schultz und Marx Swanholm sowie Laura Weber.

Zum ersten Mal schrieb ich 2011 in einem Artikel für die Zeitschrift *Scientific American Mind* über Douglas M. Kelley und Hermann Göring. Für ihre sachkundige Anleitung und ihre Offenheit meinem ungewöhnlichen Thema gegenüber bin ich meiner Lektorin Karen Schrock zu Dank verpflichtet.

Ich danke dem Team von Mythology Entertainment – Brad Fischer, Laeta Kalogridis und Jamie Vanderbilt – für ihr Interesse und ihre Unterstützung.

Wie immer habe ich von dem Vertrauen, der Erfahrung und den Ratschlägen meiner Agentin Laura Langlie profitiert, deren gesunder Menschenverstand und Gelassenheit sich am Ende durchsetzen konnten. Ich danke auch meinem Agenten für Performance Rights Bill Contardi für seine exzellente Arbeit. Die juristische Beratung von Kenneth Weinrib war unverzichtbar.

Clive Priddle von Public Affairs hat dieses Projekt von Anfang an unterstützt, und ich bin sehr dankbar, für diesen sensationellen Verlag schreiben zu können.

Manchmal braucht man jemanden, der einem ein Plätzchen zum Schreiben bietet und keine Fragen stellt. Dabei konnte ich mich immer auf das Caribou Café um die Ecke, die Dunn Brothers, Quixotic und Sebastian Joe's Cafés verlassen. Dort weiß man mittlerweile, dass ich ein Teetrinker bin.

Schließlich gilt mein Dank meiner Frau Ann Aronson. Sie hat sich meine verrückten Ideen angehört, meine Entwürfe gelesen und mir so viel gegeben, auf das ich mich freuen konnte, wenn ich aus meiner Schreibstube kroch. Ann und meine Töchter Natalie und Sasha müssen eine Menge erdulden, wenn mich ein Thema packt. Ihnen gilt meine ganze Liebe.

Endnoten

1 Manvell, et al., 2011, S. 310.
2 ebd., 2011, S. 325; Stack, o. D.
3 Göring, 2007, S. 257.
4 ebd., S. 257.
5 Manvell, et al., 2011, S. 324.
6 ebd., S. 325.
7 Göring, 2007, S. 259.
8 Andrus, 1969.
9 Manvell, et al., 2011, S. 326.
10 Volz, 2011.
11 Lebert, et al., 2000, S. 176.
12 Andrus, 1969, S. 30.
13 Manvell, et al., 2011, S. 327.
14 ebd., S. 327.
15 Andrus, 1969, S. 22f.; Dolibois, 1989, S. 84.
16 Tusa, et al., 1984, S. 45.
17 Sprecher, 1999, S. 42.
18 Tusa, et al., 1984, S. 42.
19 Andrus, 1969, S. 23.
20 Dolibois, 1989, S. 98.
21 Andrus, 1969, S. 14.
22 Manvell, et al., 2011, S. 328.
23 Dolibois, 1989, S. 88; Teich, 1945.
24 Kelley, 1947, S. 83.
25 wwus, 1969, S. 29f.
26 ebd., S. 40.
27 Dolibois, 1989, S. 94.
28 Andrus, 1969, S. 31.
29 Dolibois, 1989, S. 85.
30 Manvell, et al., 2011, S. 329.
31 Andrus, 1969, S. 46f.
32 Dolibois, 1989, S. 95.
33 Andrus, 1969, S. 40.
34 Neave, 1978, S. 71.
35 Tusa, et al., 1984, S. 496.
36 Gilbert, 1979, S. 92.
37 Kelley, 1947, S. 69.
38 Gilbert, 1979, S. 88.
39 Davidson, 1966, S. 67.
40 Neave, 1978, S. 66.
41 Davidson, 1966, S. 63.
42 Kelley, 1947, S. 81.
43 Andrus, 1969, S. 30.
44 Davidson, 1966, S. 66.
45 Andrus, 1969, S. 31.
46 Hoover, 1945.
47 Dolibois, 1989, S. 102.
48 „Therapeutic Progress“, 1914.
49 Kelley, 1947, S. 64.
50 Curnutte, 2009.
51 Dolibois, 1989, S. 104.
52 Kelley, 1945.
53 Kelley, 1947, S. 72.
54 ebd., S. 83.
55 Kelley, 1945.
56 Kelley, 1947, S. 71.
57 ebd., S. 71.
58 ebd., S. 71.
59 Andrus, 1969, S. 36.
60 Dolibois, 1989, S. 88.
61 Kelley, 1947, S. 73.
62 Andrus, 1969, S. 34.
63 Executive Command, 1945.
64 Pick, 2012, S. 126.
65 McGlashan, 1977, S. 4ff., 95.
66 ebd., S. 70.
67 ebd., S. 105ff.
68 ebd., S. 96.
69 ebd., S. 109–113, 141.
70 ebd., S. 159.
71 ebd., S. 141–145, 152.
72 ebd., S. 183.
73 ebd., S. 217.
74 ebd., S. 182.
75 ebd., S. 182.
76 Kelley, „Personal File, to 1937“, o. D.
77 Sears, 1985.
78 Friedman, et al., 2011, S. 53; Shurkin, 1992, S. 36.
79 Kelley, „Personal File, to 1937“, o. D.
80 „Faculty Will Not Examine Float Entries“, 1932.
81 „They Can't Tie Him“, 1932.
82 „Former Local Boy Given Major Scholarship in East“, 1939.
83 „Magic Helps Treat Insane“, 1941.
84 McGlashan, 1977, S. 247.
85 Kaempfert, 1941.
86 Kelley, 1942.
87 Whitman, 1947.
88 Kelley, 1943.
89 Whitman, 1947.
90 Kelley, et al., 1942.
91 Korzybski, 2000; Kodish, 2011.
92 „Experts on Semantics Deliver SF Lecture“, 1952.
93 Kelley, 1959.
94 Kelley, 1940.
95 ebd.
96 Kelley, 1941.
97 ebd.
98 ebd.
99 University of California, 1942.
100 „UC Doctors Use Drug to Aid Psychiatric Test“, 1942.
101 „Miss Alice Hill Weds Dr. Kelley“, o. D.
102 ebd.
103 Kelley, o. D.
104 Kelley, 1942.
105 Hale, 1995, S. 15.
106 ebd., S. 192.
107 Hastings, et al., 1944, S. 206.

108 „Kelley Teaches Battle Psychiatry“, 1944.
109 Walker, 1947.
110 Kelley, 1951, S. 189–195, 217.
111 Case, 1945.
112 Barnes, et al., o. D.
113 Davis, 1948.
114 Fabing, 1953.
115 Gaillard, 1944.
116 Everts, 1945.
117 Andrus, 1969, S. 49.
118 Tusa, et al., 1984, S. 44f.
119 ebd., S. 46.
120 ebd., S. 48.
121 Dolibois, 1989, S. 104.
122 Kelley, 1945.
123 Overy, 2002, S. 69.
124 Dolibois, 1989, S. 135.
125 Andrus, 1969, S. 63.
126 Sprecher, 1999, S. 63.
127 Gregor, 2009, S. 25.
128 „Here and There with Newsweek Correspondents“, 1945.
129 Sprecher, 1999, S. 64.
130 West, 1955.
131 Neave, 1978, S. 42.
132 Urban, 2008, S. 48.
133 „Here and There with Newsweek Correspondents“, 1945.
134 Sprecher, 1999, S. 65.
135 „Here and There with Newsweek Correspondents“, 1945.
136 Neave, 1978, S. 43.
137 ebd.
138 Urban, 2008, S. 14f.
139 Neave, 1978, S. 46.
140 Urban, 2008, S. 14.
141 Andrus, 1969, S. 68.
142 Neave, 1978, S. 45.
143 Kelley, 1946.
144 Tusa, et al., 1984, S. 126.
145 Andrus, 1969, S. 66f.
146 ebd., S. 74, 144.
147 Kelley, 1947, S. 22.
148 ebd., S. 22.
149 Schurr, 1946.
150 Dolibois, 1989, S. 147.
151 Kelley, 1947, S. 17.
152 Schacht, 1953, S. 570.
153 Tusa, et al., 1984, S. 126.
154 Andrus, 1969, S. 84.
155 Kelley, 1947, S. 17.
156 Tusa, et al., 1984, S. 127.
157 Kelley, 1947, S. 20.
158 Andrus, 1945.
159 Schacht, 1953, S. 570.
160 Neave, 1978, S. 69; Schacht, 1953, S. 571.
161 Tusa, et al., 1984, S. 127.
162 ebd., S. 125.
163 Overy, 2002, S. 73.
164 Dolibois, 1989, S. 169.
165 Andrus, 1969, S. 17.
166 Tusa, et al., 1984, S. 131.
167 ebd., S. 129.
168 Kelley, 1946.
169 Kelley, 1947, S. 21.
170 Schurr, 1946.
171 Kelley, 1947, S. 6.
172 Overy, 2002, S. 85.
173 Kelley, 1947, S. 85.
174 Göring, 1945.
175 Neave, 1978, S. 69.
176 West, 1955, S. 5.
177 Kelley, 1947, S. 65.
178 Kelley, 1947, S. 74.
179 Kelley, 1947, S. 87.
180 ebd.
181 Dolibois, 1989, S. 103.
182 Kelley, 1947, S. 75.
183 Göring, 2007, S. 21.
184 Kelley, 1947, S. 74.
185 ebd., S. 74.
186 ebd., S. 75.
187 Göring, 2007, S. 264.
188 ebd.
189 Dolibois, 1989, S. 169.
190 Kelley, 1946.
191 Kelley, 1947, S. 76f.
192 ebd., S. 65.
193 „Goering Was Child in Adult World, Says Brain Expert“, 1946.
194 ebd.
195 ebd.
196 Kelley, 1985.
197 Schacht, 1953, S. 579.
198 Tusa, et al., 1984, S. 36.
199 Rosenberg, 1935; Brickner, 1943, S. 221.
200 Kelley, 1947, S. 54.
201 Teich, 1945.
202 Kelley, 1947, S. 49.
203 ebd., S. 58.
204 Dolibois, 1989, S. 171.
205 ebd., S. 141.
206 „Streicher's Lewd Sex Library May Play Part in Trial“, 1945.
207 West, 1955, S. 5.
208 Davidson, 1966, S. 44f.
209 Kelley, 1947, S. 157.
210 ebd., S. 156.
211 ebd., S. 182.
212 Kelley, 1945.
213 Dolibois, 1989, S. 118.
214 Kelley, 1947, S. 166.
215 Dolibois, 1989, S. 118.

216 Kelley, 1947, S. 167.
217 ebd., S. 168f.
218 Tusa, et al., 1984, S. 47.
219 Kelley, 1947, S. 108.
220 Kelley, et al., 1946.
221 Schurr, 1946.
222 Kelley, 1947, S. 148.
223 Overy, 2002, S. 28.
224 Kelley, 1946.
225 Halleck, 1968, S. 8.
226 Abrahamsen, 1969, S. 8.
227 Bromberg, 1965, S. 82ff.
228 Brickner, 1943, S. 29, 151, 271.
229 ebd., S. 32, 42.
230 ebd., S. 264f.
231 Triest, 2012.
232 Ross, 1947.
233 Kelley, 1947, S. 86.
234 ebd., S. 88.
235 Dolibois, 2012.
236 Cleckley, 1955.
237 Kelley, 1947, S. 79f.
238 Gilbert, 1945.
239 Göring, 1945.
240 Sauckel, 1945.
241 Göring, 1945.
242 ebd., S. 265.
243 Göring, 1945.
244 ebd.
245 Göring, Brief an Emmy Göring, o. D.
246 Kelley, 1947, S. 76.
247 ebd., S. 36f.
248 Dolibois, 1989, S. 175.
249 Kelley, 1947, S. 33.
250 Gilbert, 1979, S. 123.
251 Andrus, 1969, S. 72.
252 Kelley, 1947, S. 34.
253 Davidson, 1966, S. 111.
254 Neave, 1978, S. 77.
255 Gilbert, 1979, S. 126.
256 Kelley, 1947, S. 35.
257 Andrus, 1969, S. 121.
258 Gilbert, 1979, S. 126.
259 „Rudolf Hess: Report of British Observation and Findings“, o. D.
260 Neave, 1978, S. 79; Gilbert, 1979, S. 126f.
261 Davidson, 1966, S. 119.
262 Andrus, 1969, S. 72.
263 Teich, 1945.
264 Andrus, 1969, S. 73.
265 Ross, 1947.
266 Kelley, 1947, S. 36.
267 Dolibois, 1989, S. 172.
268 ebd., S. 174.
269 Kelley, 1945.
270 ebd.
271 ebd.
272 ebd.
273 ebd.
274 Kelley, 1947, S. 46.
275 Davis, 1946.
276 Kelley, 1945.
277 Kelley, 1947, S. 41f.
278 Andrus, 1969, S. 118.
279 Overy, 2002, S. 409f.
280 Kelley, 1947, S. 46.
281 Overy, 2002, S. 116.
282 Dolibois, 1989, S. 166.
283 Fry, 2011, S. 833.
284 Kelley, 1947, S. 56.
285 Anspacher, 1946.
286 Dolibois, 1989, S. 171.
287 Andrus, 1969, S. 99.
288 Schacht, 1953, S. 576.
289 Kelley, 1945.
290 Schirach, 1945.
291 Neave, 1978, S. 97.
292 „Interview with Baldur von Schirach“, 1945.
293 Kelley, 1947, S. 7.
294 Andrus, 1969, S. 173.
295 Sprecher, 1999, S. 76.
296 Andrus, 1969, S. 94.
297 Kelley, 1947, S. 187.
298 Kelley, 1945.
299 Kelley, 1947, S. 194f.
300 Kelley, 1945.
301 Kelley, 1947, S. 146.
302 ebd., S. 144.
303 Andrus, 1969, S. 131.
304 Kelley, 1945.
305 Kelley, 1947, S. 38.
306 Kelley, 1945.
307 ebd.
308 ebd.
309 ebd.
310 ebd.
311 ebd.
312 ebd.
313 ebd.
314 ebd.
315 ebd.
316 ebd.
317 „Dr. Conti Dead in Nuremberg“, o. D.
318 Klan, et al., 1945.
319 Andrus, 1969, S. 87f.
320 Dolibois, 1989, S. 180.
321 Roth, 1946.
322 Kelley, 1947, S. 169f.
323 Ley, o. D.
324 Neave, 1978, S. 65.
325 ebd., S. 69f.
326 ebd., S. 71ff.
327 ebd., S. 79ff.

328 Overy, 2002, S. 84.
329 Kelley, 1947, S. 183.
330 Tusa, et al., 1984, S. 121.
331 Dolibois, 1989, S. 119.
332 Gilbert, 1961.
333 Gilbert, 1962, S. 9.
334 ebd., S. 9.
335 Gilbert, 1962, S. 9.
336 Gilbert, 1961.
337 Zillmer, et al., 1995, S. 40.
338 ebd., S. 40.
339 ebd., S. 39.
340 Dolibois, 2012.
341 Dolibois, 1989, S. 187.
342 Dolibois, 2012.
343 Gilbert, 1961.
344 ebd.
345 Gilbert, 1962, S. 9.
346 Gilbert, 1961.
347 ebd.
348 Kelley, 1985.
349 Kelley, 1945; Kelley, 1945.
350 Dolibois, 1989, S. 188.
351 Kelley, 1947, S. 184.
352 Sprecher, 1999, S. 121.
353 Dodd, et al., 2007, S. 181.
354 Andrus, 1969, S. 91.
355 ebd., S. 127.
356 Kelley, 1947, S. 89.
357 Kelley, 1946.
358 Kelley, 1945.
359 Zillmer, et al., 1995, S. 31.
360 Kelley, 1945.
361 Zillmer, et al., 1995, S. 32.
362 Gilbert, 1979, S. 128f.
363 Tusa, et al., 1984, S. 130.
364 Gilbert, 1945.
365 Gilbert, 1945.
366 Tusa, et al., 1984, S. 130.
367 Gilbert, 1962, S. 36.
368 Tusa, et al., 1984, S. 130.
369 „Interview with Hans Fritzsche", 1945.
370 Tusa, et al., 1984, S. 129.
371 Neave, 1978, S. 220.
372 Tusa, et al., 1984, S. 122.
373 Göring, 2007, S. 265; Dolibois, 1989, S. 169.
374 Lebert, et al., 2000, S. 177.
375 Göring, 2007, S. 267.
376 ebd., S. 269.
377 Kelley, 1945.
378 Göring, 2007, S. 270.
379 Andrus, an den Kommandierenden General der 3. Armee, 1945.
380 Göring, 2007, S. 270.
381 ebd., S. 271.
382 Lebert, et al., 2000, S. 178.
383 Kelley, 1947, S. 47.
384 ebd., S. 69f.
385 ebd., S. 86f.
386 ebd., S. 90.
387 ebd., S. 91.
388 ebd., S. 89.
389 ebd., S. 75.
390 ebd.
391 Fry, 2011, S. 635–643.
392 Schurr, 1946.
393 Kelley, 1945.
394 Andrus, 1969, S. 118; Tucker, 1945.
395 Kelley, 1947, S. 44.
396 Andrus, 1969, S. 120.
397 ebd., S. 119f.
398 Stringer, 1945.
399 ebd.
400 Kelley, 1945.
401 Andrus, „Psychiatric Consultation on Rudolf Hess", 1945.
402 Andrus, 1969, S. 120.
403 ebd., S. 121f.
404 Kelley, 1947, S. 29f.
405 ebd., S. 148–154; Kelley, 1945.
406 Tusa, et al., 1984, S. 145.
407 Kelley, 1947, S. 149; Kelley, 1945.
408 Andrus, 1969, S. 116.
409 Kelley, 1945.
410 Fry, 2011, S. 498ff.
411 Kelley, 1945.
412 J. E. S., o. D.
413 Fry, 2011, S. 651–658.
414 Kelley, 1945.
415 Waller, 2011
416 Schaefer, 1945.
417 Andrus, 1969, S. 125.
418 ebd., S. 125ff.
419 ebd.
420 Tusa, et al., 1984, S. 145f.
421 Urban, 2008, S. 25.
422 Schacht, 1953, S. 583.
423 Sprecher, 1999, S. 143.
424 Tusa, et al., 1984, S. 148.
425 Andrus, 1969, 38, S. 144.
426 Tusa, et al., 1984, S. 148.
427 Andrus, 1969, S. 144.
428 ebd., S. 59.
429 ebd., S. 114.
430 West, 1955, S. 6.
431 Dos Passos, 1945.
432 West, 1955, S. 5.
433 Dos Passos, 1945; West, 1955, S. 5.
434 Tusa, et al., 1984, S. 148.

435 Neave, 1978, S. 240f.
436 Gilbert, 1962, S. 42.
437 Andrus, 1969, S. 128.
438 Gilbert, 1962, S. 115.
439 Kelley, 1947, S. 84.
440 Gilbert, 1962, S. 74.
441 ebd., S. 75
442 Tusa, et al., 1984, S. 241.
443 Kelley, 1947, S. 78.
444 Gilbert, 1945.
445 Tusa, et al., 1984, S. 160.
446 Neave, 1978, S. 247.
447 Tusa, et al., 1984, S. 160.
448 Gilbert, 1962, S. 53.
449 ebd., S. 54.
450 Gilbert, 1945.
451 Neave, 1978, S. 248f.
452 Tusa, et al., 1984, S. 162.
453 Long, 1945.
454 Heß, 1945.
455 Tusa, et al., 1984, S. 162.
456 Tucker, 1945.
457 „‚I Feel Better', Hess Says after Confessing Ruse", 1945.
458 Kelley, 1947, S. 43.
459 Gilbert, 1945.
460 Kelley, 1945.
461 Gilbert, 1962, S. 58.
462 Long, 1945.
463 Kelley, 1946.
464 Kelley, 1945.
465 ebd.
466 Gilbert, 1962, S. 158.
467 ebd.
468 Tusa, et al., 1984, S. 242.
469 Gilbert, 1962, S. 116; Andrus, 1969, S. 136.
470 Gilbert, 1945.
471 „Nazis No Longer Swagger at Trial", 1945.
472 Kelley, 1945.
473 Rosenberg, 1945.
474 Kelley, 1945.
475 Zillmer, et al., 1995, S. 82.
476 Wyllie, 2006, S. 198.
477 Davis, 1946.
478 Neave, 1978, S. 255.
479 Dodd, et al., 2007, S. 263.
480 Neave, 1978, S. 257.
481 ebd., S. 259.
482 Dodd, et al., 2007, S. 267.
483 Neave, 1978, S. 263.
484 Gilbert, 1979, S. 115.
485 Neave, 1978, S. 272.
486 Gilbert, 1979, S. 115.
487 Manvell, et al., 2011, S. 334.
488 Ehrenfreund, 2007, S. 73.
489 Andrus, 1969, S. 174.
490 Ehrenfreund, 2007, S. 85.
491 Lebert, et al., 2000, S. 179.
492 Andrus, 1969, S. 161f.
493 Neave, 1978, S. 267.
494 Andrus, 1969, S. 162.
495 Lebert, et al., 2000, S. 180.
496 Andrus, 1969, S. 174.
497 Lebert, et al., 2000, S. 180.
498 ebd., S. 180.
499 Kelley, 1947, S. 47f.
500 ebd., S. 48.
501 Anspacher, 1946.
502 Bosch, 1970, S. 61.
503 Andrus, 1969, S. 185.
504 ebd., S. 191.
505 ebd., S. 201.
506 Ehrenfreund, 2007, S. 90f.
507 „SF Doctor Predicts How 11 Nazis Will Die", 1946.
508 ebd.
509 Kelley, 1947, S. 92.
510 ebd., S. 128.
511 „S. F. Psychiatrist Is Amazed at Goering Suicide", 1946.
512 Andrus, 1969, S. 168.
513 Bosch, 1970, S. 203.
514 ebd., S. 218.
515 Kelley, an Michael Selzer, o. D.
516 Kelley, 1985.
517 ebd.
518 Kelley, 1947, S. 253.
519 Kelley, 1946.
520 Kelley, 1947, S. 11.
521 ebd., S. 16.
522 Schurr, 1946.
523 Kelley, 1947, S. 223.
524 ebd., S. 225f.
525 „WWII Adolf Hitler Profile Suggests ‚Messiah Complex'", 2012.
526 Kelley, 1947, S. 213.
527 ebd., S. 230f.
528 Kelley, 1947, S. 231.
529 ebd., S. 228.
530 ebd., S. 214.
531 Zillmer, et al., 1995, S. 80.
532 Kelley, 1947, S. 252.
533 Arendt, 1964.
534 Kelley, 1946.
535 Kelley, 1947, S. 252.
536 ebd., S. 256f.
537 ebd., S. 22.
538 Kelley, 1946.
539 Kelley, 1947, S. 259f.
540 Brunner, 2001.
541 Vortragsverträge, Ms. Dokument „1946", 1946.
542 Greenberg Verlag, 1949.
543 Fabing, 1953.

544 Davis, 1948.
545 Summers, 1947.
546 McIlwain, 1949.
547 Summers, 1947.
548 „Semantics Held Key to Clarity in Thought", 1949.
549 Vortragsverträge, Ms. Dokument „1947", 1947.
550 Anspacher, o. D.
551 Rogers, 1947.
552 „Mental Health Held Serious U.S. Problem", 1948.
553 Kelley, 1985.
554 „Politicians Should Get Mental Exams; and So Should the Psychiatrists!", 1948.
555 Blank, 1947.
556 Kelley, 1985.
557 Brunner, 2001.
558 Koehli, 2010.
559 Brunner, 2001.
560 Goldensohn, et al., 2004.
561 „Dr. Kelley Broadcasts in New York", 1947.
562 Loosli-Usteri, 1953.
563 Holstrom, 1950.
564 „Cherry Answers Kelley Comment", 1947.
565 McEwen, 1949.
566 Barton, 1950.
567 ebd.
568 „Head of Graylyn Offered University Post", 1949.
569 ebd.
570 „Dr. Kelley Resigns Post on Medical School Faculty", 1947.
571 Greenberg Verlag, 1949.
572 Malloy, 1952.
573 Abramson, 1950.
574 Wilson, 1949.
575 Hansen, 1950.
576 Fabing, 1953.
577 Farrell, 1997, S. 107.
578 Kelley, et al., o. D.
579 Kelley, et al., 1942.
580 „Clinical Reality and Projective Technique", 1951.
581 „UC Man Develops New ‚Truth Serum' Method", 1950.
582 Walker, 1995, S. 155.
583 Farrell, 1997, S. 83.
584 Walker, 1995, S. 162, 106.
585 Farrell, 1997, S. 177.
586 Rathgeb, 2004, S. 73.
587 Fabing, 1953.
588 KQED Television, o. D.
589 Newton, 1958.
590 Kelley, 1947, S. 240.
591 Schroeder, 1952.
592 Randebaugh, 1958.
593 Kelley, 1955.
594 Terman, 1955.
595 Kelley an Lewis Terman, 1955.
596 Dreher, 1958.
597 „UC Criminologist", 1958.
598 Ryan, 2005.
599 „Private Rites Mark Funeral", 1958.
600 „Mystery in UC Suicide Deepens", 1958.
601 A.V. Kelley, an Bill Mandel, 1986.
602 Mandel, 1985.
603 A.V. Kelley, an Bill Mandel, 1985.
604 Randebaugh, 1958.
605 Fitzkee, o. D.
606 Kelley A.V., „Inventory of Items for Sale", 1958.
607 „Dr. George Frank Kelley Dies", 1971.
608 Walsh, *War and the Human Race*, 1971, S. 77.
609 Walsh, „Interview with Prisoner #7", 1948.
610 Walsh, „Historical Responsibility of the Psychiatrist", 1964.
611 Walsh, *War and the Human Race*, 1971), S. 76f.
612 Neave, 1978, S. 81.
613 Dolibois, Pattern of Circles, 1989, S. 176.
614 Brunner, 2001, S. 234.
615 Zillmer et al., 1995, S. 178, 187.
616 Freakonomics Radio Podcast, 2012.
617 Brunner, 2001, S. 249.
618 Harrower, „Were Hitler's Henchmen Mad?", 1976.
619 A.V. Kelley, Brief an Michael Selzer, o. D.
620 A.V. Kelley, an Bill Mandel, o. D.
621 Miale & Selzer, 1976, S. xiii.
622 Williams, 1977.
623 Miale & Selzer, 1976, S. 14.
624 Brunner, 2001, S. 247.
625 Harrower, „Rorschach Records", 1976.
626 Brunner, 2001, S. 251f.
627 Zillmer et al., 1995, S. 87.
628 ebd., S. 98.
629 ebd., S. 99.

Literaturverzeichnis

„Abbreviated Clinical Record: Hermann Goering“, Ms. Privatarchiv Douglas M. Kelley. 1945.

ABRAHAMSEN, DAVID. *Crime and the Human Mind.* Montclair, CA: Patterson Smith, 1969.

ABRAMSON, PAUL D. and DOUGLAS MCGLASHAN KELLEY, Ms. Special Collections, University of California, Santa Cruz. 6. März 1950.

ALEXANDER, LEO. „Medical Science under Dictatorship“, *New England Journal of Medicine* Juli 1949: 39–47.

ANDRUS, BURTON C. „Prison Regulations“, Ms. Privatarchiv Douglas M. Kelley. 1945.

—. „Psychiatric Consultation on Rudolf Hess“, Ms. MLR P 20, Box 4, National Archives and Records Administration. 1945.

—. „SOP, for Reception of Visitors“, Ms. Privatarchiv Douglas M. Kelley. 1945.

—. „Statement on Ley's Suicide“, Ms. MLR P 20, National Archives and Records Administration. 1945.

—. an den Kommandierenden General der 3. Armee, Ms. Privatarchiv Douglas M. Kelley. 3. November 1945.

—. *I Was the Nuremberg Jailer*. New York: Coward-McCann, 1969.

—. *Memorandum an William Donovan,* Ms. Donovan Nuremberg Trials Collection, Cornell University Law Library. 2. November 1945.

ANSPACHER, CAROLYN. „Nazi Has Plan to Save Youth He Corrupted“, *San Francisco Chronicle* 17. Oktober 1946.

—. „Nuernberg Psychiatrist Fears Nazism in U.S.“, Ms. Privatarchiv Douglas M. Kelley. *San Francisco Chronicle* o. D.

—. „Psychiatrist Says Hitler Was Neurotic, Not Insane“, *San Francisco Chronicle* 12. Oktober 1946.

—. „SF Psychiatrist for Doomed Nazi Tells How They'll Die“, Privatarchiv Douglas M. Kelley. *San Francisco Chronicle* 1946.

ARENDT, HANNAH. *Eichmann in Jerusalem: Ein Bericht von der Banalität des Bösen.* München: Piper, 1964.

„Army Psychiatrist Gives Picture of Nuremberg Trials Principals“, *Bakersfield Californian* 2. Dezember 1946.

„Autopsy Shows Dr. Kelley Didn't Have Fatal Illness", *San Francisco Chronicle* 3. Januar 1958.

BARNES, JOHN W. und DOUGLAS MCGLASHAN KELLEY. „Combat Neurosis", Ms. 229, Box 3:2, Special Collections, University of California, Santa Cruz. o. D.

BARTON, WILLIAM S. „How Drug Released Inhibitions Told", *Los Angeles Times* 21. Mai 1950.

„Berkeley Zanies Drive Cops Crazy", Privatarchiv Douglas M. Kelley. 1951.

BLANK, GERALD. *„Nuremberg Psychiatrist Has Test for Nazis"*, World 26. März 1947.

BOSCH, WILLIAM J. *Judgment on Nuremberg: American Attitudes Toward the Major German War-crime Trials.* Chapel Hill: University of North Carolina Press, 1970.

BRICKNER, RICHARD M. *Is Germany Incurable?* Philadelphia: J. B. Lippincott, 1943.

„Bride of Dr. Douglas Kelley, of San Francisco", *Chattanooga Express* 20. Oktober 1940.

BROMBERG, WALTER. *Crime and the Mind: A Psychiatric Analysis of Crime and Punishment.* New York: Macmillan, 1965.

BRUNNER, JOSE. „‚Oh Those Crazy Cards Again': A History of the Debate on the Nazi Rorschachs, 1946–2001", *Political Psychology* 2001: 233–261. Buchvertrag, Ms. Dokument 1946, Privatarchiv Douglas M. Kelley. 1946.

CASE, BILL. „Army Doctors' New System Salvages ‚Mentally Wounded'", Privatarchiv Douglas M. Kelley. *Chattanooga Free Press* 1945.

„Cherry Answers Kelley Comment", *Winston-Salem Journal* 18. November 1947.

CLECKLEY, HERVEY. *The Mask of Sanity: An Attempt to Clarify Some Issues About the So-called Psychopathic Personality.* St. Louis: Mosby, 1955.

„Clinical Reality and Projective Technique", *The American Journal of Psychiatry* 1951: 753–757.

CRASSWELLER, ROBERT D. *Trujillo: The Life and Times of a Caribbean Dictator.* New York: Macmillan, 1966.

CURNUTTE, MARK. „Interrogator Recalls Talks with Hitler's Inner Circle", *Cincinnati Enquirer* 15. November 2009.

„Daughter of Truckee Historian Is Dead", Privatarchiv Douglas M. Kelley. 11. Oktober 1955.

DAVIDSON, EUGENE. *The Trial of the Germans: An Account of the Twenty-two Defendants before the International Military Tribunal at Nuremberg.* Columbia: University of Missouri, 1966.

DAVIS, CHESTER S. „Civilization Now Offers Hope to Vistims of ‚Civilization'", *Winston-Salem Journal and Sentinel* 26. September 1948.

—. „How Graylyn Is Reviving Some of Our Sick Minds", *Winston-Salem Journal and Sentinel* 16. September 1948.

DAVIS, LOUISE. „Hitler Gang Just Ordinary Thugs, Psychiatrist Says", 29. Januar 1946.

DODD, CHRISTOPHER J. und LARY BLOOM. *Letters from Nuremberg.* New York: Crown Publishing, 2007.

DOLIBOIS, JOHN. *E-Mail-Interview* Jack El-Hai. Februar 2012.

—. *Pattern of Circles.* Kent, OH: Kent State University Press, 1989.

DOS PASSOS, JOHN. „Report from Nurnberg", *LIFE* 10. Dezember 1945.

„Dr. Conti Dead in Nuremberg", Privatarchiv Douglas M. Kelley. o. D.

„Dr. Conti Suicide Revealed by Army", Privatarchiv Douglas M. Kelley. o. D.

„Dr. D. McG. Kelley Arrives to Take Post at Bowman Gray", Privatarchiv Douglas M. Kelley. 1947.

„Dr. George Frank Kelley Dies at 91", Privatarchiv Douglas M. Kelley. 19. November 1971.

„Dr. Kelley Broadcasts in New York" *Winston-Salem Journal* 24. März 1947.

„Dr. Kelley Is Star Witness for the Defense" 28. Mai 1947.

„Dr. Kelley Kills Self", Privatarchiv Douglas M. Kelley. o. D.

„Dr. Kelley Leaves Post at Graylyn", Privatarchiv Douglas M. Kelley. 1949.

„Dr. Kelley Made News in Sensational Cases", *San Francisco Chronicle* 2. Januar 1958.

„Dr. Kelley Named Officer of Semantics Institute", *Winston-Salem Journal* 28. Juni 1947.

„Dr. Kelley Resigns Post on Medical School Faculty“, *Winston Salem Journal*. 28. Juni 1947.
„Dr. Kelley Suicide Laid to Overwork“, Privatarchiv Douglas M. Kelley. 2. Januar 1958.
DREHER, GEORGE E. Brief an Alice Vivienne Kelley, Ms. Privatarchiv Douglas M. Kelley. 4. Januar 1958.
EARLY, DON. an Douglas McGlashan Kelley, Ms. Privatarchiv Douglas M. Kelley. 18. Februar 1947.
EHRENFREUND, NORBERT. *The Nuremberg Legacy: How the Nazi War Crimes Trials Changed the Course of History.* New York: Palgrave Macmillan, 2007.
ESSIG, E. O. „Charles Fayette McGlashan“, *Pan-Pacific Entomologist* Januar 1931: 97–99.
EVERTS, WILLIAM H. Brief an Alice Vivienne Kelley, Ms. Douglas M. Kelley. 19. Mai 1945.
Executive Command. „Carrier Sheet, HQ Com Z, to Senior Consultant in Neuropsychiatry“, Ms. Privatarchiv Douglas M. Kelley. 1945.
„Experts on Semantics Deliver SF Lecture“, *San Francisco Examiner* 11. August 1952.
FABING, HOWARD D. Brief an Edward A. Byron, Ms. Special Collections, University of California, Santa Cruz. 9. Mai 1953.
„Faculty Will Not Examine Float Entries“, *Daily Californian* [Berkeley] 26. Februar 1932.
FARRELL, HARRY. *Shallow Grave in Trinity County.* New York: St. Martin's, 1997.
FITZKEE, DARIEL. „Obituary, Douglas M. Kelley“, Privatarchiv Douglas M. Kelley. o. D.
„Former Local Boy Given Major Scholarship in East“, *Sierra Sun [Truckee]* 10. August 1939.
Freakonomics Radio Podcast. *„Fear Thy Nature“, Transkript.* 14. September 2012. 8. Mai 2014.
FREEMAN, WALTER. *The Psychiatrist: Personalities and Patterns.* New York: Grune & Stratton, 1968.
FRIEDMAN, HOWARD S. und LESLIE R. MARTIN. *The Longevity Project: Surprising Discoveries for Health and Long Life from the Landmark Eight-decade Study.* New York: Hudson Street, 2011.

FRITZ, HANS. Der Loisl: Ein heiterer Roman aus Bayern. München: Piper, 1940.
FRY, HELEN. *Inside Nuremberg Prison: A Biography of Howard Triest.* o. O.: Ebook, 2011.
GAILLARD, ERNEST. Zertifikat, Ms. Privatarchiv Douglas M. Kelley. 1944.
GELLES, MICHAEL. „Telefoninterview mit Jack El-Hai", Oktober 2009.
„General Semantics – Science of the Effect of Words", *San Francisco News* 7. August 1952.
GILBERT, GUSTAVE MARK. „Goering", Ms. Privatarchiv Douglas M. Kelley. 1945.
—. „Hess Test Notes", Ms. Privatarchiv Douglas M. Kelley. 1945.
—. „Hess Thematic Apperception Test", Ms. Privatarchiv Douglas M. Kelley. 1945.
—. „Keitel Interview", Ms. Privatarchiv Douglas M. Kelley. 1945.
—. „Ley's Final Psychiatric Interview", Ms. Privatarchiv Douglas M. Kelley. 1945.
—. „Notes on Rudolf Hess", Ms. Privatarchiv Douglas M. Kelley. 1945.
—. „The Trial of Adolf Eichmann (Session 55, Part 1)", 29. Mai 1961. *http://www.nizkor.org/hweb/people/e/eichmann-adolf/transcripts/Sessions/Session-055-01.html.* [Zugriff am 7. Mai 2014].
—. „The Trial of Adolf Eichmann (Session 55, Part 4)", 29. Mai 1961. http://www.nizkor.org/hweb/people/e/eichmann-adolf/transcripts/Sessions/Session-055-04.html. [Zugriff am 7. Mai 2014].
—. *„The Trial of Adolf Eichmann (Session 57, Part 1)", 30. Mai 1961. http://www.nizkor.org/hweb/people/e/eichmann-adolf/transcripts/Sessions/Session-057-01.html.* [Zugriff am 7. Mai 2014].
—. „Trial Notes", Ms. Privatarchiv Douglas M. Kelley. 1945.
—. *Nuremberg Diary.* New York: Da Capo, 1995.
—. *Nürnberger Tagebuch.* Übers. Margaret Carroux, Karin Krauskopf und Lis Leonard. Frankfurt a. M.: Fischer Bücherei, 1962.

—. *The Psychology of Dictatorship: Based on an Examination of the Leaders of Nazi Germany.* Westport, CT: Greenwood, 1979.

„Goering Interview Notes“, Privatarchiv Ms. Douglas M. Kelley. 1945.

„Goering Was Child in Adult World, Says Brain Expert“, Ms. Privatarchiv Douglas M. Kelley. 1946.

GOLDENSOHN, LEON und ROBERT GELLATELY (Hrsg.). *The Nuremberg Interviews.* New York: Knopf, 2004.

GÖRING, EMMY. *An der Seite meines Mannes.* Coburg: Nation Europa, 2007.

—. Brief an Hermann Göring, Ms. Privatarchiv Douglas M. Kelley. 10. Oktober 1945.

GÖRING, HERMANN. *Aufbau einer Nation.* Berlin: Mittler, 1934.

—. Autobiographische Notiz, Ms. Privatarchiv Douglas M. Kelley. 1945.

—. Brief an Emmy Göring, Ms. Privatarchiv Douglas M. Kelley. o. D.

—. Brief an Emmy Göring, Ms. Privatarchiv Douglas M. Kelley. 28. Oktober 1945.

—. Brief an Emmy Göring, Ms. Privatarchiv Douglas M. Kelley. 10. Oktober 1945.

—. Notiz an Douglas McGlashan Kelley, Ms. Privatarchiv Douglas M. Kelley. 9. September 1945.

„Graylyn“. 15. November 2012. http://www.cityofws.org/Assets/CityOfWS/Documents/Planning/HRC/Local_Landmarks/LHL_Sheets/72_Graylyn.pdf. [Zugriff am 15. November 2012].

GREEN, EDWIN. „General Semantics and Human Affairs“, *Los Angeles Daily News* 16. März 1942.

Greenberg Verlag. an Douglas M. Kelley, Ms. Dokument „1949“, Privatarchiv Douglas M. Kelley. 20. Januar 1949.

GREGOR, NEIL. *Haunted City: Nuremberg and the Nazi Past.* New Haven, CT: Yale University Press, 2009.

GUNKEL, CHRISTOPH. „Bruder des NS-Verbrechers: Der Gute Göring“, 23. April 2012. *http://www.spiegel.de/einestages/bruder-des-ns-verbrechers-der-gute-goering-a-947557.html#featuredEntry.* [Zugriff am 6. Mai 2014].

—. „The Good Göring: How a Top Nazi's Brother Saved Lives", 2. Mai 2012. *http://www.spiegel.de/international/germany/new-book-on-hermann-goering-good-brother-albert-goering-a-830893.html.* [Zugriff am 5. Mai 2014].

HALE, NATHAN G. *The Rise and Crisis of Psychoanalysis in the United States: Freud and the Americans, 1917–1985.* New York: Oxford University Press, 1995.

HALLECK, SEYMOUR L. (Hrsg.). *Psychiatric Aspects of Criminology.* Springfield, IL: Charles C. Thomas, 1968.

HANSEN, KEN. „Professor Uses Tricker in Class", *Daily Californian* [Berkeley] 5. Dezember 1950.

HARROWER, MOLLY. „Rorschach Records of the Nazi War Criminals: As Experimental Study after Thirty Years", *Journal of Personality Assessment* 1976.

—. „Were Hitler's Henchmen Mad?", *Psychology Today* Juli 1976: 76–78.

HASTINGS, DONAL W. und DAVID G. HASTINGS. *Psychiatric Experiences of the Eighth Air Force: First Year of Combat, July 4, 1942 to July 4, 1943.* New York: Josiah Macy Jr. Foundation, 1944.

„Head of Graylyn Offered University Post", Privatarchiv Douglas M. Kelley. 1949.

„Here and There with Newsweek Correspondents", Privatarchiv Douglas M. Kelley. *Newsweek* 1945.

HESS, RUDOLF. „Statement before the IMT at Nuremberg", Ms. MLR P 20, Box 6, National Archives and Records Administration. 1945.

—. „Statement before the ITM at Nuremberg", Ms. MLR P 20, Box 6, National Archives and Records Administration. 1945.

HITLER, ADOLF. *Mein Kampf.* München: Fran Eher Nachfolger, 1930. „Hitler Gang's Personalities are Discussed", *Richmond News Leader* 5. April 1947.

„Hitler's Own Physician Never Expected Trial for War Crimes, Dr. Douglas Kelley Reveals", Privatarchiv Douglas M. Kelley. o. D.

HOLSTROM, J. D. an *Douglas M. Kelley,* Ms. Privatarchiv Douglas M. Kelley. 5. Juli 1950.

HOOVER, J. EDGAR. „Hermann Göring, Ingestion of Paracodeine Tablets“, Ms. Privatsammlung Douglas Kelley. 1945.

„‚I Feel Better‘, Hess Says after Confessing Ruse“, *Los Angeles Times* 30. November 1945.

„Immaturity Threatens Nation, Noted Psychiatrist Declares“, Hazelton Standard-Sentinel 27. Januar 1948.

„Ink Blots Test Hess's Sanity.“, Philadelphia Inquirer 14. Oktober 1945.

„Interview with Baldur von Schirach“, Ms. Privatarchiv Douglas M. Kelley. 1945.

„Interview with Hans Fritzsche“, Ms. Privatarchiv Douglas M. Kelley. 1945.

„Inventory: Rudolf Hess“, Ms. MLR P 20, Box 4, National Archives and Records Administration. 1945.

J. E. S. an William Donovan, Donovan Nuremberg Trials Collection, Cornell University Law Library. o. D.

JOYCE, NICK. „In Search of the Nazi Personality“, *Journal of the American Psychological Association* 2009.

JUCHLI, RENE H. „Emergency Call for Dr. Robert Ley“, Ms. Privatarchiv Douglas M. Kelley. 1945.

KAEMPFERT, WALDEMAR. „New Test for Drunks“, *New York Times* 16. November 1941.

KELLEY, ALICE VIVIENNE. „Faux Invitation“, Ms. Privatsammlung Douglas M. Kelley. 1942.

—. „Inventory of Items for Sale“, Ms. Privatarchiv Douglas M. Kelley. 1958.

—. an Bill Mandel. o. D.

—. an Bill Mandel, Ms. Privatarchiv Douglas M. Kelley. 4. Februar 1986.

—. an Bill Mandel, Ms. Privatarchiv Douglas M. Kelley. 1. September 1985.

—. an Melody Starr, Privatsammlung Douglas M. Kelley. 25. Januar 1959.

—. an Michael Selzer, Privatarchiv Douglas M. Kelley. o. D.

—. Memorandum, Ms. Privatarchiv Douglas M. Kelley. o. D.

KELLEY, ALICIA. an Alice Vivienne Kelley, Privatarchiv Douglas M. Kelley. 1958.

KELLEY, DOUGLAS, Junior. „Interview mit Jack El-Hai.“, August 2008, September 2009, März 2012, Juni 2012.
KELLEY, DOUGLAS MCGLASHAN. „Annual Ward Report“, Ms. Privatarchiv Douglas M. Kelley. 1943.
—. „Appraisals of Prisoners“, Ms. Privatarchiv Douglas M. Kelley. 1945.
—. „Clinical Summary of Neurological and Psychiatric Examination of Internee #31G 350013“, Ms. Privatarchiv Douglas M. Kelley. 1945.
—. „Conjuring as an Asset to Occupational Therapy“, *Occupational Therapy and Rehabilitation* 19.2 (1940): 71–82.
—. „Examination of Hermann Goering“, Ms. Privatarchiv Douglas M. Kelley. 1945.
—. „Gifted Children Followup“, Privatarchiv Douglas M. Kelley. 1955.
—. „Grawatt's Four-ace Trick“ *GENII* o. D.
—. „Hess Rorschach“, Ms. Privatarchiv Douglas McGlashan Kelley. 1945.
—. „History of Psychiatric Service“, Ms. Privatarchiv Douglas M. Kelley. 1945.
—. „Mania and the Moon“, *The Psychoanalytic Review* 29.4 (1942): 406–426.
—. „Medical Report on Rudolf Hess“, Ms. File „Prison Psychiatric Report“, ARC 6291444, MLR P 20, National Archives and Records Administration. 1945.
—. „Medical Status of Prisoner Ernst Kaltenbrunner“, Ms. Privatarchiv Douglas M. Kelley. 1945.
—. „Memorandum on the Death of Leonardo Conti“, Ms. Privatarchiv Douglas M. Kelley. 1945.
—. „Mental Examination of Robert Ley“, Ms. Privatarchiv Douglas M. Kelley. 1945.
—. „Personal File, to 1937“, Ms. Privatarchiv Douglas M. Kelley. o. D.
—. „Preliminary Studies of the Rorschach Records of the Nazi War Criminals“. 1945.
—. „Prison Psychiatric Reports“, ARC 6291444, MLR P 20, National Archives and Records Administration. 1945.

—. „Psychiatric Evaluations“, Ms. Privatarchiv Douglas M. Kelley. 1945.
—. „Psychiatric Profiles of Nazi Defendants“, Ms. ARC 6291444, MLR P 20, National Archives and Records Administration. 1945.
—. „Psychiatric Service“, Ms. Privatarchiv Douglas M. Kelley. 1943.
—. „Psychiatric Status of Internee“, Ms. Privatarchiv Douglas M. Kelley. 14. Oktober 1945.
—. „Record of Professional Assignments“, Ms. Privatarchiv Douglas M. Kelley. 1946.
—. „Rorschach Report on Hermann Göring“, Ms. Privatarchiv Douglas M. Kelley. 1945.
—. „Rorschach Report on Joachim von Ribbentrop“, Ms. Privatarchiv Doulgas M. Kelley. 1945.
—. „Rorschach Technique“, Ms. Privatarchiv Douglas M. Kelley. 1943.
—. „Rudolf Hess“, Ms. Privatarchiv Douglas M. Kelley. 1945.
—. „Statement on Hess“, Ms. MLR P 20, Box 4, National Archives and Records Administration. 1945.
—. „TAT Test Results: Goering“, Ms. Privatarchiv Douglas M. Kelley. 1945.
—. „The Nuremberg Trial“, Vortrag, Douglas M. Kelley Archival Collection, University of California, Santa Cruz. 1946.
—. „The Use of Narcosis Therapy in the ETO“, Ms. Privatarchiv Douglas M. Kelley. 1943.
—. „Use of General Semantics and Korzybskian Principles as an Extensional Method of Group Psychotherapy in Traumatic Neurosis“, *The Journal of Nervous and Mental Disease* 114.3 (1951): 189–220.
—. „Von Schirach“, Ms. Privatarchiv Douglas M. Kelley. 1945.
—. *22 Cells in Nuremberg: A Psychiatrist Examines the Nazi Criminals.* New York: Greenberg, 1947.
—. *22 Männer um Hitler: Erinnerungen des amerikanischen Armeearztes und Psychiaters am Nürnberger Gefängnis.* Übers. nicht genannt. Olten-Bern: Delphi, 1947.
—. an Alice Vivienne Kelley, Ms. Dokument „To 1937“, Privatarchiv Douglas M. Kelley. 20. August 1935.

—. an Burton C. Andrus, „Mental Examination of Prisoner [Ley] to Commanding Officer“, Privatarchiv Douglas M. Kelley. 26. Oktober 1945.
—. an C. C. Carpenter, Ms. Privatarchiv Douglas M. Kelley. 26. Juli 1949.
—. an den Leiter der Krankenhausverwaltung, Ms. Special Collections, University of California, Santa Cruz. 18. Juli 1955.
—. an J. D. Holstrom, Ms. Privatarchiv Douglas M. Kelley. 30. Januar 1950.
—. an William Donovan, Donovan Nuremberg Trials Collection, Cornell University Law Library. 22. November 1945.
—. an William Donovan, Donovan Nuremberg Trials Collection, Cornell University Law Library. 26. November 1945.
—. an William Donovan, Donovan Nuremberg Trials Collection, Cornell University Law Library. 13. November 1945.
—. an William Donovan, Donovan Nuremberg Trials Collection, Cornell University Law Library. 10. November 1945.
—. an William Donovan, Donovan Nuremberg Trials Collection, Cornell University Law Library. 26. Oktober 1945.
—. an William Donovan, Ms. Privatarchiv Douglas M. Kelley. 9. November 1945.
—. an William Donovan, Privatarchiv Douglas M. Kelley. 17. November 1945.
—. an Lewis Terman, Ms. Dokument „To 1937“, Privatarchiv Douglas M. Kelley. 6. Juli 1955.
—. Brief, Dokument „To 1937“, Privatarchiv Douglas M. Kelley. o. D.
—. Handschriftliche Notiz, Ms. Privatarchiv Douglas M. Kelley. 1927.
—. Notizbuch zu Gesprächen mit NS-Gefangenen, Ms. Privatarchiv Douglas M. Kelley. 1945.
KELLEY, DOUGLAS MCGLASHAN und BRUNO KLOPFER. *The Rorschach Technique: A Manual for the Projective Method of Personality Diagnosis.* Yonkers-on-Hudson, N. Y.: World Book, 1942.

KELLEY, DOUGLAS MCGLASHAN und GORDON WALDEAR. „The Criminal", Ms. Privatarchiv Douglas M. Kelley. 1957.

Kelley, Douglas McGlashan und Howard Whitman. „Squeal, Nazi, Squeal!", *Collier's* 31. August 1946.

Kelley, Douglas McGlashan und Terry Hansen. „Dumb Cops Are Dangerous", Privatarchiv Douglas M. Kelley. o. D.

„Kelley Says Dictatorship Is Danger", *Winston-Salem Sentinel* 27. März 1947.

„Kelley Suicide Mystery Deepens", Privatarchiv Douglas M. Kelley. 3. Januar 1958.

„Kelley Teaches Battle Psychiatry" *Chattanooga Free Press* 4. April 1944.

KIRKLAND, E. H. an Douglas McGlashan Kelley: Beförderung, Ms. Privatarchiv Douglas M. Kelley. 26. Januar 1946.

KITCHIN, THURMAN. an Douglas McGlashan Kelley, Ms. Privatarchiv Douglas M. Kelley, Dokument „1946" 13. August 1946.

KLAN, NAJEEB und DOUGLAS MCGLASHAN KELLEY. „Clinical Lab Report on Leonardo Conti", Ms. Privatarchiv Douglas M. Kelley. 1945.

KODISH, BRUCE I. *Korzybski: A Biography.* Pasadena, CA: Extensional Publishing, 2011.

KOEHLI, HARRISON. „Ponerology 101: Psychopathy at Nuremberg", 6. September 2010. *http://www.sott.net/article/214764-Ponerology-101-Psychopathy-at-Nuremberg.* [Zugriff am 9. Mai 2014].

KOOPMAN, JOHN. „Gordon Waldear-State's Film Chronicler", *San Francisco Chronicle* 27. April 2002.

KORZYBSKI, ALFRED. *Science and Sanity: An Introduction to Non-Aristotelian Systems and General Semantics.* New York: Institut of General Semantics, 2000.

KQED TELEVISION. „Application for a Grant from the Educational Television and Radio Center", Ms. Privatarchiv Douglas M. Kelley. o. D.

„KQED Wins TV Award", Privatarchiv Douglas M. Kelley. 29. Januar 1959.

„Lawmen Hear Crime Cause from Savant", Privatarchiv Douglas M. Kelley. 1951 .

LEBERT, STEPHAN und NORBERT LEBERT. *Denn Du trägst meinen Namen.* München: Karl Blessing, 2000.

LEBERT, STEPHAN und NORMAN LEBERT. *My Father's Keeper: Children of Nazi Leaders.* New York: Little, Brown, 2000.

„Ley's Brain Sent to U.S. for Study", *San Francisco Chronicler* 1. November 1945.

LEY, ROBERT. Aussage, Ms. Privatarchiv Douglas M. Kelley. o. D.

—. Letzter Wille und Testament, Privatarchiv Douglas M. Kelley. o. D.

LONG, TANIA. „Hess Tells Court He Faked Illness as ‚Tactical' Move", *New York Times* 1. Dezember 1945.

LOOSLI-USTERI, MARGUERITE. Brief an Douglas McGlashan Kelley, Privatarchiv Douglas M. Kelley. 8. Dezember 1953.

„Magic and Mickey Mouse", *Time* 24. November 1941.

„Magic Helps Treat Insane", *San Francisco News* 17. November 1941.

„Magicians Will Present Stunt at 10 Today", *Daily Californian* 24. Februar 1932.

MALLOY, GEORGE D. an Douglas M. Kelley, Privatarchiv Douglas M. Kelley. 28. Juni 1952.

MANDEL, WILLIAM. Brief an Alice Vivienne Kelley, „Kelley Project: Notes on: Description of Suicide", Privatarchiv Douglas M. Kelley. 2. August 1985.

MANVELL, ROGER und HEINRICH FRAENKEL. *Goering: The Rise and Fall of the Notorious Nazi Leader.* New York: Skyhorse, 2011.

MCEWEN, JIM. „Somnoform Promises Magic Aid to Victims of Amnesia", *Winston-Salem Journal and Sentinel* 3. Juli 1949.

MCGLASHAN, M. NONA. *Give me a Mountain Meadow: The Life of Charles Fayette McGlashan, 1847–1931, Imaginative Lawyer-editor of the High Sierra, Who Saved the Donner Story from Oblivion and Launched Winter Sports in the West.* Fresno, CA: Pioneer, 1977.

MCILWAIN, BILL. „Liquor Can Curb Its Own Problems", Twin City Sentinel 6. August 1949.

„Mental Health Held Serious U.S. Problem", Wilkes-Barre Record 28. Januar 1948.

MIALE, FLORENCE R. und MICHAEL SELZER. *The Nuremberg Mind: The Psychology of The Nazi Leaders.* New York: Crown Group, 1976.

MILLER, CLINT L. „Hermann Göring, Progress in Reduction of Paracodeine“, Privatarchiv Douglas M. Kelley. 1945.

—. „Medical Report on PWS with Serious Illness“, Privatarchiv Douglas M. Kelley. 1945.

„Miss Alice Hill Weds Dr. Kelley“, Ms. Privatarchiv Douglas M. Kelley. o. D.

„Modernism Blamed for Delinquency“, *San Francisco Chronicle* 7. April 1951.

MOSLEY, LEONARD. *The Reich Marshal: A Biography of Hermann Goering.* Garden City, NY: Doubleday, 1974.

MOSS, FRANK L. an Alice Vivienne Kelley, Ms. Privatarchiv Douglas M. Kelley. 4. Februar 1961.

„Mrs. Pelton Not Insane, Declares UC Psychiatrist“, Privatarchiv Douglas M. Kelley. 1952.

MUIR, JEAN. „Profile of Douglas M. Kelley“, Ms. Archives and Special Collections, University of California, Santa Cruz. o. D.

„Mystery in UC Suicide Deepens“, *San Francisco Examiner.* 3. Januar 1958.

„Nazis No Longer Swagger at Trial“, Ms. Privatarchiv Douglas M. Kelley. 1945.

NEAVE, AIREY. *On Trial at Nuremberg.* Boston: Little, Brown, 1978.

„Neurosis Victims Return to Battle“, Privatarchiv Douglas M. Kelley. o. D.

NEWTON, DWIGHT. „The Criminal Man“, *San Francisco Examiner* 12. August 1958.

NOYES, ARTHUR. „Ley Hangs Himself in Cell“, *Stars and Stripes* 28. Oktober 1945.

„Nuremberg Rorschach Tests“, Privatarchiv Douglas M. Kelley. 1945.

„Outline of the Training Plan in Clinical Psychology for the Department of Psychiatry“, the Bowman Gray School of Medicine of Wake Forest College, Ms. Dokument „1947“, Privatarchiv Douglas M. Kelley. 1947.

OVERY, RICHARD J. *Interrogations: The Nazi Elite in Allied Hands.* New York: Viking, 2001.

OVERY, RICHARD. *Verhöre: Die NS-Elite in den Händen der Alliierten 1945.* Übers. Hans-Ulrich Seebohm und Udo Rennert. München, Berlin: Propyläen, 2002.

PALM, HENRY. „Psychiatrist Says There Is No ‚Criminal Type'", *San Francisco Examiner* 22. Juli 1951.

PERKIN, ROBERT L. „Time-Benders Watch Their P's and C's", *Rocky Mountain News* [Denver] 23. Juli 1949.

PICK, DANIEL. *The Pursuit of the Nazi Mind: Hitler, Hess, and the Analysts.* Oxford: Oxford University Press, 2012.

„Politicians Should Get Mental Exams; and So Should the Psychiatrists!" *Twin City Sentinel* 18. Februar 1948.

„Private Rites Mark Funeral for Dr. Kelley", *Berkeley Gazette.* 3. Januar 1958.

„Psychiatrist Has Criticism for Pals", *San Francisco News* 12. November 1951.

„Psychiatrists Using Shell Game to Treat Insane", *San Francisco Examiner* 18. November 1941.

„Psychiatry and Crime", *Greensboro Record* 17. November 1947.

„Quarter of U.S. Police Held Unfit", Privatarchiv Douglas M. Kelley. 24 September 1952.

RANDEBAUGH, CHARLES. „Theories, but Not One Fits Kelley's Suicide", *San Francisco Chronicle* 4. Januar 1958.

RATHGEB, DOUGLAS L. *The Making of Rebel Without a Cause.* Jefferson, NC: Mc-Farland, 2004.

REES, J. R. an Douglas McGlashan Kelley, Ms. Privatarchiv Douglas M. Kelley. 4. Dezember 1945.

RICKMAN, JOEL Y. „2 Deputies Balk Jail Probe Lie Test", *San Jose Mercury News* 10. September 1950.

ROGERS, MARIAN. „Faster Mental Cures Found During War, Kelley Asserts", *Tulsa World* 4. Dezember 1947.

ROSENBERG, ALFRED. an Douglas M. Kelley, Ms. Privatarchiv Douglas M. Kelley. 26. Dezember 1945.

—. *Der Mythus des 20. Jahrhunderts: Eine Wertung der seelisch-geistigen Gestaltenkämpfe unserer Zeit.* München: Hoheneichen, 1935.

ROSENBERG, LEE G. an Alice Vivienne Kelley, Ms. Privatarchiv Douglas M Kelley. 30. Mai 1960.
—. an Alice Vivienne Kelley, Ms. Privatarchiv Douglas M. Kelley. 23. August 1960.
ROSS, HELEN. „Dr. Douglas Kelley Analyzes Neuroses of Hitler, Nuremberg Trial Principals“, *Cataba New Enterprise* 1947.
ROTH, MARSCHAL. „Dr. Kelley Was Not Fooled by Hess's ‚Faking of Amnesia'“, *Chattanooga Daily Times* 31. Januar 1946.
„Rudolf Hess: Report of British Observation and Findings“, Ms. Privatarchiv Douglas M. Kelley. o. D.
RYAN, JOAN. „Mysterious Suicide of Nuremberg Psychiatrist“, *San Francisco Chronicle*. 6. Februar 2005.
SAUCKEL, FRITZ. Brief an Douglas McGlashan Kelley, Ms. Privatarchiv Douglas M. Kelley. 1945.
SCHACHT, HJALMAR. *76 Jahre meines Lebens*. Bad Wörishofen: Kindler und Schiermeyer, 1953.
SCHAEFER, VIRGINIA CHUMLEY. „Virginia's Reel“, Ms. Privatarchiv Douglas M. Kelley. 1945.
SCHIRACH, BALDUR VON. „Dem Tod“, Ms. Privatarchiv Douglas M. Kelley. 1945.
SCHROEDER, CHRISTA. Brief an Douglas M. Kelley, Ms. Privatarchiv Douglas M. Kelley. 1. April 1952.
SCHURR, CATHLEEN. „The Gods Come Down“, Ms. 229, Box 3:9, Special Collections, University of California, Santa Cruz. 1946.
SCHWARZ, WOLFGANG. „Hermann Rorschach, M. D.: His Life and Work“, *Rorschachiana: Journal of the International Society for the Rorschach* 1996: 6–17.
SEARS, ROBERT R. BRIEF an William Mandel, Ms. Privatarchiv Douglas M. Kelley. 8. September 1985.
„Semantics Held Key to Clarity in Thought“, *Denver Post* 21. Juli 1949.
„SF Doctor Predicts How 11 Nazis Will Die“, *San Francisco Examiner* 15. Oktober 1946.
„SF Psychiatrist Is Amazed at Goering Suicide“, *San Francisco Chronicle* 16. Oktober 1946.

SHURKIN, JOEL N. *Terman's Kids: The Groundbreaking Study of How the Gifted Grow Up*. Boston: Little, Brown, 1992.

SPRECHER, DREXELSQUEAL A. *Inside the Nuremberg Trial: A Prosecutor's Comprehensive Account*. Vols. I–II. Lanham, MD: University of America, 1999.

STACK, ROBERT I. „The Capture of Goering", 36th Infantry Division Association. o. D. *http://www.kwanah.com/36division/ps/ps0277.htm*. [Zugriff am 12. Mai 2014].

„Streicher's Lewd Sex Library May Play Part in Trial", Privatarchiv Douglas M. Kelley. 20. Oktober 1945.

STRINGER, ANN. „Hess's Aloofness Fails: Talks to Old Partners in World Crime" *Dunkirk Evening Observer* 20. November 1945.

SUMMERS, SCOTT. „Graylyn Ready for Treatment of Mental Ills", Privatarchiv Douglas M. Kelley. 17. August 1947.

Teich, Frederick. „Inventory: Alfred Rosenberg", Ms. MLR p 20, Box 3, National Archives and Records Administration. 1945.

—. „Inventory: Hermann Göring", Ms. MLR P 20, National Archives and Records Administration. 1945.

—. „Inventory: Rudolf Hess", Ms. MLR P 20, Box 4, National Archives and Records Administration. 1945.

„Tells Need of Training People to Grow up", *Los Angeles Evening Herald Express* 1. April 1952.

TERMAN, LEWIS. an Douglas McGlashan Kelley, Ms. Dokument „1955", Privatarchiv Douglas M. Kelley. 23. Juni 1955.

The Nuremberg Nazi Trial: Excerpts from the Testimony of Herman Goering, Albert Speer, Auschwitz commander Rudolf Hoess, and Others. St Petersburg, FL: Red and Black, 2012.

„Therapeutic Progress", *The American Practitioner* 48 (1914): 601–602.

„They Can't Tie Him" (1932).

„Time-Bender Idea Bodes Ill for Russ", Privatarchiv Douglas M. Kelley. *Associated Press* 1947.

„Totalitarianism Discussed", *Winston-Salem Sentinel* 26. Juni 1947.

Triest, Howard. *Telefongespräch mit dem Autor* Jack El-Hai. Januar 2012.

TUCKER, GEORGE. „Hess Gloomily Views Newsreels of Himself“, *San Francisco Examiner* 9. November 1945.

TUSA, ANN und John Tusa. The Nuremberg Trial. New York: Atheneum, 1984.

„UC Criminologist Dr. Douglas Kelley Killed by Poison“, *Berkeley Gazette*. 2. Januar 1958.

„UC Doctors Use Drug to Aid Psychiatric Test“, *San Francisco Examiner* 22. Januar 1942.

„UC ‚Houdini‘ Sirkus Stunt“, *Oakland Post-Inquirer* 24. Februar 1932.

„UC Man Develops New ‚Truth Serum‘ Method“, Privatarchiv Douglas M. Kelley. *Berkeley Gazette* 1950.

„UC Man Reports Better Truth Serum“, Privatarchiv Douglas M. Kelley. 1949.

„UC's Dr. Kelley, Crime Expert, Commits Suicide“, *San Francisco Chronicle* 2. Januar 1958.

University of California. „U.S. Neglects Mental Disease Research“, Ms. Privatarchiv Douglas M. Kelley. 1942.

University of California, Institut für Kriminologie. Pressemitteilung, Privatarchiv Douglas M. Kelley. 30. September 1954.

Urban, Markus. *Die Nürnberger Prozesse: Kurzführer.* Nürnberg: Sandberg Verlag, 2008.

„U.S. Experts to Study Dr. Ley's Damaged Brain“, *Chicago Daily Tribune* 1. November 1945.

Volz, Matt. *„Montana Pilot, 99, Recalls Flying Goering“.* 29. Januar 2011. 5. Mai 2014.

Vortragsreihen 1946, Ms. Dokument „1946“, Privatarchiv Douglas M. Kelley. o. D.

Vortragsreihen 1947–1949, TS Dokument „1947“, Privatarchiv Douglas M. Kelley. o. D.

Vortragsverträge, Ms. Dokument „1946“, Privatarchiv Douglas M. Kelley. 1946.

Vortragsverträge, Ms. Dokument „1947“, Privatarchiv Douglas M. Kelley. 1947.

Waggoner, Walter H. „Walter Langer Is Dead at 82; Wrote Secret Study of Hitler“, *New York Times* 10. Juli 1981.

WALKER, JAMES. „Lessons of War Will Help Now“, *Greenville News* 19. Februar 1947.
WALKER, KEITH. *A Trail of Corn.* Santa Rosa, CA: Golden Door, 1995.
WALLER, DOUGLAS C. *Wild Bill Donovan: The Spymaster Who Created the OSS and Modern American Espionage.* New York: Free, 2011.
WALLER, JAMES. *Becoming Evil: How Ordinary People Commit Genocide and Mass Killing.* Oxford: Oxford University Press, 2002.
WALSH, MAURICE N. „Historical Responsibility of the Psychiatrist“, *Archives of General Psychiatry* 1964: 355–359.
—. „Interview with Prisoner #7“, Ms. History of Medicine Collection, the Mayo Clinic. 1948.
—. *War and the Human Race*. New York: Elsevier, 1971.
„Wedding Announcement“, Privatarchiv Douglas M. Kelley. o. D.
WERTHAM, FREDERICK. „A Psychiatrist Examines the Master-criminals at Nuremberg: Review of ‚22 Cells at Nuremberg‘“, *New York Times* 2. Februar 1947.
WEST, REBECCA. *A Train of Powder.* New York: Viking, 1955.
WHITMAN, HOWARD. „Blots on Your Character“ *Woman's Home Companion* (1947).
„Wife Who Killed Sons Called Insane“, Privatarchiv Douglas M. Kelley. 1952.
WILLIAMS, LENA. „Dr. Gustave Gilbert Dead at 65; Trial Psychologist at Nuremberg“, *New York Times* 7. Februar 1977.
WILSON, O. W. an Douglas McGlashan Kelley, Ms., Dokument „1949“, Privatarchiv Douglas M. Kelley. 26. Juli 1949.
„WWII Adolf Hitler Profile Suggests ‚Messiah Complex‘“ 4. April 2012. *http://www.bbc.com/news/world-europe-17949037.* [Zugriff am 7. Mai 2014].
WYLLIE, JAMES. *The Warlord and the Renegade: The Story of Hermann and Albert Goering.* Stroud: Sutton, 2006.
Zeitungsausschnitt ohne Titel, Privatarchiv Douglas M. Kelley. 1945.
ZILLMER, ERIC A., et al. *The Quest for the Nazi Personality: A Psychological Investigation of Nazi War Criminals.* New York, London: Routledge, 1995.

DIE ANDERE BIBLIOTHEK wird herausgegeben
von Nele Holdack.

DER NAZI UND DER PSYCHIATER
von Jack El-Hai

ist als ORIGINALAUSGABE im September 2014
als dreihundertsiebenundfünfzigster Band der
ANDEREN BIBLIOTHEK erschienen.

Als EXTRADRUCK wurde *Der Nazi und der Psychiater*
im September 2018 wiederaufgelegt.

Die Originalausgabe erschien im Jahr 2013 unter dem Titel
The Nazi and the Psychiatrist. Hermann, Dr. Douglas M. Kelley, and a Fatal Meeting of Minds at the End of WWII bei PublicAffairs / Perseus in New York.

Henriette Heise hat aus dem Amerikanischen übersetzt.

Das Lektorat lag in den Händen von Christian Döring.

JACK EL-HAI
ist ein amerikanischer Wissenschaftsjournalist, dessen Werke, vor allem aus dem Bereich der Medizin, vielfach ausgezeichnet wurden. Er lebt in Minneapolis.

Dieses Buch wurde von SUSANNA DULKINYS, San Francisco, gestaltet und gesetzt.
Die Herstellung betreute KATJA JAEGER, Berlin.
Gedruckt und gebunden wurde bei Friedrich Pustet GmbH & Co., KG, Regensburg.
Einbandgestaltung unter Verwendung eines Motivs von © Erik Spiekermann.

ISBN 978-3-8477-2023-2

3. Auflage 2026
DIE ANDERE BIBLIOTHEK

www.aufbau-verlage.de
10969 Berlin, Prinzenstraße 85

Bei Fragen zur Sicherheit unserer Produkte wenden Sie sich bitte an produktsicherheit@aufbau-verlage.de.

Die Andere Bibliothek
Extradruck